國家社會科學基金重大項目
"臺灣經學文獻整理與研究（1945—2015）"
（16ZDA181）資助

義例與用字

何氏公羊綜考

郜積意 著

中華書局

圖書在版編目（CIP）數據

義例與用字：何氏公羊綜考/郜積意著. —北京：中華書局，
2023.6
ISBN 978-7-101-16229-5

Ⅰ.義…　Ⅱ.郜…　Ⅲ.①中國歷史–春秋時代–史籍②《公羊傳》–研究　Ⅳ.K225.04

中國國家版本館 CIP 數據核字（2023）第 093973 號

書　　　名　義例與用字——何氏公羊綜考
著　　　者　郜積意
責任編輯　汪　煜　劉　明
責任印製　陳麗娜
出版發行　中華書局
　　　　　（北京市豐臺區太平橋西里 38 號　100073）
　　　　　http：//www.zhbc.com.cn
　　　　　E-mail：zhbc@zhbc.com.cn
印　　　刷　河北新華第一印刷有限責任公司
版　　　次　2023 年 6 月第 1 版
　　　　　2023 年 6 月第 1 次印刷
規　　　格　開本/920×1250 毫米　1/32
　　　　　印張 15¾　插頁 2　字數 370 千字
印　　　數　1-2000 册
國際書號　ISBN 978-7-101-16229-5
定　　　價　88.00 元

前　言

　　清阮元校刻《十三經注疏》，乃目下學界通行之注疏合刻本。阮本別附《校勘記》於各卷之末，一書在手，諸本異同大致可見，學者稱便。但此書刊刻匆忙，訛誤多有[①]，後來重刊者雖間有修訂，仍有不少缺失。故民國學者撰《續四庫經部提要》曰："重訂阮氏之書，仿百衲本二十四史之例，乃後生之責。"[②]

　　本書專爲重校《公羊注疏》而作。不但廣蒐《公羊》諸本，如單經本、經注本、單疏本、注疏本等，且一一讎校，並細考何氏義例以爲論據。如考論熹平石經，知石經本與何注本不同，今本成公十四年經"秦伯卒"疑是衍文。辨今本《解詁》通用字，知御、禦不相通用，甯、寧義異。此何氏家法如此，而後來傳本竄改之跡，心中瞭然。論何休字氏之例，以十行本與九行本有"五十字""伯仲字"之別，且劉卷之是名是字，宜有決斷。論外諸侯卒葬之例，以徐彦所見本有"日""月"之殊。論弑、殺異同，謂當決於何氏弑例，哀公四年經"盜弑蔡侯申"，余仁仲本作"弑"是也，阮刻本作"殺"非也。

[①] 阮元亦以爲此書非善本。阮福於《雷塘庵主弟子記·卷五》云："校書之人不能如大人在江西時細心，其中錯字甚多，有監本、毛本不錯而今反錯者。要在善讀書人參觀而得益矣。《校勘記》去取亦不盡善，故大人不以此刻本爲善也。"見《阮元年譜》，中華書局，1995 年，頁 121。

[②]《續修四庫全書總目提要》下册，中華書局，1993 年，頁 1437。

又論《公羊》注疏合刻之例，以爲評比各注疏本之優劣，當先明何氏注例，何氏注例明，則後來合刻之準據可定，注疏合刻之優劣自然知曉。要言之，校經之善，在於廣蒐諸本、訂正異文、論定是非，其中尤以定是非最爲緊要。欲定是非，當以何氏義例爲準。茲簡述各章之旨如下：

第一章，考證熹平石經《春秋》殘字，並復原碑圖。民國初年，洛陽附近出土漢石經《春秋》殘碑，頗異於今本三家經，前輩學者如羅振玉、張國淦、馬衡、呂振端等，或考釋殘字與今本互異者，或推定碑圖格式，貢獻良多，但仍有不少闕失。以碑圖格式言，石經碑圖常例爲行70字，第二石陽面僖公篇爲行72字，陰面昭公篇爲行71字，而前人於此多有誤判。今以三家經文及唐陸淳所見本爲據，準以《公羊》義例，不但可補前人論述之缺，且於經文校勘，亦有助益。如今本成公十四年經“秦伯卒”三字，恐是衍文。

第二章，論《公羊》經傳注疏合刻之例。阮刻《公羊注疏》雖附《校勘記》，視其他注疏本爲優，然阮氏重在異文校勘，而於注疏合刻之例未嘗論及。案今日所見《公羊注疏》合刻本，有宋十行本一系、明九行本一系、清武英殿本一系。十行本據余仁仲本與單疏本合刻，而余本則以經注本與《釋文》合并。九行本依十行本重刻，然於疏文之分附有所更改。殿本主據北監本，但重新分附《釋文》、疏文，其體例與十行本、九行本全異。欲明諸本優劣，宜以何休注本爲準。何氏合經傳爲之注，釋傳爲主，釋經爲次，且釋經之注常置於釋傳之注下。何氏注例既明，注疏合并方有理可依。殿本以釋經之注附於經下，不附於傳下，破經注不分之理，是不依何休注本，故其分附之法最不可從。至於十行本、九行本，經注雖不分，然其分附疏文之例，前後相違者時見。知乎何氏注例及各本合刻之得失，則底本之選擇、校勘之去取即可心中瞭然，不爲時俗所誤。

第三章，辨今本《解詁》弑殺之異文。第一章論漢石經，知石經本與何休本不同。第二章論注疏合刻之例，知宋以下注疏本，經文、傳文、注文、疏文互殊。本既不同，義嫌有殊。然則，欲明何休《公羊》義例，須先考定何氏之本。但自漢末至隋唐之世，《解詁》傳本非止一種，如陸德明撰《釋文》、徐彥撰《公羊疏》，所據何注本互不相同。唐開成石經之《公羊》經傳，與陸氏、徐氏所見又有異。陸淳所見《公羊》之經，也與諸家不一。以弑、殺爲例，諸本參差互見。案隱公四年《公羊傳》云“與弑公也”，何注云“弑者，殺也，臣弑君之辭”，弑、殺之別，於此注最爲分明。依此何氏弑例，更考何氏三十六弑之義，則《解詁》諸傳本之弑、殺異同，即可明辨。

第四章，辨今本《解詁》通用字之正誤。何休用字之例，有獨用，有別用，無通用。獨用者，謂二字可通，但何氏止用一字，如何氏用脩不用修，用早不用蚤。別用者，謂二字雖可通，然何氏分別其義，義既有別，則不得相通用。如何氏釋饗享之義既異，則二字不得相通。通用者，謂二字相通，或用此字，或用彼字，字雖相易，義則無殊。通用例與獨用、別用例相乖，然以何氏義例及《解詁》諸本相證，知今本《解詁》之通用字，乃後人傳寫改易。經學家法與文字異同之關聯，於此章可略闚大概。

第五章，論何休字氏之例。前四章所論，關乎《公羊》版本流傳、文字異同，此章以下，主論何氏《公羊》義例。之所以選取何氏外諸侯卒葬例、字氏之例，實緣校勘而起。如桓八年徐彥疏云“上大夫即例稱伯仲字”“次大夫不稱伯仲字”，明閩本、監本、毛本、清武英殿本等俱如是。但阮刻本則作“上大夫即例稱五十字”“次大夫例稱二十字”。孰是孰非？今以何休字氏之例相證，知閩本以下是也。又如定公四年經劉卷卒，徐彥疏或謂卷是名，或謂卷是字，前後不一。卷是名是字，如何斷定？證以何休字氏之例，知卷是名也。明乎何休字氏之例，可以校訂諸本文字之謬，可以辨析《公羊》與二傳之異同。

第六章，論何休外諸侯卒葬日月之例。案日月時例，乃《公羊》何氏諸例之要。此章以外諸侯卒葬爲證，示文字異同可決於日月時例。定公四年經“杞伯戊卒于會”，何注云：“不日，與盟同日。”徐彥所見本“日”也有作“月”者。作日是與？作月是與？徐彥不爲定奪而兩疏之。其實，作“日”是也。何休分外諸侯爲三等：大國、小國、微國。小國爲曹、許；大於曹許者，爲大國；小於曹許者，爲微國。此三等諸侯，卒葬之例並不相同。大國卒葬例，不論所見世、所聞世、所傳聞世，皆卒日葬月。至於小國、微國，所見世、所聞世、所傳聞世，其卒葬各有等差。如微國所傳聞世不卒不葬，小國所傳聞世則卒時不葬。大國、小國、微國之外，又有杞，爲王者後，雖是微國，然另有例。楚、吳爲夷狄，其卒葬與諸夏國異。秦多夷狄行，又非真夷狄，其卒葬例既與諸夏不同，也與楚、吳有別。要之，各國尊卑大小不一，卒葬之例從而異。明乎外諸侯卒葬及日月相蒙之例，則日、月之異文可以定矣。

第七章，考論春秋朔閏表。三傳之經，經文曆日多有不同，蓋傳寫訛誤所致。不明春秋曆表，則無由考知其間是非。案曆表之推排，以閏月與連大月之設最爲緊要。春秋時未行無中置閏法，故置閏宜在歲末，或三年置一閏，或二年置一閏，並無頻年置閏或一年二閏之例。但以往曆表爲遷就經傳曆日，閏月與連大月之設多有可議。其實，經傳曆日，未必是魯國時曆，夫子作《春秋》，采列國史記，因史成文，而列國曆法與魯曆不同，月日不協，理有固然。不明魯曆與列國曆法之異同，不明經書日食有食本月晦、前月晦之別，及諸侯卒赴有來日赴、往日赴之分，則閏月、連大月之設必違曆理。此章依魯曆推排，輔以“藉半日”法，證以經傳文例，所得曆表,既可依曆術覆驗,又與經傳曆日不相違,較諸家之推排頗有可觀,學者宜可取資考證。曆表既排,則三傳曆日之異同即可改定。

第八章,論徐疏之得失。欲明何氏義例,不讀徐疏,則不得其門而入。徐疏於何氏義例,如三科九旨等,有詳細分疏,讀者熟習之,自可事半功倍。但徐疏又有若干闕失,有不得注意者,有舉例不當者,有引證迂曲者,有但舉例而無疏釋者,又或諸本有異同而不能定奪者。如僖公十六年經"是月,六鶂退飛過宋都",《公羊傳》云"是月者何",注云"是月,邊也,魯人語也"。此三"是月",何休本當作"提月",但徐彦所見本則誤作"是月",故疏云"經文,孔子作之,孔子魯人,故知魯人語",此據誤本爲釋。又如昭公二十四年經"叔孫舍至自晉",何休本無"叔孫"二字,但徐彦反據誤本以釋"叔孫"爲氏之義。凡此種種,是徐疏不合注意者。今詳辨徐疏得失,由疏而注,由注而進於經傳之義例,治經者庶無虛浮、孤陋之譏。

以上八章之撰作,皆因校勘而起,而終歸於義例。不明經學義例,則欲求校勘之精審也難矣。古人嘗云治學有三難:淹博難,識斷難,精審難[1]。廣蒐諸本,可謂之淹博;校勘文字,可謂之識斷;論定是非,可謂之精審。若阮氏之書,謂之淹博,可矣;謂之識斷,亦差可矣;謂之精審,則未可矣,以阮氏未及深研何氏義例故也。綜觀前人之治《公羊》,或重版本、校勘,如阮元《公羊注疏校勘記》。或重經傳義例,如孔廣森《公羊通義》、劉逢禄《公羊何氏釋例》。或二者相兼,如陳立《公羊義疏》。諸家固多創見,然猶可補正。以版本、校勘言,阮元校勘《公羊注疏》,所據諸本雖較當時學者稱富,猶

---

[1] 江永《古韻標準》云:"凡著述有三難:淹博難,識斷難,精審難。"《景印文淵閣四庫全書·經部·小學類》第242冊,頁485上。

未見《公羊疏》及宋本《公羊經傳解詁》,故劉承幹、瞿鏞皆據以糾正其失。以《公羊》義例言,劉逢禄《公羊何氏釋例》僅鈔録何氏注文,粗略排比,末附議論,實欠深研。孔廣森《公羊通義》另立己説,與何氏家法多相乖違,難以徵信。至於陳立《公羊義疏》,雖兼顧版本與義例,終因義疏體所限,議論亦嫌簡略。愚近年致力於重校《公羊注疏》,先分别經注本與單疏本,循"以何還何""以徐還徐"之法,辨析何注本、徐疏本之異同,然後定合刻之例,如此,注疏合刻之長短,學者論斷之高下,可謂歷歷指掌。今此書先行,經注本、單疏本、注疏本隨後,乃欲示校經當先明本經義例。本經義例明,猶挈裘振領、若網在綱,他如文字異同、版本優劣,皆可從而定焉。昔段玉裁云"校書之難,非照本改字不譌不漏之難也,定其是非之難也"①,誠哉斯言! 今重校《公羊》各本之事將竣,更祈當世博雅君子匡我不逮,則幸甚矣。

---

① 段玉裁《與諸同志書論校書之難》,《經韵樓集》卷十二,《續修四庫全書·集部·别集類》第 1435 册,頁 189 上。

目　録

第一章　漢石經《春秋》殘字 合證與碑圖之復原

　　張國淦《歷代石經考》云："自來言石經者，一考原流，一考文字。其考原流者，如顧氏炎武《石經考》。……其考文字者，如黄氏伯思《東觀餘論》《書》《論語》字、洪氏适《隸釋》《隸續》諸經殘碑字。"①此說誠是。然或考原流、或考文字，俱囿於出土碑石殘字。碑石少見、殘字不足，則原流、文字之考證亦難矣。以《春秋經》爲例，清趙坦撰《春秋異文箋》，未見漢石經，僅據唐石經，其說頗可補正。民國以還，漢石經殘碑稍出，七經之目始定②。其蒐集者，有徐鴻寶、馬衡、柯昌泗、羅振玉、陶祖光等③。其考證者，則以羅振玉、張國淦、馬衡爲最著。羅氏有《漢熹平石經殘字集録》等，張氏

---

① 張國淦《歷代石經考·例言》，《歷代石經研究資料輯刊》第 4 册，頁 1。

②《隋書·經籍志》言"一字石經"云："《周易》一卷，《尚書》六卷，《魯詩》六卷，《儀禮》九卷，《春秋》一卷，《公羊傳》九卷，《論語》一卷。"一字石經，即漢熹平石經，《隋書》七經之目，與漢石經合。見《隋書》第 3 册，頁 945—946。

③ 張國淦云："近年在洛陽故城所得者，北京大學二石，吴興徐鴻寶四十四石，鄞馬衡十六石，固始吴寶煒二石，膠柯昌泗三石，閩陳承修二石，大興黄某一石，不知誰氏二石，共殘石七十二塊。又北海圖書館二石，馬衡一石，柯昌泗十五石，上虞羅振玉五石，建德周進四石，武進陶祖光十五石，不知誰氏八石。又二百七十二石，共殘石三百二十二塊。洛陽又新出殘石若干塊。"見《歷代石經考》，頁 123。

有《漢石經碑圖》，馬氏則有《漢石經集存》。羅氏《集録》僅及行字數，未及碑圖之復原。張氏《碑圖》則因殘字收録不全，碑圖復原難工。馬氏《集存》後出轉精，然所論殘字僅及碑石之行位，未及字位，且案斷時有可商者。今人吕振端氏有《漢石經春秋殘字集證》，其説多本張氏《碑圖》與馬氏《集存》，雖間有修正，然前人之誤而未及改正者，所在多有。斯篇本羅、馬二氏所集殘字，論得失、考文字、復碑圖，於前人之説，是者承之，訛者正之，闕者補之，千慮一得，或有裨於《春秋》學云爾。

一、論得失

（一）前人之説辨疑

據馬氏《集存》殘字，可推漢石經《春秋》碑數凡四，陰陽兩面皆書。其書寫格式：每卷篇題各佔一行，每年分事則加圓點，且佔一格（閔公附於莊公末，不出篇題，但加點），每行 70 字，間有行 71 字或 72 字者。石之廣狹不一，寬者 38 行，窄者 27 行。此爲碑石行款之大例。張國淦《碑圖》、馬衡《集存》及吕振端《集證》於此少有分歧。然復原之碑圖仍見歧誤者，其類非一，下文列舉數端以明之。

1. 殘字誤釋者

例一

M圖四八·311·1

　　"伯"右之殘畫，羅振玉定爲"公"字①，張國淦、馬衡則定爲
"小"字②，俱誤。此乃"冬"字，呂振端説是也③。馬衡誤"冬"爲
"小"，故云："以今本校之，一二行間七十四字，按九年伐鄭之役，
《穀梁》無杞伯，而會吳于柤之役有之，石經之文，或同于《穀梁》，但
仍多出二字。"④ 案：此碑石殘字爲襄公九年至十二年經，其行款乃
行 70 字，非 72 字。馬衡因誤釋殘字而誤斷行字數耳。

　　例二

M圖四二·277

　　此爲僖公三年至五年經。馬衡據行 70 字之例，推"于"字
之右殘字爲"雨"字，呂振端承其説⑤。然"雨"字恐誤，疑是"六"
字。細審"師"字之左，其殘畫似是"朝"字之右旁"月"，若以
"師""朝"竝列計之，乃行 72 字，例與 M 圖四二·275 石合。且僖
公四年碑石行字數乃 72 字，非 70 字（參下文"殘字補例"）。若以
行 72 字推，知"于"之右是"六"字，非"雨"字。此蓋因誤斷行字
數而誤釋殘字。

① 羅振玉《漢熹平石經殘字集録》，《羅振玉學術論著集》第 2 册，上海古籍出
　　版社，2010 年，頁 175。
② 見張國淦《漢石經碑圖》，關東印書館，1931 年，頁 22b；馬衡《漢石經集
　　存》，頁 35a 下。
③ 呂振端《漢石經春秋殘字集證》，頁 79。
④《漢石經集存》，頁 35a 下。
⑤《漢石經春秋殘字集證》，頁 46。

2. 殘字所繫或可改補者

例三

M圖四〇·252

　　此石"州公"二字仍可辨認。馬衡繫於桓公五年經 [1]，吕振端同 [2]。然宣公元年經"公會齊侯于平州公子遂如齊"，亦"州公"連文。此宜繫於宣公元年，何者？若爲桓五年經文，"州公"爲石上邊際，今細審殘石，"州"上似有殘畫，與碑圖不合，此其一。今所出殘石無桓公經文。若繫於宣公元年，則在第三石陽面，與已出殘石"之邾婁"（M圖四六·313）形狀相近，或可互爲陰陽表裏，此其二。故以繫於宣公元年爲長。

　　例四

M圖四八·314·2

　　此石"侯宋"二字皆存半字，羅振玉、張國淦、馬衡繫於襄公廿

① 《漢石經集存》，頁 29a 下。

② 《漢石經春秋殘字集證》，頁 28。

一年經 ①,呂振端同 ②,恐未必。若繫於莊公十三年經,更爲義長,因此石形與 M 圖四七·331 石相似,或是陰陽面。

例五

M圖四三·285

此石殘字,羅振玉、張國淦、馬衡繫於文公三、四年經③,呂振端同 ④。以行 70 字例推之,亦可繫於文公十三、十四年經。若以石之陰陽面相驗,殘字宜繫於文公三、四年經,然諸家於此皆略而無説,宜加補釋。

3. 誤釋表裏者

碑石陰陽兩面皆書,表者陽,裏者陰。石之表裏與碑數、行款相關,今出土殘碑亦有一石兩面者,如 M 圖五二·282 石與 M 圖五一·321 石 ⑤。馬衡《集存》時以表裏説言之,多是。然其中有偶誤者,如:

---

① 分見《漢熹平石經殘字集録·春秋公羊經》第 2 册,頁 176 ;《漢石經碑圖》,頁 21b ;《漢石經集存》,頁 35b 上。

②《漢石經春秋殘字集證》,頁 82。

③ 分見《漢熹平石經殘字集録·春秋公羊經》第 2 册,頁 169 ;《漢石經碑圖》,頁 21a ;《漢石經集存》,頁 32b 下。

④《漢石經春秋殘字集證》,頁 57。

⑤ 參屈萬里《“國立歷史博物館” 藏漢熹平石經春秋殘石題記》。

例六

M圖四五·283

　　此殘字爲僖公十六年至廿四年經。馬衡云“此與襄公廿二年一石爲表裏”①，吕振端沿襲馬説②，並誤。殘字在第三石之陽面，位在第四行至第十一行之間，其陰面則是昭公十二年至十四年經。以 M 圖四八·324 石驗證，殘石之形相似，經文位置相當，宜爲石之陰陽表裏。云“與襄公廿二年一石爲表裏”者，非也。

　　例七

M圖五〇·316（與319合）

①《漢石經集存》，頁 32b 上。
②《漢石經春秋殘字集證》，頁 56。

　　諸殘字爲襄公廿一年至廿九年經。馬衡云"此爲僖公十六年一石之陰"①，非。此篇殘字位在第三石陰面，自首行起，訖於第十二行，其陽面則是文公篇經文，吕振端云此石乃"文公七年'夫盟于'及十三年'月己丑'等字二石之陰"②，此説是。云"夫盟于"者，即 M 圖四三·288 石；"月己丑"者，即 M 圖四五·291·2 石。馬衡云"僖公十六年一石"者，則是 M 圖五二·282 石，其陰面則是 M 圖四八·324 石。吕説是而馬説非。

4. 拓本不清或有誤判行款者

例八

M圖四一·276

　　馬衡云："此爲僖公首行末二字，其右空行，乃閔公末行及僖公篇題。"③

　　案，云"首行末二字"者，恐有可商。細審"于"字下似有殘畫，有類"打"字。僖公元年至十一年，殘字碑圖皆是行 72 字，説詳下文"殘字補例"。云"末二字"者，恐泥於行 70 字之例。吕振端云此石"下緣空白"④，或承馬氏之説，亦不可從。

──────────

①《漢石經集存》，頁 35b 下。
②《漢石經春秋殘字集證》，頁 83.
③《漢石經集存》，頁 31b 上。
④《漢石經春秋殘字集證》，頁 45。

例九

M圖四三·279

　　殘字爲僖公八年經。馬衡云："此石與'遂救'一石，行皆72字，似相符合，惟'遂救'石凡六行，末行'十有二'等字，適在碑之邊際，則'于葵'字，應在其前一行，觀此石'于葵'字亦在邊際，則不合矣。豈黃初補刻時之誤耶？姑存疑以俟考。"①

　　案，馬衡以爲黃初補刻，或是，但謂此石"于葵"二字"亦在邊際"，則有可商。何者？若是補刻，則"葵"字左旁圓點"·"可不必出，如 M 圖四〇·256 石，"六""月"上皆無字，僅出原刻殘壞之字。此其一也。又或是原刻，但拓本不清，"葵"字左旁圓點"·"未能顯現，事有或然。此其二也。馬氏云"亦在邊際"，不敢必也。

（五）當連綴而遺漏者

例十

M圖四五·296

---

① 《漢石經集存》，頁 31b 下。

　　此爲二石合竝。馬衡繫於宣公十五年至十七年經,是也。然此石可與 M 圖五〇·297 石連綴。左下角乃"孫"字殘畫,正與"良夫"之石相接,碑石斷損之位,其石形也合。

　　(六)殘字重出者

　　例十一

M圖四八·323

　　此石殘字,羅氏《集録》、張氏《碑圖》、馬氏《集存》俱繫於莊公十一至十三年經(見 M 圖四一·260),是也。然《集存》又重出此石,並繫於昭公十二至十三年經[1],吕振端承其誤[2]。今以殘畫比對,以莊公篇殘字爲長。何者? 此石左下殘畫爲"🔳",既似"平"字又似"衛"字。若"平"字,則在昭公;若"衛"字,則在莊公。另據此石右上殘畫,若繫於昭公,則"二"之右當是"會"字,若此,則殘畫必是"會"字長撇,字之位置稍下,嫌與"二"字不齊竝,且字形不類。若繫於莊公,則"一"字之右當是"十"字,殘畫則是"十"字之長横,位置相當,與"一"字竝齊,且字形相類,故以繫於莊公爲長。

---

①《漢石經集存》,頁 36b 下。
②《漢石經春秋殘字集證》,頁 90。

（七）殘字可推而未定者

例十二

M圖四八·337

馬衡云：“《春秋》不知何公。”[1] 據碑圖所推，當在定公四年經。
“月”左乃“沈”字殘畫，且此爲石下邊際。

例十三

M圖四八·340

馬衡云：“《春秋》不知何公。”[2] 吕振端亦歸爲“不知何公殘
石”之類[3]。案“冬”上殘畫似是“鄭”字左下兩點，檢“鄭冬十”三
字，經文有四處相合：（1）莊公十六年，（2）成公九年，（3）哀公九
年，（4）哀公十二年。哀公九年與哀十二年經，在第一石陰面，不
見其他殘字；其陽面爲桓公經文，也不見殘石，或不宜繫乎此。莊

---

①《漢石經集存》，頁 38a 上。

②《漢石經集存》，頁 38a 上。

③《漢石經春秋殘字集證》，頁 105。

公十六年有補刻之石,則"冬十"二字重出,亦不宜;且若繫於此年,陰陽面石形不類。然則,此石宜繫於成公九年,石形與 M 圖四五・302 石相類,或是石之表裏。

例十四

M圖四八・338

馬衡言"不知何公"①。吕振端謂"癸"下類"巳"字②,是。考經文有"月癸巳"者,凡六處:(1)莊公三十二年秋七月癸巳,公子牙卒,(2)襄公廿四年八月癸巳朔,日有食之,(3)襄公卅一年秋九月癸巳,子野卒,(4)昭公廿八年秋七月癸巳,滕子甯卒,(5)定公元年秋七月癸巳,葬我君昭公,(6)定四年春王二月癸巳,陳侯吴卒。——驗之碑圖,以"巳"之右殘畫,似是"曹"字,推此殘字爲昭廿八年經。

以上乃馬氏《集存》之可商者,吕振端《集證》雖間有改正,仍多承馬説,知前人所論漢石經《春秋》殘碑,行款大例雖不誤,然細節可議,碑圖之復原尚待修訂。

①《漢石經集存》,頁 38a 上。
②《漢石經春秋殘字集證》,頁 105。

（二）殘字補例

1. 關於第二石陰陽面行 71 字、72 字之特例

漢石經《春秋》常例爲每行 70 字，然第二石陰陽面則是行 71、72 字，與常例乖。如上節第 8 例（M 圖四一·276 石），馬衡謂"人于"爲行末二字，是以行 70 字立説。然僖公元年至十二年春三月，碑石則是行 72 字；且此石陰面昭公廿二年至卅二年經，乃行 71 字，亦非 70 字。馬衡論云：

> 此石每行皆多出二字，第五、六行之間，删去今本"子"字，尚多一字。初疑僖公篇首數行，書碑者特加緊湊，書作行七十二字；嗣見唐陸淳《春秋啖趙集傳纂例·三傳經文差繆略》僖公條下書"'七年秋七月，公會齊侯、宋公、陳世子款盟于寧母'，《左氏》'陳世子款'下又有'鄭世子華'，誤加之也"。知陸淳所見之《公》《穀》，尚無此四字，與陸德明所見之本，又有不同。焉知此篇首數行中，不更有異文耶？①

案，馬氏以行 70 字立説，故疑有異文。考僖公七年盟于甯母，今本三傳均有"鄭世子華"四字，以 M 圖四三·278 石驗之，知《春秋》亦有此四字。是陸淳之説不可爲據。馬衡初疑書碑者緊湊寫之，是也；繼疑今本與石經異文，則非。何以知之？今所出殘石，凡僖公元年至十二年春王三月者，以今本比對，皆是行 72 字，如 M 圖四二·275、M 圖四一·276、M 圖四二·277、M 圖四三·278、M 圖四三·279、M 圖八四·280，均爲行 72 字。若今本與石經有異，碑石行字數不應如此整齊成例。且陰面亦是行 71 字，若有異文，何以陰面亦如此整飭？今殘石陽面行皆 72 字，陰面行皆 71 字，與行 70 字之常例乖，其間緣由，雖未能確知，然由此可推陰陽

---

① 《漢石經集存》，頁 31b 下。

面行 71、72 字者，並非書者隨意寫之。

　　考僖公元年至十二年春王三月，碑石凡十行，以行 70 字衡之，其中九行多二字，末行多一字，共 19 字，若據行 70 字例書寫，則須另起一行，更補 51 字，以合行 70 字之數。如此，則僖公篇少一行（即第三石陽面僖公篇經文凡 21 行，當爲 20 行），依此遞推，第三石陽面、第四石陽面、第四石陰面、第三石陰面，還至第二石陰面，昭公廿二年至卅二年經文，亦當少一行，即自“·廿有二年”至“王猛入于”，凡 70 字，移入第三石陰面。第二石陰面則自“王城冬”起。以碑圖驗之，昭公篇此處經文，皆行 71 字，其中一行 72 字（即第二行“城冬十月”），或今本異文之故。今以每行 71 字計，凡十行，多出 9 字，另行書之，其行數仍與今之碑圖行數相同，無須陰陽兩面緊湊書寫，故筆者惑焉，何以此處陰面行皆 71 字，陽面行 72 字？思慮再三，嘗疑末行與下篇篇題相鄰者，字數不宜過少，否則觀之不美、視之易混。昭公末行 9 字，何以不另行書寫而擠縮於右之諸行間？今據襄公篇末行 13 字而另行書之之例，則末行與下篇篇題相鄰者，其字數或不宜少於 10 字歟？蓋昭公末行 9 字，不合此例，故須擠書於右之諸行間。總之，殘字不足，諸家於此或語焉不詳，或置而勿論，遂不揣淺陋而爲推測之辭，以俟高明。

2. 關於補刻之例

　　馬氏《集存》所收殘字，有原拓本，有補刻拓本。石經之補刻，時在黃初。魚豢《魏略》云：“至黃初元年之後，新主乃復始掃除太學之灰炭，補舊石碑之缺壞。”[1] 補刻之例，馬衡論云：

---

[1]《三國志》第 2 册，頁 420。

　　黄初補刻之字,確有與原刻相同者。且補刻之字形,亦皆
一致,無可疑者。意漢末董卓之亂所缺壞者,僅《詩》與《春
秋》數碑,而一碑之缺壞,亦僅數處,黄初時補刻,但就缺壞之
字,別石刻之,如明人之補唐石經然(唐石經壞於嘉靖間之地
震),初未易其原碑。此殘損之字,當時必没入土中,今原石與
補刻之石,同時出土,致有重複,亦事理之常耳。①

　　案,馬氏云"與原刻相同者",僅論及"字形"。然補刻之字,不
僅字形一致,而且行款一致。云"別石刻之"者,乃依原刻行款耳。
請看以下二組殘石:

M圖四〇·255

M圖四〇·256

M圖四一·269

M圖四二·271

①《漢石經集存》,頁 31a 上。

此二組殘碑，原刻與補刻行款相同，字體則異。故雖爲補刻，推測碑圖行款，仍可爲據。《集存》中定爲補刻者，謂"字形不類"[1]，稍嫌簡略，今試引申如下：

由 M 圖五〇·297·3、M 圖五一·321、M 圖五二·282，可知凡"冬"字上半部，書者皆寫作""，此又見於 M 圖四五·283、M 圖四五·296、M 圖四八·340。故知凡"冬"字上半部書作""者，宜爲補刻，如 M 圖四〇·258 與 M 圖八四·259 之"冬"字，上半部即書作""，可推爲補刻。

由 M 圖四一·264·2、M 圖四三·287、M 圖四六·312·1、M 圖五一·321，可推凡"戊""戌""戎"字，右上之點皆在上橫之內，如""；故知凡右上點在上橫之邊角者，如""，爲補刻之字，如 M 圖四一·262、M 圖四一·270 之"戊""戎"字，其右上點皆在上橫之右邊角，且棱角分明，故推爲補刻。

由 M 圖四一·260、M 圖四二·272、M 圖四四·294、M 圖四四·295、M 圖四七·325、M 圖五一·321、M 圖五二·282，知凡"年"字最上橫，皆爲長畫，與第二橫相當，如""，故知最上橫爲短畫者，爲補刻，如 M 圖八四·259，書作""。

由 M 圖四四·298、M 圖五〇·319、M 圖五〇·301、M 圖五一·321、M 圖五二·282，可推"宋"字下部"木"字，諸畫相連，如""；故凡"木"字撇、捺與中直不相連者，則爲補刻，如 M 圖八四·259 之"宋"字，書作""。

由上可知，馬氏《集存》凡六例斷爲補刻，是也，惟遺漏 M 圖八四·259 石，此石"宋""年""冬"三字不合他石，當是補刻無疑。故《集存》中可確定爲補刻者凡七石：

---

①《漢石經集存》，頁 30a 上。

M 圖四〇·256，M 圖四〇·258，M 圖四一·261，M 圖四一·262，M 圖四一·270，M 圖四二·271，M 圖八四·259。

除此七石之外，M 圖四三·279 石等，或是補刻，然實證不足，姑存疑不論。總之，近人論漢石經《春秋》者，以馬衡《集存》爲最著，然碑石之例尚可修訂，且碑石殘字與今本互異者，仍須補釋。下文考證殘字，以諸本相互比勘，讀者於石經之碑圖，不僅得其大例，亦可探其細微焉。

二、考文字

漢石經《春秋》殘字出，可資以校勘者，今有唐開成石經及宋以下經注本或注疏合刻本。然陸淳《春秋集傳纂例》所見《春秋》，與開成石經及後之諸刻本多有歧異，驗以漢石經，頗補今本之不足。馬衡《集存》據以爲説，是也。下文即據諸本及陸氏《春秋集傳纂例·差繆略》所引異文，以證石經殘字。先敘凡例如下：

一、所論碑石殘字依經文先後爲次。

一、殘字以馬氏《集存》與羅氏《集録》之圖版爲據，前者以“M 圖”示之，後者以“L 圖”示之。

一、考證異文以漢石經殘字爲主，不論諸刻本之異文。

一、然諸刻本異文有關碑圖復原者，亦論之，如《公羊》經昭公十五年“蔡昭吳奔鄭”，昭”，二傳作“朝”；“奔”，二傳作“出奔”。昭、朝可通，因無關碑圖之行款，故不論。但“奔”、“出奔”關乎羨奪，涉及碑圖行款，故辨之。

一、爲清眉目，石經殘字以四方邊框標示。凡不合 70 字例者，咸爲考證焉。

隱　　公

例一

M圖四〇·251

　　殘字爲碑石之上、右邊際，馬衡云："殘石中有一'隱'字，較他經爲大，爲碑之首行首字，是必《春秋》'隱公第一'之篇題。其下當爲大題'春秋'二字。"[1] 此説可從。

莊　　公

例二

M圖四〇·253

M圖四〇·254

M圖四〇·255

M圖四〇·256

M圖四〇·257

①《漢石經集存》，頁 38a 下。

　　諸石殘字爲莊公元年至六年經，然行款互乖，見下圖：

元年春王正月三月夫[人]遜于[齊]夏單伯逆王姬秋[築]王姬[之]館于外冬十月
乙亥陳侯林卒王使榮叔來錫[桓]公命[王]姬歸于齊齊師遷紀邢鄑郚・二年
春王二月葬陳莊公夏公子〔71字〕

慶父帥師伐於餘丘秋七[月]齊[王]姬卒冬十有二月[夫人]姜氏會齊侯于郜乙
酉宋公馮卒・三年春王正月[溺會]齊師伐衛夏四月葬宋莊公五月葬桓王
秋紀季以鄑入于齊冬公〔70字〕

次于郎・四年春王二月夫人[姜]氏饗齊侯于祝丘三月紀伯姬卒夏齊侯陳
侯鄭伯遇于垂紀侯大去其國[六]月乙丑齊侯葬紀伯姬秋七月冬公及齊人
狩[于]郜・五年春王正月〔70字〕

夏夫人姜氏如齊師秋倪黎來來朝冬公會齊人宋人陳人蔡人伐衛・六年
春王三月王人子突救衛夏[六][月]衛侯朔入于衛秋公至自伐衛螟冬齊人來
[歸衛]寶・七年春夫人姜〔70字〕

　　圖版“于齊”與“齊王”並列，依今本字數計，是行71字。然
“王”與“姜”並列，則是行70字。又，“築王”“夫人”並列，依今本
計算，亦行71字。但“公命”與“溺會”並列，則是行70字。若使
“公命”與“溺會”並列，今本“姬之”至“錫桓”間當少一字。故馬
衡云：“首行羨一字，或‘築王姬之館于外’句，碑無‘之’字歟？”①
案此説可從。考《白虎通・嫁娶篇》引《春秋傳》曰“築王姬觀于
外”②，無“之”字，疑此亦無“之”字。若此，則首行70字，與常例
合。張國淦《碑圖》不以“之”字爲衍文，自首行始即有誤，故所推
碑圖與已出殘石多不合，如 M 圖四二・265 石“食”“有”“齊”三
字爲石下邊際，張氏則排在行第四字③。

　　又，馬衡論 M 圖四〇・256 石云：“‘桓公命溺會’一石，已見

①《漢石經集存》，頁 29b 上。
②　見陳立《白虎通疏證》，頁 480。
③《漢石經碑圖》，頁 20a。

上。此又複出‘桓公溺’等字，字形與下列‘姜氏侯于’等字一石相類，殆黄初補刻者。據原碑排比，此數字不得在行首，且‘桓’字‘月’字，高出一字，知非行首也。蓋補刻時，就其缺壞者書之別石耳。”① 此説甚具識見。補刻雖未出全文，但行款與原刻相同，此補刻之字“公”“溺”“六”“月”並列，正與原刻相同。

　　M圖四〇·253石，“遜”，今本作“孫”，陸德明《左傳釋文》莊公元年出“遜于”云：“本亦作孫，音同，注及傳同。”② 石經與陸氏所見《左氏》本同，但今本《左氏》亦作“孫”不作“遜”。案今本《公羊傳》云“孫者何？孫猶孫也”，何注云：“孫，猶遜也。”明何休注本作“孫”不作“遜”，與蔡邕本不同。

　　例三

M圖四〇·258

M圖八四·259

M圖四一·260

M圖四一·261

M圖四一·262

M圖四八·314·2

①《漢石經集存》，頁29b下。
②《經典釋文》，頁891。

諸殘字爲莊公五年至廿三年經。碑圖如下：

夏夫人 姜氏 如齊師秋倪黎來來朝冬公會齊人宋人陳人蔡人伐衞·六年
春王三月王人子突救衞夏六 月 衞侯朔入于衞秋公至自伐衞螟冬齊人來
歸衞 寶·七年春夫人姜〔70 字〕

氏會齊 侯于 防夏四月辛卯夜恒星不見夜中星霣如雨秋大水無麥苗冬夫
人姜氏會齊侯于穀·八年春 王 正月師次于郎以俟陳人蔡人甲午祠兵夏
師及齊師圍成成降于齊〔70 字〕

師秋師 還冬 十有一月癸未齊無知弒其君諸兒·九年春齊人殺無知公及
齊大夫盟于暨夏公伐齊納糾齊 小白入 于齊秋七月丁酉葬齊襄公八月庚
申及齊師戰于乾時我師敗〔71 字〕

績九 月齊人 取子糾殺之冬浚洙·十年春王正月公敗齊師于長勺二月公
侵宋三月宋人遷宿夏六月齊師 宋師次 于郎公敗宋師于乘丘秋九月荊敗
蔡師于莘以蔡侯獻舞歸〔70 字〕

冬十 月齊 師滅譚譚子奔莒·十有 一年春 王正月夏五月戊寅公敗宋師于
鄑秋宋大水冬王姬歸于齊·十 有二年春 王三月紀叔姬歸于杞夏四月秋
八月甲午宋萬弒其君接〔70 字〕

及其大夫仇牧冬十月宋萬出奔陳·十 有三年春 齊 侯宋 人陳人蔡人郳婁
人會于北杏夏六月齊人滅遂秋 七月冬 公會齊侯盟于柯·十有四年春齊
人陳人曹人伐宋夏單伯〔70 字〕

會伐宋秋七月荊入蔡冬單伯會齊侯宋公衞 侯鄭 伯于鄄·十有五年春齊
侯宋公陳侯衞侯鄭伯會于鄄夏夫人姜氏如齊秋宋人齊人郳婁人伐兒鄭
人侵宋冬十月·十有六〔70 字〕

年春王正月夏宋人齊人衞人伐鄭秋荊伐鄭 冬十 有二月 公 會齊侯宋公陳
侯衞侯鄭伯許男 曹 伯 滑伯滕子同盟于幽郳婁子克卒·十有七年春齊人
執鄭瞻夏齊人瀸于遂秋鄭瞻自〔73 字〕

齊逃來冬多麇·十有八年春王三月日有食之夏公追戎于濟西秋有蜮冬
十月·十有九年春王正月夏四月秋公子結媵陳人之婦于 鄄 遂及齊侯宋
公盟夫人姜氏如莒冬齊〔70 字〕

人宋人陳人伐我西鄙·廿年春王二月夫人姜氏如莒夏齊大災秋七月冬
齊人伐戎·廿有一年春王正月夏五月辛酉鄭伯突卒秋 七月戊 戌夫人姜
氏薨冬十有二月葬鄭厲〔70 字〕

公・廿有二年春王正月肆大省癸丑葬我小君文姜陳人殺其公子禦寇夏五月秋七月丙申及齊高傒盟于防冬公如齊納幣・廿有三年春公至自齊祭叔來聘夏公如齊觀社〔70字〕

第三行,莊公九年夏,"公伐齊納糾",陸淳《差繆略》云:"糾,《左氏》作'子糾'。"① 今本《左氏》作"子糾",孔疏亦云"定本'糾'之上有'子'字"②,與陸淳所見相同。今石經此行71字,已多一字,疑石經與今本《公羊》經相同而無"子"字。又,自"于齊"至次行"績九"間,今本或羨一字。

第八行,依今本計共73字,陸淳《差繆略》云:"《公羊》作'公會',《左氏》無'曹伯'字。"③ 知陸氏所見《公羊》經有"公""曹伯"三字,與今本同。然何休《解詁》云"先是,鄄幽之會,公皆不至",知何休本亦無"公"字。而陸氏所見《經》,並無"公""曹伯"三字,今《左氏》經亦無此三字。以石經行70字證之,知石經同於《左氏》經也。《穀梁》無"公"字而有"曹伯",亦非石經之文。趙坦云:"《左氏》無'公'字,當是脱文。無'曹伯'二字,亦脱漏。"④誤也。

又,阮元《校勘記》論云:

> 諸本同。唐石經損缺,以字數計之,有"公會"二字。惠棟云:"《左氏》《穀梁》無'公'字,故《穀梁傳》云'不言公'。"按:"公會"二字當爲衍文。《左氏》《穀梁》無"公"字,猶賸"會"字。据十九年何注云"先是,鄄幽之會,公比不至。公子

① 陸淳《春秋集傳纂例》,《景印文淵閣四庫全書・經部・春秋類》第146册,頁515下。

②《春秋左傳正義》,《十三經注疏》第6册,頁144下。

③《春秋集傳纂例》,頁515下。

④《春秋異文箋》,《續修四庫全書・經部・春秋類》第144册,頁560下。

結出竟,遭齊宋欲深謀伐魯,故專矯君命而與之盟",然則,幽之盟,非特魯君不至,即士大夫亦未有來會者,猶十五年"齊侯、宋公、陳侯、衞侯、鄭伯會于鄄",不曰"公會齊侯"及"會齊侯"云云也。《春秋繁露·滅國下篇》云"幽之會,莊公不往"①。

案:"公子結出竟"一事,非諸侯相盟,乃大夫生事而盟。何休以鄄幽之會相比,謂魯君雖無尊事伯者之心,然大夫却有安社稷利國家者。故公子結雖矯君命,比於魯公無尊伯之心,猶善矣。注云"鄄幽之會,魯公不至",但謂魯無尊事伯者之心,不謂大夫不至會。今阮氏云"幽之盟,非特魯君不至,即士大夫亦未有來會者",非注意。阮氏又舉例云,莊十五年經書"齊侯、宋公、陳侯、衞侯、鄭伯會于鄄",彼既不書公會,此亦無"公會"二字。然莊十五年"齊侯以下會于鄄"云云,乃承去年冬王臣單伯之會,魯莊前年王臣之會不至、今年伯者之會又不至,且不遣大夫會,故不書"公會"。今此同盟,魯公不往,容或遣大夫往會,故書"會"耳。阮説雖辨,究不合石經者,乃因莊十五年鄄之會與此年同盟于鄄並非同例,比例不當,故失其實。

M圖四一·260石,馬氏《集存》重出,誤繫於昭公篇(見M圖四八·323石)。説詳上節第十一例。

馬衡論M圖四一·261云:"此石與'一年春'一石之'有三'二字相銜接,而字形不類,亦黃初補刻。"② 是也。

M圖四一·262石,"月"左並列者,張國淦、馬衡定爲"春"

---

① 阮元《公羊注疏校勘記》,《續修四庫全書·經部·群經總義類》第183冊,頁70下—71上。
②《漢石經集存》,頁30a上。

字①。然據羅振玉《漢熹平石經殘字集錄・漢熹平石經殘字下》,其雙鉤本似是“年”字②,非“春”字。但呂振端亦定爲“春”字③。以行 70 字及筆畫推之,當以“年”字爲長,羅説可從。

　　M 圖四八・314・2 石,“侯宋”,羅振玉、張國淦、馬衡繫於襄公,但以石形表裏驗之,似宜繫於此。説見上節第四例。

　　例四

M 圖四一・264・1　　　　　M 圖四一・263　　　　　M 圖四一・264・2

M 圖四二・265　　　　　M 圖四一・267　　　　　M 圖四一・266

　　諸石殘字爲莊公廿二年至廿八年經。馬衡謂 M 圖四一・264・1 石“齊”之右當是“肆”字殘畫,肆與肆古多通用④,是。又,M 圖四二・265 石,“有”“齊”爲石下邊際,可據以推排行款。碑圖

① 張國淦《漢石經碑圖》,頁 20a。馬衡《漢石經集存》,頁 30a 下。
②《漢熹平石經殘字集錄》,《羅振玉學術論著集》第 2 册,頁 166、357。
③《漢石經春秋殘字集證》,頁 36。
④《漢石經集存》,頁 30b 上。

如下：

公·廿有二年春王正月肆大省癸丑葬我小君文姜陳人殺其公子禦寇夏五月秋七月丙申及齊高傒盟于防冬公如齊納幣·廿有三年春公至自齊祭叔來聘夏公如齊觀社〔70字〕

公至自齊荊人來聘公及齊侯遇于穀蕭叔朝公秋丹桓宮楹冬十有一月曹伯射姑卒十有二月甲寅公會齊侯盟于扈·廿有四年春王三月刻桓宮桷葬曹莊公夏公如齊逆女〔70字〕

秋公至自齊八月丁丑夫人姜氏入戉寅大夫宗婦覿用幣大水冬戎侵曹曹羈出奔陳赤歸于曹郭公·廿有五年春陳侯使女叔來聘夏五月癸丑衛侯朔卒六月辛未朔日有食〔70字〕

之鼓用牲于社伯姬歸于杞秋大水鼓用牲于社于門冬公子友如陳·廿有六年公伐戎夏公至自伐戎曹殺其大夫秋公會宋人齊人伐徐冬十有二月癸亥朔日有食之·廿有〔70字〕

七年春公會杞伯姬于洮夏六月公會齊侯宋公陳侯鄭伯同盟于幽秋公子友如陳葬原仲冬杞伯姬來莒慶來逆叔姬杞伯來朝公會齊侯于城濮·廿有八年春王三月甲寅齊〔70字〕

人伐衛衛人及齊人戰衛人敗績夏四月丁未邾婁子瑣卒秋荊伐鄭公會齊人宋人邾婁人救鄭冬築微大無麥禾臧孫辰告糴于齊·廿有九年春新延廄夏鄭人侵許秋有蜚冬十有二月〔74字〕

第四行，莊公廿六年，“公伐戎”，馬衡論云：

> 莊公廿有六年公伐戎，《左》、《穀》皆有“春”字。唐陸淳《纂例》卷九云：“《公羊》無‘春’字。”唐石經《公羊》此年首數字泐，以每行十字計之，似無“春”字。阮元《校勘記》云：“盧文弨曰‘疏標經文云“春公伐戎”，是疏本有春，自石經始脫耳’。”今此石自首行字數至次行“有”字上適得七十字，似漢石經已無“春”字矣。①

---

① 《漢石經集存》，頁30b上。

以行 70 字計,石經當無"春"字,馬説是也。其論 M 圖四一·266 石云:"末行似'糴'字,上距叔姬之'叔'七十四字。按莊公廿八年公會齊人、宋人、邾婁人救鄭,《左》、《穀》二家經皆無'邾婁人'三字,石經或無此三字,但仍羡一字。"①

案,第五、六行間,依今本《公羊》經,自"叔"至"糴",行 74 字,而《左》《穀》均無"邾婁人"三字。陸氏《差繆略》云:"《公羊》作'公會齊人、宋人、邾婁人救鄭'"②,知陸氏所見《公羊》與今本同。今漢石經"叔""糴"竝列,則石經同乎二家之經文,可以推知矣。然此行尚 71 字,"叔""糴"猶不竝列,故馬衡謂"仍羡一字"。愚反復比對,頗疑自"人伐"至"辰告"之間,所羡者或"公"字。何以言之?以所會者齊、宋稱"人"也。齊、宋既稱人不稱爵,則有貶義。考僖公十九年今本《公羊》經書"公會陳人、蔡人、楚人、鄭人盟于齊",諸侯皆稱人,然出土殘碑亦無"公"字,是今本與石經異。彼之書法與此同,則"公"之爲衍字,蓋有以歟?《穀梁》云"善救鄭",與《公羊》義異,不可爲據。

例五

M圖四一·268　　　　　M圖四一·269　　　　　M圖四一·270

---

①《漢石經集存》,頁 30b 上。
②《春秋集傳纂例》,頁 515 下。

M圖四二·272　　　　　M圖四二·273　　　　　M圖四二·274

　　諸石殘字爲莊公廿九年至閔公二年經。碑圖如下：

人伐衛衛人及齊人戰衛人敗績夏四月丁未郕妻子瑣卒秋荊伐鄭會齊人宋人救鄭冬築微大無麥禾臧孫辰告糴于齊·廿有九年春新延廄夏鄭人侵許秋有蜚冬十有二月〔70 字〕①

紀叔姬卒城諸及防·卅年春王正月夏師次于成秋七月齊人降鄣八月癸亥葬紀叔姬九月庚午朔日有食之鼓用牲于社冬公及齊侯遇于魯濟齊人伐山戎·卅有一年春築臺〔71 字〕

于郎夏四月薛伯卒築臺于薎六月齊侯來獻戎捷秋築臺于秦冬不雨·卅有二年春城小穀夏宋公齊侯遇于梁丘秋七月癸巳公子牙卒八月癸亥公薨于路寢冬十月乙未子〔70 字〕

般卒公子慶父如齊狄伐邢·元年春王正月齊人救邢夏六月辛酉葬我君莊公秋八月公及齊侯盟于洛姑季子來歸冬齊仲孫來·二年春王正月齊人遷陽夏五月乙酉吉禘〔70 字〕

于莊公秋八月辛丑公薨九月夫人姜氏遜于邾妻公子慶父出奔莒冬齊高子來盟十有二月狄入衛鄭棄其師

　　第二行，莊公卅年夏，“次于成”，《差繆略》云《公》《穀》作“師次于成”②，陸氏所見與今本《公》《穀》同。今以殘字驗之，知石經亦無“師”字，與《左氏》經同。馬衡云：“一、二行間，依今本羨一字。按三十年夏師次于成，《左氏》經無‘師’字，石經或同於

①此行今本 74 字，據上例，删“公”“郕妻人”四字，凡 70 字。
②《春秋集傳纂例》，頁 521 下。

《左氏》歟？”①此説是。

又，閔公元年不提行，知石經閔公附於莊公末。馬衡云：“第三行上殘字是‘狄伐邢’之‘邢’字，下接元年，空格而不提行，中加一點，不出‘閔公’字。《漢書·藝文志》著録《公羊傳》、《穀梁傳》皆爲十一卷，蓋皆以閔公附於莊公也。”②此説是。

又，今本三傳之經皆書“築臺于薛”，杜預、范甯注皆云“薛，魯地”③。石經薛作“薛”，明“薛”非國，乃魯地。齊召南《考證》云：“書築臺于薛、築臺于秦，亦是魯地名薛名秦耳，豈繫之薛及秦哉！”④今石經“薛”字出，知齊説是也。

僖　公

例六

M圖四二·275　　　　M圖四一·276　　　　M圖四二·277

殘字爲僖公元年至五年經。以今本推排，行 72 字，如下圖：

元年春王正月齊師宋師曹師次于聶北救邢夏六月邢遷于陳儀齊師宋師

①《漢石經集存》，頁 30b 下。

②《漢石經集存》，頁 31a 下。

③ 見《春秋左傳正義》，《十三經注疏》第 4 册，頁 180 上；《春秋穀梁傳正義》，《十三經注疏》第 7 册，頁 64 下。

④ 見《文淵閣四庫全書·經部·春秋類》第 145 册，頁 86 上。

曹師城邢秋七月戊辰夫人姜氏薨于夷齊人以歸楚人伐鄭八月公會齊侯宋公鄭伯曹伯邾婁人于杠九〔72字〕

月公敗邾婁師于纓冬十月壬午公子友率師敗莒師于犂獲莒挐十有二月丁巳夫人氏之喪至自齊·二年春王正月城楚丘夏五月辛巳葬我小君哀姜虞師晉師滅夏陽秋九月齊〔72字〕

侯宋公江人黃人盟于貫澤冬十月不雨楚人侵鄭·三年春王正月不雨夏四月不雨徐人取舒六月雨秋齊侯宋公江人黃人會于陽穀冬公子友如齊莅盟楚人伐鄭·四年春王正月〔73字〕

公會齊侯宋公陳侯衛侯鄭伯許男曹伯侵蔡蔡潰遂伐楚次于陘夏許男新臣卒楚屈完來盟于師盟于召陵齊人執陳袁濤塗秋及江人黃人伐陳八月公至自伐楚葬許繆公冬十有〔72字〕

二月公孫慈率師會齊人宋人衛人鄭人許人曹人侵陳·五年春晉侯殺其世子申生杞伯姬來朝其子夏公孫慈如牟公及齊侯宋公陳侯衛侯鄭伯許男曹伯會王世子于首戴秋八〔72字〕

　　第一行，馬衡謂"人于"乃僖公篇首行末二字，其右空行，乃閔公末行及僖公篇題，與此石行款異，恐非。説見上節第八例。

　　又，"于"字之右殘畫，馬衡定爲"雨"字，恐非，疑是"六"字。説詳上節第二例。

　　第三行，僖公二年秋，"盟于貫"，陸德明《公羊釋文》曰："二傳無'澤'字。"[1] 陸淳《差繆略》亦云："《公羊》作'貫澤'。"[2] 二陸所見與今本《公羊》經同。考僖公九年《公羊傳》云"貫澤之會，桓公有憂中國之心"，徐疏云："即上二年'秋九月，齊侯、宋公、江、黃人盟于貫'是也。而此言于貫澤者，蓋地有二名。"是徐彥所見《公羊》本已有作"貫"而無"澤"字者。阮元《公羊校勘記》先云"陸氏《釋文》猶未深考"，後云"九年疏奪'澤'字"[3]，反以後説駁前

---

① 《經典釋文》，頁 1224。
② 《春秋集傳纂例》，頁 516 上。
③ 《公羊注疏校勘記》，頁 78 下。

説,其實,前説是而後説非。趙坦謂"有澤字者,或衍文"①,是也。今以 M 圖四二·277 石證之,知石經無"澤"字。否則,與諸石殘字不合,詳參本篇第七例、第廿二例。

例七

M圖四三·278　　　　　M圖四三·279　　　　　M圖八四·280

此爲僖公五年至十二年殘字, M 圖四三·278 石爲左、下邊際,可推每行 72 字。碑圖如下:

二月公孫慈率師會齊人宋人衞人鄭人許人曹人侵陳·五年春晉侯殺其世子申生杞伯姬來 朝 其子夏公孫慈如牟公及齊侯宋公陳侯衞侯鄭伯許男曹伯會王世子于首 戴 秋八〔72 字〕

月諸侯盟于首戴鄭伯逃歸不盟楚人滅弦弦子奔黃九月戊申朔日有食之冬晉人執虞公·六年春王正月夏公會齊侯宋公陳侯衞侯曹伯伐鄭圍新城秋楚人圍許諸侯 遂救 許冬〔72 字〕

公至自伐鄭·七年春齊人伐鄭夏小邾婁子來朝鄭殺其大夫申侯秋七月公會齊侯宋公陳世子款鄭世子華盟于甯母曹伯般卒公子友如齊冬葬曹昭公·八年春王正 月公會 王〔72 字〕

人齊侯宋公衞侯許男曹伯陳世子款 鄭 世 子 華 盟于洮鄭伯乞盟夏狄伐 晉秋七 月禘于大廟用致 夫人冬 十有二月丁未天王崩·九年春王三月丁丑宋公禦説卒夏公會宰周 公齊 侯宋子衞 〔76 字〕

侯鄭伯許男曹伯于葵丘秋七月乙酉伯姬卒九月戊辰諸侯盟 于葵 丘甲戌

①《春秋異文箋》,頁 565 下—566 上。

晉侯詭諸卒 冬晉里克 殺其君之子奚齊・十年春王正月公如齊狄滅溫溫子奔衞晉里 克殺 其君 卓及其 〔72字〕

大夫荀息夏齊侯許男伐北戎晉殺其大夫里克秋七月冬大雨雹・十有一年春晉殺其 大夫丕鄭 父夏公及夫人姜氏會齊侯于陽穀秋八月大雩冬楚人伐黃・ 十有 二年 春王三 〔71字〕

　　第三行，僖公七年秋，"陳世子款鄭世子華盟于甯母"，陸氏《差繆略》云："《左氏》'陳世子款'下又有'鄭世子華'，誤加之也。"①似謂《公羊》無"鄭世子華"四字，然今本有之。今以漢石經行款證之，知有此四字，唐石經同，是陸説不可爲據。

　　第四行，僖公八年，"陳世子款"下，今本《公羊》經有"鄭世子華"四字，陸氏《差繆略補缺》云："《公羊》於'陳世子款'下又有'鄭世子華'四字。"②然二傳並無此四字。今以石經行款推排，亦無此四字。阮氏《校勘記》云："按《左氏》《穀梁》無'鄭世子華'，故下'鄭伯乞盟'。此蓋因注言'甯母之盟，陳鄭遣世子'而誤衍"③，此説可從。

　　第五行，"及其"上殘畫不清，羅振玉定爲"子"字，並謂"石經無'其'字"④，非。張國淦亦承羅氏之誤⑤。馬衡云："按'殺其君卓'，《左》《穀》皆同，獨《公羊》經'卓'下有'子'字，此石'及'字上殘字明是'卓'字，非'子'字，可知三傳悉同也。"⑥此説是。趙坦云："卓子本二名，《左》《穀》經作'卓'，或脱'子'字。"⑦

①《春秋集傳纂例》，頁516上。
②《春秋集傳纂例》，頁521下。
③《公羊注疏校勘記》，頁80上。
④《漢熹平石經殘字集録・春秋公羊經》，頁168。
⑤張國淦《漢石經碑圖》，頁20a；《漢石經碑圖説》，頁18a上。
⑥《漢石經集存》，頁31b下。
⑦《春秋異文箋》，頁570下。

非也。

最末一行 71 字。考第五、六行，"冬晉里克"與"大夫丕鄭"竝列，"克殺"與"十有"並列，"及其"與"王三"並列。則末行自"父夏"至"黃·"之間，今本凡 25 字（圓點算上），而右行自"殺其"至"晉里"之間，共 26 字。或今本少一字，或書者於 25 字之字形略爲引長。故"十有二年春王三"下之"月"字，已轉入另石。

以上諸例，知僖公元年至十二年"春王三"，每行 72 字，而非行 70 字；亦可知僖公二年"盟于貫"，今本"貫"下有"澤"字者，衍文。

又，M 圖四三·278 石，殘字作"克殺"，然今本"殺"皆作"弑"。段玉裁《經韻樓集》論殺、弑之別云：

> 凡《春秋傳》於弑君或云殺者，述其事也。《春秋經》必云弑者，正其名也。弑者，臣殺其君也。弑之言試也。殺於六書從殳杀聲，弑於六書從殺省式聲。杀聲於音在脂部，式聲於音在之部。脂、之者，古音之大判，彼此不相假借也。故殺與弑音殊義殊。漢《公羊》經傳假弑爲試，斷無有假殺爲弑者也。凡三經三傳之用殺爲弑者，皆譌字也。凡經傳弑既譌殺，作音家從而爲辭曰"音試"、曰"申志反"者，皆不合乎正誤之法。殺之不得音試，猶弑之不得音殺也。漢人之注經，正其誤字曰"當爲"，弑果譌殺，則當正之曰"殺當爲弑"，不當曰"申志反"而已。《春秋》正名之書也，惟其名正而後其罪定。書弑者，聖人所以殘之也。自漢之後，經籍譌舛，殺而爲弑者且有之，弑而譌殺者尤多矣。①

---

① 段玉裁《經韻樓集》卷四，《續修四庫全書·集部·別集類》第 1434 冊，頁 620 下。

段氏謂殺、弑古音不同部,謂陸德明音殺曰"申志反"爲誤,是也。然謂漢世傳經,殺、弑之別已嚴,恐未必。據定州漢墓出土簡本《論語·先進篇》作"殺父與君"[①],墓主爲中山王劉脩,在前漢宣帝世,是用殺爲弑之一證。《説文》:"弑,臣殺君也。《易》曰'臣弑其君',从殺省式聲。"[②] 許慎所引《易傳》文,漢石經作"試"不作"弑",石經《公羊傳》亦書"試"不書"弑"[③],知漢石經無弑字,凡"弑"字皆書作"試"。故石經書殺者,義亦可用於臣弑君,不必盡書作"試"。段云"三經三傳之用殺爲弑者,皆謿字",嫌持論過決。此書"克殺",乃假殺爲弑之一證。由此可推上經僖九年"冬,晉里克弑其君之子奚齊"之弑,石經亦書作"殺"。

例八

M圖四四·281

殘字爲僖公十二年至廿年經。碑圖見下例。

案,此二石連綴,且爲石之上、右邊際,知首行"日有食"上凡三字,故上例云"月"字轉入另行者,謂"月"字爲此石首行首字。

---

① 《定州漢墓竹簡論語》,文物出版社,1997年,頁52。
② 段玉裁《説文解字注》,中華書局,2013年,頁121下。
③ 《漢石經集存》,見碑圖第四十五面第十五行,馬衡云:"十五行二試字,板本作弑。"頁38b下。

馬衡云："此石與昭十六年至廿一年'大辰'等字一石爲表裏。
十八年'宋公'下,今本'會'字,與《左》、《穀》二氏經文不同。趙
坦《異文箋》云:'謹案《公羊》衍"會"字。'石經此行亦七十字,當
無'會'字。"[①] 今以碑圖推排(見下例),知馬説是。陸氏《差繆略》
云:《公羊》'宋公'下有'會'字",又云:"《左氏》'陳侯'下又有
'衞侯'。《公羊》亦有'衞侯'而在'陳侯'之上。"[②] 是陸氏所見本
既與今本異,亦異於石經。

　　例九

M圖五二·282

---

① 《漢石經集存》,頁 32a 上。

② 《春秋集傳纂例》,頁 516 下、521 下。

M圖四五·283

　　此二石行款與上石合,殘字在僖公十二年至卅三年經文,今合上石殘字推排碑圖如下:

月庚午 日有食 之夏楚人滅黃秋七月冬十有二月丁丑陳侯處臼卒·十有
三年春狄侵衛夏四月葬陳宣公 公會齊侯宋公陳侯衛侯鄭伯許男曹伯于
咸 秋九月大雩冬公子友〔70字〕

如齊· 十有四 年春諸侯城緣陵夏六月季姬及繒子遇于防使繒子來朝秋
八月辛卯沙鹿崩狄侵鄭冬蔡侯 肸卒·十有五年春王正月公如齊楚人伐
徐 三月公會齊侯宋公陳〔70字〕

侯衛侯鄭伯許男曹伯盟于牡丘遂次于匡公孫敖率師及諸侯之大夫救徐
夏五月日有食之秋七月齊師曹 師伐厲八月螽九月公至自會季姬歸于繒
己卯晦 震夷伯之廟冬宋〔70字〕

人 伐曹 楚人敗徐于婁林十有一月壬戌晉侯及秦伯戰于韓獲晉侯·十有
六年春王正月戊申朔霣石于宋 五是月六鷁退飛過宋都三月壬申公子季
友卒夏 四月丙 申繒季姬〔70字〕

卒秋 七月甲子公孫慈卒冬十有二月公會齊侯宋公陳侯衛侯鄭伯許男邢
侯曹伯于淮·十有七年春齊人 徐人伐英氏夏滅項秋夫人姜氏會齊侯于
卞九月公 至自會冬十有〔70字〕

二月 乙亥齊侯小白卒·十有八年春王正月宋公 會 曹伯衛人邾婁人伐齊
夏師救齊五月戊寅宋師及齊師戰于 儀齊師敗績狄救齊秋八月丁亥葬齊
桓公冬邢人狄 人伐衛·十〔71字〕

有 九年春王三月宋人執滕子嬰齊夏六月宋人曹人邾婁人盟于曹南繒子
會盟于邾婁己酉邾婁人執繒子用 之秋宋人圍曹衛人伐邢冬 公 會陳人蔡
人楚人鄭人盟 于齊梁亡·〔71字〕

廿年春新作南門夏郜子來朝五月乙巳西宮災鄭人入滑秋齊人狄人盟于邢冬楚人伐隨・廿有一年春狄侵衛宋人齊人楚人盟于鹿上夏大旱秋宋公楚子陳侯蔡侯鄭伯許〔70字〕

男曹伯會于霍執宋公以伐宋冬公伐邾婁楚人使宜申來獻捷十有二月癸丑公會諸侯盟于薄釋宋公・廿有二年春公伐邾婁取須朐夏宋公衛侯許男滕子伐鄭秋八月丁未及〔71字〕

邾婁人戰于升陘冬十有一月己巳朔宋公及楚人戰于泓宋師敗績・廿有三年春齊侯伐宋圍緡夏五月庚寅宋公慈父卒秋楚人伐陳冬十有一月杞子卒・廿有四年春王正〔70字〕

月夏狄伐鄭秋七月冬天王出居于鄭晉侯夷吾卒・廿有五年春王正月丙午衛侯燬滅邢夏四月癸酉衛侯燬卒宋蕩伯姬來逆婦宋殺其大夫秋楚人圍陳納頓子于頓葬衛文〔70字〕

公冬十有二月癸亥公會衛子莒慶盟于洮・廿有六年春王正月己未公會莒子衛甯遫盟于向齊人侵我西鄙公追齊師至巂弗及夏齊人伐我北鄙衛人伐齊公子遂如楚乞師〔70字〕

秋楚人滅隗以隗子歸冬楚人伐宋圍緡公以楚師伐齊取穀公至自伐齊・廿有七年春杞子來朝夏六月庚寅齊侯昭卒秋八月乙未葬齊孝公乙巳公子遂率師入杞冬楚人陳〔70字〕

侯蔡侯鄭伯許男圍宋十有二月甲戌公會諸侯盟于宋・廿有八年春晉侯侵曹晉侯伐衛公子買戍衛不卒戍刺之楚人救衛三月丙午晉侯入曹執曹伯畀宋人夏四月己巳晉〔70字〕

侯齊師宋師秦師及楚人戰于城濮楚師敗績楚殺其大夫得臣衛侯出奔楚五月癸丑公會晉侯齊侯宋公蔡侯鄭伯衛子莒子盟于踐土陳侯如會公朝于王所六月衛侯鄭自楚〔70字〕

復歸于衛衛元咺出奔晉陳侯款卒秋杞伯姬來公子遂如齊冬公會晉侯齊侯宋公蔡侯鄭伯陳子莒子邾婁子秦人于溫天王狩于河陽壬申公朝于王所晉人執衛侯歸之于京〔70字〕

師衛元咺自晉復歸于衛諸侯遂圍許曹伯襄復歸于曹遂會諸侯圍許・廿有九年春介葛盧來公至自圍許夏六月公會王人晉人宋人齊人陳人蔡人秦人盟于狄泉秋大雨雹冬〔71字〕

介葛盧來・卅年春王正月夏狄侵齊秋衛殺其大夫元咺及公子瑕衛侯鄭

歸于衞晉人秦人圍鄭介人侵蕭冬天王使 宰周公來聘公子遂如京師遂如晉 ·卅有一年春取濟西田〔71 字〕

公子遂如晉夏四月四卜郊不從乃免牲猶三望秋七月冬杞伯姬來求婦狄圍衞十有二月衞遷于帝丘·卅有二年春王 正月夏四月己丑鄭伯接卒衞人 侵狄秋衞人及狄盟冬〔70 字〕

十有二月己卯晉侯重耳卒·卅有三年春王二月秦人入滑齊侯使國歸父來聘夏四月辛巳晉人及姜戎敗秦于殽癸巳葬晉文公狄侵齊公 伐邾婁取 叢秋公子遂率師伐邾婁〔70 字〕

晉人敗狄于箕冬十月公如齊十有二月公至自齊乙巳公薨于小寢實霜不殺草李梅實晉人陳人鄭人伐許

　　案，第二、三行，僖公十五年春，“宋公、陳侯、衞侯、鄭伯”，陸淳《差繆略》云：“《左氏》‘陳侯’下又有‘衞侯’，《公羊》‘衞侯’在‘陳侯’上。”[1] 今石經“衞侯”在“陳侯”之下，與陸氏所見《左氏》經同。但今本《公羊》“陳侯”亦在“衞侯”之上，則與陸氏所見異。

　　第六行，僖公十八年春，“宋公會曹伯”，陸氏《差繆略》云：“《公羊》‘宋公’下有‘會’字。”[2] 二傳無“會”字。定公四年疏云“僖公十八年春，王正月，宋公、曹伯以下伐齊”，似徐氏所見本亦無“會”字。以石經行 70 字證之，視今本多一字，知今本衍“會”字。趙坦說是 [3]。

　　第七行，僖公十九年，“冬，公會陳侯”，今本“會”上有“公”字，二傳並無之。趙坦《異文箋》云：“陳、蔡、楚、鄭俱稱人，則不當書‘公會’，《公羊》衍‘公’字。”陳立駁云：“《春秋》書‘公’，所以

<hr />

①《春秋集傳纂例》，頁 516 下。
②《春秋集傳纂例》，頁 521 下。
③《春秋異文箋》，趙氏云“謹案：《公羊》衍‘會’字”，頁 572 下。

責公也。"① 今石經無"公"字,陳説非也。

第九行,僖公廿二年,三傳之經皆作"春,公伐邾婁",今石經無"公"字,與今本異。

第十六行,僖公廿八年,今本作"冬,公會晉侯、齊侯、宋公",《差繆略》云:"《左氏》'晉侯'下有'齊侯'。"② 似所見《公羊》《穀梁》二經無"齊侯"二字,然今本《公羊》經有"齊侯"二字,合乎石經行款。

第十七行,僖公廿九年,今本作"夏六月,公會王人",陸氏《差繆略》云"'會'下③,《公羊》有'公'字",今本與陸氏所見本同。證以石經行款,是無"公"字,與《左氏》經同,則今本《公羊》衍"公"字也。

第十八行至十九行,自"·卅有一年"至"卅有二年春王",行71字,今本或羡一字。

第廿行,僖公卅三年夏,"敗秦",《左》《穀》二家經作"敗秦師"。以石經證之,當無"師"字。趙坦云:"《公羊》或脱'師'字,傳從而爲之辭。"④ 恐非。

馬衡云:"此石與昭公三年至廿一年石爲表裏。"是也。又云:"于咸,今本作鹹,《左》《穀》二家亦同。咸、鹹同音,故得通用。繒,今本作鄫,《左傳》僖十四年《釋文》'鄫,或作繒',《穀梁傳》作繒。央氏,今本作英氏,央、英古多通。《詩·小雅·出車》'旟旐央央',《釋文》'本亦作英'。戰于儀,今本儀作甗,甗在金文中多作獻,《周禮·司尊彝》司農注'獻,讀爲儀',故甗亦可通儀。雋,

---

① 《公羊義疏》,《續修四庫全書·經部·春秋類》第130冊,頁324下。
② 《春秋集傳纂例》,頁516下。
③ 案會下當作會上。
④ 《春秋異文箋》,頁576下。

俗字,今本作犅。石經字體謹嚴,仍不免俗字。筥,今本作莒,石經從竹,知本字固當作筥。"①馬氏箋釋異文簡潔明了,可從。

文　公

例十

M圖四三·284

M圖四三·285

M圖四三·286

M圖四三·287

M圖四三·288

諸石殘字爲文公元年至九年經。碑圖如下：

元年春王正月公即位二月癸亥朔日有食之天王使叔服來會葬夏四月丁巳葬我君僖公天王使毛伯來錫公命晉侯伐衛叔孫得臣如京師衛人伐晉秋公孫敖 會晉 侯于戚冬〔70 字〕

十月丁未楚世子商臣弒其君髡公孫敖如齊・二年春王二月甲子晉侯及秦師戰于彭衙秦師敗績丁丑作僖公主三月乙巳及晉處父盟夏六月公孫敖會宋公 陳侯 鄭伯晉士〔70 字〕

縠盟于垂歛自十有二月不雨至于秋七月八月丁卯大事于大廟躋僖公冬

①《漢石經集存》,頁 32a 下—32b 上。

晉人宋人陳人鄭人伐秦公子遂如齊納幣・三[年]春王正月叔孫得臣會晉
人宋人陳[人][衛]人鄭人伐〔70 字〕

沈沈潰夏五月[王]子虎卒秦人伐晉秋楚人圍江雨螽于宋冬公如晉十有二
月己巳公及晉侯盟晉陽處父率師伐楚救江・[四年]春公至自晉夏逆婦姜
于齊狄侵[齊]秋楚人滅江〔70 字〕

晉侯伐秦衛侯[使]甯俞來聘冬十有一月壬寅夫人風氏薨・五年春王正月
王使榮叔歸含且賵三月辛亥葬我小君成風王使召伯來會葬夏公孫敖如
晉秦人入[鄀]秋楚人滅六〔70 字〕

冬十月甲申許男業卒・六年春葬許僖公夏季孫行父如陳秋季孫行父如
晉八月乙亥晉侯讙卒冬十月公子遂如晉葬晉襄公晉殺[其]大夫陽處父晉
狐[射]姑出奔狄閏月不告〔70 字〕

月猶朝于廟・七年春公伐邾婁三月甲戌取須朐遂城郚夏四月宋公王臣
卒宋人殺其大夫戊子晉人及秦人戰于令狐晉先眜[以][師]奔秦[狄][侵]我西鄙
秋八月公[會][諸][侯][晉]大夫[盟]于〔72 字〕

扈冬徐伐莒公孫敖如莒蒞盟・八年春王正月夏四月秋八月戊申天王崩
冬十月壬午公子遂會晉趙盾盟于衡雍乙酉公子遂會[伊]雒[戎][盟]于暴公孫
敖如京師不[至][復][丙]戌奔莒〔71 字〕

螽宋人殺其大夫司馬宋司城來奔・九年春毛伯來求金夫人姜氏如齊二
月叔孫得臣如京師辛丑葬襄王晉人殺其大夫先都三月[夫][人]姜氏至自齊
晉人殺[其][大][夫]士縠及箕〔70 字〕

鄭父楚人伐鄭公子遂會晉人宋人衛人許人救鄭夏狄侵齊秋八月曹伯襄
卒九月癸酉地震冬楚子使椒來聘秦人來歸僖公成風之[襚]葬曹共公・十
年春王三月辛卯臧孫辰〔70 字〕

　　第一行，文公元年，"二月癸亥朔"，二家經無"朔"字，《漢
書・五行志》所引亦無"朔"字 [①]，今以石經推排，知有"朔"字。

　　第四行，文公三年冬，"伐楚救江"，《穀梁》同《公羊》。《左氏》
書"伐楚以救江"，依石經行款比對，知《左氏》衍"以"字。趙坦反

謂“《公》《穀》脱‘以’字”①，非。

第七行，文公七年夏，“晉先眛以師奔秦”，二傳無“以師”二字。以石經推排，知今本衍“以師”二字，趙坦説是②。

第八行，文公八年冬，“會雒”，今本《公羊》作“會伊雒”，二家經無“伊”字，據行款推排，知石經亦無“伊”字。

馬衡云：“‘狄侵我西鄙’上，今本作‘晉先眛以師奔秦’，《左》、《穀》二家無‘以師’二字，此當與二家同，然後字數方合。二、三行之間‘會伊雒戎盟于暴’，二家無‘伊’字，若同於二家，字數亦合。”③此説是。

又，第三行，文公八年冬，“不至復”，二家經作“不至而復”，今石經“至復”連文，則趙坦云：“《公羊》或脱‘而’字。”④不可從。

例十一

M圖四三·289

M圖四四·290

M圖四五·291·1

M圖四五·291·2

M圖八五·292

M圖四四·293

---

①《春秋異文箋》，頁579上。

②趙坦云：“‘盟于蔑’下，《公羊》有‘以師’二字，或衍文。”《春秋異文箋》，頁581上。

③《漢石經集存》，頁33a上。

④《春秋異文箋》，頁581下。

諸殘字爲文公十二年至十四年經，碑圖如下：

卒夏秦伐晉楚殺其大夫宜申自正月不雨至于秋七月及蘇子盟于女栗冬
狄侵宋楚子蔡侯次于屈貉·十有一年春楚子伐圈夏叔彭生會晉郤缺于
承匡秋曹伯來朝公子遂如〔71字〕

宋狄侵齊冬十月甲午叔孫得臣敗狄于咸·十有二年春王正月盛伯來奔
杞伯來朝二月庚子子叔姬卒夏楚人圍巢秋滕子來朝秦伯使遂來聘冬十
有二月戊午晉人秦人戰〔70字〕

于河曲季孫行父率師城諸及運·十有三年春王正月夏五月壬午陳侯朔
卒邾婁子蘧篨卒自正月不雨至于秋七月世室屋壞冬公如晉衛侯會公于
沓狄侵衛十有二月己丑〔68字〕

公及晉侯盟還自晉鄭伯會公于斐·十有四年春王正月公至自晉邾婁婁人
伐我南鄙叔彭生率師伐邾婁夏五月乙亥齊侯潘卒六月公會宋公陳侯衛
侯鄭伯許男曹伯晉趙盾〔70字〕

癸酉同盟于新城秋七月有星孛入于北斗公至自會晉人納接菑于邾婁弗
克納九月甲申公孫敖卒于齊齊公子商人殺其君舍宋子哀來奔冬單伯如
齊齊人執單伯齊人執〔69字〕

第一行，今本凡71字，不合70字之例，或有異文。

第三行，文公十三年，"自正月不雨至于秋七月"，今本無"于"字，二家經有之，以石經行款推排，宜有"于"字。又，文公十三年冬，"衛侯會公于沓"，今本《公羊》經無"公"字，二傳有，以行70字推排，則今本脱"公"字。

第四行，文公十三年冬，"還自晉"，陸淳《差繆略》云《公》《穀》無'公'字①，今本《左氏》作"公還自晉"。以石經證之，知無"公"字。趙坦云："《公》《穀》少'公'字，或脱文。"②非。

末行，凡69字，據M圖四五·291·2石，"丑""盾"爲石下

———————

① 《春秋集傳纂例》，頁521下。
② 《春秋異文箋》，頁585上。

邊際，"晉""齊"並列，故"齊"下碑圖僅二字，即"人執"也。考殘石"齊侯""殺其"並列、"晉""齊"並列，則今本"舍宋"至"執單伯"間，或少一字。又據 M 圖四四·293 石，"單"字之右殘畫，似是陳字左旁"阝"，如此，"伯如齊齊人執單伯"凡 8 字，須佔 9 格，考第二石陽面末行 71 字，亦少一字，與此例合，未知書者是否引長字形耶？

又，馬衡云："單上所存似冬字之殘畫。"① "單"字左爲空行，馬說是。

宣　公

例十二

M圖四〇·252　　　　　　　M圖四四·294

殘字爲宣公六年至八年經文。碑圖如下：

元年春王正月公即位公子遂如齊逆女三月遂以夫人婦姜至自齊夏季孫行父如齊晉放其大夫胥甲父于衛公會齊侯于平州公子遂如齊六月齊人取濟西田秋邾婁子來朝〔70字〕

楚子鄭人侵陳遂侵宋晉趙盾率師救陳宋公陳侯衛侯曹伯會晉師于斐林伐鄭冬晉趙穿率師侵柳晉人宋人伐鄭·二年春王二月壬子宋華元率師及鄭公子歸生率師戰于〔70字〕

大棘宋師敗績獲宋華元秦師伐晉夏晉人宋人衛人陳人侵鄭秋九月乙丑

————————————

① 《漢石經集存》，頁 33b 上。

晉趙盾弒其君夷獔冬十月乙亥天王崩・三年春王正月郊牛之口傷改卜
牛牛死乃不郊猶三望葬〔70 字〕

匡王楚子伐貴渾戎夏楚人侵鄭秋赤狄侵齊宋師圍曹冬十月丙戌鄭伯蘭
卒葬鄭繆公・四年春王正月公及齊侯平莒及郯莒人不肯公伐莒取向秦
伯稻卒夏六月乙酉鄭公〔70 字〕

子歸生弒其君夷赤狄侵齊秋公如齊公至自齊冬楚子伐鄭・五年春公如
齊夏公至自齊秋九月齊高固來逆⟨子⟩叔姬叔孫得臣卒冬齊高固及子叔姬
來楚人伐鄭・六⟨年⟩春晉趙〔71 字〕

盾衛孫免侵陳夏四月秋八月螽冬十月・七年春衛侯使孫良夫來盟夏
公會齊侯伐萊秋公至自伐萊大旱冬公會晉侯宋公衛侯鄭伯曹伯于黑
壤・八年春公至自⟨會⟩夏六月〔70 字〕

公子遂如齊至黃乃復辛巳有事于大廟仲遂卒于垂壬午猶繹萬入去籥戊
子夫人熊氏薨晉師白狄伐秦楚人滅舒蓼秋七月甲子日有食之既冬十月
己丑葬我小君⟨頃⟩熊雨不〔70 字〕

　　馬衡繫"州公"殘字於桓公篇,"州"字上似有殘畫,宜繫於此。
説見上節第三例。

　　第四行,宣公三年春,"楚子伐貴渾戎",《左氏》作"陸渾之
戎",以昭公十七年碑圖驗之,知無"之"字。參下昭公篇。

　　第五行,宣公五年秋,"齊高固來逆叔姬",今本作"子叔姬",陸
氏《差繆略》云"《左氏》無'子'字"[1]。以石經比對,宣公篇每行 70
字,僅二行行 71 字,若無"子"字,則總多一字,疑石經與《左氏》經
同,亦無"子"字。陸氏引趙匡説云:"時君之女也,以別非姑姊妹,
故加'子'字也。"[2]此説不得《公羊》家之意。文公十二年經"子叔
姬卒",《公羊傳》云:"其稱子何? 貴也。其貴奈何? 母弟也。"何
注:"不稱母妹而繫先君言子者,遠別也。"是稱"子"爲遠別,趙匡
反以稱子爲親親,非何氏意,難以徵信。又,張洽《春秋集傳》云:

①《春秋集傳纂例》,頁 517 上。
②《春秋集傳纂例》,頁 404 上。

“《左氏》作叔姬，無‘子’字。據‘高固及子叔姬來’有‘子’字，當從《公》、《穀》二傳。”[①]案《公羊》云“女在其國稱女”，高固來逆女，時叔姬尚未嫁。以我言之，固當言“叔姬”以示親，如莊公廿七年經“莒慶來逆叔姬”，即是。至於下經云“高固及子叔姬來”者，彼時叔姬已嫁，故繫“子”示遠別也，張說也不可從。趙坦引以爲證，非也。

例十三

M圖四四·295　　　　　　　　M圖四五·296

殘石爲宣公十二年至十八年經。第一石爲石下邊際，可推行款，碑圖如下：

函冬十月楚人殺陳夏徵舒丁亥楚子入陳納公孫甯儀行父于陳·十有二年春葬陳靈公楚子圍鄭夏六月乙卯晉荀林父率師及楚子戰于邲晉師敗績秋七月冬十有二月戊〔70字〕

寅楚子滅蕭晉人宋人衛人曹人同盟于清丘宋師伐陳衛人救陳·十有三年春齊師伐衛夏楚子伐宋秋螽冬晉殺其大夫先縠·十有四年春衛殺其大夫孔達夏五月壬申曹〔70字〕

伯壽卒晉侯伐鄭秋九月楚子圍宋葬曹文公冬公孫歸父會齊侯于縠·十有五年春公孫歸父會楚子于宋夏五月宋人及楚人平六月癸卯晉師滅赤狄潞氏以潞子嬰兒歸秦〔70字〕

人伐晉王札子殺召伯毛伯秋螽仲孫蔑會齊高固于牟婁初稅畝冬蝝生

_____

① 張洽《春秋集傳》，《續修四庫全書·經部·春秋類》第133冊，頁494下。

饑・十有六年春王正月晉人滅赤狄甲氏及留吁夏成周宣謝災秋郯伯姬
來歸冬大有年・十有七年〔70 字〕

春王正月庚子許男錫我卒丁未蔡侯申卒夏葬許昭公葬蔡文公六月癸卯
日有食之己未公會晉侯衞侯曹伯邾婁子同盟于斷道秋公至自會冬十有
一月壬午公弟叔肸卒・〔70 字〕

十有八年春晉侯衞世子臧伐齊公伐杞夏四月秋七月邾婁人戕繒子于繒
甲戌楚子旅卒公孫歸父如晉冬十月壬戌公薨于路寢歸父還自晉至檉
遂奔齊

　　第四行，宣公十五年冬，“饑”，陸氏《差繆略》云：“《公羊》無
‘饑’字。”① 今本有之。以石經殘字推排，當亦有“饑”字。

　　馬衡謂“‘曹秦’一石與襄公四年‘公十七’等字一石爲表裏”②，
謂“‘月壬’一石與襄公三年‘大雩’一石爲表裏”③，是也。

　　又第二石左下殘畫爲“孫”字，可與 M 圖五〇・297 石相接。
說見上節第十一例。

　　成　　公

　　例十四

M圖五〇・297　　　　M圖四四・298・1　　　M圖四四・298・2

①《春秋集傳纂例》，頁 517 上—517 下。
②《漢石經集存》，頁 33b 下。
③《漢石經集存》，頁 33b 下。

M圖四五・299　　　　　　M圖四八・340　　　　　M圖四四・300

　　諸殘字爲成公二年至十二年經。M圖五〇・297石、M圖四四・300石爲碑之左邊際，可推行款。碑圖如下：

元年春王正月公即位二月辛酉葬我君宣公無冰三月作丘甲夏臧孫許及晉侯盟于赤棘秋王師敗績于貿戎冬十月・二年春齊侯伐我北鄙夏四月丙戌衛孫良夫率師及齊〔70字〕

師戰于新築衛師敗績六月癸酉季孫行父臧孫許叔孫僑如公孫嬰齊率師會晉郤克衛孫良夫曹公子手及齊侯戰于鞌齊師敗績秋七月齊侯使國佐如師己酉及國佐盟于袁〔70字〕

婁八月壬午宋公鮑卒庚寅衛侯遫卒取汶陽田冬楚師鄭師侵衛十有一月公會楚公子嬰齊于蜀丙申公及楚人秦人宋人陳人衛人鄭人齊人曹人邾婁人薛人繒人盟于蜀〔69字〕

・三年春王正月公會晉侯宋公衛侯曹伯伐鄭辛亥葬衛繆公二月公至自伐鄭甲子新宮災三日哭乙亥葬宋文公夏公如晉鄭公子去疾率師伐許公至自晉秋叔孫僑如率師〔70字〕

圍棘大雩晉郤克衛孫良夫伐將咎如冬十有一月晉侯使荀庚來聘衛侯使孫良夫來聘丙午及荀庚盟丁未及孫良夫盟鄭伐許・四年春宋公使華元來聘三月壬申鄭伯經卒杞〔71字〕

伯來朝夏四月甲寅臧孫許卒公如晉葬鄭襄公秋公至自晉冬城運鄭伯伐許・五年春王正月杞叔姬來歸仲孫蔑如宋夏叔孫僑如會晉荀秀于穀梁山崩秋大水冬十有一月〔70字〕

己酉天王崩十有二月己丑公會晉侯齊侯宋公衛侯鄭伯曹伯邾婁子杞伯同盟于蟲牢・六年春王正月公至自會二月辛巳立武宮取鄟衛孫良夫率

師侵宋夏六月邾婁子來〔70字〕

朝公孫嬰齊如晉壬申鄭伯費卒秋仲孫蔑叔孫僑如率師侵宋楚公子嬰齊率師伐鄭冬季孫行父如晉晉欒書率師侵鄭・七年春王正月鼷鼠食郊牛角改卜牛鼷鼠又食其角〔70字〕

乃免牛吳伐郯夏五月曹伯來朝不郊猶三望秋楚公子嬰齊率師伐鄭公會晉侯齊侯宋公衞侯曹伯莒子邾婁子杞伯救鄭八月戊辰同盟于馬陵公至自會吳入州來冬大雩衞〔70字〕

孫林父出奔晉・八年春晉侯使韓穿來言汶陽之田歸之于齊晉欒書率師侵蔡公孫嬰齊如莒宋公使華元來聘夏宋公使公孫壽來納幣晉殺其大夫趙同趙括秋七月天子使召〔71字〕

伯來錫公命冬十月癸卯杞叔姬卒晉侯使士燮來聘叔孫僑如會晉士燮齊人邾婁人伐郯衞人來媵・九年春王正月杞伯來逆叔姬之喪以歸公會晉侯齊侯宋公衞侯鄭伯曹〔70字〕

伯莒子杞伯同盟于蒲公至自會二月伯姬歸于宋夏季孫行父如宋致女晉人來媵秋七月丙子齊侯無野卒晉人執鄭伯晉欒書率師伐鄭冬十有一月葬齊頃公楚公子嬰齊率〔70字〕

師伐莒庚申莒潰楚人入運秦人白狄伐晉鄭人圍許城中城・十年春衞侯之弟黑背率師侵鄭夏四月五卜郊不從乃不郊五月公會晉侯齊侯宋公衞侯曹伯伐鄭齊人來媵丙〔70字〕

午晉侯獳卒秋七月公如晉冬十月・十有一年春王三月公至自晉晉侯使郤州來聘己丑及郤州盟夏季孫行父如晉秋叔孫僑如如齊冬十月・十有二年春周公出奔晉夏公會晉侯〔73字〕

　　此篇殘字與今本差異最大。

　　第三行，成公二年冬，"齊人、曹人"，陸氏《差繆略》云："《左氏》無'許人'，《公羊》無'齊人'。"[1]似謂《公羊》經有"許人"而無"齊人"，今三傳並無"許人"。徐彥疏云："亦有一本無'齊人'者，脫也。"[2]今暫依今本推排，以"人繒"與"及國"並列，故此行69字。

①《春秋集傳纂例》，頁517下。
②《春秋公羊傳注疏》，阮刻本《十三經注疏》第7冊，頁217上。

所以不據《差繆略》而補"許人"者,以碑圖時有字形引長故也。

第五行,"鄭""宋"並列,碑石"鄭"字稍在下位。又,與"叔孫"並列者,羅氏定爲"鄭伯"①,張氏同②,馬氏定爲"壬申"③,俱與碑圖不合。且不論"鄭伯"抑或"壬申",其位皆在"叔孫"稍下,與"叔孫"不並列,疑書者於此行之字或伸縮書寫。又,與第四行"文"並列者,似是"夫"字,但據今本排列,亦非。總之,三、四、五行間,今本與石經差異最大,惜殘石不足,難以確證,故暫推排碑圖如上。

第九行,宣公七年秋,"晉侯、齊侯",陸氏《差繆略》云:"《左氏》'晉侯'下有'齊侯'二字。"似謂《公羊》無此二字,然今本有之。以石經行 70 字衡之,宜有"齊侯"二字。

第十行,成公八年春,"歸之于齊",三家之經相同。據《穀梁傳》云:"于齊,緩辭也。"疑穀梁氏所見之經乃"歸于齊",非"歸之于齊",故釋"于齊"爲緩辭。楊疏云:"僖二十八年'晉人執衛侯,歸之于京師',傳以言'之'爲緩辭也。今言'歸之于齊爲緩辭'者,'之,緩辭'自是常例,'于齊'之理未明,故特釋之。辭雖不同,亦是緩也。"④案,此説似不得傳、注意。"之"是緩辭,傳無須更釋"于齊"爲緩辭。惟無"之"字,故須特釋"于齊"爲緩辭。此"于齊爲緩"乃特例,意謂不使晉制命於我。今石經此行 71 字,又殘石第 299 例"救鄭"與"使公"並列,知"雩衛"至"宋公"間,今本羨一字。所羨者,或"之"字歟?故碑圖推排暫依《穀梁》立説而刪"之"字。

---

①《漢熹平石經殘字集録·公羊春秋經》,頁 171。

②《漢石經碑圖》,頁 22a。

③《漢石經集存》,頁 33b 下。

④《春秋穀梁傳注疏》,《十三經注疏》第 7 册,頁 133 下。

　　最末一行，成公十年"秋七月，公如晉"下，二傳皆有"冬十月"三字，唐石經《公羊》亦有此三字。何休注云："如晉者，冬也。去冬者，惡成公前既怨懟不免牲，今復如晉，過郊乃反，遂怨懟無事天之意，當絕之。"知何氏本無"冬十月"三字。故錢大昕云："何注云'去冬者，惡成公'。然則石經有此三字，非何義也。故知唐石經未必是，歷來版本未必非也。"① 此說言簡意賅。但孫志祖《讀書脞錄續編》云："《左傳》'秋，公如晉'，可證《左》《穀》經文於此年末本有'冬十月'三字，《公羊》經文偶脫爾。"② 是以《左傳》立說，故陳立駁孫氏云"膚淺之徒，無足辨也"。陳氏亦以爲《公羊》無此三字，以南宋紹熙余仁仲本無"冬十月"三字③。段玉裁《經韻樓集》據孔穎達《禮記正義》，推《左氏》經無"冬十月"三字，並論曰："唐石經乃妄增三字，不可從。今一切宋元以下本皆誤，其《公羊》唐石經亦誤增三字，而宋槧官本及明時注疏刊本皆無，此古本之流傳未泯者也。"④ 今以漢石經證之，知《公羊》經無"冬十月"三字。彭元瑞《石經考文提要·春秋公羊傳》云"監本無此三字，今從唐石經"者⑤，可謂千慮一失。

　　馬衡云："'■卒'一石與成公十七八年'公至州滿'一石爲表裹，'冬大雩'一石與成公十三年至十七年'卒于師秋'一石爲表裹。"⑥ 又謂 M 圖四四·298 石"與成十七年'公會單子'一石爲表

---

① 錢大昕《唐石經考異》，《續修四庫全書·經部·群經總義類》第 184 冊，頁 191 下。

② 孫志祖《讀書脞錄續編》，《續修四庫全書·子部·雜家類》第 1152 冊，頁 307 下。

③ 陳立《公羊義疏》，頁 523 下—524 上。

④ 段玉裁《經韻樓集》卷四，頁 624 下。

⑤ 彭元瑞《石經考文提要》，《歷代石經研究資料輯刊》第 2 冊，頁 218。

⑥《漢石經集存》，頁 34a 下。

裏”①，是。

　　又論 M 圖四四·300 石云：“此行爲碑之末行，‘周’字下缺‘公出’二字，即接‘奔晉夏公會晉侯’等字，以下轉入碑陰矣。”② 是也。

　　又 M 圖五〇·297 石“”字，今本作“堅”，《釋文》出“伯取”云：“苦刃反，本或作堅。”③ 是陸德明所見本作“取”。羅振玉據此石以證今本《玉篇》作“𨊧”之誤。馬衡並引《釋名》爲證，當作“”字，堅、通 ④，可從。

　　例十五

M圖五〇·301

M圖四五·302

M圖四六·303

M圖四四·304

M圖四七·305

M圖四五·306

M圖四八·335

①《漢石經集存》，頁 34a 上。
②《漢石經集存》，頁 34a 下。
③《經典釋文》，頁 1243。
④《漢石經集存》，頁 33b 下—34a 上。

　　諸石殘字爲成公十三年至十八年經。M 圖五〇・301 石見碑之右、下邊際。碑圖如下：

衛侯于沙澤秋晉人敗狄于交剛冬十月・十有三年春晉侯使郤錡來乞師三月公如京師夏五月公自京師遂會晉侯齊侯宋公衛侯鄭伯曹伯邾婁人滕人伐秦曹伯廬卒于師秋〔71 字〕

七月公至自伐秦冬葬曹宣公・十有四年春王正月筥子朱卒夏衛孫林父自晉歸于衛秋叔孫僑如如齊逆女鄭公子喜率師伐許九月僑如以夫人婦姜氏至自齊冬十月庚寅〔70 字〕

衛侯臧卒秦伯卒・十有五年春王二月葬衛定公三月乙巳仲嬰齊卒癸丑公會晉侯衛侯鄭伯曹伯宋世子戌齊國佐邾婁人同盟于戚晉侯執曹伯歸于京師公至自會夏六月宋公固〔73 字〕

卒楚子伐鄭秋八月庭辰葬宋共公宋華元出奔晉宋華元自晉歸于宋宋殺其大夫山宋魚石出奔楚冬十有一月叔孫僑如會晉士燮齊高無咎宋華元衛孫林父鄭公子鰌邾婁〔70 字〕

人會吳于鍾離許遷于葉・十有六年春王正月雨木冰夏四月辛未滕子卒鄭公子喜率師侵宋六月丙寅朔日有食之晉侯使欒黶來乞師甲午晦晉侯及楚子鄭伯戰于鄢陵楚〔70 字〕

子鄭師敗績楚殺其大夫公子側秋公會晉侯齊侯衛侯宋華元邾婁人于沙隨不見公公至自會公會尹子晉侯齊國佐邾婁人伐鄭曹伯歸自京師九月晉人執季孫行父舍之于〔70 字〕

招丘冬十月乙亥叔孫僑如出奔齊十有二月乙丑季孫行父及晉郤犨盟于扈公至自會乙酉刺公子偃・十有七年春衛北宮結率師侵鄭夏公會尹子單子晉侯齊侯宋公衛侯〔70 字〕

曹伯邾婁人伐鄭六月乙酉同盟于柯陵秋公至自會齊高無咎出奔莒九月辛丑用郊晉侯使荀罃來乞師冬公會單子晉侯宋公衛侯曹伯齊人邾婁人伐鄭十有一月公至自伐〔70 字〕

鄭壬申公孫嬰齊卒于貍軫十有二月丁巳朔日有食之邾婁子貜且卒晉殺其大夫郤錡郤犨郤至楚人滅舒庸・十有八年春王正月晉殺其大夫胥童庚申晉殺其君州滿齊殺〔70 字〕

其大夫國佐公如晉夏楚子鄭伯伐宋宋魚石復入于彭城公至自晉晉侯使士匄來聘秋杞伯來朝八月邾婁子來朝築鹿囿己丑公薨于路寢冬楚人鄭

人侵宋晉侯使士彭來乞〔70 字〕

師十有二月仲孫蔑會晉侯宋公衞侯邾婁子齊崔杼同盟于虚杇丁未葬我君成公

　　首行 71 字，今本或羡一字，疑是"沙澤"之"澤"字。何者？定公七年秋，"齊侯、衞侯盟于沙"，陸氏《差繆略》云："沙，《公羊》作沙澤。"① 與今本同。以定公篇相證，M 圖四六・329 石"子滕"與"至自"並列，M 圖四七・330 石"九月"與"五氏"並列，依今本比對，知石經當無"澤"字，與二家經同。彼"沙澤"既作"沙"，宜此"沙澤"亦作"沙"，且合 70 字之例，故此處或衍"澤"字也。

　　第三行，行 73 字，與常例不合，疑有衍文。馬衡云："次行'庚寅'至三行'六月'之間，多出四字，其中除'晉侯執曹伯歸之于京師'句，已發見殘石無'之'字，尚多三字，恐尚有其他異文也。"② 案，昭公五年經書"秦伯卒"，傳云"何以不名？秦者夷也，匿嫡之名也"，若成十四年經書"秦伯卒"，則傳"何以不名"當先發於此，不宜後發於彼。且《左》《穀》二家於成十四年經"秦伯卒"亦無傳，則今本所衍者，乃"秦伯卒"三字歟？

　　又，第三行，成公十五年，石經作"歸于京師"，今本《公羊》經作"歸之于京師"。阮元《校勘記》云："唐石經、諸本同。僖廿八年注作'歸于京師'，無'之'字，傳文方辨別'歸之于''歸于'二者之不同。然則石經此處有之字，其誤甚矣。《左氏》《穀梁》亦無之。"③ 趙坦《異文箋》亦同 ④，是。

①《春秋集傳纂例》，頁 520 上。
②《漢石經集存》，頁 34b 上。
③《公羊注疏校勘記》，頁 104 下。
④《春秋異文箋》云："僖公二十八年，晉人執衞侯歸之于京師，傳云：'歸之于者何？歸于者何？歸之于者，罪已定矣；歸于者，罪未定也。罪未（轉下頁）

　　馬衡論 M 圖五〇・301 石云："此二石爲成四年'■卒'及七年'冬大雩'石之陰。末行'州滿',今本作'州蒲',三家經文皆同。《釋文》於《左傳》成十年出'州蒲'云'本或作州滿',石經與陸氏所見或本同,以形近而誤也。"① 此説是。又謂 M 圖四七・305 石"爲成三年'鄭宋'等字一石之陰"②,是也。

　　又馬氏論 M 圖四八・335 石殘字所繫:"春秋十二公薨於路寢者三人:一莊公,二宣公,三成公。此路寢之左爲空行,莊公下接閔公,不提行,與此石不合,此殘字當屬宣公或成公矣。"③今對比宣公與成公篇拓本筆畫之粗細,"路寢"二字筆畫稍細,姑繫於成公。

　　襄　　公

　　例十六

| M圖四五・307 | M圖四六・308 | M圖四五・310 | M圖四六・309 |

（接上頁）定則何以得爲伯討？（注:此難成十五年晉侯執曹伯于京師）歸之于者,執之于天子之側者也,罪定不定已可知矣。歸于者,非執之于天子之側者也,罪定不定未可知也。"據彼及注,則此成十五年經不得有"之"字,有者衍文。"頁 595 下。馬衡云:"今此石出,可爲趙氏之説作證矣。"《漢石經集存》,頁 34b 上。

①《漢石經集存》,頁 34a 下。
②《漢石經集存》,頁 34b 下。
③《漢石經集存》,頁 37b 下。

　　諸殘字爲襄公元年至七年經。M 圖四六・309 石爲下邊際，碑圖如下：

元年春王正月公即位仲孫蔑會晉樂黶宋華元衛甯殖曹人莒人邾婁人滕人薛人圍宋彭城夏晉韓屈率師伐鄭仲孫蔑會齊崔杼曹人邾婁人杞人次于合秋楚公子壬夫率師〔70 字〕

侵宋九月辛酉天王崩邾婁子來朝冬衛侯使公孫剽來聘晉侯使荀罃來聘・二年春王正月葬簡王鄭師伐宋夏五月庚寅夫人姜氏薨六月庚辰鄭伯睔卒晉師宋師衛甯殖侵〔70 字〕

鄭秋七月仲孫蔑會晉荀罃宋華元衛孫林父曹人邾婁人于戚己丑葬我小君齊姜叔孫豹如宋冬仲孫蔑會晉荀罃齊崔杼宋華元衛孫林父曹人邾婁人滕人薛人小邾婁人于〔70 字〕

戚遂城虎牢楚殺其大夫公子申・三年春楚公子嬰齊率師伐吳公如晉夏四月壬戌公及晉侯盟于長樗公至自晉六月公會單子晉侯宋公衛侯鄭伯莒子邾婁子齊世子光己〔70 字〕

未同盟于雞澤陳侯使袁僑如會戊寅叔孫豹及諸侯之大夫及陳袁僑盟秋公至自會冬晉荀罃率師伐許・四年春王三月己酉陳侯午卒夏叔孫豹如晉秋七月戊子夫人弋氏〔70 字〕

薨葬陳成公八月辛亥葬我小君定弋冬公如晉陳人圍頓・五年春公至自晉夏鄭伯使公子發來聘叔孫豹鄫世子巫如晉仲孫蔑衛孫林父會吳于善稻秋大雩楚殺其大夫公〔70 字〕

子壬夫公會晉侯宋公陳侯衛侯鄭伯曹伯莒子邾婁子滕子薛伯齊世子光吳人鄫人于戚公至自會冬戌陳楚公子貞率師伐陳公會晉侯宋公衛侯鄭伯曹伯莒子邾婁子滕子薛伯齊世子光救陳十〔79 字〕

有二月公至自救陳辛未季孫行父卒・六年春王三月壬午杞伯姑容卒夏宋華弱來奔秋葬杞桓公滕子來朝莒人滅鄫冬叔孫豹如邾婁季孫宿如晉十有二月齊侯滅萊・七〔70 字〕

年春郯子來朝夏四月三卜郊不從乃免牲小邾婁子來朝城費秋季孫宿如衛八月螽冬十月衛侯使孫林父來聘壬戌及孫林父盟楚公子貞率師圍陳十有二月公會晉侯宋公〔70 字〕

　　第七行，據今本，凡 79 字。案，襄公五年冬，“公會晉侯、宋公、衛侯、鄭伯、莒子、邾婁子、滕子、薛伯、齊世子光救陳”,陸淳《差繆略》云:“《左氏》無莒、邾、滕、薛四國。”①《穀梁》同乎《公羊》,惟“邾婁”作“邾”字。趙坦以今本《公》《穀》爲據,謂“《左氏》脱八字”②。今以石經證之,知石經同於《左氏》經,趙説誤。馬衡云“其文蓋與《左氏》經同”③,是。

又,馬衡云“‘大雩’一石爲宣十六年‘月壬’一石之陰”,云 M 圖四六·309 石“在宣公十四年至十七年‘曹歸秦’一石之陰”④,二説並是。

例十七

M圖四六·312·1

L圖·379

M圖四八·311·1

M圖四八·311·2

M圖四六·313

M圖四六·312·2

①《春秋集傳纂例》,頁 518 上。
②《春秋異文箋》,頁 598 下。
③《漢石經集存》,頁 35a 上。
④ 並見《漢石經集存》,頁 35a 上。

　　諸殘字爲襄公九年冬至十二年夏經，L 圖則據羅振玉雙鉤本 ①。
碑圖如下：

邾婁人于邢丘公至自晉莒人伐我東鄙秋九月大雩冬楚公子貞率師伐鄭
晉侯使士匄來聘・九年春宋火夏季孫宿如晉五月辛酉夫人姜氏薨秋八
月癸未葬我小君繆姜 冬〔70 字〕

公會晉侯宋公衛侯曹伯莒子邾婁子滕子薛伯杞伯小邾婁子齊世子光伐
鄭十有二月己亥同盟于戲楚子伐鄭・十年春公會晉侯宋公衛侯曹伯莒
子邾婁子滕子薛伯 杞伯〔70 字〕

小邾婁子齊世子光會吳于柤夏五月甲午遂滅偪陽公至自會楚公子貞鄭
公孫輒率師伐宋晉師伐秦秋莒人伐我東鄙公會晉侯宋公衛侯曹伯莒子
邾婁子齊世子光 滕子薛〔70 字〕

伯杞伯小邾婁子伐鄭冬盜殺鄭公子斐公子發公孫輒戍鄭虎牢楚公子貞
率師救鄭公至自伐鄭・十有一年春王正月作三軍夏四月四卜郊不從乃
不郊鄭公孫舍 之率師侵〔70 字〕

宋公會晉侯宋公衛侯曹伯齊世子光莒子邾婁子滕子薛伯杞伯小邾婁子
伐鄭秋七月己未同盟于京城北公至自伐鄭楚子鄭伯伐宋公會晉侯宋公
衛侯曹伯齊世 子光莒子〔70 字〕

邾婁子滕子薛伯杞伯小邾婁子伐鄭會于蕭魚公至自會楚人執鄭行人良
霄冬秦人伐晉・十有二年春王正月莒人伐我東鄙圍台季孫宿率師救台
遂入運夏晉侯使 士彭來〔70 字〕

聘秋九月吳子乘卒冬楚公子貞率師侵宋公如晉・十有三年春公至自晉
夏取詩秋九月庚辰楚子審卒冬城防・十有四年春王正月季孫宿叔老會
晉士匄齊人 宋人衛 人鄭〔70 字〕

公孫嘐曹人莒人邾婁人滕人薛人杞人小邾婁人會吳于向二月乙未朔日
有食之夏四月叔孫豹會晉荀偃齊人宋人衛北宮結鄭公孫嘐曹人莒人邾
婁人滕 人薛人杞人 小邾〔70 字〕

婁人伐秦己未衛侯衎出奔齊莒人侵我東鄙秋楚公子貞率師伐吳冬季孫

---

① 見《羅振玉學術論著集》第 2 冊，頁 379。案：“L 圖” 後之阿拉伯數字，係
　　此書頁碼，下同。

宿會晉士匄宋華閱衛孫林父鄭公孫囆筥人邾婁人于戚・十有五年春宋
公使向戌來聘二月己亥及〔71字〕

向戌盟于劉劉夏逆王后于齊夏齊侯伐我北鄙圍成公救成至遇季孫宿叔
孫豹率師城成郛秋八月丁巳日有食之邾婁人伐我南鄙冬十有一月癸亥
晉侯周卒・十有六年春〔70字〕

王正月葬晉悼公三月公會晉侯宋公衛侯鄭伯曹伯筥子邾婁子薛伯杞伯
小邾婁子于湨梁戊寅大夫盟晉人執筥子邾婁子以歸齊侯伐我北鄙夏公
至自會五月甲子地震叔〔70字〕

老會鄭伯晉荀偃衛甯殖宋人伐許秋齊侯伐我北鄙圍成大雩冬叔孫豹如
晉・十有七年春王二月庚午邾婁子瞷卒宋人伐陳夏衛石買率師伐曹秋
齊侯伐我北鄙圍洮齊高〔70字〕

厚率師伐我北鄙圍防九月大雩宋華臣出奔陳冬邾婁人伐我南鄙・

　　第一行，行末，乃“冬”字殘畫，羅振玉誤爲“公”字，張國淦、
馬衡則誤爲“小”字。說見上節第一例。

　　第九行，今本凡71字。案，襄公十四年夏，“衛侯衎出奔齊”，
《左氏》無“衎”字。杜預注云：“不書名，從告。”惠棟《左傳補注》
云：“杜注謬。諸侯失國名，《公》《穀》皆有‘衎’字，《左傳》脫
也。”[1] 清代學者多從《公羊》，如趙坦、臧壽恭、陳立等[2]。然以石經
證之，似《左氏》爲是。馬衡云：“七、八行間七十一字。按十四年
衛侯衎出奔齊，《左》、《穀》皆無衎字，今本《公羊》經較《左》、《穀》

① 惠棟《左傳補注》，《景印文淵閣四庫全書・經部・春秋類》第181冊，頁
　　171上。
② 趙坦《春秋異文箋》卷九云：“謹案：《禮記》曰：‘諸侯失地名。’《左傳》云：
　　‘定姜曰：告亡而已，無告無罪，’則諸侯之策當書衛侯名爲得。《左》、《穀》
　　或脫‘衎’字。”頁601下。臧壽恭《春秋古義》也以“書名爲得”。見《續修
　　四庫全書・經部・春秋類》第125冊，頁775。陳立《公羊義疏》云：“舊疏
　　云：‘舉君絕爲重者，謂書衎之名，見齊當絕，不合爲諸侯。’知《公羊》本有
　　‘衎’字矣。”見《續修四庫全書・經部・春秋類》第130冊，頁563下。

多字者,石經往往不多,同於《左》《穀》。豈石經亦無此'衍'字耶?"① 諸説相較,馬説義長。

最末一行,襄公十七年秋,"齊高厚率師伐我北鄙",陸氏《差繆略》云:"《左氏》無'齊'字。"② 趙坦云:"此經接'齊侯伐我北鄙圍桃'下,則高厚爲齊侯分遣之師,故不須復繫齊,《公》《穀》作'齊高厚',或衍'齊'字。"陳立駁云"此自是《左氏》脱文,趙説非也"③,然無論證。今據石經行款推排,似有"齊"字,陳説是。

又,關於 M 圖四六·313 石,馬衡云:"'之'字之右僅存殘字之右下角,以字數計之,當是筥字。"④ 驗以碑圖,知馬説是。

例十八

L圖·382　　　　　　　　M圖八五·315

第一石殘字據羅振玉《漢熹平石經殘字集錄·漢熹平石經殘字下》雙鉤本。馬衡《集存》拓本不清。知殘石之右爲空行,可據以推排行款。殘字在襄公廿年經,碑圖則合見下例。

① 《漢石經集存》,頁 35a 下。
② 《春秋集傳纂例》,頁 518 下。
③ 《公羊義疏》,頁 569 上。
④ 《漢石經集存》,頁 35b 上。

例十九

M圖五〇·316（與319合）

M圖四五·317

M圖五〇·319

M圖八五·318

　　諸石殘字爲襄公廿一年至廿九年經。M圖五〇·319爲石之左邊際，可據以推排碑圖如下：

孫遫率師伐邾婁蔡殺其大夫公子爕蔡公子履出奔楚陳侯之弟光出奔楚叔老如齊冬十月丙⬚辰朔⬚日有食之季孫⬚宿⬚如宋⬚·廿有一年春王正月公如晉邾婁庶其以⬚漆閭丘來⬚〔70字〕

奔夏公至自晉秋晉欒盈出奔楚九月庚戌朔日有食之冬十月庚辰朔日有食之曹伯來朝公⬚會⬚⬚晉侯⬚齊侯宋公衞侯鄭⬚伯⬚曹伯筥子邾婁子于商任·廿有二年春王正月⬚公至自⬚〔70字〕

會夏四月秋七月辛酉叔老卒冬公會晉侯齊侯宋公衞侯鄭伯曹伯筥子邾婁子⬚滕⬚⬚子⬚薛伯杞伯小邾婁子于沙隨公至自會楚殺其大夫公子追舒·廿有三年春王二月癸酉⬚朔⬚日有〔72字〕

食之三月己巳杞伯匄卒夏邾婁鼻我來奔葬杞孝公陳殺其大夫慶虎及慶寅陳侯之弟光自楚歸于陳⬚晉⬚欒盈復入于晉入于曲沃秋齊侯伐衞遂伐晉

八月|叔孫豹率|師|救晉次|〔70字〕

于雍渝己卯仲孫遬卒冬十月乙亥臧孫紇出奔邾婁晉人殺樂盈齊侯襲莒·廿有四年春叔孫豹如晉|仲|孫羯率師侵齊夏楚子伐吳秋七月甲子朔日有食|之既|齊崔杼|率師伐|〔70字〕

莒大水八月癸巳朔日有食之公會晉侯宋公衛侯鄭伯曹伯莒子邾婁子滕子薛伯杞伯小邾婁子于陳儀冬楚子蔡侯陳侯許男伐鄭公至自會陳咸宜|咎出|奔楚叔|孫豹|如京師|〔70字〕

大饑·廿有五年春齊崔杼率師伐我北鄙夏五月乙亥齊崔杼弒其君光公會晉侯宋公衛侯鄭伯曹伯莒子邾婁子滕子薛伯杞伯小邾婁子于陳儀六月壬|子鄭公|孫舍之率師|〔70字〕

入陳秋八月己巳諸侯同盟于重邱公至自會衛侯入于陳儀楚屈建率師滅舒鳩冬鄭公孫囆率師伐陳十有二月吳子謁伐楚門于巢卒·廿有六年春王二|月辛卯|衛甯|喜殺其|〔70字〕

君剽衛孫林父入于戚以叛甲午衛侯衎復歸于衛夏晉侯使荀吳來聘公會晉人鄭良霄宋人曹人于澶淵秋宋公|殺其世|子痤晉人執衛甯喜八月壬午許男甯卒于楚冬|楚子蔡|〔70字〕

侯陳侯伐鄭葬許靈公·廿有七年春齊侯使慶封來聘夏叔孫豹會晉趙武楚屈建蔡公孫歸生衛石惡陳孔瑗鄭|良霄許|人曹人于宋衛殺其大夫甯喜衛侯|之弟鱄|出奔晉秋七|〔70字〕

月辛巳豹及諸侯之大夫盟于宋冬十有二月乙亥朔日有食之·廿有八年春無冰夏衛石惡出奔晉邾婁子來|朝秋八月大|零仲孫羯如晉冬齊慶封來奔十|有一月|公如楚十有〔70字〕

二月甲寅天王崩乙未楚子昭卒·廿有九年春王正月公在楚夏五月公至自楚庚午衛侯衎卒閽弒吳子餘祭|仲孫偈會晉|荀盈齊高止宋華定衛世叔齊鄭|公孫蠆|曹人莒人邾〔70字〕

婁人滕人薛人小邾婁人城杞晉侯使士鞅來聘杞子來盟吳子使札來聘秋九月葬衛獻公齊高止出奔北燕冬仲孫羯如晉·卅年春王正月楚子使蘧頗來聘夏|四月|蔡世子般〔70字〕

弒其君固五月甲午宋災(宋)伯姬卒天王殺其弟年夫王子瑕奔晉秋七月叔弓如宋葬宋共姬鄭良霄出奔許自許入于鄭鄭人殺良霄冬十月葬蔡景公晉人齊|人宋|人衛人鄭人〔69字〕

曹人筥人邾婁人滕人薛人杞人小邾婁人會于澶淵宋災故·卅有一年春
王正月夏六月辛巳公薨于楚宮秋九月癸巳子野卒己亥仲孫羯卒冬十月
滕子來 會葬 癸酉葬我君〔70字〕
襄公十有一月筥人弑其君密州

　　第三行，襄公廿二年冬，"邾婁子、薛伯、杞伯"，陸氏《差繆略》
云："《公》《穀》'薛伯'上有'滕子'。"陸氏所見與今本同。今以
石經證之，知衍"滕子"二字。趙坦、陳立等説皆非[1]。馬衡云："按
沙隨之盟，《左氏》經'邾子薛伯'之間無'滕子'二字，《公》、《穀》
皆有之，石經所以較今本少二字者，或其文同於《左氏》耳。"[2] 是。

　　第十二至十三行，襄公廿九年，"鄭公孫囆、曹人、莒人、邾人、滕
人"，今三傳"囆"皆作"段"。馬衡引《左傳》襄十九年云："'四月丁
未，鄭公孫蠆卒，赴於晉。大夫范宣子言於晉侯，以其善於伐秦也。
六月，晉侯請於王，王追賜之大路，使以行禮也。'是公孫蠆已卒於襄
十九年，且以晉侯之請而天子賜之大路，則其卒也不容有誤。而本
經於襄廿五年又書'冬，鄭公孫囆帥師伐陳'，《左》、《穀》二家並作
'公孫夏'。……此處三家皆作公孫段，而石經復作公孫囆，疑莫能
明也。豈諸儒正定之後，猶不免有訛誤耶？"[3] 案馬氏所疑頗有理
據。雖不可以《左傳》説《公羊》，然今本三傳此處皆作"公孫段"，
石經作囆，不僅異於二傳，亦與今本《公羊》相乖違，且陸淳《差繆
略》於"公孫段"未出異文，或如馬氏所言，石經猶不免訛誤歟？

　　又，陸淳《差繆略》云："《左氏》無邾人。"[4] 陸氏所見與今本
《左氏》同，證以石經行款，宜有"邾人"二字，《公》《穀》是也。

──────────

① 趙坦《春秋異文箋》云："謹案：《左氏》經'邾子'下無'滕子'，或闕文。"頁
　604上。陳立《公羊義疏》亦云："《左氏經》無'滕子'，或闕文。"頁576下。
②《漢石經集存》，頁35b下—36a上。
③《漢石經集存》，頁35b下—36a上。
④《春秋集傳纂例》，頁518下。

　　第十四行，襄公卅年五月，"宋伯姬卒"，今本《公羊》無"宋"字。陸氏《差繆略》云："《左氏》'災'下又有'宋'字，衍文也。"[1]今本《左氏》與陸氏所見本同，驗以石經，知有"宋"字。趙坦云："《左氏傳》亦云'宋伯姬'。且下經'叔弓如宋，葬宋共姬'有'宋'字，則此云'宋伯姬卒'，所以繫伯姬于宋，箸魯女之嫁于宋者也。有'宋'字爲是。"[2]頗具卓識。

　　又，馬衡論 M 圖五〇·319 石云："可與公孫噭石連綴。"[3]是也。

昭　公

例二十

M圖四六·320　　　　　　　　　　　M圖五一·321

①《春秋集傳纂例》，頁 518 下。
②《春秋異文箋》，頁 607 上。
③《漢石經集存》，頁 36a 下。

M圖四七‧322　　　　M圖四八‧324　　　　M圖四七‧325

諸石殘字在昭公元年至廿一年經。此五石中,有三石爲碑之左、下邊際。碑圖如下:

元年春王正月公即位叔孫豹會晉趙武楚公子圍齊國酌宋向戌衞石惡陳公子招蔡公孫歸生鄭軒虎許人曹人于溴三月取運夏秦伯之弟鍼出奔晉六月丁巳邾婁子華卒晉〔70字〕

荀吳率師敗狄于大原秋筥去疾自齊入于筥筥展出奔吳叔弓率師疆運田葬邾婁悼公冬十有一月己酉楚子卷卒楚公子比出奔晉‧二年春晉侯使韓起來聘夏叔弓如晉秋〔70字〕

鄭殺其大夫公孫黑冬公如晉至河乃復季孫宿如晉‧三年春王正月丁未滕子泉卒夏叔弓如滕五月葬滕成公秋小邾婁子來朝八月大雩冬大雨雹北燕伯款出奔齊‧四年〔70字〕

春王正月大雨雪夏楚子蔡侯陳侯鄭伯許男徐子滕子頓子胡子沈子小邾婁子宋世子佐淮夷會于申楚子執徐子秋七月楚子蔡侯陳侯許男頓子胡子沈子淮夷伐吳執齊慶〔70字〕

封殺之遂滅厲九月取鄫冬十有二月乙卯叔孫豹卒‧五年春王正月舍中軍楚殺其大夫屈申公如晉夏筥牟夷以牟婁及防茲來奔秋七月公至自晉戊辰叔弓率師敗筥師于〔70字〕

瀆泉秦伯卒冬楚子蔡侯陳侯許男頓子沈子徐人越人伐吳‧六年春王正月杞伯益姑卒葬秦景公夏季孫宿如晉葬杞文公宋華合比出奔衞秋九月大雩楚薳頗率師伐吳冬〔70字〕

叔弓如楚齊侯伐北燕‧七年春王正月暨齊平三月公如楚叔孫舍如齊莅盟夏四月甲辰朔日有食之秋八月戊辰衞侯惡卒九月公至自楚冬十有一月癸未季孫宿卒十有二〔70字〕

月癸亥葬衛襄公・八年春陳侯之弟招殺陳世子偃師夏四月辛丑陳侯溺
卒叔弓如晉楚人執陳行人干徵師殺之陳公子留出奔鄭秋蒐于紅陳人殺
其大夫公子過大雩冬十〔70字〕

月壬午楚師滅陳執陳公子招放之于越殺陳孔瑗葬陳哀公・九年春叔弓
會楚子于陳許遷于夷夏四月陳火秋仲孫貜如齊冬築郎囿・十年春王正
月夏晉欒施來奔秋七月〔70字〕

季孫隱如叔弓仲孫貜率師伐莒戊子晉侯彪卒九月叔孫舍如晉葬晉平公
十有二月甲子宋公戌卒・十有一年春王二月叔弓如宋葬宋平公夏四月
丁巳楚子虔誘蔡侯般殺〔70字〕

之于申楚公子棄疾率師圍蔡五月甲申夫人歸氏薨大蒐于比蒲仲孫貜會
邾婁子盟于侵羊秋季孫隱如會晉韓起齊國杓宋華亥衛北宮它鄭軒虎曹
人杞人于屈銀九月己亥〔70字〕

葬我小君齊歸冬十有一月丁酉楚師滅蔡執蔡世子有以歸用之・十有二
年春齊高偃率師納北燕伯于陽三月壬申鄭伯嘉卒夏宋公使華定來聘公
如晉至河乃復五月葬鄭〔70字〕

簡公楚殺其大夫成然秋七月冬十月公子整出奔齊楚子伐徐晉伐鮮
虞・十有三年春叔弓率師圍費夏四月楚公子比自晉歸于楚弒其君虔于
乾谿楚公子棄疾殺公子比秋〔70字〕

公會劉子晉侯齊侯宋公衛侯鄭伯曹伯莒子邾婁子滕子薛伯杞伯小邾婁
子于平丘八月甲戌同盟于平丘公不與盟晉人執季孫隱如以歸公至自會
蔡侯廬歸于蔡陳侯吳歸〔70字〕

于陳冬十月葬蔡靈公公如晉至河乃復吳滅州來・十有四年春隱如至
自晉三月曹伯滕卒夏四月秋葬曹武公八月莒子去疾卒冬莒殺其公子意
恢・十有五年春王正月吳〔70字〕

子夷昧卒二月癸酉有事于武宮籥入叔弓卒去樂卒事夏蔡昭吳奔鄭六月
丁巳朔日有食之秋晉荀吳率師伐鮮虞冬公如晉・十有六年春齊侯伐徐
楚子誘戎曼子殺之夏公〔70字〕

至自晉秋八月己亥晉侯夷卒九月大雩季孫隱如如晉冬十月葬晉昭
公・十有七年春小邾婁子來朝夏六月甲戌朔日有食之秋郯子來朝八月
晉荀吳率師滅賁渾戎冬有星〔70字〕

孛于大辰楚人及吳戰于長岸・十有八年春王三月曹伯須卒夏五月壬午

宋衞陳鄭災六月邾婁人入鄅<u>秋葬曹平公冬許遷于白羽·十有九年春宋</u>
<u>公伐</u>邾婁夏五月戊辰許〔70字〕

世子<u>止殺其君</u>買己卯地震秋齊高發率師伐莒冬葬許悼公·廿年春王正
月夏曹公孫會自鄸出奔宋秋<u>盜殺衞侯之兄縶冬十月宋華亥向甯華定出</u>
<u>奔</u>陳十有一月辛卯蔡侯〔70字〕

盧卒·<u>廿有一年</u>春王二月葬蔡平公夏晉侯使士鞅來聘宋華亥向甯華定
自陳入于宋南里以畔秋七<u>月壬午朔日有食之八月乙亥叔痤卒冬蔡侯朱</u>
<u>出</u>奔楚公如晉至河乃復〔70字〕

　　第二行，昭公元年秋，“莒展出奔吳”，展，《左氏》作“展輿”。
以石經驗之，無“輿”字。趙坦謂《公》《穀》脫“輿”字[1]，不可從。

　　第九行，昭公八年冬，“楚師滅陳，執陳公子招放之于越”，皕忍
堂景刊唐石經本無“執陳”二字[2]，宋以下諸刻本皆有之，驗以漢石
經碑圖，當有“執陳”二字。

　　第十行，昭公十一年，“春王二月”，今本《公羊》作“正月”，二
家經作“二月”。趙坦《異文箋》云：“平公以十年十二月甲子卒，至
十一年二月葬，僅逮三月，三月而葬已爲速，況踰月乎？《公羊》作
正月，或字之譌。”陳立駁云：“既速葬矣，可三月，即可踰月也。”[3]
案，《春秋》諸侯之葬，常例五月，變例三月，無踰月者，陳説非是。
今石經出，知作“二月”，趙説是。

　　第十二行，昭公十二年，“納北燕伯”，陸氏《差繆略》云：“北燕
伯，《左氏》作北燕伯款。”今本《左傳》與陸氏所見同。以石經推
排，無“款”字。

　　第十六行，昭公十五年夏，“蔡昭吳奔鄭”，二家之經作“出奔”，

①《春秋異文箋》，頁608下。

②《景刊唐開成石經》第4冊，頁2357下。

③《公羊義疏》，頁613上。

故陸氏《差繆略》云：“《公羊》無‘出’字。”① 陸氏所見與今本同。以石經證之，知今本是。

　　第十七行，昭公十六年冬，“十月，葬晉昭公”，陸氏《差繆略》云：“十月，《公羊》作十一月。”② 今本《公羊》皆作十月，無作“十一月”者，陸氏所見乃《公羊》異本。據石經碑圖，當以“十月”爲正。

　　又，第十七行，昭公十七年秋，“賁渾戎”，左氏作“陸渾之戎”，《穀梁》作“陸渾戎”，據石經推排，當無“之”字。

　　馬衡論異文曰：“獀，今本作‘蒐’，《釋文》出‘廋’字云‘本亦作蒐’，《禮記·祭義》‘而第達乎廋狩’，《釋文》：‘廋，本亦作獀。’是蒐、廋、獀皆可通。‘玃’，今本作‘貜’，據《説文》，本爲二字，然從豸之字往往從犬，如豻或從犬作犴也。‘國杓’，今本作‘酌’，《儀禮》‘若舞則勺’，《釋文》‘勺，音灼’；《毛詩·旱麓》‘黄金爲勺’，《釋文》‘勺，字或作杓’；是勺、杓、酌可通也。‘北宮它’，今本作‘佗’，它、佗同。蟄，今本作‘輒’，《左氏》作蟄，與石經同。‘叔痤’，今本作‘痤’，痤、痤音讀通也。”③ 馬説可從。

　　M 圖四七·322 石，“枱”，今本作“招”，《淮南子·説山》“死而棄其招蕡”，《玉篇》引作“枱”④，枱、招可通。

　　馬衡云：“此石爲僖十二至廿年‘日有食’等字一石之陰。”⑤ 是也。

---

① 《春秋集傳纂例》，頁 519 下。
② 《春秋集傳纂例》，頁 519 下。
③ 《漢石經集存》，頁 36b 上。
④ 顧野王《大廣會益玉篇》，中華書局，1987 年，頁 60 下。
⑤ 《漢石經集存》，頁 37a 上。

例廿一

M圖四七·326　　　M圖四七·327　　　M圖四八·338　　　M圖四七·328

諸殘字在昭公廿二年至卅年經，碑圖如下：

·廿有二年春齊侯伐莒宋華亥向甯華定自宋南里出奔楚大蒐于昌姦夏
四月乙丑天王崩六月叔鞅如京師葬景 王王室 亂劉子單子以王猛居于皇
秋劉子單子以王猛入于王〔71字〕

城冬十月王子猛卒十有二月癸酉朔日有食之·廿有三年春王正月叔孫
舍如晉癸丑叔鞅卒晉人執我行人叔孫 舍晉人 圍郊夏六月蔡侯東國卒于
楚秋七月莒子庚輿來奔戊辰〔72字〕

吳敗頓胡沈蔡陳許之師于雞父胡子髡沈子楹滅獲陳夏齧天王居于狄泉
尹氏立王子朝八月乙未地震冬公如晉 至河公 有疾乃復·廿有四年春王
二月丙戌仲孫貜卒 叔 孫 舍至自〔73字〕

晉夏五月乙未朔日有食之秋八月大雩丁酉杞伯鬱釐卒冬吳滅巢葬杞平
公·廿有五年春叔孫舍如宋夏叔倪會晉趙鞅宋樂世心衛北宮喜鄭游吉
曹人邾婁人滕人薛人小邾〔71字〕

婁人于黃父有鸜鵒來巢秋七月上辛大雩季辛又雩九月己亥公孫于齊次
于揚州齊侯唁公于野井冬十月戊辰叔孫舍卒十有一月己亥宋公佐卒于
曲棘十有二月齊侯取運·〔71字〕

廿有六年春王正月葬宋元公三月公至自齊居于 運 夏公圍成秋公會齊侯
莒子邾婁子杞伯盟于鄟陵公至自會居于運九月庚申楚子居卒冬十月天
王入于成周尹氏召伯毛伯〔71字〕

以王子朝奔楚·廿有七年春公如齊公至自齊 居于運 夏四月吳弒其君僚
楚殺其大夫郤宛秋晉士鞅宋樂祁犂衛北宮喜 曹 人邾婁人滕人會于扈冬

十月曹伯午卒邾婁快來奔〔71 字〕

公如齊公至自齊居于鄆・廿有八年春王三月葬曹悼公公如晉次于乾侯夏四月丙戌鄭伯甯卒六月葬鄭定公秋七月癸巳滕子甯卒冬葬滕悼公・廿有九年春公至自乾侯居〔71 字〕

于鄆齊侯使高張來唁公公如晉次于乾侯夏四月庚子叔倪卒秋七月冬十月鄆潰・卅年春王正月公在乾侯夏六月庚辰晉侯去疾卒秋八月葬晉頃公冬十有二月吳滅徐徐子〔71 字〕

章禹奔楚・卅有一年春王正月公在乾侯季孫隱如會晉荀櫟于適歷夏四月丁巳薛伯穀卒晉侯使荀櫟唁公于乾侯秋葬薛獻公冬黑弓以濫來奔十有二月辛亥朔日有食之・〔71 字〕

卅有二年春王正月公在乾侯取闞夏吳伐越秋七月冬仲孫何忌會晉韓不信齊高張宋仲幾衛世叔申鄭國參曹人莒人邾婁人薛人杞人小邾婁人城成周十有二月巳未公薨于乾侯〔73 字〕

　　此爲第二石陰面，昭公篇常例爲行 71 字，惟第二行 72 字，自"圍郊"至"如晉"，今本或多一字。詳參上節"殘字補例"。

　　第三行，昭公廿四年，"叔孫舍至自晉"，二家無"叔孫"二字，疑石經同乎二家之經。何以言之？《公羊傳》云"一事而再見者，卒名"，卒名者，但名不氏。宣公元年經書"公子遂如齊"，下經書"遂以夫人婦姜至自齊"，前氏"公子"，後但書"遂"名。成公十四年經書"叔孫僑如如齊逆女"，下經書"僑如以夫人婦姜氏至自齊"，亦省"叔孫"之氏。襄公廿七年經"叔孫豹會晉趙武、楚屈建以下于宋"，下經書"豹及諸侯之大夫盟于宋"，前書叔孫豹，後書豹，亦爲一事再見者卒名之例。昭公十三年經"晉人執季孫隱如以歸"，十四年經書"隱如至自晉"，不氏"叔孫"者，同例也。今此廿三年經書"晉人執我行人叔孫舍"，下經書"舍至自晉"，正一事再見者卒名之例。徐彥疏云："叔孫舍不去氏者，蓋以無罪故也。"此說誤也。何休《左氏膏肓》駁《左氏》稱族舍族之說，正據一事再見卒名之例①，徐彦反以有罪無罪爲説，不合何注之義。由此亦可知徐彦所見本已衍"叔孫"二字。

第八行，昭公廿八年夏四月，"鄭伯甯卒"，皕忍堂景刊唐石經無此四字②，誤脱。

最末一行，卅二年經"筥人"下，今本《公羊》經有"邾婁人"三字，二家經並無，石經同乎二家經也。何者？若有此三字，則行73字，須另行書寫，且字數少於鄰行篇題"定公第十"四字，恐非石經書寫之例。

定　　公

例廿二

M圖四六·329　　　M圖四八·337　　　M圖四七·330　　　M圖四七·331

殘字爲定公二年至十四年經。M圖四八·337石，馬衡謂不知當繫於何公③，吕振端謂"姑存以待考"④。以碑圖驗之，當繫於定

---

① 成公十四年經書"秋，叔孫僑如如齊逆女"，《左傳》云："稱族，尊君命也。"同年經"九月，僑如以夫人婦姜氏至自齊"，《左傳》云："舍族，尊夫人也。"孔穎達《正義》引何休《左氏膏肓》云："叔孫僑如舍族爲尊夫人，案襄二十七年豹及諸侯之大夫盟，復何所尊而亦舍族？《春秋》之例，一事再見者，亦以省文耳，《左氏》爲短。"

②《景刊唐開成石經》第4册，頁2370下。

③《漢石經集存》，頁38a上。

④《漢石經春秋殘字集證》，頁104。

四年，且是石下邊際，說見上節第十二例。碑圖如下：

元年春王三月晉人執宋仲幾于京師夏六月癸亥公之喪至自乾侯戊辰公
即位秋七月癸巳葬我君昭公九月大雩立煬宮冬十月隕霜殺菽・二年春
王正月夏五月壬辰雉門〔70字〕

及兩觀災秋楚人伐吳冬十月新作雉門及兩觀・三年春王正月公如晉至
河乃復三月 辛卯 邾婁子穿卒夏四月秋葬邾婁莊公冬仲孫何忌及邾婁子
盟于枝・四年春王二 月 〔70字〕

癸巳陳侯吳卒三月公會劉子晉侯宋公蔡侯衛侯陳子鄭伯許男曹伯筥子
邾婁子頓子 胡子滕 子薛伯杞伯小邾婁子齊國夏于召陵侵楚夏四月庚辰
蔡公孫 歸 姓率師滅沈以 沈 〔71字〕

子嘉歸殺之五月公及諸侯盟于浩油杞伯戊卒于會六月葬陳惠公許遷于
容城秋七月公 至自 會劉卷卒葬杞悼公楚人圍蔡晉士鞅衛孔圉率師伐鮮
虞葬劉文公冬十有一月〔70字〕

庚午蔡侯以吳子及楚人戰于伯筥楚師敗績楚囊瓦出奔鄭庚辰吳入
楚・五年春王正月辛亥朔日有食之夏歸粟于蔡於越入吳六月丙申季孫
隱如卒秋七月壬子叔孫不敢〔70字〕

卒冬晉士鞅率師圍鮮虞・六年春王正月癸亥鄭游遫率師滅許以許男斯
歸二月公侵鄭公至自侵鄭夏季孫斯仲孫何忌如晉秋晉人執宋行人樂祁
犁冬城中城季孫斯仲孫〔70字〕

忌率師圍運・七年春王正月夏四月秋齊侯鄭伯盟于咸齊人執衛行人北
宮結以侵衛齊侯衛侯盟于沙 澤 大雩齊國夏率師伐我西鄙九月大雩冬十
月・八年春王正月公侵齊〔71字〕

公至自侵齊二月公侵齊三月公至自侵齊曹伯露卒夏齊國夏率師伐我西
鄙公會晉師于瓦公至自瓦秋七月戊辰陳侯柳卒晉趙鞅率師侵鄭遂侵衛
葬曹 靖公九月 葬陳懷公〔70字〕

季孫斯仲孫何忌率師侵衛冬衛侯鄭伯盟于曲濮從祀先公盜竊寶玉大
弓・九年春王正月夏四月戊申鄭伯囆卒得寶玉大弓六月葬鄭獻公秋齊
侯衛侯次于 五氏 秦伯卒冬葬〔71字〕

秦哀公・十年春王三月及齊平夏公會齊侯于頰谷公至自頰谷晉趙鞅率
師圍衛齊人來歸運讙龜陰田叔孫州仇仲孫何忌率師圍郈秋叔孫州仇仲

孫何忌率師圍費宋樂世〔70字〕

心出奔曹宋公子池出奔陳冬齊侯衛侯鄭游遫會于牽叔孫州仇如齊宋公之弟辰暨宋仲佗石彄出奔陳‧十有一年春宋公之弟辰及仲佗石彄公子池自陳入于蕭以叛夏四〔70字〕

月秋宋樂世心自曹入于蕭冬及鄭平叔還如鄭莅盟‧十有二年春薛伯定卒夏葬薛襄公叔孫州仇率師墮郈衛公孟彄率師伐曹季孫斯仲孫何忌率師墮費秋大雩冬十月癸〔70字〕

亥公會晉侯盟于黃十有一月丙寅朔日有食之公至自黃十有二月公圍成公至自圍成‧十有三年春齊侯衛侯次于垂瑕夏築蛇淵囿大蒐于比蒲衛公孟彄率師伐曹秋晉趙〔70字〕

鞅入于晉陽以叛冬晉荀寅(及)士吉射入于朝歌以叛晉趙鞅歸于晉薛弒其君比‧十有四年春衛公叔戍來奔晉趙陽出奔宋三月辛巳楚公子結陳公子佗人率師滅頓以頓子牂〔71字〕

歸夏衛北宮結來奔五月於越(敗吳)于醉李吳子光卒公會齊侯衛侯于堅公至自會秋齊侯宋公會于洮天王使石尚來歸脤衛世子蒯瞶出奔宋衛公孟彄出奔鄭宋公之弟辰自蕭〔71字〕

來奔大蒐于比蒲邾婁子來會公(城)莒父及霄‧十有五年春王正月邾婁子來朝鸜鼠食郊牛牛死改卜牛二月辛丑楚子滅胡以胡子豹歸夏五月辛亥郊壬申公薨于高寢鄭罕〔70字〕

達率師伐宋齊侯衛侯次于蘧篨邾婁子來奔喪秋七月壬申弋氏卒八月庚辰朔日有食之九月滕子來會葬丁巳葬我君定公雨不克葬戊午日下稷乃克葬辛巳葬定弋冬城漆〔70字〕

　　第三行，定公四年夏，"公孫歸姓率師"，二家經無"歸"字。陸氏《差繆略》云："姓，《公羊》作'歸姓'。"① 阮元《校勘記》云："唐石經、諸本同。《釋文》：'公孫歸姓，二傳無歸字，姓音生。'按昭廿三年注作歸生，疏引此經同。"② 阮氏不作案斷。以諸石殘字推之，

①《春秋集傳纂例》，頁520上。
②《公羊注疏校勘記》，頁126下。

知無"歸"字。又，哀公四年"公孫姓"，據殘字推排，亦無"歸"字。馬衡云："今本《公羊》經'夏四月庚辰，蔡公孫歸姓率師滅沈'，《左》、《穀》二家經皆作公孫姓，無歸字，石經若亦作公孫姓，則二、三行間亦七十字矣。"① 此説是。

第七行，定公七年秋，"齊侯、衛侯盟于沙澤"，沙澤，二家經無"澤"字。陸氏《差繆略》云："沙，《公羊》作沙澤。"今本與陸氏所見同。以石經證之，當無"澤"字。定公篇末行70字，若有"澤"字，恐須另行書寫一字，與行款不合。且成公十二年今本作"沙澤"，行71字，多出一字，亦爲"沙澤"作"沙"之旁證。今本《公羊》經僖公二年作"貫澤"，二氏之經作"貫"，以石經驗之，無"澤"字。然則今本"沙澤""貫澤"者，"澤"字皆衍，熹平石經俱無之。

第九行，自"五氏"之下，今本較石經多一字，但不知在何處，姑繫於此。

第十一行，定公十年冬，"齊侯、衛侯、鄭游遬會于鄷"，陸淳《差繆略》云："安甫，《公羊》作鄷父。"② 然今本皆作"鄷"，與陸氏所見本異。且《釋文》出"于鄷"、唐石經亦作"鄷"，是唐世《公羊》已有異本。趙坦云《公羊》或脱'甫'字③，乃疑辭也。以行款推之，疑石經亦作"鄷"。

同上行，定公十年冬，"宋公之弟辰暨宋仲佗"，陸氏《差繆略》云："《公羊》'暨'下有'宋'字。"④ 但《左傳》無"宋"字，何休注

①《漢石經集存》，頁37a下。
②《春秋集傳纂例》，頁520上。
③《春秋異文箋》，頁625下。
④《春秋集傳纂例》，頁522下。

云:"復出宋者,惡仲佗悉欲帥國人去,故舉國言之。"是何休所見亦有"宋"字。但不知石經是否與《左氏》經合。

第十三行,定公十三年春,"齊侯、衞侯次于垂瑕",《穀梁》無"衞侯"二字,似脱。

第十四行,定公十三年冬,"晉荀寅及士吉射入于朝歌以叛",《差繆略》云:"《公羊》'荀寅'下有'及'字"[1],今本與陸氏所見同。以行字數推之,疑石經無"及"字。

第十五行,以今本推排,行71字,自"于醉"至"會公",今本或羨一字。

M圖四七·330石,竫,今本作"靖",《釋文》出"曹竫"云:"本亦作靖。"[2]是竫、靖通也。又見馬衡説[3]。

哀　公

例廿三

L圖·391　　　　　　　　　M圖四七·333

---

①《春秋集傳纂例》,頁520下。

②《經典釋文》,頁1262。

③《漢石經集存》,頁37b上。

M圖四八·334　　　　　M圖八五·332

　　殘字爲哀公二年至五年經，"臼卒冬" 見羅氏《集録》雙鈎本。碑圖如下：

元年春王正月公即位楚子陳侯隨侯許男圍蔡縣鼠食郊牛改卜牛夏四月辛巳郊秋齊侯衛侯伐晉冬仲孫何忌率師伐邾婁·二年春王二月季孫斯叔孫州仇仲孫何忌率師〔70 字〕

伐邾婁取漷東田及沂西田癸巳叔孫州仇仲孫何忌及邾婁子盟于句繹夏四月丙子衛侯元卒滕子來朝晉趙鞅率師納衛世子蒯聵于戚秋八月甲戌晉趙鞅率師及鄭軒達率〔70 字〕

師戰于栗鄭師敗績冬十月葬衛靈公十有一月蔡遷于州來蔡殺其大夫公子駟·三年春齊國夏衛石曼姑率師圍戚夏四月甲午地震五月辛卯桓宮僖宮災季孫斯叔孫州仇〔70 字〕

率師城開陽宋樂髠率師伐曹秋七月丙子季孫斯卒蔡人放其大夫公孫獵于吳冬十月癸卯秦伯卒叔孫州仇仲孫何忌率師圍邾婁·四年春王三月庚戌盜殺蔡侯申蔡公孫〔70 字〕

辰出奔吳葬秦惠公宋人執小邾婁子夏蔡殺其大夫公孫歸姓公孫霍晉人執戎曼子赤歸于楚城西郛六月辛丑蒲社災秋八月甲寅滕子結卒冬十有二月葬蔡昭公葬滕頃公·〔71 字〕

五年春城比夏齊侯伐宋晉趙鞅率師伐衛秋九月癸酉齊處臼卒冬叔還如齊閏月葬齊景公·六年春城邾婁葭晉趙鞅率師伐鮮虞吳伐陳夏齊國夏及高張來奔叔還會吳于〔70 字〕

　　第四行，哀公四年夏，"公孫歸姓"，二家經無"歸"字，以石經字書計之，當無"歸"字。馬衡云："此二行間羨一字，蓋公孫歸姓應依《左》、《穀》二家作公孫姓也。"[1] 是也。此與定公四年同例。

M圖四八·336

M圖四八·339

　　以上諸殘字考證，主據馬氏《集存》與羅氏《集錄》，雖然少數殘字不知繫於何公，如 M 圖四八·336 僅存"蔡"字上半，M 圖四八·339 僅一"師"字殘畫（二圖版見上），別無佐證，但其他殘字，足可定其歸屬。已出殘字中缺桓公篇，且莊公篇殘字每年皆相連無空行，可推隱、桓二公爲一石，否則，莊公篇凡 24 行，合以隱、桓二公 27 行，共 51 行，碑石過寬，七經已出殘字無此行款也。

　　隱、桓既爲一石，則莊公與僖公十二年經合，共 35 行，所佔亦爲一石。如此前後推排，知石經《春秋》共四石八面，陰陽兩面皆書。石之寬窄不一，寬者 38 行，窄者 27 行。常例每行 70 字，第二石陰陽兩面有行 71、72 字者，或別有緣由。十二公每年分事皆以圓點分開，且佔一字。又以閔公附於莊公後，知全經分十一卷，每公一卷，與《漢書·藝文志》所載相同。

　　石經殘字有裨於今本《春秋》經之校勘，已見上述。其於義理之辨，亦有助益。如上文宣公五年秋"齊高固來逆叔姬"，陸氏引趙匡説云："時君之女也，以別非姑姊妹，故加'子'字也。"案，趙説可

①《漢石經集存》，頁 37b 下。

商，莊二十七年“莒慶來逆叔姬”，此叔姬爲莊公女，正時君之女，何以不加“子”？據石經殘字，此處經文或無“子”字，顧知趙氏“加子以別非姑姊妹”云云，乃妄測之辭。又如襄公十七年秋經書“齊高厚率師伐我北鄙”，趙坦云：“此經接‘齊侯伐我北鄙圍桃’下，則高厚爲齊侯分遣之師，故不須復繫齊，《公》《穀》作‘齊高厚’，或衍‘齊’字。”趙説以理爲證，然據石經行款，知有“齊”字。文字考釋，若僅據理證，難免鹵莽。博學高明如段玉裁者，其論殺、弑之別，猶有此嫌。

三、復碑圖

據上殘字考證，石經《春秋》碑圖庶可復原。以下復原圖（見後）中凡與今本不合者，皆於圖末出注表明，讀者可知删補之處，其理據則詳見第二節之考文。

餘　論

兩漢《春秋》之學，《公羊》始終立於博士，熹平石經所書即《公羊》之經，以殘石“邾婁”二字可以爲證，因《左》《穀》二家經均作“邾”而不作“邾婁”。然以今本《公羊》經校之，時有不合；若以《左氏》經校之，反有相合者。何則？竊以爲兩漢傳習《左氏傳》者，自劉歆“引傳文以解經，轉相發明”始 [1]，其所解讀之經宜是當時博士傳習之本，即今文《春秋》經。後世杜預合附經傳，或沿劉

---

① 《漢書》第 7 册，頁 1967。

歆、賈逵舊式①，所合之經，乃兩漢以來經師研習之本。故《左氏傳》爲古文之傳，《左氏》之經不可遽以古文經目之。杜預所合之經或是今文之《春秋》，故可爲校勘之資。清代陳立撰《公羊義疏》，謹守《公羊》家法，以《公羊》經駁《左氏》經，以致與石經乖違者，是誤以《左氏》經爲古文之經。上文提及，僖公十九年經書“冬，公會陳人、蔡人、楚人、鄭人盟于齊”，《左氏》經無“公”字，趙坦從《左氏》，以爲陳、蔡等稱人爲貶，不宜書“公”，但陳立駁云“《春秋》書公，所以責公也”，陳氏謹守《公羊》家法，誤駁《左氏》經而不合石經矣。今漢石經出，對於吾儕理解經今、古文之分，亦具啓發之功。此間意義，又在文字校勘之外矣。

---

① 杜預《左傳集解》云：“分經之年與傳之年相附，比其義類。”孔穎達《正義》云：“經傳異處，於省覽爲煩，故杜分年相附，別其經傳，聚集而解之。”後之學者多據此謂分經附傳始自杜預，如四庫館臣云“以《左傳》附經始於杜預”。但俞正燮《癸巳類稿·春秋左傳書式考》云：“《正義》云‘言集經傳解之，與他名‘集解’者名同實異’。《正義》之説非是。杜謂集古劉、賈、許、穎之不違者，以其解隨經年傳年先後相附，先見傳者，則經不注；先見經者，則傳不注；故名《經傳集解》，不名《集經傳解》也。以《漢》志傳及杜十八卷首注言之，知合經傳及分卷，皆劉歆、賈逵舊式。”俞説頗爲有見。收入《續修四庫全書·子部·雜家類》第 1159 册，頁 313 上。

漢石經《春秋》碑圖復原

隱公第一 ①

元年春王正月三月公及邾婁儀父盟于眜夏五月鄭伯克段于鄢秋七月天王使宰咺
于潛夏五月辛酉公子益師卒秋八月庚辰公及戎盟于唐九月紀履緰來逆女冬
二月己巳日有食之三月庚戌天王崩夏四月辛卯尹氏卒秋武氏子來求賻八月庚辰
宋戊申衛州吁殺其君完夏公及宋公遇于清宋公陳侯蔡人衛人伐鄭秋翬帥師會宋公
夏四月葬衛桓公秋衛師入盛九月考仲子之宮初獻六羽邾婁人鄭人伐宋螟冬十有
秋七月冬宋人取長葛·七年春王三月叔姬歸于紀滕侯卒夏城中丘齊侯使其弟年
月鄭伯使宛來歸邴庚寅我入邴夏六月己亥蔡侯考父卒辛亥宿男卒秋七月庚午宋公
·九年春天王使南季來聘三月癸酉大雨震電庚辰大雨雪挾卒夏城郎秋七月冬公會
公敗宋師于菅辛未取郜辛巳取防秋宋人衛人入鄭宋人蔡人衛人伐載鄭伯伐取之
午公及齊侯鄭伯入許冬十有一月壬辰公薨

桓公第二

元年春王正月公即位三月公會鄭伯于垂鄭伯以璧假許田夏四月丁未公及鄭伯盟于
公會齊侯陳侯鄭伯于稷以成宋亂夏四月取郜大鼎于宋戊申納于大廟秋七月紀侯來
夏齊侯衛侯胥命于蒲六月公會紀侯于盛秋七月壬辰朔日有食之既公子翬如齊逆女
年春正月公狩于郎夏天王使宰渠伯糾來聘·五年春正月甲戌己丑陳侯鮑卒夏齊侯陳侯
州公如曹·六年春正月寔來夏四月公會紀侯于成秋八月壬午大閱蔡人殺陳佗九
年春正月己卯烝天王使家父來聘夏五月丁丑烝秋伐邾婁冬十月雨雪祭公來遂逆王后于齊
王正月庚申曹伯終生卒夏五月葬曹桓公秋公會衛侯于桃丘弗遇冬十有一月丙戌齊
生卒秋九月葬宋莊公九月宋人執鄭祭仲突歸于鄭鄭忽出奔衛柔會宋公陳侯蔡叔
紀侯齊侯盟于盟于殼蛇秋七月丁亥公會宋公燕人盟于穀丘八月壬辰陳侯躒卒公會宋
師伐宋·十有三年春二月公會紀侯鄭伯己巳及齊侯宋公衛侯燕人戰齊
未天王崩夏四月己巳葬齊僖公五月鄭伯突出奔蔡鄭世子忽復歸于鄭許叔入于許
侯陳侯紀侯盟于黃二月丙午公及邾婁儀父盟于趡五月丙午及齊師戰于奚六月
辰公會齊侯紀侯盟于黃二月丙午公會宋公衛侯陳侯于袲伐鄭·十有六年春正月公會宋公
日有食之·十有八年春王正月公會齊侯于濼公夫人姜氏遂如齊夏四月丙子公薨于

惠公仲子之賵。九月，及宋人盟于宿。冬十有二月，祭伯來。公子益師卒。

二年春，公會戎于潛。夏五月，莒人入向。無駭帥師入極。秋八月庚辰，公及戎盟于唐。九月，紀裂繻來逆女。冬十月，伯姬歸于紀。紀子帛、莒子盟于密。十有二月乙卯，夫人子氏薨。鄭人伐衛。

三年春，王二月，己巳，日有食之。三月庚戌，天王崩。夏四月辛卯，君氏卒。秋，武氏子來求賻。八月庚辰，宋公和卒。冬十有二月，齊侯、鄭伯盟于石門。癸未，葬宋繆公。

四年春，王二月，莒人伐杞，取牟婁。戊申，衛州吁弒其君完。夏，公及宋公遇于清。宋公、陳侯、蔡人、衛人伐鄭。秋，翬帥師會宋公、陳侯、蔡人、衛人伐鄭。九月，衛人殺州吁于濮。冬十有二月，衛人立晉。

五年春，公矢魚于棠。夏四月，葬衛桓公。秋，衛師入郕。九月，考仲子之宮。初獻六羽。邾人、鄭人伐宋。螟。冬十有二月辛巳，公子彄卒。宋人伐鄭，圍長葛。

六年春，鄭人來渝平。夏五月辛酉，公會齊侯盟于艾。秋七月。冬，宋人取長葛。

七年春，王三月，叔姬歸于紀。滕侯卒。夏，城中丘。齊侯使其弟年來聘。秋，公伐邾。冬，天王使凡伯來聘。戎伐凡伯于楚丘以歸。

八年春，宋公、衛侯遇于垂。三月，鄭伯使宛來歸祊。庚寅，我入祊。夏六月己亥，蔡侯考父卒。辛亥，宿男卒。秋七月庚午，宋公、齊侯、衛侯盟于瓦屋。八月，葬蔡宣公。九月辛卯，公及莒人盟于包來。螟。冬十有二月，無駭卒。

九年春，天王使南季來聘。三月癸酉，大雨，震電。庚辰，大雨雪。挾卒。夏，城郎。秋七月。冬，公會齊侯于防。

十年春，王二月，公會齊侯、鄭伯于中丘。夏，翬帥師會齊人、鄭人伐宋。六月壬戌，公敗宋師于菅。辛未，取郜。辛巳，取防。秋，宋人、衛人入鄭。宋人、蔡人、衛人伐戴。鄭伯伐取之。冬十月壬午，齊人、鄭人入郕。

十有一年春，滕侯、薛侯來朝。夏，公會鄭伯于時來。秋七月壬午，公及齊侯、鄭伯入許。冬十有一月壬辰，公薨。

元年春，王正月，公即位。三月，公會鄭伯于垂。鄭伯以璧假許田。夏四月丁未，公及鄭伯盟于越。秋，大水。冬十月。

二年春，王正月戊申，宋督弒其君與夷及其大夫孔父。滕子來朝。三月，公會齊侯、陳侯、鄭伯于稷，以成宋亂。夏四月，取郜大鼎于宋。戊申，納于大廟。秋七月，杞侯來朝。蔡侯、鄭伯會于鄧。九月，入杞。公及戎盟于唐。冬，公至自唐。

三年春正月，公會齊侯于嬴。夏，齊侯、衛侯胥命于蒲。六月，公會杞侯于郕。秋七月壬辰朔，日有食之，既。公子翬如齊逆女。九月，齊侯送姜氏于讙。公會齊侯于讙。夫人姜氏至自齊。冬，齊侯使其弟年來聘。有年。

四年春正月，公狩于郎。夏，天王使宰渠伯糾來聘。

莊公第三

元年，春王正月。三月，夫人孫于齊。夏，單伯逆王姬。秋，築王姬之館于外。冬十月乙亥，陳侯林卒。王使榮叔來錫桓公命。

二年，春王二月，葬陳莊公。夏，公子慶父帥師伐於餘丘。秋七月，齊王姬卒。冬十有二月，夫人姜氏會齊侯于禚。乙酉，宋公馮卒。

三年，春王正月，溺會齊師伐衛。夏四月，葬宋莊公。五月，葬桓王。秋，紀季以酅入于齊。冬，公次于滑。

四年，春王二月，夫人姜氏饗齊侯于祝丘。三月，紀伯姬卒。夏，齊侯、陳侯、鄭伯遇于垂。紀侯大去其國。六月乙丑，齊侯葬紀伯姬。秋七月。冬，公及齊人狩于郜。

五年，春王正月。夏，夫人姜氏如齊師。秋，郳犁來朝。冬，公會齊人、宋人、陳人、蔡人伐衛。

六年，春王三月，王人子突救衛。夏六月，衛侯朔入于衛。秋，公至自伐衛。螟。冬，齊人來歸衛俘。

七年，春，夫人姜氏會齊侯于防。夏四月辛卯夜，恆星不見。夜中，星隕如雨。秋，大水。無麥苗。冬，夫人姜氏會齊侯于穀。

八年，春王正月，師次于郎，以俟陳人、蔡人。甲午，治兵。夏，師及齊師圍郕。郕降于齊師。秋，師還。冬十有一月癸未，齊無知弒其君諸兒。

九年，春，齊人殺無知。公及齊大夫盟于蔇。夏，公伐齊，納子糾。齊小白入于齊。秋七月丁酉，葬齊襄公。八月庚申，及齊師戰于乾時，我師敗績。九月，齊人取子糾殺之。冬，浚洙。

十年，春王正月，公敗齊師于長勺。二月，公侵宋。三月，宋人遷宿。夏六月，齊師、宋師次于郎。公敗宋師于乘丘。秋九月，荊敗蔡師于莘，以蔡侯獻舞歸。冬十月，齊師滅譚。譚子奔莒。

十有一年，春王正月。夏五月戊寅，公敗宋師于鄑。秋，宋大水。冬，王姬歸于齊。

十有二年，春王三月，紀叔姬歸于酅。夏四月。秋八月甲午，宋萬弒其君捷，及其大夫仇牧。冬十月，宋萬出奔陳。

十有三年，春，齊侯、宋人、陳人、蔡人、邾人會于北杏。夏六月，齊人滅遂。秋七月。冬，公會齊侯盟于柯。

十有四年，春，齊人、陳人、曹人伐宋。夏，單伯會伐宋。秋七月，荊入蔡。冬，單伯會齊侯、宋公、衛侯、鄭伯于鄄。

十有五年，春，齊侯、宋公、陳侯、衛侯、鄭伯會于鄄。夏，夫人姜氏如齊。秋，宋人、齊人、邾人伐郳。鄭人侵宋。冬十月。

十有六年，春王正月。夏，宋人、齊人、衛人伐鄭。秋，荊伐鄭。冬十有二月，會齊侯、宋公、陳侯、衛侯、鄭伯、許男、滑伯、滕子同盟于幽。邾子克卒。

十有七年，春，齊人執鄭詹。夏，齊人殲于遂。秋，鄭詹自齊逃來。冬，多麋。

十有八年，春王三月，日有食之。夏，公追戎于濟西。秋，有蜮。冬十月。

十有九年，春王正月。夏四月。秋，公子結媵陳人之婦于鄄，遂及齊侯、宋公盟。夫人姜氏如莒。冬，齊人、宋人、陳人伐我西鄙。

二十年，春王二月，夫人姜氏如莒。夏，齊大災。秋七月。冬，齊人伐戎。

二十有一年，春王正月。夏五月辛酉，鄭伯突卒。秋七月戊戌，夫人姜氏薨。冬十有二月，葬鄭厲公。

二十有二年，春王正月，肆大省。癸丑，葬我小君文姜。陳人殺其公子禦寇。夏五月。秋七月丙申，及齊高傒盟于防。冬，公如齊納幣。

二十有三年，春，公至自齊。祭叔來聘。夏，公如齊觀社。公至自齊。荊人來聘。公及齊侯遇于穀。蕭叔朝公。秋，丹桓宮楹。冬十有一月，曹伯射姑卒。十有二月甲寅，公會齊侯盟于扈。

二十有四年，春王三月，刻桓宮桷。葬曹莊公。夏，公如齊逆女。秋，公至自齊。八月丁丑，夫人姜氏入。戊寅，大夫宗婦覿，用幣。大水。冬，戎侵曹。曹羈出奔陳。赤歸于曹。郭公。

二十有五年，春，陳侯使女叔來聘。夏五月癸丑，衛侯朔卒。六月辛未朔，日有食之，鼓，用牲于社。伯姬歸于杞。秋，大水，鼓，用牲于社、于門。冬，公子友如陳。

二十有六年，春，公伐戎。夏，公至自伐戎。曹殺其大夫。秋，公會宋人、齊人伐徐。冬十有二月癸亥朔，日有食之。

二十有七年，春，公會杞伯姬于洮。夏六月，公會齊侯、宋公、陳侯、鄭伯同盟于幽。秋，公子友如陳，葬原仲。冬，杞伯姬來。莒慶來逆叔姬。杞伯來朝。公會齊侯于城濮。

二十有八年，春王三月甲寅，齊人伐衛。衛人及齊人戰，衛人敗績。夏四月丁未，邾子瑣卒。秋，荊伐鄭，公會齊人、宋人救鄭。冬，築郿。大無麥禾。臧孫辰告糴于齊。

二十有九年，春，新延廄。夏，鄭人侵許。秋，有蜚。冬十有二月，紀叔姬卒。城諸及防。

三十年，春王正月。夏，師次于成。秋七月，齊人降鄣。八月癸亥，葬紀叔姬。九月庚午朔，日有食之，鼓，用牲于社。冬，公及齊侯遇于魯濟。齊人伐山戎。

三十有一年，春，築臺于郎。夏四月，薛伯卒。築臺于薛。六月，齊侯來獻戎捷。秋，築臺于秦。冬，不雨。

三十有二年，春，城小穀。夏，宋公、齊侯遇于梁丘。秋七月癸巳，公子牙卒。八月癸亥，公薨于路寢。冬十月乙未，子般卒。公子慶父如齊。狄伐邢。

元年，春王正月。齊人救邢。夏六月辛酉，葬我君莊公。秋八月，公及齊侯盟于落姑。季子來歸。冬，齊仲孫來。

二年，春王正月，齊人遷陽。夏五月乙酉，吉禘于莊公。秋八月辛丑，公薨。九月，夫人姜氏孫于邾。公子慶父出奔莒。冬，齊高子來盟。十有二月，狄入衛。鄭棄其師。

僖公第四

元年，春王正月。齊師、宋師、曹師次于聶北，救邢。夏六月，邢遷于夷儀。齊師、宋師、曹師城邢。秋七月戊辰，夫人姜氏薨于夷。齊人以歸。楚人伐鄭。八月，公會齊侯、宋公、鄭伯、曹伯、邾人于檉。九月，公敗邾師于偃。冬十月壬午，公子友帥師敗莒師于酈，獲莒拏。十有二月丁巳，夫人氏之喪至自齊。

二年，春王正月，城楚丘。夏五月辛巳，葬我小君哀姜。虞師、晉師滅下陽。秋九月，齊侯、宋公、江人、黃人盟于貫。冬十月，不雨。楚人侵鄭。

三年，春王正月，不雨。夏四月，不雨。徐人取舒。六月雨。秋，齊侯、宋公、江人、黃人會于陽穀。冬，公子友如齊涖盟。楚人伐鄭。

四年，春王正月，公會齊侯、宋公、陳侯、衛侯、鄭伯、許男、曹伯侵蔡。蔡潰，遂伐楚，次于陘。夏，許男新臣卒。楚屈完來盟于師，盟于召陵。齊人執陳袁濤塗。秋，及江人、黃人伐陳。八月，公至自伐楚。葬許穆公。冬十有二月，公孫茲帥師會齊人、宋人、衛人、鄭人、許人、曹人侵陳。

五年，春，晉侯殺其世子申生。杞伯姬來朝其子。夏，公孫茲如牟。公及齊侯、宋公、陳侯、衛侯、鄭伯、許男、曹伯會王世子于首止。秋八月，諸侯盟于首止。鄭伯逃歸不盟。楚人滅弦，弦子奔黃。九月戊申朔，日有食之。冬，晉人執虞公。

六年，春王正月。夏，公會齊侯、宋公、陳侯、衛侯、曹伯伐鄭。秋，楚人圍許，諸侯遂救許。冬，公至自伐鄭。

七年，春，齊人伐鄭。夏，小邾子來朝。鄭殺其大夫申侯。秋七月，公會齊侯、宋公、陳世子款、鄭世子華盟于寧母。曹伯班卒。公子友如齊。冬，葬曹昭公。

八年，春王正月，公會王人、齊侯、宋公、衛侯、許男、曹伯、陳世子款盟于洮。鄭伯乞盟。夏，狄伐晉。秋七月，禘于大廟，用致夫人。冬十有二月丁未，天王崩。

九年，春王三月丁丑，宋公禦說卒。夏，公會宰周公、齊侯、宋子、衛侯、鄭伯、許男、曹伯于葵丘。秋七月乙酉，伯姬卒。九月戊辰，諸侯盟于葵丘。甲子，晉侯詭諸卒。冬，晉里克殺其君之子奚齊。

十年，春王正月，公如齊。狄滅溫，溫子奔衛。晉里克弒其君卓及其大夫荀息。夏，齊侯、許男伐北戎。晉殺其大夫里克。秋七月。冬，大雨雪。

十有一年，春，晉殺其大夫㔻鄭父。夏，公及夫人姜氏會齊侯于陽穀。秋八月，大雩。冬，楚人伐黃。

來錫桓公命王姬歸于齊齊師遷紀邴郡郜・二年春王二月葬陳莊公夏公子〔70字〕②

春王正月溺會齊師伐衛夏四月葬宋莊公五月葬桓王秋紀季以酅入于齊冬公〔70字〕

大去其國六月乙丑齊侯葬紀伯姬秋七月冬公及齊人狩于郜・五年春王正月〔70字〕

救衛夏六月衛人朔入于衛秋至自伐衛冬齊人來歸衛寶・七年春夫人姜〔70字〕

・八年春王正月師次于郎以俟陳人蔡人甲午祠兵夏師及齊師圍成成降于齊師〔70字〕

齊納糾齊小白入于齊秋七月丁酉葬齊襄公八月庚申及齊師戰于乾時我師敗〔71字〕③

夏六月齊師宋師次于郎公敗宋師于乘丘秋九月荊敗蔡師于莘以蔡侯獻舞歸〔70字〕

歸于齊・十有二年春王三月紀叔姬歸于酅夏四月秋八月甲午萬殺其君接〔70字〕

齊人滅遂秋七月冬公會齊侯盟于柯・十有四年春齊人陳人曹人伐宋夏單伯〔70字〕

伯會于鄄夏夫人姜氏如齊秋宋人齊人邾婁人伐兒鄭人侵宋冬十月・十有六〔70字〕

滕子同盟于幽鄭婁子兌卒・十有七年春齊人執鄭瞻夏齊人瀸于遂秋鄭瞻自〔70字〕④

王正月夏四月秋公子結媵陳人之婦于鄄遂及齊侯宋公盟夫人姜氏如莒冬齊〔70字〕

年春王正月夏五月辛酉鄭伯突卒秋七月戊戌夫人姜氏薨冬十有二月葬鄭厲〔70字〕

齊高傒盟于防冬公如齊納幣・廿有三年春公至自齊祭叔來聘夏公如齊觀社〔70字〕

甲寅公會齊侯盟于扈・廿有四年春王三月刻桓宮桷葬曹莊公夏公如齊逆女〔70字〕

郜公・廿有五年春陳侯使女叔來聘夏五月癸丑衛侯朔卒六月辛未朔日有食之・廿有〔70字〕

自伐戎殺其大夫秋公會宋人齊人伐徐冬十有二月癸亥朔日有食之・廿有〔70字〕

伯姬來營慶來逆叔姬紀伯姬卒・廿有八年春新延廐夏鄭人侵許秋有蕃冬十有二月〔70字〕⑤

無麥禾臧孫辰告糴于齊・廿有九年春新延廐夏鄭人遇于魯濟齊人伐山戎・卅有一年春築臺〔70字〕⑥

朔日有食之鼓用牲于社冬公及齊侯遇于梁丘秋七月公子牙卒八月癸亥公薨于路寢冬十月乙未子卒〔70字〕

宋公盟于洛姑季子來歸・二年春王正月齊人遷陽夏五月乙酉吉禘〔70字〕

人衛鄭棄其師

人姜氏薨于夷齊人以歸楚人伐鄭八月公會齊侯宋公鄭伯曹伯邾婁人于〔72字〕

・二年春王正月城楚丘夏五月辛巳葬我小君哀姜慶師曹師滅溫夏陽秋九月齊〔72字〕⑦

秋齊侯宋公江人黃人會于陽穀冬公子友如齊莅盟楚人伐鄭・四年春王正月〔72字〕

王子召陵齊人執陳袁濤塗秋及江人黃人伐陳八月公至自伐楚葬許繆公冬十有〔72字〕

夏公孫慈如牟年齊侯宋公陳侯衛侯鄭伯許男曹伯會王世子于首戴秋八〔72字〕⑧

王正月夏公會齊侯宋公陳侯衛侯鄭伯許男曹伯于葵丘秋八年春王三月〔72字〕

鄭世子華盟于甯母夏齊侯許男伐北戎冬葬衛文公・九年春王正月公會王〔72字〕

三月丁未天王崩・九年春王三月丁丑宋公禦說卒夏公會宰周公齊侯宋子衛〔72字〕⑧

其君卓及其大夫荀息夏公會齊侯宋公衛侯鄭伯許男曹伯于葵丘秋八〔72字〕

夏公及夫人姜氏會齊侯于陽穀秋八月大雩冬楚人伐黃・十有二年春王三〔71字〕⑨

月庚午日有食之夏楚人滅黃秋七月冬十有二月丁丑陳侯處臼卒十有三年春狄侵衛夏四月葬陳宣公公會齊侯宋公陳侯衛侯鄭伯許男曹伯于鹹秋九月大雩冬公子友如齊十有四年春諸侯城緣陵夏六月季姬及鄫子遇于防使鄫子來朝秋八月辛卯沙鹿崩狄侵鄭冬蔡侯肸卒十有五年春王正月公如齊楚人伐徐三月公會齊侯宋公陳侯衛侯鄭伯許男曹伯盟于牡丘遂次于匡公孫敖帥師及諸侯之大夫救徐夏五月日有食之秋七月齊師曹師伐厲八月螽九月公至自會季姬歸于鄫己卯晦震夷伯之廟冬宋人伐曹楚人敗徐于婁林十有一月壬戌晉侯及秦伯戰于韓獲晉侯十有六年春王正月戊申朔隕石于宋五是月六鷁退飛過宋都三月壬申公子季友卒夏四月丙申鄫季姬卒秋七月甲子公孫茲卒冬十有二月公會齊侯宋公陳侯衛侯鄭伯許男邢侯曹伯于淮十有七年春齊人徐人伐英氏夏滅項秋夫人姜氏會齊侯于卞九月公至自會冬十有二月乙亥齊侯小白卒十有八年春王正月宋公曹伯衛人邾人伐齊夏師救齊五月戊寅宋師及齊師戰于甗齊師敗績狄救齊秋八月丁亥葬齊桓公冬邢人狄人伐衛十有九年春王三月宋人執滕子嬰齊夏六月宋公曹人邾人盟于曹南鄫子會盟于邾己酉邾人執鄫子用之秋宋人圍曹衛人伐邢冬會陳人蔡人楚人鄭人盟于齊梁亡二十年春新作南門夏郜子來朝五月乙巳西宮災鄭人入滑秋齊人狄人盟于邢冬楚人伐隨二十有一年春狄侵衛宋人齊人楚人盟于鹿上夏大旱秋宋公楚子陳侯蔡侯鄭伯許男曹伯會于盂執宋公以伐宋冬公伐邾楚人使宜申來獻捷十有二月癸丑公會諸侯盟于薄釋宋公二十有二年春公伐邾取須句夏宋公衛侯許男滕子伐鄭秋八月丁未及邾人戰于升陘冬十有一月己巳朔宋公及楚人戰于泓宋師敗績二十有三年春齊侯伐宋圍緡夏五月庚寅宋公茲父卒秋楚人伐陳冬十有一月杞子卒二十有四年春王正月夏狄伐鄭秋七月冬天王出居于鄭晉侯夷吾卒二十有五年春王正月丙午衛侯燬滅邢夏四月癸酉衛侯燬卒宋蕩伯姬來逆婦宋殺其大夫秋楚人圍陳納頓子于頓葬衛文公冬十有二月癸亥公會衛子莒慶盟于洮二十有六年春王正月己未公會莒子衛寧速盟于向齊人侵我西鄙公追齊師至酅弗及夏齊人伐我北鄙衛人伐齊公子遂如楚乞師秋楚人滅隗以隗子歸冬楚人陳侯蔡侯鄭伯許男伐宋圍緡公以楚師伐齊取穀公至自伐齊二十有七年春杞子來朝夏六月庚寅齊侯昭卒秋八月乙未葬齊孝公乙巳公子遂帥師入杞冬楚人陳侯蔡侯鄭伯許男圍宋十有二月甲戌公會諸侯盟于宋

二十有八年春晉侯侵曹晉侯伐衛公子買戍衛不卒戍刺之楚人救衛三月丙午晉侯入曹執曹伯畀宋人夏四月己巳晉侯齊師宋師秦師及楚人戰于城濮楚師敗績楚殺其大夫得臣衛侯出奔楚五月癸丑公會晉侯齊侯宋公蔡侯鄭伯衛子莒子盟于踐土陳侯如會公朝于王所六月衛侯鄭自楚復歸于衛衛元咺出奔晉陳侯款卒秋杞伯姬來公子遂如齊冬公會晉侯齊侯宋公蔡侯鄭伯陳子莒子邾子秦人于溫天王狩于河陽壬申公朝于王所晉人執衛侯歸之于京師衛元咺自晉復歸于衛諸侯遂圍許曹伯襄復歸于曹遂會諸侯圍許二十有九年春介葛盧來公至自圍許夏六月會王人晉人宋人齊人陳人蔡人秦人盟于翟泉秋大雨雹冬介葛盧來三十年春王正月夏狄侵齊秋衛殺其大夫元咺及公子瑕衛侯鄭歸于衛晉人秦人圍鄭介人侵蕭冬天王使宰周公來聘公子遂如京師遂如晉三十有一年春取濟西田公子遂如晉夏四月四卜郊不從乃免牲猶三望秋七月冬杞伯姬來求婦狄圍衛十有二月衛遷于帝丘三十有二年春王正月夏四月己丑鄭伯捷卒衛人侵狄秋衛人及狄盟冬十有二月己卯晉侯重耳卒三十有三年春王二月秦人入滑齊侯使國歸父來聘夏四月辛巳晉人及姜戎敗秦于殽癸巳葬晉文公狄侵齊公伐邾取訾婁秋公子遂帥師伐邾晉人敗狄于箕冬十月公如齊十有二月公至自齊乙巳公薨于小寢隕霜不殺草李梅實晉人陳人鄭人伐許

文公第五

元年春王正月公即位二月癸亥朔日有食之天王使叔服來會葬夏四月丁巳葬我君僖公天王使毛伯來錫公命晉侯伐衛叔孫得臣如京師衛人伐晉秋公孫敖會晉侯于戚冬十月丁未楚世子商臣弒其君頵公孫敖如齊二年春王二月甲子晉侯及秦師戰于彭衙秦師敗績丁丑作僖公主三月乙巳及晉處父盟夏六月公孫敖會宋公陳侯鄭伯晉士縠盟于垂隴自十有二月不雨至于秋七月八月丁卯大事于大廟躋僖公冬晉人宋人陳人鄭人伐秦公子遂如齊納幣三年春王正月叔孫得臣會晉人宋人陳人衛人鄭人伐沈沈潰夏五月王子虎卒秦人伐晉秋楚人圍江雨螽于宋冬公如晉十有二月己巳公及晉侯盟晉陽處父帥師伐楚以救江四年春公至自晉夏逆婦姜于齊狄侵齊秋楚人滅江晉侯伐秦衛侯使甯俞來聘冬十有一月壬寅夫人風氏薨五年春王正月王使榮叔歸含且賵三月辛亥葬我小君成風王使召伯來會葬夏公孫敖如晉秦人入鄀秋楚人滅六冬十月甲申許男業卒六年春葬許僖公夏季孫行父如陳秋季孫行父如晉八月乙亥晉侯驩卒冬十月公子遂如晉葬晉襄公晉殺其大夫陽處父晉狐射姑出奔狄閏月不告月猶朝于廟七年春公伐邾三月甲戌取須句遂城郚夏四月宋公王臣卒宋人殺其大夫戊子晉人及秦人戰于令狐晉先蔑奔秦狄侵我西鄙秋八月公會諸侯晉大夫盟于扈冬徐伐莒公孫敖如莒蒞盟八年春王正月夏四月秋八月戊申天王崩冬十月壬午公子遂會晉趙盾盟于衡雍乙酉公子遂會雒戎盟于暴公孫敖如京師不至而復丙戌奔莒螽宋人殺其大夫司馬宋司城來奔九年春毛伯來求金夫人姜氏如齊二月叔孫得臣如京師辛丑葬襄王晉人殺其大夫先都三月夫人姜氏至自齊晉人殺其大夫士縠及箕鄭父楚人伐鄭公子遂會晉人宋人衛人許人救鄭夏狄侵齊秋八月曹伯襄卒九月癸酉地震冬楚子使椒來聘秦人來歸僖公成風之襚葬曹共公十年春王三月辛卯臧孫辰卒夏秦伐晉楚殺其大夫宜申自正月不雨至于秋七月及蘇子盟于女栗冬狄侵宋楚子蔡侯次于厥貉十有一年春楚子伐麇夏叔彭生會晉郤缺于承匡秋曹伯來朝公子遂如宋狄侵齊冬十月甲午叔孫得臣敗狄于鹹十有二年春王正月郕伯來奔杞伯來朝二月庚子子叔姬卒夏楚人圍巢秋滕子來朝秦伯使術來聘冬十有二月戊午晉人秦人戰于河曲季孫行父帥師城諸及運十有三年春王正月夏五月壬午陳侯朔卒邾子蘧蒢卒自正月不雨至于秋七月大室屋壞冬公如晉衛侯會公于沓狄侵衛十有二月己丑公及晉侯盟公還自晉鄭伯會公于棐十有四年春王正月公至自晉邾人伐我南鄙叔彭生帥師伐邾夏五月乙亥齊侯潘卒六月公會宋公陳侯衛侯鄭伯許男曹伯晉趙盾癸酉同盟于新城秋七月有星孛入于北斗公至自會晉人納捷菑于邾弗克納九月甲申公

公會陳宣華葬陳　月侵鄭冬蔡侯卒・十有五年春正月公如齊楚人伐徐三月公會齊侯宋公陳侯衛侯鄭伯許男曹伯于鹹秋九月大友冬公友如齊〔70字〕

七月齊師曹師伐厲八月螽九月乙未至自會季姬歸于鄫己卯晦震夷伯廟冬宋人伐曹楚人敗徐于婁林是月六鷁退飛過宋都三月壬申公子季友卒夏四月丙申鄫季姬〔70字〕⑩

七年春齊人伐孫氏伐央氏夏滅項秋八月公至自會冬十有師及齊師戰于儀齊師敗績秋宋人圍曹衛人伐邢冬會陳侯蔡人楚人盟于齊桓公邢人狄伐衛十〔70字〕⑪

婁人執鄫子用之秋宋人圍曹衛人伐邢冬會陳侯蔡人楚人盟于齊梁亡・〔70字〕⑫

有一年春狄侵衛宋人齊人楚人盟于鹿夏大旱秋宋公楚子陳侯蔡侯鄭伯許

故·十有五年春，季孫行父如晉。三月，宋司馬華孫來盟。夏，曹伯來朝。齊人歸公孫敖之喪。六月辛丑朔，日有食之。鼓，用牲于社。單伯至自齊。晉郤缺帥師伐蔡，戊申，入蔡。秋，齊人侵我西鄙。季孫行父如晉。冬十有一月，諸侯盟于扈。十有二月，齊人來歸子叔姬。齊侯侵我西鄙，遂伐曹，入其郛。

十有六年春，季孫行父會齊侯于陽穀，齊侯弗及盟。夏五月，公四不視朔。六月戊辰，公子遂及齊侯盟于犀丘。秋八月辛未，夫人姜氏薨。毀泉臺。楚人、秦人、巴人滅庸。冬十有一月，宋人弒其君杵臼。

十有七年春，晉人、衛人、陳人、鄭人伐宋。夏四月癸亥，葬我小君聲姜。齊侯伐我西鄙。六月癸未，公及齊侯盟于穀。諸侯會于扈。秋，公至自穀。冬，公子遂如齊。

十有八年春王二月丁丑，公薨于臺下。秦伯罃卒。夏五月戊戌，齊人弒其君商人。六月癸酉，葬我君文公。秋，公子遂、叔孫得臣如齊。冬十月，子卒。夫人姜氏歸于齊。季孫行父如齊。莒弒其君庶其。

宣公第六

元年春王正月，公即位。公子遂如齊逆女。三月，遂以夫人婦姜至自齊。夏，季孫行父如齊。晉放其大夫胥甲父于衛。公會齊侯于平州。公子遂如齊。六月，齊人取濟西田。秋，邾子來朝。楚子、鄭人侵陳，遂侵宋。晉趙盾帥師救陳。宋公、陳侯、衛侯、曹伯會晉師于棐林，伐鄭。冬，晉趙穿帥師侵崇。晉人、宋人伐鄭。

二年春王二月壬子，宋華元帥師及鄭公子歸生帥師戰于大棘，宋師敗績，獲宋華元。秦師伐晉。夏，晉人、宋人、衛人、陳人侵鄭。秋九月乙丑，晉趙盾弒其君夷皋。冬十月乙亥，天王崩。

三年春王正月，郊牛之口傷，改卜牛，牛死，乃不郊，猶三望。葬匡王。楚子伐陸渾之戎。夏，楚人侵鄭。秋，赤狄侵齊。宋師圍曹。冬十月丙戌，鄭伯蘭卒。葬鄭繆公。

四年春王正月，公及齊侯平莒及郯，莒人不肯，公伐莒，取向。秦伯稻卒。夏六月乙酉，鄭公子歸生弒其君夷。赤狄侵齊。秋，公如齊。公至自齊。冬，楚子伐鄭。

五年春，公如齊。夏，公至自齊。秋九月，齊高固來逆叔姬。叔孫僑如會晉荀首于穀。冬，齊高固及子叔姬來。楚人伐鄭。

六年春，晉趙盾、衛孫免侵陳。夏四月。秋八月，螽。冬十月。

七年春，衛侯使孫良夫來盟。夏，公會齊侯伐萊。秋，公至自伐萊。大旱。冬，公會晉侯、宋公、衛侯、鄭伯、曹伯于黑壤。

八年春，公至自會。夏六月，公子遂如齊，至黃乃復。辛巳，有事于大廟，仲遂卒于垂。壬午，猶繹。萬入，去籥。戊子，夫人嬴氏薨。晉師、白狄伐秦。楚人滅舒蓼。秋七月甲子，日有食之，既。冬十月己丑，葬我小君敬嬴。雨，不克葬。庚寅，日中而克葬。城平陽。楚師伐陳。

九年春王正月，公如齊。公至自齊。夏，仲孫蔑如京師。齊侯伐萊。秋，取根牟。八月，滕子卒。九月，晉侯、宋公、衛侯、鄭伯、曹伯會于扈。晉荀林父帥師伐陳。辛酉，晉侯黑臀卒于扈。冬十月癸酉，衛侯鄭卒。宋人圍滕。楚子伐鄭。晉郤缺帥師救鄭。陳殺其大夫洩冶。

十年春，公如齊。公至自齊。齊人歸我濟西田。夏四月丙辰，日有食之。己巳，齊侯元卒。齊崔氏出奔衛。公如齊。五月，公至自齊。癸巳，陳夏徵舒弒其君平國。六月，宋師伐滕。公孫歸父如齊。葬齊惠公。晉人、宋人、衛人、曹人伐鄭。秋，天王使王季子來聘。公孫歸父帥師伐邾，取繹。大水。季孫行父如齊。冬，公孫歸父如齊。齊侯使國佐來聘。饑。楚子伐鄭。

十有一年春王正月。夏，楚子、陳侯、鄭伯盟于辰陵。公孫歸父會齊人伐莒。秋，晉侯會狄于攢函。冬十月，楚人殺陳夏徵舒。丁亥，楚子入陳。納公孫寧、儀行父于陳。

十有二年春，葬陳靈公。楚子圍鄭。夏六月乙卯，晉荀林父帥師及楚子戰于邲，晉師敗績。秋七月。冬十有二月戊寅，楚子滅蕭。晉人、宋人、衛人、曹人同盟于清丘。宋師伐陳。衛人救陳。

十有三年春，齊師伐莒。夏，楚子伐宋。秋，螽。冬，晉殺其大夫先縠。

十有四年春，衛殺其大夫孔達。夏五月壬申，曹伯壽卒。晉侯伐鄭。秋九月，楚子圍宋。葬曹文公。冬，公孫歸父會齊侯于穀。

十有五年春，公孫歸父會楚子于宋。夏五月，宋人及楚人平。六月癸卯，晉師滅赤狄潞氏，以潞子嬰兒歸。秦人伐晉。王札子殺召伯、毛伯。秋，螽。仲孫蔑會齊高固于無婁。初稅畝。冬，蝝生。饑。

十有六年春王正月，晉人滅赤狄甲氏及留吁。夏，成周宣榭火。秋，郯伯姬來歸。冬，大有年。

十有七年春王正月庚子，許男錫我卒。丁未，蔡侯申卒。夏，葬許昭公。葬蔡文公。六月癸卯，日有食之。己未，公會晉侯、衛侯、曹伯、邾子同盟于斷道。秋，公至自會。冬十有一月壬午，公弟叔肸卒。

十有八年春，晉侯、衛世子臧伐齊。公伐杞。夏四月。秋七月，邾人戕鄫子于鄫。甲戌，楚子旅卒。公孫歸父如晉。冬十月壬戌，公薨于路寢。歸父還自晉，至笙，遂奔齊。

成公第七

元年春王正月，公即位。二月辛酉，葬我君宣公。無冰。三月，作丘甲。夏，臧孫許及晉侯盟于赤棘。秋，王師敗績于茅戎。冬十月。

二年春，齊侯伐我北鄙。夏四月丙戌，衛孫良夫帥師及齊師戰于新築，衛師敗績。六月癸酉，季孫行父、臧孫許、叔孫僑如、公孫嬰齊帥師會晉郤克、衛孫良夫、曹公子手及齊侯戰于鞌，齊師敗績。秋七月，齊侯使國佐如師。己酉，及國佐盟于袁婁。八月壬午，宋公鮑卒。庚寅，衛侯速卒。取汶陽田。冬，楚師、鄭師侵衛。十有一月，公會楚公子嬰齊于蜀。丙申，公及楚人、秦人、宋人、陳人、衛人、鄭人、齊人、曹人、邾人、薛人、鄫人盟于蜀。

三年春王正月，公會晉侯、宋公、衛侯、曹伯伐鄭。辛亥，葬衛繆公。二月，公至自伐鄭。甲子，新宮災，三日哭。乙亥，葬宋文公。夏，公如晉。鄭公子去疾帥師伐許。公至自晉。秋，叔孫僑如帥師圍棘。大雩。晉郤克、衛孫良夫伐牆咎如。冬十有一月，晉侯使荀庚來聘。衛侯使孫良夫來聘。丙午，及荀庚盟。丁未，及孫良夫盟。鄭伐許。

四年春，宋公使華元來聘。三月壬申，鄭伯堅卒。杞伯來朝。夏四月甲寅，臧孫許卒。公如晉。葬鄭襄公。秋，公至自晉。冬，城運。鄭伯伐許。

五年春王正月，杞叔姬來歸。仲孫蔑如宋。夏，叔孫僑如會晉荀首于穀。梁山崩。秋，大水。冬十有一月己酉，天王崩。十有二月己丑，公會晉侯、齊侯、宋公、衛侯、鄭伯、曹伯、邾子、杞伯同盟于蟲牢。

六年春王正月，公至自會。二月辛巳，立武宮。取鄟。衛孫良夫帥師侵宋。夏六月，邾子來朝。公孫嬰齊如晉。壬申，鄭伯費卒。秋，仲孫蔑、叔孫僑如帥師侵宋。楚公子嬰齊帥師伐鄭。冬，季孫行父如晉。晉欒書帥師救鄭。

七年春，王正月，鼷鼠食郊牛角，改卜牛，鼷鼠又食其角，乃免牛。吳伐郯。夏五月，曹伯來朝。不郊，猶三望。秋，楚公子嬰齊帥師伐鄭。公會晉侯、齊侯、宋公、衛侯、曹伯、莒子、邾子、杞伯救鄭。八月戊辰，同盟于馬陵。公至自會。吳入州來。冬，大雩。衛孫林父出奔晉。

六月辛丑朔日有食之鼓用牲于社單伯至自齊晉郤缺率師伐蔡戊申入蔡秋齊人侵我西鄙季孫行父如晉冬十有一月諸侯盟于扈十有二月齊人來歸子叔姬齊侯侵我西鄙遂伐曹入其郛·十有六年春季孫行父會齊侯于陽穀齊侯弗及盟夏五月公四不視朔六月戊辰公子遂及齊侯盟于郪丘秋八月辛未夫人姜氏薨毀泉臺楚人秦人巴人滅庸冬十有一月宋人弒其君杵臼·十有七年春晉人衛人陳人鄭人伐宋夏四月癸亥葬我小君聲姜齊侯伐我西鄙六月癸未公及齊侯盟于穀諸侯會于扈秋公至自穀冬公子遂如齊·十有八年春王二月丁丑公薨于臺下秦伯罃卒夏五月戊戌齊人弒其君商人六月癸酉葬我君文公秋公子遂叔孫得臣如齊冬十月子卒夫人姜氏歸于齊季孫行父如齊莒弒其君庶其·元年春王正月公即位公子遂如齊逆女三月遂以夫人婦姜至自齊夏季孫行父如齊晉放其大夫胥甲父于衛公會齊侯于平州公子遂如齊六月齊人取濟西田秋邾子來朝楚子鄭人侵陳遂侵宋晉趙盾率師救陳宋公陳侯衛侯曹伯會晉師于棐林伐鄭冬晉趙穿率師侵柳晉人宋人伐鄭·二年春王二月壬子宋華元率師及鄭公子歸生戰于大棘宋師敗績獲宋華元秦師伐晉夏晉人宋人衛人陳人侵鄭秋九月乙丑晉趙盾弒其君夷皋冬十月乙亥天王崩·三年春王正月郊牛之口傷改卜牛牛死乃不郊猶三望葬匡王楚子伐陸渾之戎夏楚人侵鄭秋赤狄侵齊宋師圍曹冬十月丙戌鄭伯蘭卒葬鄭穆公·四年春王正月公及齊侯平莒及郯莒人不肯公伐莒取向秦伯稻卒夏六月乙酉鄭公子歸生弒其君夷赤狄侵齊秋公如齊公至自齊冬楚子伐鄭·五年春公如齊夏公至自齊秋九月齊高固來逆叔姬叔孫得臣卒冬齊高固及子叔姬來楚人伐鄭·六年春晉趙盾衛孫免侵陳夏四月秋八月螽冬十月·七年春衛侯使孫良夫來盟夏公會齊侯伐萊秋公至自伐萊大旱冬公會晉侯宋公衛侯鄭伯曹伯于黑壤·八年春公至自會〔⑱70字〕夏六月公子遂如齊至黃乃復辛巳有事于大廟仲遂卒于垂壬午猶繹萬入去籥戊子夫人嬴氏薨晉師白狄伐秦楚人滅舒蓼秋七月甲子日有食之既冬十月己丑葬我小君〔⑲69字〕敬嬴雨不克葬庚寅日中而克葬城平陽楚師伐陳·九年春王正月公如齊公至自齊夏仲孫蔑如京師齊侯伐萊秋取根牟八月滕子卒九月晉侯宋公衛侯鄭伯曹伯會于扈晉荀林〔⑳71字〕父率師伐陳辛酉晉侯黑臀卒于扈冬十月癸酉衛侯鄭卒宋人圍滕楚子伐鄭晉郤缺率師救鄭陳殺其大夫泄冶·十年春公如齊公至自齊齊人歸我濟西田夏四月丙辰日有食〔㉑70字〕之己巳齊侯元卒齊崔氏出奔衛公如齊五月公至自齊癸巳陳夏徵舒弒其君平國六月宋師伐滕公孫歸父如齊葬齊惠公晉人宋人衛人曹人伐鄭秋天王使王季子來聘公孫〔㉒70字〕

成公（續）

十有三年春，晉侯使郤錡來乞師。三月，公如京師。夏五月，公自京師，遂會晉侯、齊侯、宋公、衛侯、鄭伯、曹伯、邾人、滕人伐秦。曹伯盧卒于師。秋七月，公至自伐秦。冬，葬曹宣公。

十有四年春王正月，莒子、邾子來朝。夏，衛孫林父自晉歸于衛。秋，叔孫僑如如齊逆女。鄭公子喜帥師伐許。九月，僑如以夫人婦姜氏至自齊。冬十月庚寅，衛侯臧卒。秦伯卒。

十有五年春王二月，葬衛定公。三月乙巳，仲嬰齊卒。癸丑，公會晉侯、衛侯、鄭伯、曹伯、宋世子成、齊國佐、邾人同盟于戚。晉侯執曹伯歸于京師。公至自會。夏六月，宋公固卒。楚子伐鄭。秋八月庚辰，葬宋共公。宋華元出奔晉。宋華元自晉歸于宋。宋殺其大夫山。宋魚石出奔楚。冬十有一月，叔孫僑如會晉士燮、齊高無咎、宋華元、衛孫林父、鄭公子鰍、邾人，會吳于鍾離。許遷于葉。

十有六年春王正月，雨，木冰。夏四月辛未，滕子卒。鄭公子喜帥師侵宋。六月丙寅朔，日有食之。晉侯使欒黶來乞師。甲午晦，晉侯及楚子、鄭伯戰于鄢陵，楚子、鄭師敗績。楚殺其大夫公子側。秋，公會晉侯、齊侯、衛侯、宋華元、邾人于沙隨，不見公。公至自會。公會尹子、晉侯、齊國佐、邾人伐鄭。曹伯歸自京師。九月，晉人執季孫行父，舍之于苕丘。冬十月乙亥，叔孫僑如出奔齊。十有二月乙丑，季孫行父及晉郤犨盟于扈。公至自會。乙酉，刺公子偃。

十有七年春，衛北宮括帥師侵鄭。夏，公會尹子、單子、晉侯、齊侯、宋公、衛侯、曹伯、邾人伐鄭。六月乙酉，同盟于柯陵。秋，公至自會。齊高無咎出奔莒。九月辛丑，用郊。晉侯使荀罃來乞師。冬，公會單子、晉侯、宋公、衛侯、曹伯、齊人、邾人伐鄭。十有一月，公至自伐鄭。壬申，公孫嬰齊卒于貍脤。十有二月丁巳朔，日有食之。邾子貜且卒。晉殺其大夫郤錡、郤犨、郤至。楚人滅舒庸。

十有八年春王正月，晉殺其大夫胥童。庚申，晉弒其君州蒲。齊殺其大夫國佐。公如晉。夏，楚子、鄭伯伐宋。宋魚石復入于彭城。公至自晉。晉侯使士匄來聘。秋，杞伯來朝。八月，邾子來朝。築鹿囿。己丑，公薨于路寢。冬，楚人、鄭人侵宋。晉侯使士魴來乞師。十有二月，仲孫蔑會晉侯、宋公、衛侯、邾子、齊崔杼同盟于虛朾。丁未，葬我君成公。

襄公第八

元年春王正月，公即位。仲孫蔑會晉欒黶、宋華元、衛甯殖、曹人、莒人、邾人、滕人、薛人圍宋彭城。夏，晉韓厥帥師伐鄭，仲孫蔑會齊崔杼、曹人、邾人、杞人次于鄫。秋，楚公子壬夫帥師侵宋。九月辛酉，天王崩。邾子來朝。冬，衛侯使公孫剽來聘。晉侯使荀罃來聘。

二年春王正月，葬簡王。鄭師伐宋。夏五月庚寅，夫人姜氏薨。六月庚辰，鄭伯睔卒。晉師、宋師、衛甯殖侵鄭。秋七月，仲孫蔑會晉荀罃、宋華元、衛孫林父、曹人、邾人于戚。己丑，葬我小君齊姜。叔孫豹如宋。冬，仲孫蔑會晉荀罃、齊崔杼、宋華元、衛孫林父、曹人、邾人、滕人、薛人、小邾人于戚，遂城虎牢。楚殺其大夫公子申。

三年春，楚公子嬰齊帥師伐吳。公如晉。夏四月壬戌，公及晉侯盟于長樗。公至自晉。六月，公會單子、晉侯、宋公、衛侯、鄭伯、莒子、邾子、齊世子光。己未，同盟于雞澤。陳侯使袁僑如會。戊寅，叔孫豹及諸侯之大夫及陳袁僑盟。秋，公至自會。冬，晉荀罃帥師伐許。

四年春王三月己酉，陳侯午卒。夏，叔孫豹如晉。秋七月戊子，夫人姒氏薨。葬陳成公。八月辛亥，葬我小君定姒。冬，公如晉。陳人圍頓。

五年春，公至自晉。夏，鄭伯使公子發來聘。叔孫豹、鄫世子巫如晉。仲孫蔑、衛孫林父會吳于善道。秋，大雩。楚殺其大夫公子壬夫。公會晉侯、宋公、陳侯、衛侯、鄭伯、曹伯、莒子、邾子、滕子、薛伯、齊世子光、吳人、鄫人于戚。公至自會。冬，戍陳。楚公子貞帥師伐陳。公會晉侯、宋公、衛侯、鄭伯、曹伯、齊世子光救陳。十有二月，公至自救陳。辛未，季孫行父卒。

六年春王三月壬午，杞伯姑容卒。夏，宋華弱來奔。秋，葬杞桓公。滕子來朝。莒人滅鄫。冬，叔孫豹如邾。季孫宿如晉。十有二月，齊侯滅萊。

七年春，郯子來朝。夏四月，三卜郊，不從，乃免牲。小邾子來朝。城費。秋，季孫宿如衛。八月，螽。冬十月，衛侯使孫林父來聘。壬戌，及孫林父盟。楚公子貞帥師圍陳。十有二月，公會晉侯、宋公、陳侯、衛侯、曹伯、莒子、邾子于鄬。鄭伯髡頑如會，未見諸侯。丙戌，卒于鄵。陳侯逃歸。

八年春王正月，公如晉。夏，葬鄭僖公。鄭人侵蔡，獲蔡公子燮。季孫宿會晉侯、鄭伯、齊人、宋人、衛人、邾人于邢丘。公至自晉。莒人伐我東鄙。秋九月，大雩。冬，楚公子貞帥師伐鄭。晉侯使士匄來聘。

九年春，宋災。夏，季孫宿如晉。五月辛酉，夫人姜氏薨。秋八月癸未，葬我小君穆姜。冬，公會晉侯、宋公、衛侯、鄭伯、曹伯、莒子、邾子、滕子、薛伯、杞伯、小邾子、齊世子光伐鄭。十有二月己亥，同盟于戲。楚子伐鄭。

公
自京師遂會
公如齊逆女
如齊
僑如如齊
宋人衛人許人曹人伯九月
夫人婦姜至自齊
公會齊侯宋公衛侯許男曹伯
齊侯衛侯胥命于蒲
滕子卒
十月庚寅
秦人伐晉
冬十月

〔70字〕㉓

公如齊納幣・十有一月叔孫僑如如齊・十有二年春王正月庚子晉殺其大夫先都
丙寅朔日有食之・公會晉侯齊侯宋公衛侯鄭伯曹伯邾婁人滕人同盟于戚・晉侯
使卻犫來聘・公會晉侯齊侯衛侯鄭伯曹伯邾婁人伐鄭・宋華元自楚歸于宋・宋公
子成自楚歸于宋・晉侯使士會平王室及鄭伯戰于鄢陵楚

〔70字〕㉔

……

〔70字〕㉕

……

〔70字〕㉖

孫遯率師伐邾婁蔡殺其大夫公子變蔡公子履出奔楚陳侯之弟光出奔楚叔老如齊冬十

奔夏公至自晉秋七月辛酉叔老卒冬公會晉侯齊侯宋公衛侯鄭伯曹伯莒子邾婁子薛伯杞伯

會食之三月己巳杞伯匄卒夏邾婁鼻我來奔葬杞孝公陳殺其大夫慶虎及慶寅陳侯之弟光

于雍澨己卯仲孫遯卒冬十月乙亥藏孫紇出奔邾婁莒人殺樂盈齊侯襄莒・廿有四年春

莒大水八月癸巳朔日有食之會晉侯宋公衛侯鄭伯曹伯莒子邾婁子滕子薛伯杞伯小

大饑陳・廿有五年春齊崔杼率師伐我北鄙夏五月乙亥齊崔杼殺其君光會晉侯宋公衛侯

人陳侯衛孫林父人于戚以叛甲午齊侯衍復歸于衛夏晉侯使荀吳來聘公會晉趙武楚屈建蔡

侯陳侯鄭伯許男葬靈公・廿有七年春齊侯使慶封來聘夏叔孫豹會晉趙武楚屈建蔡公孫

二月辛巳豹及諸侯之大夫盟于宋十有一月乙亥朔日有食之・廿有八年春無冰夏衛石惡

二月甲寅天王崩乙未楚子昭卒・廿有九年春王正月公在楚夏五月庚午衛侯

夔人滕人薛人小邾婁人城杞夏杞使士軌來盟吳子使札來聘秋九月葬衛獻公

殺其君固五月甲午宋災宋伯姬卒天王殺其弟年夫王子瑕奔晉七月叔弓如宋葬宋共

曹人莒人邾婁人滕人薛人會于澶淵宋災故・卅有一年春王正月夏六月

襄公十有一月莒人殺其君密州

昭公第九

元年春王正月公即位叔孫豹會晉趙武楚公子圍齊國酌宋向戌衛石惡陳公子招蔡公孫

歸生鄭罕虎許人曹人于虢夏秦伯之弟鍼出奔晉六月丁未邾婁悼公華卒冬

王正月大雨雪夏楚子蔡侯陳侯鄭伯許男徐子滕子頓子沈子小邾婁子宋世子佐淮夷會

叔弓如楚齊侯伐北燕・七年春王正月暨齊平三月公如楚叔孫舍如齊莅盟夏四月甲辰

鄭殺其大夫公孫黑冬公如晉至河乃復季孫宿如晉・三年春王正月丁未滕子泉卒夏叔

封殺之遂滅厲九月取繒冬十有一月乙卯叔孫豹卒・五年春王正月舍中軍楚殺其大夫

于蔡侯陳侯鄭伯許男曹伯莒子邾婁子滕子薛伯杞伯小邾婁子宋世子佐會

叔弓如楚齊侯伐北燕・七年春王正月暨齊平三月公如楚叔孫舍如齊莅盟夏四月甲辰

月癸亥葬衛襄公・八年春陳侯之弟招殺陳世子偃師夏四月辛丑陳侯溺卒叔弓如晉楚

月王午楚師滅陳執陳公子招放之于越殺陳孔瑗葬陳哀公・九年春叔弓會楚子于陳許

季孫隱如叔弓仲孫貜率師伐莒戊子晉侯彪卒九月叔孫舍如晉葬晉平公十有二月甲子

之子葬我小君齊歸冬十有一月丁酉楚師滅蔡執蔡世子有以歸用之・十有二年春齊高偃率

公會劉子晉侯齊侯宋公衛侯鄭伯曹伯莒子邾婁子滕子薛伯杞伯小邾婁子于平丘八月

世子止殺其君買己卯地震秋莒去疾自齊入于莒莒展出奔吳叔弓率師疆鄆田葬邾婁悼公冬

辰朔日有食之季孫宿如宋・廿有一年春王正月公如晉邾婁庶其以漆閭丘來

晉侯齊侯宋公衛侯鄭伯曹伯莒子邾婁子于商任・廿有二年春王正月公至自

婁子于沙隨公至自會楚殺其大夫公子追舒・廿有三年春王二月癸酉朔日有〔70字〕㉗

歸于陳晉欒盈復入于晉入于曲沃秋齊侯伐衛遂伐晉八月叔孫豹率師救晉次

豹如晉仲孫羯率師侵齊夏楚子伐吳秋七月甲子朔日有食之既齊崔杼率師伐

子于陳儀冬楚子蔡侯陳侯許男伐鄭公至自會陳咸宜咎出奔楚叔孫豹如京師

伯曹伯莒子邾婁子滕子薛伯杞伯小邾婁子于陳儀六月壬子鄭公孫舍之率師

師伐陳十有二月吳子謁伐楚門于巢卒・廿有六年春王二月辛卯衛甯喜殺其

人于澶淵秋宋公殺其世子痤晉人執衛甯喜八月壬午許男甯卒于楚冬楚子蔡

衛石惡陳孔瑗鄭良霄許人曹人于宋衛殺其大夫甯喜衛侯之弟鱄出奔晉秋七

奔晉邾婁子來朝秋八月大雩仲孫羯如晉冬齊慶封來奔十有一月公如楚十有

閭殺吳子餘祭仲孫偈會晉荀盈齊高止宋華定衛世叔齊鄭公孫囆曹人莒人邾

止出奔北燕冬仲孫羯如晉・卅年春王正月楚子使薳頗來聘夏四月蔡世子般

良霄出奔許自許入于鄭鄭人殺良霄冬十月葬蔡景公晉人齊人宋人衛人鄭人〔70字〕㉘

公薨于楚宮秋九月癸巳子野卒己亥仲孫羯卒冬十月滕子來會葬癸酉葬我君

鄭軒虎許人曹人于漷三月取運夏秦伯之弟鍼出奔晉六月丁巳邾婁子華卒晉

一月己酉楚子卷卒楚公子比出奔晉・二年春晉侯使韓起來聘夏叔弓如晉秋

滕五月葬滕成公秋小邾婁子來朝八月大雩冬大雨雹北燕伯款出奔齊・四年

會于申楚子執徐子秋七月楚子蔡侯陳侯許男頓子胡子沈子淮夷伐吳執齊慶

公如晉夏莒牟夷以牟婁及防茲來奔秋七月公至自晉戊辰叔弓率師敗莒師于

景公夏季孫宿如晉葬杞文公宋華合比出奔衛秋九月大雩楚薳頗率師伐吳冬

有食之秋八月戊辰衛侯惡卒九月公至自楚冬十有一月癸未季孫宿卒十有二

陳行人于徵師殺之陳公子留出奔鄭秋蒐于紅陳人殺其大夫公子過大雩冬十

夷夏四月陳火秋仲孫貜如齊冬築郎囿・十年春王正月夏晉欒施來奔秋七月

戊卒・十有一年春王二月叔弓如宋葬宋平公夏四月丁巳楚子虔誘蔡侯般殺

季孫隱如會晉韓起齊國酌宋華亥衛北宮它鄭軒虎曹人杞人于屈銀九月己亥

北燕伯于陽三月壬申鄭伯嘉卒夏宋公使華定來聘公如晉至河乃復五月葬鄭

師圍費夏四月楚公子比自晉歸于楚殺其君虔于乾谿楚公子棄疾殺公子比秋

同盟于平丘公不與盟晉人執季孫隱如以歸公至自會蔡侯廬歸于蔡陳侯吳歸

四月秋葬曹武公八月莒子去疾卒冬莒殺其公子意恢・十有五年春王正月吳

晉荀吳率師伐鮮虞冬公如晉・十有六年春齊侯伐徐楚子誘戎曼子殺之夏公

子來朝夏六月甲戌朔日有食之秋郯子來朝八月晉荀吳率師滅賁渾戎冬有星

婁人入鄅秋葬曹平公冬許遷于白羽・十有九年春宋公伐邾婁夏五月戊辰許

出奔宋秋盜殺衛侯之兄縶冬十月宋華亥向甯華定出奔陳十有一月辛卯蔡侯

畔秋七月壬午朔日有食之八月乙亥叔痤卒冬蔡侯朱出奔楚公如晉至河乃復

·廿有一年，春，齊侯伐莒。宋華亥、向寧、華定自宋南里出奔楚。大蒐于昌間。夏四月乙丑，天王崩。叔鞅如京師，葬景王。王室亂。劉子、單子以王猛居于皇。劉子、單子以王猛入于王城。王子猛卒。十有二月癸酉朔，日有食之。

·廿有三年，春王正月，叔孫婼如晉。癸丑，叔鞅卒。晉人執我行人叔孫婼。晉人圍郊。蔡侯東國卒于楚。莒子庚輿來奔。戊辰，吳敗頓、胡、沈、蔡、陳、許之師于雞父。胡子髡、沈子逞滅，獲陳夏齧。天王居于狄泉。尹氏立王子朝。地震。公如晉，至河，乃復。

·廿有四年，春王二月丙戌，仲孫貜卒。婼至自晉。鄭伯嘉卒。夏五月乙未朔，日有食之。大雩。丁酉，杞伯鬱釐卒。吳滅巢。葬杞平公。

·廿有五年，春，叔孫婼如宋。叔詣會晉趙鞅、宋樂大心、衛北宮喜、鄭游吉、曹人、邾人、滕人、薛人、小邾人于黃父。有鸜鵒來巢。秋七月上辛，大雩；季辛，又雩。九月己亥，公孫于齊，次于揚州。齊侯唁公于野井。叔孫婼卒。宋公佐卒于曲棘。齊侯取鄆。

·廿有六年，春王正月，葬宋元公。公至自齊，居于鄆。公圍成。公會齊侯、莒子、邾子、杞伯盟于鄟陵。公至自會，居于鄆。楚子居卒。天王入于成周。尹氏、召伯、毛伯以王子朝奔楚。

·廿有七年，春，公如齊。公至自齊，居于鄆。夏四月，吳弒其君僚。楚殺其大夫郤宛。晉士鞅、宋樂祁犁、衛北宮喜、曹人、邾人、滕人會于扈。曹伯午卒。邾快來奔。公如齊。公至自齊，居于鄆。

·廿有八年，春王三月，葬曹悼公。公如晉，次于乾侯。夏四月丙戌，鄭伯寧卒。葬鄭定公。秋七月癸巳，滕子寧卒。葬滕悼公。

·廿有九年，春，公至自乾侯，居于鄆。齊侯使高張來唁公。公如晉，次于乾侯。夏四月庚子，叔詣卒。鄆潰。

·卅年，春王正月，公在乾侯。夏六月庚辰，晉侯去疾卒。葬晉頃公。吳滅徐，徐子章禹奔楚。

·卅有一年，春王正月，公在乾侯，取闞。吳伐越。仲孫何忌會晉荀躒、齊高張、宋仲幾、衛世叔申、鄭國參、曹人、莒人、邾人、薛人、杞人、小邾人城成周。

定公第十

元年，春王三月，晉人執宋仲幾于京師。夏六月癸亥，公之喪至自乾侯。戊辰，公即位。秋七月癸巳，葬我君昭公。大雩。立煬宮。冬十月，隕霜殺菽。

二年，春王正月。雉門及兩觀災。秋，楚人伐吳。冬十月，新作雉門及兩觀。

三年，春王正月，公如晉，至河乃復。二月辛卯，邾子穿卒。葬邾莊公。仲孫何忌及邾子盟于拔。

四年，春王二月癸巳，陳侯吳卒。三月，公會劉子、晉侯、宋公、蔡侯、衛侯、陳子、鄭伯、許男、曹伯、莒子、邾子、頓子、胡子、滕子、薛伯、杞伯、小邾子、齊國夏于召陵，侵楚。蔡公孫姓帥師滅沈，以沈子嘉歸，殺之。公及諸侯盟于皋鼬。杞伯成卒于會。葬陳惠公。許遷于容城。公至自會。劉卷卒。葬杞悼公。楚人圍蔡。晉士鞅、衛孔圉帥師伐鮮虞。葬劉文公。庚午，蔡侯以吳子及楚人戰于柏舉，楚師敗績。楚囊瓦出奔鄭。庚辰，吳入楚。

五年，春王三月辛亥朔，日有食之。歸粟于蔡。於越入吳。六月丙申，季孫意如卒。叔孫不敢卒。晉士鞅帥師圍鮮虞。

六年，春王正月癸亥，鄭游遫帥師滅許，以許男斯歸。公侵鄭。公至自侵鄭。季孫斯、仲孫何忌如晉。晉人執宋行人樂祁犁。城中城。季孫斯、仲孫忌帥師圍鄆。

七年，春王正月。夏四月。齊侯、鄭伯盟于咸。齊人執衛行人北宮結以侵衛。齊侯、衛侯盟于沙。大雩。齊國夏帥師伐我西鄙。九月，大雩。冬十月。

八年，春王正月，公侵齊。公至自侵齊。公侵齊。公至自侵齊。曹伯露卒。齊國夏帥師伐我西鄙。公會晉師于瓦。公至自瓦。秋七月戊辰，陳侯柳卒。晉士鞅帥師侵鄭，遂侵衛。葬曹靖公。葬陳懷公。季孫斯、仲孫何忌帥師侵衛。衛侯、鄭伯盟于曲濮。從祀先公。盜竊寶玉、大弓。

九年，春王正月。夏四月戊申，鄭伯蠆卒。得寶玉、大弓。葬鄭獻公。齊侯、衛侯次于五氏。秦伯卒。葬秦哀公。

十年，春王三月，及齊平。公會齊侯于夾谷。公至自夾谷。晉趙鞅帥師圍衛。齊人來歸鄆、讙、龜陰田。叔孫州仇、仲孫何忌帥師圍郈。宋樂大心出奔曹。宋公子地出奔陳。齊侯、衛侯、鄭游速會于安甫。叔孫州仇如齊。宋公之弟辰暨宋仲佗、石彄出奔陳。

十有一年，春，宋公之弟辰及仲佗、石彄、公子地自陳入于蕭以叛。及鄭平。叔還如鄭蒞盟。

十有二年，春，薛伯定卒。葬薛襄公。叔孫州仇帥師墮郈。衛公孟彄帥師伐曹。季孫斯、仲孫何忌帥師墮費。大雩。冬十月癸亥，公會齊侯盟于黃。十有一月丙寅朔，日有食之。公至自黃。公圍成。公至自圍成。

十有三年，春，齊侯、衛侯次于垂葭。築蛇淵囿。大蒐于比蒲。衛公孟彄帥師伐曹。晉趙鞅入于晉陽以叛。晉荀寅、士吉射入于朝歌以叛。晉趙鞅歸于晉。薛弒其君比。

十有四年，春，衛公叔戍來奔。衛趙陽出奔宋。二月辛巳，楚公子結、陳公孫佗人帥師滅頓，以頓子牂歸。衛北宮結來奔。於越敗吳于檇李。吳子光卒。公會齊侯、衛侯于牽。公至自會。齊侯、宋公會于洮。天王使石尚來歸脤。衛世子蒯聵出奔宋。衛公孟彄出奔鄭。宋公之弟辰自蕭來奔。大蒐于比蒲。邾子來會公。城莒父及霄。

十有五年，春王正月，邾子來朝。鼷鼠食郊牛，牛死，改卜牛。二月辛丑，楚子滅胡，以胡子豹歸。夏五月辛亥，郊。壬申，公薨于高寢。鄭罕達帥師伐宋。齊侯、衛侯次于渠蒢。邾子來奔喪。秋七月壬申，姒氏卒。八月庚辰朔，日有食之。滕子來會葬。丁巳，葬我君定公，雨，不克葬。戊午，日下昃，乃克葬。辛巳，葬定姒。城漆。

哀公第十一

元年，春王正月，公即位。楚子、陳侯、隨侯、許男圍蔡。鼷鼠食郊牛，改卜牛。夏四月辛巳，郊。齊侯、衛侯伐晉。仲孫何忌帥師伐邾。

二年，春王二月，季孫斯、叔孫州仇、仲孫何忌帥師伐邾，取漷東田及沂西田。癸巳，叔孫州仇、仲孫何忌及邾子盟于句繹。夏四月丙子，衛侯元卒。滕子來朝。晉趙鞅帥師納衛世子蒯聵于戚。秋八月甲戌，晉趙鞅帥師及鄭罕達戰于鐵。葬衛靈公。十有一月，蔡遷于州來。蔡殺其大夫公子駟。

三年，春，齊國夏、衛石曼姑帥師圍戚。夏四月甲午，地震。五月辛卯，桓宮、僖宮災。季孫斯、叔孫州仇帥師城啟陽。宋樂髡帥師伐曹。秋七月丙子，季孫斯卒。蔡人放其大夫公孫獵于吳。冬十月癸卯，秦伯卒。叔孫州仇、仲孫何忌帥師圍邾。

四年，春王二月庚戌，盜殺蔡侯申。蔡公孫辰出奔吳。葬秦惠公。宋人執小邾子。蔡殺其大夫公孫姓、公孫霍。晉人執戎蠻子赤歸于楚。城西郛。六月辛丑，亳社災。秋八月甲寅，滕子結卒。葬蔡昭公。葬滕頃公。

五年，春，城毗。夏，齊侯伐宋。晉趙鞅帥師伐衛。秋九月癸酉，齊侯杵臼卒。叔還如齊。閏月，葬齊景公。

㉙〔71字〕〔72〕
㉚〔71字〕
〔71字〕
〔71字〕
〔71字〕
〔71字〕
㉛〔71字〕〔70字〕
㉜〔70字〕
〔70字〕
㉝〔70字〕
㉞〔71字〕
㉟〔70字〕
㊱〔71字〕
〔70字〕
㊲〔70字〕

月叔孫僑如執我行人叔孫僑如如晉冬葬衛定公十有二月乙未乙亥仲孫蔑會晉荀罃于瑣澤叔孫僑如

王室亂劉子單子以王猛居于皇秋劉子單子以王猛入于王城冬尹氏立王子朝八月乙未地震冬十月庚寅衛侯衎復歸于衛丙午齊侯環卒仲孫羯帥師侵曹

劉子單子以王猛居于皇秋劉子單子以王猛入于王城葬王景王晉人執宋仲幾于京師夏六月丁巳朔日有食之

王室亂劉子單子以王猛居于皇晉人執我行人叔孫僑如秋七月公至自會

城郕邾婁晉趙鞅帥師伐鮮虞吳伐陳夏齊國夏及高張來奔叔還會吳于橐皋

柤秋七月庚寅楚子軫卒齊陽生入于齊齊陳乞殺其君舍冬仲孫何忌帥師伐邾婁宋向巢

八月己酉入邾婁以邾婁子益來宋人圍曹冬鄭顯弘帥師救曹八年春王正月宋公曹伯

伯過卒齊人歸讙及僤・九年春王二月葬杞僖公宋皇瑗帥師取鄭師于雍丘夏楚人伐陳

卒夏宋人伐鄭趙鞅帥師侵齊五月公至自伐齊莽齊崔杼衛公孟彄自齊歸于衛薛伯黃卒

頤出奔鄭五月公會吳伐齊甲戌齊國書帥師及吳戰于艾陵齊師敗績獲齊國書秋七月辛酉

甲辰孟子卒公會吳葬皋秋公會衛侯宋皇瑗于運向巢帥師伐鄭冬十有二月螽・十

師伐陳於越人吳秋公至自會晉魏多帥師侵衛莽許元公九月螽冬十有一月有星孛于東

---

① 案漢石經卷首凡題「某人第幾」者，其字粗細與正文同，今爲醒目特加粗字體。

② 今本此行七一字，莊元年經「王姬之館」，此刪「之」字。說詳第二節考文第二例。

③ 上行「于齊」至次行「績九」間，今本多一字。詳見第二節考文第三例。

④ 今本此行計七三字，莊十六年經「公會齊侯宋公陳侯衛侯鄭伯許男曹伯」，今刪「公」「曹伯」三字。說詳第二節考文第三例。

⑤ 今本此行計七四字，莊廿八年經「公會齊人宋人邾婁人」，今刪「公」「邾婁人」四字。說詳第二節考文第四例。

⑥ 今本此行計七三字，莊卅年經「師次于成」，今刪「師」字。說詳第二節考文第五例。

⑦ 今本此行計七三字，僖二年經「盟于貫澤」，今刪「澤」字。說詳第二節考文第六例。

⑧ 今本此行計七六字，僖八年經「陳世子款鄭世子華」，今刪「鄭世子華」四字。說詳第二節考文第七例。

⑨ 今本此行計七一字，與行七二字常例不合，或書寫者引長字形而書之。說詳第二節考文第七例。

⑩ 今本此行計七一字，僖十八年經「宋公會曹伯」，今刪「會」字。說詳第二節考文第九例。

⑪ 今本此行計七一字，僖十九年經「冬公會陳人」，今刪「公」字。說詳第二節考文第九例。

⑫ 今本此行計七一字，僖廿一年經「春公伐邾婁」，今刪「公」字。說詳第二節考文第九例。

⑬ 今本此行計七一字，僖廿九年經「夏六月公會」，今刪「公」字。說詳第二節考文第九例。

⑭ 今本此行計七一字，自「卅有」至次行「春王」間，今本或衍一字。

⑮ 今本此行計七一字，文公七年經「晉先眜以師奔秦」，今刪「以師」二字。說詳第二節考文第十例。

⑯ 今本此行計七一字，文公八年經「冬會伊雒戎」，今刪「伊」字。說詳第二節考文第十例。

⑰ 今本此行計七六字，文十三年經「至秋七月」，「會」者，今至□下補「于」字，「會」下補「公」字。說詳第二節考文第十一例。

⑱ 今本此行計七一字，宣五年經「齊高固來逆子叔姬」，今刪「子」字。說詳第二節考文第十二例。

⑲ 今本此行計六九字，疑不能定。說詳第二節考文第十四例。

⑳ 今本此行計七一字，異文不能定。參第二節考文第十四例。

㉑ 今本此行計七一字，成八年經「歸之于齊」，今刪「之」字。說詳第二節考文第十四例。

㉒ 唐石經此行計七三字，成十年經「秋七月公如晉」下有「冬十月」三字，宋以下刻本皆無，今□此三字。說詳第二節考文第十四例。

> 伐曹・七年春宋皇瑗率師侵鄭
> 公伐鄭冬十月・十年春王二月邾婁子益來奔公會吳伐齊三月戊戌齊侯陽生
> 伯陽歸吳伐我夏齊人取讙及僤歸邾婁子益于邾婁秋七月冬十有二月癸亥杞
> 率師侵衛夏公會吳于繒秋公伐邾婁
> 師侵鄭音魏曼多
> 葬齊惠公冬楚公子結率師伐陳吳救陳・十有一年春齊國書率師伐我夏陳袁
> 子慶母卒冬十有一月葬滕隱公衛世叔齊出奔宋・十有二年春用田賦夏五月
> 年春鄭軒達率師取宋師于嵒夏許男卒公會晉侯及吳子于黃池楚公子申率
> 殺陳夏彊夫十有二月螽・十有四年春西狩獲麟

④今本此行計七字，成十一年經「于沙」下有「澤」字，今刪。說詳第二節考文第十五例。

④今本此行計七字，成十四年冬經有「秦伯卒」，今刪此三字。說詳第二節考文第十五例。

④今本此行計七字，襄公五年冬，經「曹伯」下有「莒子邾婁子滕子薛伯」九字，今刪。說詳第二節考文第十六例。

④今本此行計七字，襄十四年經「己未衛侯」下有「衎」字，今刪。說詳第二節考文第十七例。

④今本此行計七字，襄廿一年經「邾婁子」下有「滕子」二字，今刪。說詳第二節考文第十九例。

④今本此行計六字，襄卅年經「伯姬卒」，今「伯姬」上補「宋」字，說詳第二節考文第十九例。

④今本此行計七字，自「圍鄭」至次行「如晉」，今本多一字。說詳第二節考文第廿一例。

③今本此行計七字，昭廿四年經「舍至自魯」上衍「叔孫」二字，今刪。說詳第二節考文第廿一例。

③今本此行計三字，昭卅一年經「營人」下有「邾婁人」三字，今刪。說詳第二節考文第廿一例。

④今本此行計七一字，定四年夏經「公孫歸姓」，今刪「歸」字。說詳第二節考文第廿二例。

③今本此行計十一字，定七年經「盟于沙澤」，今刪「澤」字，說詳第二節考文第廿二例。

③今本此行計七字，自此行「秦伯卒」以下，今本有異文，但不知繫於何處，姑繫於此。

④今本此行計十一字，定十三年經「晉荀寅」下有「及」字，今刪。說詳第二節考文第廿二例。

③今本此行計七一字，自「于薛」至次行「會公」之間，今本多一字。說詳第二節考文第廿二例。

④今本此行計七一字，哀四年夏經「公孫歸姓」，今刪「歸」字。說詳第二節考文第廿三例。

第二章 《公羊注疏》合刻例考

經書注疏之合刊,始於南宋兩浙東路茶鹽司刊五經注疏,自斯而降,代有其事。嘉之者謂其便於讀者閱繹[1],譏之者謂其似便而易惑[2]。立論不同,取義各殊。然於注疏合刊之例,諸家皆未詳及。昔錢大昕云"南宋初乃有併經注、《正義》合刻者。士子喜其便于誦習,爭相放效。其後又有併陸氏《釋文》附入經注之下者"[3],似謂《釋文》所附在《正義》之後。但以今日《公羊》注疏本證之,却是《釋文》先附於經注之下,《正義》後附,知錢氏未見南宋建安余仁仲萬卷堂刊《公》《穀》二書。屈萬里先生謂清武英殿本"雖據明北監本,然卷末附考證,句下加圈,校刻皆精,有青出於藍而勝於藍之譽"[4],以殿本是正北監本文字之譌謬,屈先生所言是也;以殿本移易注文及分附疏文之謬,反不如北監本義長,又知屈先生未考

---

① 《禮記正義》黃唐跋云"本司舊刊《易》《書》《周禮》,正經注疏,萃見一書,便於披繹"。見《影印南宋越刊八行本禮記正義》下册,頁 1697 下。

② 如段玉裁《與諸同志論校書之難》云:"自宋人合《正義》《釋文》於經注,而其字不相同者,一切改之使同,使學而不思者白首茫如。其自負能挍經者,分別又無真見,故三合之注疏本,似便而易惑。"見《經韻樓集》卷十二,《續修四庫全書·集部·別集類》第 1435 册,頁 189 下。

③ 見錢大昕《十駕齋養新錄》卷十三,"儀禮疏單行本"條。《續修四庫全書·子部·雜家類》第 1151 册,頁 253 下。

④ 屈萬里《十三經注疏板刻述略》,《書傭論學集》,頁 229。

殿本、北監本分附疏文之例。愚近年從事《公羊》經傳注疏校勘，凡今日所見各本，如單經本、經注本、單疏本、注疏本，莫不窮力蒐討，一一讎校，知注疏之合刊，不但在文字之是正，亦在體例之條貫。不明分附《釋文》、疏文之例，則不曉注疏合刊之長短。以此言之，前人論斷時見參差者，或緣所見諸本未廣，或緣未考注疏合刊之例。故斯篇專論各本分附《釋文》、疏文之例，舉證不嫌文繁，以補前人所漏略者，而於異文校勘等前人所詳者，則略而不論。

一、論何休合注經傳

《漢書·藝文志》云"《春秋經》十一卷"，又云"《公羊傳》十一卷"①，是班固所見《春秋經》與《公羊傳》未曾合竝。漢熹平石經《春秋經》與《公羊傳》分別勒石，亦爲經、傳別行之證。故有學者據此立論，謂《公羊》經傳之附合當在漢以後，如四庫館臣云：

> 三傳與經文，《漢志》皆各爲卷帙。以《左傳》附經始於杜預，《公羊傳》附經則不知始自何人。觀何休《解詁》但釋傳而不釋經，與杜異例，知漢末猶自別行。今所傳蔡邕石經殘字《公羊傳》亦無經文，足以互證。今本以傳附經，或徐彦作疏之時所合併歟？②

又阮元《春秋公羊傳注疏校勘記序》云：

> 《公羊》傳文初不與經相連綴，《漢志》各自爲卷。孔穎達《詩正義》云："漢世爲傳訓者，皆與經別行。"故蔡邕石經《公羊》

①《漢書》第 6 册，頁 1712—1713。
②《春秋公羊傳注疏提要》，《景印文淵閣四庫全書·經部·春秋類》第 145 册，頁 5 下。

殘碑無經,《解詁》亦但釋傳也。分經附傳,大氐漢後人爲之。①
四庫館臣疑徐彦作疏時合併經傳,阮元則以爲分經附傳蓋漢後人
爲之,又謂何休《解詁》但釋傳,俱與實情不合。《解詁》不但釋傳,
亦釋經。清瞿鏞云“何注本非無經,且非不注經矣”“合傳於經而
并注之,當自何氏始”②,是也。今於十二公中各舉一例以明之:

1. 隱公二年經“春,公會戎于潛”,無傳,何氏有注③。

2. 桓公元年經“三月,公會鄭伯于垂”,無傳,有注。

3. 莊公二年經“冬十有二月,夫人姜氏會齊侯于郜”,無傳,
有注。

4. 閔公元年經“秋八月,公及齊侯盟于洛姑”,無傳,有注。

5. 僖公元年經“公會齊侯、宋公、鄭伯、曹伯、邾婁人于柽”,無
傳,有注。

6. 文公元年經“二月癸亥朔,日有食之”,無傳,有注。

7. 宣公元年經“公子遂如齊逆女”,無傳,有注。

8. 成公元年經“無冰”,無傳,有注。

9. 襄公元年經“仲孫蔑會齊崔杼、曹人、邾婁人、杞人次于合”,
無傳,有注。

10. 昭公元年經“莒展出奔吳”,無傳,有注。

11. 定公元年經“九月,大雩”,無傳,有注。

12. 哀公元年經“楚子、陳侯、隨侯、許男圍蔡”,無傳,有注。

以上乃何氏注經之例,諸經並皆無傳,知何休已合經傳而爲之

---

① 阮元《春秋公羊傳注疏校勘記》,《續修四庫全書·經部·群經總義類》第
　183 冊,頁 46 下。

② 瞿鏞《鐵琴銅劍樓藏書目録》,《宋元明清書目題跋叢刊》第 10 冊,頁 78 上。

③ 何注云:“凡書會者,惡其虛内務,恃外好也。”見阮元校刻《春秋公羊傳注
　疏》,《十三經注疏》第 7 冊,頁 24 上。以下諸例做此,不復出注文。

注，且《解詁》中此類例證比比皆是。知四庫館臣、阮元云《解詁》但釋傳不釋經者，非是。

二、何氏注例考

何氏既注傳，也注經。經有無傳之經，有有傳之經。於無傳之經，何氏例必有注；凡不注者，以上下傳注可相通釋，省文耳。於有傳之經，何氏以注傳爲主，間亦注經，且釋經之注多置於釋傳之注下。兹分別敘之。

（一）無傳之經何氏注例

無傳之經，何氏或注或不注，似無定例。其實，注者，可起義例；不注者，緣他處傳注已有釋，從省文耳。

其一，論“注者，可起義例”，如：

1. 隱二年經“鄭人伐衛”，何注：“書者，與入向同。侵伐圍入例皆時。”①

此注專釋伐之義例。何氏謂此“伐衛”與隱二年“莒人入向”同義②，據此，下四年經“宋公、陳侯、蔡人、衛人伐鄭”，七年經“秋，公伐邾婁”等皆不注者，並與“入”同義。若另出注，則具別義，如隱五年經“邾婁人、鄭人伐宋”，注云：“邾婁，小國，序上者，主會也。”③此注不釋伐，乃釋大小國次序，以別義，故更出注。

2. 隱公二年經“春，公會戎于潛”，何注：“凡書會者，惡其虛內

①《春秋公羊傳注疏》，《十三經注疏》第 7 册，頁 26 下。
②隱公二年何注：“入者，以兵入也。已得其國而不居，故云爾。”《春秋公羊傳注疏》，《十三經注疏》第 7 册，頁 24 上。
③《春秋公羊傳注疏》，《十三經注疏》第 7 册，頁 36 下。

務、恃外好也。朝聘會盟例皆時。”①

　　此注專釋會之義例。下九年經“冬,公會齊侯于邸”,不注者,與上同。十年經“二月,公會齊侯、鄭伯于中丘”,與“會例時”相違,故另出注以釋會月之義②。十一年經“夏五月,公會鄭伯于祁黎”,亦會月,與十年注同,故不復注。但桓公元年經“三月,公會鄭伯于垂”,會月,而何氏又出注者③,以桓會月與隱會月不同義耳。自兹以下,凡桓會月皆不注者,依桓元年注也。

　　3. 成公十六年經“楚殺其大夫公子側”,襄公二年經“楚殺其大夫公子申”,五年經“楚殺其大夫公子壬夫”,十九年經“鄭殺其大夫公子喜”,二十年經“蔡殺其大夫公子燮”,廿二年經“楚殺其大夫公子追舒”,並皆無注。至哀二年經“蔡殺其大夫公子馹”,《解詁》云:“稱國以殺者,君殺大夫之辭。稱公子者,惡失親也。”④依此,則前經無注者,其義至此盡可釋。

　　據上三例,無論何注揭義例於前,或揭義例於後,皆可見注者可起義例。若同類之經無注,可據前後注文通釋之。

　　其二,論“無注者,緣他處傳文已有解”,如:

　　1. 文公十四年經“齊人執單伯,齊人執子叔姬”,傳云:“執者曷爲或稱行人? 或不稱行人? 稱行人而執者,以其事執也。不稱行人而執者,以己執也。”

---

① 《春秋公羊傳注疏》,《十三經注疏》第 7 册,頁 24 上。

② 何注:“月者,隱前爲鄭所獲,今始與相見,故危録内,明君子當犯而不校也。”《春秋公羊傳注疏》,《十三經注疏》第 7 册,頁 40 下。

③ 何注:“桓公會皆月者,危之也。桓弑賢君、篡慈兄,專易朝宿之邑,無王而行,無仁義之心,與人交接則有危也,故爲臣子憂之。”《春秋公羊傳注疏》,《十三經注疏》第 7 册,頁 46 上。

④ 《春秋公羊傳注疏》,《十三經注疏》第 7 册,頁 341 上。

此傳爲執之稱例而發。故襄十一年經"楚人執鄭行人良霄"、十八年經"夏，晉人執衛行人石買"，昭八年經"楚人執陳行人干徵師殺之"、二十三年經"晉人執我行人叔孫舍"，定六年經"秋，晉人執宋行人樂祁犂"，七年經"齊人執衛行人北宮結以侵衛"，並無注，皆可據此傳推得之。

2. 隱公六年經"秋七月"，傳云："此無事，何以書？《春秋》雖無事，首時過則書。首時過則何以書？《春秋》編年，四時具然後爲年。"

此傳爲首時書而發。據此，下經隱九年"秋七月"，桓公元年經"冬十月"，九年經"夏四月"，十三年經"秋七月。冬十月"等等，並無注者，俱從此傳。

概言之，於無傳之經，何休或注或不注，注者，可以起義例；不注者，以他處傳注文可相通釋。

（二）有傳之經何氏注例

傳之解經，不外二途，或解經義，或解經例。解經義者，如隱公二年經"夏五月，莒人入向"，傳云"入者何？得而不居也"，此解入者之義。解經例者，如隱公五年經"秋，衛師入盛"，傳云"曷爲或言率師，或不言率師？將尊師衆稱某率師。將尊師少稱將。將卑師衆稱師。將卑師少稱人。君將不言率師，書其重者也"，此解率師之稱例。

傳本爲經之義例而發，若解經之意完足，則無須出注。今何氏更釋經者，緣傳之解經不爲完備，何氏云"傳不事事悉解"[1]，是以更出注，或補經義，或明經例。

其一，注補經義者。如：

1. 隱公三年經"三月庚戌，天王崩"，傳"何以不書葬"云云，未

---

[1] 昭公二十二年注，《春秋公羊傳注疏》，《十三經注疏》第 7 冊，頁 294 上。

言"天王"爲誰,何注云"平王也"①,補傳未解之義。

2.桓公五年經"冬,州公如曹",傳云"外相如不書,此何以書?過我也",乃主釋"如"義。何注云"爲六年化我張本也。傳不言化我者,張本非再化也。稱公者,申其尊,起其慢,責無禮"②,此補稱公之義。

其二,注明經例者。如:

1.桓公十二年十一月丙戌,衛侯晉卒。十三年三月,葬衛宣公,何注"卒日葬月,達於《春秋》,爲大國例。"③此解大國卒葬例,常例即卒日葬月。

2.襄公八年經"夏,葬鄭僖公",傳云"賊未討,何以書葬?爲中國諱也",何注:"不月者,本實當去葬責臣子,故不足也。"④大國葬例月,今時葬者,責臣子無恩於君,此變例也。

經例有常有變,何注於常變例皆有釋,以補傳之未備。

其三,何氏出注之例:釋經之注常置於釋傳之注末。

無論補經義或明經例,凡有傳之經,何氏釋經之注,多置於釋傳之注末,而不置於經下。此是何氏出注之例。如:

1.**夏,公及宋公遇于清。遇者何? 不期也。一君出,一君要之也。**古者有遇禮,爲朝天子,若朝罷朝,卒相遇于塗,近者爲主,遠者爲賓,稱先君以相接,所以崇禮讓絕慢易也。當春秋時,出入無度,禍亂姦宄多在不虞,無故卒然相要,小人將以生心,故重而書之,所以防禍原也。**言及者,起公要之,明非常遇也。地者,重錄**

①《春秋公羊傳注疏》,《十三經注疏》第 7 册,頁 27 上。
②《春秋公羊傳注疏》,《十三經注疏》第 7 册,頁 53 下。
③《春秋公羊傳注疏》,《十三經注疏》第 7 册,頁 31 上。
④《春秋公羊傳注疏》,《十三經注疏》第 7 册,頁 244 下。

之。**遇例時**。① （隱公四年）

　　注文自"古者"至"禍原也"，釋傳文"遇者何""不期""要之"之義。"言及者"以下，釋經之義例。此即釋經之注置於釋傳之注末。

　　又如：

　　2. 九月，衛人殺州吁于濮。其稱人何？据晉殺大夫里克俱弒君賊不稱人。**討賊之辭也**。討者，除也。明國中人人得討之，所以廣忠孝之路。書者，善之也。**討賊例時，此月者，久之也**。② （隱公四年）

　　注文"討賊例時"，釋傳文"討賊"。"此月者"云云，釋經經文"九月"。"此"字，乃上下句文意承轉之標識，不可移易。若以"此月"句爲注經而移置於經下，則文意不接。驗以日本蓬左文庫藏《公羊疏》鈔本，其出文作"注討賊例時此月者久之也"③，可知徐彥所見何注本，釋經之注即在釋傳之注末。下例尤可爲證：

　　3. 冬，公次于郎。次者，兵舍止之名。**其言次于郎何**？國内兵不當書，公斂處父帥師而至，雖有事而猶不書是也。**刺欲救紀而後不能也**。惡公既救人辟難道還，故書其止次以起之。諸侯本有相救之道，所以抑强消亂也。**次例時**。④ （莊公三年）

---

① 見《春秋公羊經傳解詁》卷一，頁 12b—13a，《中華再造善本》景印中國國家圖書館藏宋淳熙撫州公使庫刻紹熙四年重修本，北京圖書館出版社，2003年，本書簡稱撫本。又見《春秋公羊經傳解詁》卷一，頁 11a，《中華再造善本》景印中國國家圖書館藏宋紹熙二年余仁仲萬卷堂刻本，北京圖書館出版社，2003年，本書簡稱余本。又見阮刻本《春秋公羊傳注疏》，《十三經注疏》第 7 册，頁 30 上。本書注釋但出撫本、阮刻本，一見經注本之例，一見注疏本之例，以便讀者分別檢索耳。不出余本者，以阮刻本主據余本故也。
② 撫本，卷一，頁 13b。又見《春秋公羊傳注疏》，《十三經注疏》第 7 册，頁 30 下。
③ 日本蓬左文庫藏《公羊疏》舊鈔本，卷三。本書簡稱單疏鈔本。
④ 撫本，卷三，頁 4a—4b。又見《春秋公羊傳注疏》，《十三經注疏》第 7 册，頁 76 上—76 下。

"次者,兵舍止之名",釋經"次"義,在經下,補傳之未備。但注末云"次例時",是解經"次"例,却在注傳之文末。依撰文常例,"次例時"宜在"兵舍止之名"下。又如莊公十八年經"夏,公追戎于濟西",何注云"以兵逐之曰追",訓經辭義,在經下;但注云"追例時",乃釋經例,不置於經下而置於釋傳之注末①。莊卅一年經"六月,齊侯來獻戎捷",注云"戰所獲物曰捷",訓經辭義,在經下,然注文"獻捷時,此月者"云云,乃釋經例,也置於釋傳之注末②。

遍考何氏注有傳之經,凡釋經例之注,皆置於釋傳之注末。如隱公二年經"夏五月,莒人入向",注云"入例時,傷害多則月",此解經例,置於釋傳之注末③。隱四年經"春王二月,莒人伐杞,取牟婁",注"取邑例時",釋經之例也置於釋傳之注末④。莊廿三年經"秋,丹桓宮楹",注"失禮宗廟例時",釋經例,亦在釋傳之注末⑤。如此等等。

至於釋經義之注,亦多置於釋傳之注末,少數則置於經下,如:

4. 季孫宿帥師救台,遂入運。入運者,討叛也。封内兵書者,爲遂舉。討叛惡遂者,得而不取,與不討同,故言入,起其事。**大夫無遂事,此其言遂何? 公不得爲政爾。**時公微弱,政教不行,故季孫宿遂取運而自益其邑。⑥(襄公十二年)

① 撫本,卷三,頁17a。又見《春秋公羊傳注疏》,《十三經注疏》第7册,頁97上。
② 撫本,卷三,頁27a。又見《春秋公羊傳注疏》,《十三經注疏》第7册,頁110下。
③ 撫本,卷一,頁7b。又見《春秋公羊傳注疏》,《十三經注疏》第7册,頁24上。
④ 撫本,卷一,頁12b。又見《春秋公羊傳注疏》,《十三經注疏》第7册,頁29下。
⑤ 撫本,卷三,頁20a。又見《春秋公羊傳注疏》,《十三經注疏》第7册,頁100下。
⑥ 撫本,卷九,頁8b—9a。又見《春秋公羊傳注疏》,《十三經注疏》第7册,頁251下。

　　此爲經、傳竝注。傳但解"遂"義,何休更於經下復注,以釋"入運"義。考《公羊》解"遂"有二義,一爲安社稷利國家之"遂",如莊十九年"公子結媵陳人之婦于鄄,遂及齊侯、宋公盟";一爲大夫專權之"遂",如僖卅年"公子遂如京師,遂如晉"。此傳云"公不得爲政爾",則"遂"是大夫專權之辭。注謂"入運"有討叛之義,是補傳之未及。此類釋經之注置於經下者,僅十例①。十例之中,凡釋經例者,猶置於釋傳之注末,如"次者,兵舍止之名",釋經義,置於經下;"次例時",釋經例,則置於釋傳之注末。

　　釋經之注所以置於釋傳之注末,而不置於經下者,緣《解詁》以釋傳爲主,釋經爲次。傳本爲解經而發,若傳足盡經義,則無煩注經。惟傳意未備,始補足之,故釋經之注文多簡。何氏所以置於釋傳之注末,蓋詳略主次使然。至於釋經例之注,總置於釋傳之注末者,緣釋義在前,釋例在後,義盡而後言例。猶如鄭玄注《儀禮》,

---

① 此十例:(1)隱公三年經"天王崩",何注:"平王也。"(2)莊公三年經"公次于郎",何注:"次者,兵舍止之名。"(3)莊十八年經"公追戎于濟西",何注:"以兵逐之曰追。"(4)莊廿二年經"及齊高傒盟于防",何注:"防,魯地。"(5)莊廿二年經書"公如齊納幣",何注:"納幣即納徵。納徵禮曰'主人受幣,士受儷皮'是也。《禮》言納徵,《春秋》言納幣者,《春秋》質也。凡婚禮皆用鴈,取其知時候。唯納徵用玄纁束帛儷皮,玄纁取其順天地也;儷皮者,鹿皮,所以重古也。"(6)莊卅一年經"齊侯來獻戎捷",何注:"戰所獲物曰捷。"(7)文十六年經"公四不視朔",何注:"視朔説在六年。不舉不朝廟者,禮,月終于廟先受朔政,乃朝,明王教尊也。朝廟,私也,故以不視朔爲重。常以朔者,重始也。"(8)襄公十二年經"季孫宿帥師救台,遂入運",何注:"入運者,討叛也。封内兵書者,爲遂舉。討叛惡遂者,得而不取,與不討同。故言入,起其事。"(9)昭公元年經"叔孫豹會晉趙武、楚公子圍、齊國酌、宋向戌、衛石惡、陳公子招、蔡公孫歸生、鄭軒虎、許人、曹人于漷",何注:"戌、惡皆與君同名,不正之者,正之當貶,貶之嫌觸大惡。方譏二名爲諱,義當正,亦可知。"(10)昭廿二年經"王室亂",何注:"謂王猛之事。"以上十例,並是有傳之經,釋經之注逕寫於經下,不置於釋傳之注末。

其叠出今古文，常在注文之末，賈公彥云"皆釋經義盡乃言之"①。
鄭注《儀禮》，釋義在前而文字在後；何氏《解詁》，釋經傳之義盡而
後釋經例。二人解經之法相近，蓋漢時注經之通例歟？

　　綜上，於無傳之經，何休例必有注；無注者，緣他處傳注文可相
通釋。於有傳之經，《解詁》常例是經下無注、傳下有注。若於經下
更出注，乃緣傳意未盡須補足之，故注文也簡，且釋經之注多在釋
傳之注末。學者或謂何氏不注有傳之經，固考察未周，亦緣何氏於
此類經下不常注也。今既明何氏注例，不但可以辨別前人論説之
是非，亦可以洞悉注疏合併之理據。

三、前人誤解何氏注例舉證

　　四庫館臣、阮元謂《解詁》釋傳不釋經，有學者雖另持異説，但
其間所論，是非涷雜，不可不辨。如嚴可均《唐石經校文》云：

> 此用何休本，故散傳附經。觀《釋文》標題及疏所釋標題
> 皆云"經傳解詁"，是六朝舊本已然。而何休于經有注者，傳即
> 無注，明是散傳附經出何休手，非由後人改編也。②

　　嚴氏云"散傳附經出何休手"，與前引瞿鏞之言可以相參，足備
一説，但嚴氏云"何休于經有注者，傳即無注"，則與實情不合。何
休於經有注，傳未必無注，莊公三年經"冬，公次于郎"，何注云"次
者，兵舍止之名"，是於經有注。傳云"其言次于郎何"，何注"國内
兵而不書，公斂處父帥師而至，雖有事而猶不書，是也"，是於傳亦
有注。知嚴説非是。

---

① 《儀禮注疏》，《十三經注疏》第4冊，頁5上。
② 嚴可均《唐石經校文》卷七，《續修四庫全書·經部·群經總義類》第184
　　冊，頁342上。

又如桓二年經"宋督弒其君與夷及其大夫孔父",傳注如下：

孔父正色而立於朝,則人莫敢過而致難於其君者,孔父可謂義形於色矣。內有其義而外形見於顏色,孔子曰"君子正其衣冠,尊其瞻視,儼然人望而畏之"是也。重道義形於色者,君子樂道人之善。**言及者,使上及其君,若附大國以名通,明當封爲附庸,不絶其祀,所以重社稷之臣也。督不氏者,起馮當國。不舉馮弒爲重者,繆公廢子而反國得正,故爲之諱也。不得爲讓者,死乃反之,非所以全其讓意也。**①（桓公二年）

注文自"言及者"以下,凡七十九字,乃釋經"及"字之義,其置於釋傳之注末者,正是《解詁》常例。但阮元《校勘記》所引何煌、浦鏜之説云：

　　何煌云：言及者以下九（九,乃七之訛）十九字,當在經下,僖十年疏可據。宋鄂本亦誤。浦鏜云：言及者三十三字,當在經下。從僖十年疏校。②

何、浦二氏皆以爲"言及者"以下注文,當在經下,其所據者,乃僖公十年疏。今案僖十年徐疏云：

　　桓二年"宋督弒其君與夷及其大夫孔父",彼注云："言及者,使上及其君,若附大國以名通,明當封爲附庸,不絶其祀,所以重社稷之臣。"③

此疏先引經,後引注；注文所釋,乃經"及"字之義,故何、浦以此爲證。然一謂"言及者"以下七十九字,一謂三十三字,猶可見二人於何氏注例未能一致。考莊公十二年經"宋萬弒其君接及其大

①撫本,卷二,頁2b—3a。又見《春秋公羊傳注疏》,《十三經注疏》第7冊,頁47下—48上。

②《春秋公羊傳注疏校勘記》引,頁59上。

③《春秋公羊傳注疏》,《十三經注疏》第7冊,頁136上。

夫仇牧",何注"争博弑君而以當國言之者",是釋經"宋萬"之義,而置於釋傳之注末 ①;僖公十年經"晉里克弑其君卓子及其大夫荀息",何注"不日者,不正遇禍,終始惡明,故略之",是解經例,亦置於釋傳之注末 ②。知徐彥於僖十年疏中先引經,後引注,乃作疏之體,非《解詁》原本如此。何煌、浦鏜引以爲證,是不明何休注例,不可從。

阮元雖駁何、浦之誤,然其理據也非。阮氏《校勘記》云:

> 按此注舊本皆在傳末,何氏終言之也。此類注中甚多,不得以僖十年疏引在經下,便輕爲移置。○按何注本有傳無經,何注傳而不注經,故知何煌、浦鏜皆誤也。 ③

阮氏校記是非各半,前説是而後説非。是者,謂"此注舊本皆在傳末,何氏終言之也";非者,謂"何注本有傳無經,何注傳而不注經"。何休經傳並注,不可謂注傳不注經。

瞿鏞雖駁何煌、浦鏜之誤,其説亦有可議:

> 何、浦兩家謂此注當在經下,誠不足信,則以未明何氏例不注有傳之經也。且疏謂"此經之下亦有注云云,攷諸舊本悉無此注,且與注違,知是衍文"。若此注本在經下,疏何以不言何氏自有注,誤在傳末?即使作疏時未誤,亦當言"此注上下",不當言"此經之下"也。 ④

瞿氏云"何氏例不注有傳之經"者,誤矣。《解詁》中經傳並注者凡十例,不可謂不注有傳之經,知瞿氏未及詳考何注之例。

如上所述,知四庫館臣、何煌、浦鏜、阮元、嚴可均、瞿鏞諸人,

---

① 撫本,卷三,頁 14b。又見《春秋公羊傳注疏》,《十三經注疏》第 7 册,頁 91 下。
② 撫本,卷五,頁 14a。又見《春秋公羊傳注疏》,《十三經注疏》第 7 册,頁 136 上。
③《春秋公羊傳注疏校勘記》,頁 59 上。
④《鐵琴銅劍樓藏書目録》,頁 78 上。

議論雖有異同,但於何休注例,均未能洞悉條理。何休經傳並注,四庫館臣、阮元謂何休但注傳不注經,非也。嚴可均云"何休于經有注者,傳即無注",亦非。於有傳之經,何氏釋經之注多置於釋傳之注末,而何煌、浦鏜引僖公十年疏爲證,是不明何氏注例。也有釋經之注仍置於經下者,此緣傳之解經意未盡,而瞿鏞云"何氏例不注有傳之經",誤矣。今何注之例明,則諸家論説之得失,瞭若指掌焉。

四、論殿本分附注文之失

明乎何氏注例,不但知曉諸家論説之得失,於歷來注疏合刻本之長短,亦能察其底裏。何氏合經傳而爲之注,且釋經之注多置於釋傳之注末,故注疏合刻,不可違此注例。遵循何氏注例,乃重古之義。清乾隆四年武英殿刊《春秋公羊傳注疏》,其移易注文,殊乖何氏注例。其失者,一則誤移傳下注文於經下,以致傳下無注;一則改附傳下注文,本是此傳之注,移爲彼傳之注。

(一)誤移傳下注文於經下,如:

1.**春,王正月,公會齊侯、宋公、陳侯、衞侯、鄭伯、許男、曹伯侵蔡,蔡潰。**注不與諸侯潰之爲文,重出蔡者,侵爲加蔡舉,潰爲惡蔡録,義各異也。**月者,善義兵也。潰例月,叛例時。**

傳**潰者何?下叛上也。國曰潰,邑曰叛。**①(僖公四年)

此例殿本移置注文於經下,大謬(見圖 2-1)。注文"叛例時"

---

① 清乾隆四年武英殿初刻同治十年重刊本《春秋公羊傳注疏》,卷十,頁15a—15b,下簡稱殿本。案筆者手頭無初刻本,圖版據清同治十年重刊本,證以《摛藻堂四庫全書薈要》本、《文淵閣四庫全書》本,皆同殿本。今爲清眉目,引文並省疏文與音義文。下倣此。

明是注傳，不爲注經。考《解詁》注例，於有傳之經，或傳下有注經下無注，或經傳之下並有注，乃者經傳俱無注[1]，決無經下有注而傳下無注者。又釋經之注可置於釋傳之注末，斷無釋傳之注前置於經下者。今殿本移置注文於經下，致經下有注而傳下無注，深乖何氏注例。此注"月者，善義兵也"釋經例，當置於釋傳之注末。驗以撫本、余本[2]，並是。又考《公羊疏》鈔本出文"潰者何"在出文"注月者善義兵者"上[3]，知徐彦所見本注文亦在傳文之下。今殿本移易注文，殊謬。

又如：

2. 八月，公至自伐楚。[注]爲桓公不脩其師而執濤塗故也。月者，凡公出滿三時，月，危公之久。[疏]（從略）

[傳]**楚已服矣，何以致伐？**

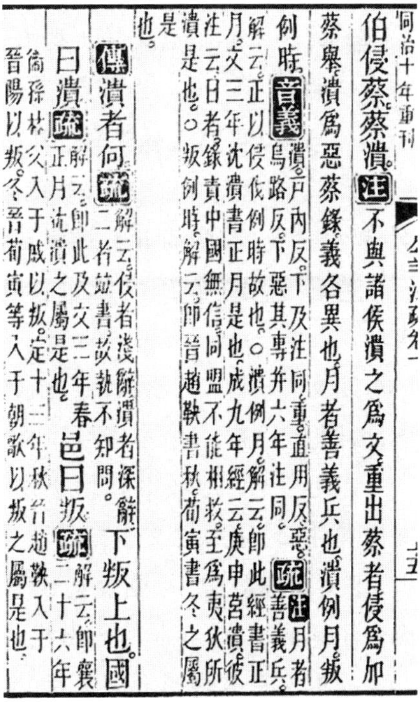
同治十年重刊

伯侵蔡。蔡潰。[注]不與諸侯潰之爲文，重出蔡者，侵爲加蔡舉，潰爲惡蔡，錄義各異也。月者，善義兵也。潰例月，叛例時。[音義]潰，戶內反，下及注同。重，直用反。惡，烏路反，下惡其專并、六年注同。[疏][注]月者善義兵。解云：正以侵伐例時故也。○潰例月。解云：即此經書正月，文三年沈潰書正月是也。成九年經云"庚申，莒潰"，彼注云"日者，錄責中國無信，同盟不能相救，至爲夷狄所潰"是也。○叛例時。解云：即晉趙鞅書秋、荀寅書冬之屬是也。

[傳]潰者何？[疏]解云：侵者淺辭，潰者深辭，二者並書，故執不知問。下叛上也。國曰潰，[疏]解云：即此及文三年春正月沈潰之屬是也。邑曰叛。[疏]解云：即襄二十六年衛孫林父入于戚以叛，定十三年秋晉趙鞅入于晉陽以叛，冬晉荀寅等入于朝歌以叛之屬是也。

圖2-1 殿本《春秋公羊傳注疏》僖公四年

① 經傳俱無注者，凡四例：（1）莊公三十年"八月癸亥，葬紀叔姬"，傳"外夫人不書葬，此何以書？隱之也。何隱爾？其國亡矣，徒葬乎叔爾"，無注。（2）文公十四年"宋子哀來奔"，傳"宋子哀者何？無聞焉爾"，無注。（3）文公十七年"夏四月癸亥，葬我小君聖姜"，傳"聖姜者何？文公之母也"，無注。（4）襄公十八年"春，白狄來"，傳"白狄者何？夷狄之君也。何以不言朝？不能朝也"，無注。

② 撫本，卷五，頁 7a。余本，卷五，頁 6a。

③ 單疏鈔本，卷十。

楚叛盟也。①（僖公四年）

　　殿本移傳下注文於經下，亦誤。注文"爲桓公不脩其師而執濤塗故也"，釋傳文"楚叛盟也"。殿本所以移於經下，或緣"月者"句乃釋經例。然《解詁》凡釋經例者，皆置於釋傳之注末，且單疏鈔本、撫本、余本亦可爲證②。殿本移附注文，是不明何氏注例。

　　又如：

　　3.**己酉，邾婁人執鄫子，用之。**注惡無道也。不言社者，本無用人之道，言用之，已重矣，故絶其所用處也。日者，魯不能防正其女，以至於此，明當痛其女禍而自責之。

　　傳**惡乎用之？用之社也。其用之社奈何？蓋叩其鼻以血社也。**③（僖十九年）

　　注文"日者"云云，釋經之義例，宜在釋傳之注末，殿本移於經下，誤同上。撫本、余本皆可證④。

　　以上三例，乃殿本移傳下之注於經下，不合何氏注例。何休經傳並注，且注經之文多寫於注傳之文末，此何氏出注之例。若殿本，注文直附於經下，則嫌何氏分據經本、傳本而兩注之。既非何氏合注經傳之義，亦非何氏出注之例。

　　殿本又有改附傳下注文者，本是此傳之注，誤移於彼傳之下。

　　（二）改附傳下注文，如：

　　1.傳**州不若國，國不若氏，氏不若人，人不若名，名不若字，字不若子。**注皆取精詳録也。爵最尊，《春秋》假行事以見王法，聖

----

① 殿本，卷十，頁19b—20a。

② 單疏鈔本，卷十，其出文"楚已至致伐"在"注凡公出云云"之上，知注文在傳下。撫本，卷五，頁9a。余本，卷五，頁7b—8a。

③ 殿本，卷十一，頁25a。

④ 撫本，卷五，頁20a。余本，卷五，頁17b。

人爲文辭孫順，善善惡惡，不可正言其罪，因周本有奪爵稱國氏人名字之科，故加"州"文備七等以進退之，若自記事者書人姓名。"主人習其讀而問其傳，則未知己之有罪焉爾"，猶此類也。①（莊公十年）

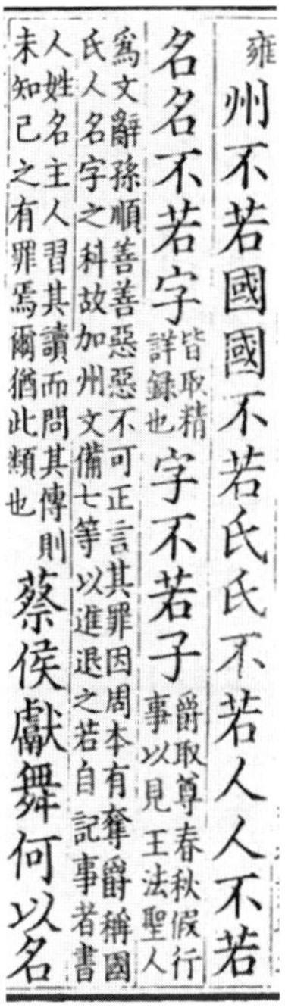
雍州不若國國不若氏氏不若人人不若
名名不若字皆取精詳録也字不若子爵取尊春秋假行事以見王法聖人
爲文辭孫順善善惡惡不可正言其罪因周本有奪爵稱國氏人名字之科故加州文備七等以進退之若自記事者書
人姓名主人習其讀而問其傳則未知己之有罪焉爾猶此類也蔡侯獻舞何以名

圖2-2　撫本《公羊經傳解詁》莊公十年

注文"皆取精詳録也"，殿本附於"字不若子"下。撫本則附於"名不若字"下（見圖2-2），余本同②。據單疏鈔本，出文"注皆取精詳録也"在出文"字不若子"之上③。考州、國、氏、人、名、字、子爲七等之稱，自"州"至"字"，由粗略進於精詳，愈精詳愈貴重。但"子"猶有爵稱之意，不宜與氏、名、字等竝列一科，所以合爲七等之稱者，因《春秋》有奪爵稱氏、字之例④，故"子"與其餘六等之稱並稱，以見進退。雖並稱以見進退，又非一科，故何氏注六等稱，以"精詳"目之；注"子"，則以"尊"目之。以尊目之，示子有爵意。殿本移易注文，以致"精詳"之釋似可施於"子"，不但乖於單疏本之序，亦非何氏意也。

2. 傳**媵者何？諸侯娶一國，則二國往媵之，以姪娣從。**注言往媵之者，禮，君不求媵，二國自往媵夫人，所以一夫人之尊。**必以姪娣從之者，欲使一人有子，二人喜也。所以防嫉妬，令重繼嗣也。**

---

① 殿本，卷七，頁13a—13b。

② 余本，卷三，頁11a。

③ 單疏鈔本，卷七。

④ 如桓公十五年經"許叔入于許"，許稱叔者，即春秋前失爵在字例。又如僖公十有七年經"春，齊人徐人伐英氏"，英稱氏者，春秋前失爵在氏例。

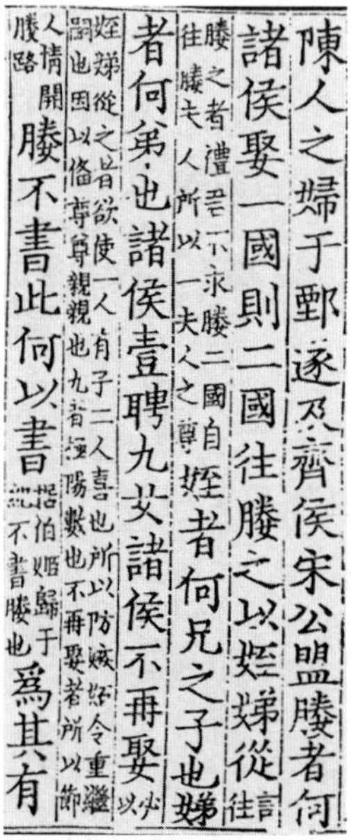
陳人之婦于鄄遂及齊侯宋公盟媵者何諸侯娶一國則二國往媵之以姪娣從詁往媵之者禮君不求媵二國自往媵夫人所以一夫人之尊姪者何兄之子也娣者何弟也諸侯壹聘九女諸侯不再娶必以姪娣從之者欲使一人有子二人喜也所以防嫉妒令重繼嗣也因以備尊尊親親也九者極陽數也不再娶者所以節人情開媵路媵不書此何以書据伯姬歸于紀不書媵也爲其有

圖2-3　撫本《公羊經傳解詁》莊公十九年

因以備尊尊親親也。**姪者何？兄之子也。娣者何？弟也。諸侯壹聘九女，諸侯不再娶。**注九者，極陽數也。不再娶者，所以節人情、開媵路。①（莊公十九年）

注文“必以姪娣”以下，殿本移繫於上傳，誤也。更以單疏鈔本證之，其出文先後次序如下：“姪者何”—“娣者何”—“諸侯至再娶”—“注必以至人喜也”②，知此注文當在下傳“諸侯壹聘九女，諸侯不再娶”之下，撫本（見圖2-3）、余本並同③。殿本所以移於上者，蓋緣傳文“以姪娣從”，而注文“必以姪娣從之者”正解此義。然何氏注文不必寫在所注經傳下，如定公八年“春，王正月，公侵齊，公至自侵齊。二月，公侵齊。三月，公至自侵齊”，何注：“出入月者，内有彊臣之讎，外犯彊齊。再出，尤危於侵鄭，故知入亦當蒙上月。”④案，注文“出入月者”，釋經“二月，公侵齊。三月，公至自侵齊”，注文“知入亦當蒙上月”，釋前經“公至自侵齊”。一注釋二經，是注文不必在所注經之下。今此注“必以姪娣從之者”云云雖繫於下注，實可兼釋上傳“以姪娣從”。殿本移繫於上，是不達何氏注例。

由此可見，殿本或移傳下注文於經下，或改附注文，皆與何休

① 殿本，卷八，頁2a—2b。
② 單疏鈔本，卷八。
③ 余本，卷三，頁15b。
④《春秋公羊傳注疏》，《十三經注疏》第7册，頁327下。

注例相違。注疏合刊，當以何氏注本爲先，經注不可分，乃重古本之義。殿本主據明北監本，雖是正文字，卷末又附考證，然其移附注文，反不如北監本義長。今以殿本分繫注文之誤，更上溯明九行本、南宋十行本，知殿本不但分繫注文與諸本異，其分附疏文、《釋文》也與諸本異；且諸本之間，分附疏文又不一致。欲明其中長短曲折，不得不先論余本之例。

五、論余本分附《釋文》與加圈分段之例

《春秋公羊傳注疏》合刻本，今日所見，有宋十行本一系，有明九行本一系，有清武英殿本一系。十行本一系者，清嘉慶廿一年阮元校刻《重栞宋本十三經注疏》，又有元刻明修本《十三經注疏》，即《中華再造善本》景印者。九行本一系者，即明嘉靖中李元陽、江以達閩刊本，明萬曆中北京國子監刊本，明崇禎中毛氏汲古閣刊本。九行本之祖本乃宋十行本[①]，版式行款雖改，但《釋文》、疏文分附之例大體一致。殿本一系者，即清乾隆四年武英殿刻本，後來諸《四庫全書》本並出於此。殿本雖主據明北監本，然體例與十行本、九行本全異。由於十行本乃據余本與單疏本合刻，是以當先明余本合刊之例。

---

① 阮元《重刻宋板注疏總目録》云："宋十行本注疏者，即南宋岳珂《九經三傳沿革例》所載建本附釋音注疏也。其書刻于宋南渡之後，由元入明，遞有修補。至明正德中，其板猶存，是以十行本爲諸本最古之冊。此後有閩板，乃明嘉靖中用十行本重刻者；有明監板，乃明萬曆中用閩本重刻者；有汲古閣毛氏板，乃明崇禎中用明監本重刻者。"（《十三經注疏》，第1冊，頁2—3）案：阮氏敘版本沿革，是也。然其題曰"重栞宋本十三經注疏"，其實阮氏所見宋本，非真宋本，乃元本也。詳見張麗娟《關於宋元刻十行注疏本》，《文獻》，2011年第4期。

知余本爲十行本所據者，得四證焉：陸氏《釋文》，出文多爲二字，間有一字、三字、四字者。而余本出文頗改陸氏出文字數，凡余本《釋文》所出字數與陸氏原書不同者，十行本全同余本①，其證一也。余本所附《釋文》，間有誤脫，今所見十行本，《釋文》脫誤俱與余本同，如閔公二年何注云"不爲桓公諱者，功未足以覆比滅人之惡也"，《釋文》"不爲，于僞反，下'爲淫'同"，余本脫此釋文②，十行本亦脫③，其證二也。凡余本附《釋文》自違其例，十行本亦相沿不改，如文公四年"衛侯使甯俞來聘○冬十有一月壬寅，夫人風氏薨。○甯，乃定反。俞，音餘。"④據余本分附《釋文》之例，凡無傳無注者，釋經之音義附於經下，今此附於下經之下，與常例不合，而十行本亦承余本之誤⑤，其證三也。十行本不僅《釋文》分繫與余本同，其分段之例也據余本。余本每於經上加○以界經文，而十行本經上加○，全同余本。凡余本加圈有誤者，十行本亦同誤，如隱公六年經"夏五月辛酉，公會齊侯盟于艾。秋七月"，據余本分月加圈之例，"秋七月"上當加○，余本脫⑥，而十行本亦無之⑦，其證四也。有此四證，可決十行本所據即余本。爰述余本之例如下。

①（1）改三字《釋文》爲一字者，如僖公三十二年《釋文》出"鄭伯接"，余本出"接"。（2）改三字爲二字者，如僖公三十三年《釋文》出"隻踦也"，余本出"隻踦"。（3）改四字爲二字者，如文公十三年《釋文》出"世室屋壞"，余本出"世室"。（4）改二字爲一字者，舉不勝舉，如隱公元年注，《釋文》出"開闢"，余本出"闢"。凡諸種種，十行本所出《釋文》全與余本同，是其所據之一證也。

② 余本，卷四，頁2a。

③《春秋公羊傳注疏》，《十三經注疏》第7冊，頁114下。

④ 余本，卷六，頁4b。

⑤《春秋公羊傳注疏》，《十三經注疏》第7冊，頁167下。

⑥ 余本，卷一，頁14b。

⑦《春秋公羊傳注疏》，《十三經注疏》第7冊，頁37上。

（一）余本分附《釋文》之例

余本分附《釋文》之例，釋注之音義附於注下，最無疑問。釋經之音義或附於經下，或附於注下，似無一貫之例。其實，亦有例存焉。

其一，凡無傳無注之經，《釋文》即附於經文之下。

如隱公九年經“冬，公會齊侯于邴”，無傳無注，《釋文》“于邴，《左氏》作防”附於經下①。隱十一年經“夏五月，公會鄭伯于祁黎”，無傳無注，《釋文》“祁黎，音巨之反，又上之反”云云亦在經下②。此類凡百六十例，與此不合者，二例而已，即隱六年“夏五月辛酉，公會齊侯盟于艾”，《釋文》“艾，王蓋反”置於下經之注下③。文公四年經“衛侯使甯俞來聘”，《釋文》“甯俞，乃定反”附於下經之下④，蓋疏忽致誤耳。

其二，凡無傳有注之經，釋經之音義皆附於注下，不在經下。

如隱五年“冬十有二月辛巳，公子彄卒。日者，隱公賢君，宜有恩禮於大夫。益師始見法，無駭有罪，据俠，又未命也。故獨得於此日。○彄，苦侯反。見，賢徧反。”⑤此釋經之音義附於注下而不附於經下。又如僖公十五年“八月，螽。公久出煩擾之所生。○螽，之戎反。”⑥也是同例。此類例證近百，無有不合者。

其三，凡有傳有注之經，釋經之音義附於首注之下。

如隱公元年“夏五月，鄭伯克段于鄢”，有傳有注，《釋文》“段，

① 余本，卷一，頁17b。
② 余本，卷一，頁19a。
③ 余本，卷一，頁14b。
④ 余本，卷六，頁4b。
⑤ 余本，卷一，頁14a。
⑥ 余本，卷五，頁14b。

徒亂反。鄗,音偃"附於首注"加之者,問訓詁,并問施于之爲"之下①。又如同年經"冬十有二月,祭伯來",《釋文》也附於首注之下②。此類例證百七十有餘,不合者,數例而已。如隱公元年經"元年春王正月",有傳有注,《釋文》"正月,音征,又音政,後放此"附於經下,而不在首注之下③。又如隱公十年"辛未,取鄁。○鄁,古報反。辛巳,取防",有傳有注,《釋文》亦附於經下④。莊公二十八年經"冬,築微○築微,《左氏》作麋。大無麥禾",有傳有注,此《釋文》宜附於首注之下,余本却附於經下⑤。不合之例既少,蓋亦疏忽所致耳。

其四,有傳無注之經,解經之音義附於傳下,不附於經下。

案有傳無注之經凡四,解經之音義者一,解傳之音義者一,其餘二例無音義。解經之音義附於傳下,即文公十七年經"葬我小君聖姜",傳"聖姜者何? 文公之母也。○聖姜,二傳作聲姜。"⑥至於解傳之音義,則附於傳末,即襄公十八年傳"何以不言朝,不能朝也。○朝,直遙反,下同。"⑦

以上乃余本分附釋經音義之例。至於釋傳音義,其分附之例相同,即傳下有注者,釋傳之音義也附於注下,如隱公元年傳"何以不日? 据臧孫辰書日。○不日,人實反。此傳皆以日月爲例,後放此"⑧。傳下無注者,則附於傳下。究其理,蓋余氏以經注本與《釋文》相合併,以音義附於注下,經注不分,乃重古本之義。若因《釋文》解經

----

① 余本,卷一,頁 3b。
② 余本,卷一,頁 5a。
③ 余本,卷一,頁 1a。
④ 余本,卷一,頁 18a。
⑤ 余本,卷三,頁 22a。
⑥ 余本,卷六,頁 15b。
⑦ 余本,卷九,頁 10a。
⑧ 余本,卷一,頁 5b。

之音義而附於經下，則音義在前，傳注在後，有割裂經注之嫌。故無傳無注之經，其音義附於經下，宜也；有傳有注之經，其音義附於經下，不宜也。

（二）余本加圈之例

除分附《釋文》外，余本於經上加○更宜深究。加○，即是分段，如何分段，則與義例相關。

考《春秋》經文之分段，已見於漢熹平石經。漢石經依年分段，每年經文則以圓點分開。此爲經文分段之初始。唐石經經傳合刻，也以年分段，提行書之，但每年之內，經傳之文皆不分段。宋刻官本承唐石經之例，如南宋撫州公使庫刊《春秋公羊經傳解詁》，一年之內經傳竝不分段。至於余本，始於經文上加○以爲分段之標識，如莊公十九年經“春王正月○夏四月○秋，公子結媵陳人之婦于鄄，遂及齊侯、宋公盟”①，即是加○分段之明證。

細審余本加○之由，既承舊例，又有新例。承舊例者，以年分段；創新例者，以時、月、日分段。如隱公九年經“夏，城郎○秋七月○冬，公會齊侯于防”②，是以時分段。桓公十五年經“夏四月己巳，葬齊僖公○五月，鄭伯突出奔蔡”③，是以月分段。宣十七年經“春，王正月庚子，許男錫我卒○丁未，蔡侯申卒”④，則是以日分段。一年之內依時分，一時之內依月分，一月之內依日分，分之愈詳，事之分別愈顯，經義愈明。故同在一月之內有數日之事，仍依日分段，明經義也。如隱公八年經“夏六月己亥，蔡侯考父卒○辛亥，

---

① 余本，卷三，頁 15a—15b。
② 余本，卷一，頁 17b。
③ 余本，卷二，頁 14b。
④ 余本，卷七，頁 16a。

宿男卒"①;桓公十二年經"冬十有一月,公會宋公于龜○丙戌,公會鄭伯盟于武父○丙戌,衛侯晉卒"②;僖公二十七年經"秋八月乙未,葬齊孝公○乙巳,公子遂帥師入杞"③,俱是以日分段之證。若一月之內有數事,此日之前已有他事,雖蒙上月,仍加圈以示分段,如僖公三十三年經"十有二月,公至自齊○乙巳,公薨于小寢"④,"乙巳"雖蒙月,一致一薨,事有不同,仍加圈分段。

　　日上加○,最見余本分事之明。凡與此不合者,或緣誤漏,或緣經文書法有變。誤漏者,如文公三年經"冬,公如晉。十有二月己巳,公及晉侯盟"⑤,"十有二月"上無圈。襄公五年經"公會晉侯、宋公、衛侯、鄭伯、曹伯、莒子、邾婁子、滕子、薛伯、齊世子光救陳。十有二月,公至自救陳"⑥,"十有二月"上亦無圈,是誤漏也。書法有變者,如桓公十三年"春二月,公會紀侯、鄭伯,己巳,及齊侯、宋公、衛侯、燕人戰,齊師、宋師、衛師、燕師敗績",傳云"曷爲後日?恃外也",此謂"己巳"本在"二月"下,因刺魯恃外,故移於下,即會、戰同日,先會後戰,事則相連,故不加圈⑦。又如文公十四年經"六月,公會宋公、陳侯、衛侯、鄭伯、許男、曹伯、晉趙盾,癸酉,同盟于新城",何注云"盟下日者,刺諸侯微弱,信在趙盾"⑧,知"癸酉"本應在"六月"下,因刺諸侯微弱,信在趙盾,故移於"趙盾"下,此

---

① 余本,卷一,頁 16b。

② 余本,卷二,頁 13a。

③ 余本,卷五,頁 23a。

④ 余本,卷五,頁 30b。

⑤ 余本,卷六,頁 4a。

⑥ 余本,卷九,頁 4a。

⑦ 余本,卷二,頁 13a—13b。

⑧《春秋公羊傳注疏》,《十三經注疏》第 7 冊,頁 178 下。

"癸酉"上不加圈①,亦後日之例,即會、盟同日,先會後盟。凡此之屬,乃書法之變,並不違以日分段之例。

余本既依年、時、月、日分段,若一時之内無月可據,或一月之内無日可據,則又如何分段？答曰:據事分段。凡事之相異者,即加圈分段。如莊公七年經"秋,大水○無麥苗",此二事並在秋時,而加圈者②,即因大水與無麥苗分別二事,且傳文專爲"無麥苗"而發。又如桓公十一年經"九月,宋人執鄭祭仲○突歸于鄭○鄭忽出奔衛○柔會宋公、陳侯、蔡叔盟于折○公會宋公于夫童",諸事皆在九月,而加圈者③,事不相同,且諸經之下各有傳也。

據事分段,於無傳無注者尤爲適用。凡無傳無注之經,又無時月日標識,即可據事分之。如襄二十年經"秋,公至自會○仲孫遬帥師伐邾婁○蔡殺其大夫公子燮○蔡公子履出奔楚"④,諸經皆無傳無注,並在秋時,所以加圈者,事異故也。又如哀公十年經"五月,公至自伐齊○葬齊悼公○衛公孟彄自齊歸于衛"⑤,後二事皆在五月,無傳無注,所以加圈者,亦緣事不相干。

但少數不加圈者,雖與上述諸例不合,似主事者別有計慮。

如文公八年經"公孫敖如京師,不至復。丙戌,奔莒",余本"丙戌"上無圈⑥,與日上加圈之例違。案傳云:"不至復者何？不至復者,内辭也,不可使往也。不可使往,則其言如京師何？遂公意也。何以不言出？遂在外也。"此傳兼釋"不至復""奔莒"二

---

① 余本,卷六,頁 12a。
② 余本,卷三,頁 7b。
③ 余本,卷二,頁 12a—12b。
④ 余本,卷九,頁 11b。
⑤ 余本,卷十二,頁 6b。
⑥ 余本,卷六,頁 7a。

事,若謂一傳但解一段經意,則"丙戌"上不必加圈。又如定公八年經"二月,公侵齊。三月,公至自侵齊",余本"三月"上無圈①,與依月分段之例違,案注云"出入月者,内有彊臣之讎,外犯彊齊,再出,尤危於侵鄭,故知入亦當蒙上月",出,謂公侵齊;入,謂公至自侵齊,是何注兼釋二月、三月之事。若謂一注但解一段經意,則此"三月"上也不必加圈。考余本加圈之例,凡有傳有注之經,皆在經上加圈,以示與下經别爲一段。今此經若據月日分段之例,宜加圈爲二段經文,即"丙戌"上加圈、"三月"上加圈,但若據一傳一注釋一段經文之例,則"丙戌""三月"上不加圈,不知主事者是否此意? 以此言之,據時日分段、據傳注分段,二者或相互乖違。

今徧考余本加圈之例,知一傳一注不但可釋一段經文,也可釋二段或數段經文。如文公五年經"晉殺其大夫陽處父○晉狐射姑出奔"②,傳云"晉殺其大夫陽處父,則狐射姑曷爲出奔",傳兼釋二事,今余本加圈,是一傳可解二段經文。成公三年經"冬十有一月,晉侯使荀庚來聘○衞侯使孫良夫來聘○丙午,及荀庚盟○丁未,及孫良夫盟"③,傳云"此聘也,其言盟何",並解四事,余本皆加圈,則是一傳可解四段經文。昭公十三年經"蔡侯廬歸于蔡○陳侯吴歸于陳"④,傳云"此皆滅國也,其言歸何",傳兼釋二事,余本加圈,也是一傳解二段經文之證。

一傳可解二段經文,一注也可釋二段經文。如桓公十年經"春

---

① 余本,卷十一,頁 6b。
② 余本,卷六,頁 5a。
③ 余本,卷八,頁 3b。
④ 余本,卷十,頁 8b。

王正月庚申,曹伯終生卒〇夏五月,葬曹桓公”①,何注云“小國始卒,當卒月葬時;而卒日葬月者,曹伯年老,使世子來朝,《春秋》敬老重恩,故爲魯恩録之尤深。”此注兼釋卒、葬二事,余本加圈,是一注可釋二段經文。成公十八年經“春王正月,晉殺其大夫胥童〇庚申,晉弑其君州蒲”②,何注:“日者,二月庚申日,上繫於正月者,起正月見幽,二月庚申日死也。厲公猥殺四大夫,臣下人人恐見及,以致此禍,故日起其事,深爲有國者戒也。”此注兼釋正月、二月之事,今余本加圈,亦是一注釋二段經之證。

　　一傳一注可解釋二段或數段經文,且此數段經文有逾時歷月者,故知若時日分段與傳注分段相違,必欲擇取其一,則宜據時日加圈分段。何者?據時日分段,與傳注分段不相乖。若據傳注分段,則嫌逾時歷月而不分段,乃與時日分段互乖。故上述文公八年經“公孫敖如京師,不至復。丙戌,奔莒”,“丙戌”上宜加圈;定八年經“二月,公侵齊。三月,公至自侵齊”,“三月”上亦宜加圈,以傳注可釋二段經文,且與時日分段相合故也。至於隱公十年經“六月壬戌,公敗宋師于菅〇公敗,必邁反,凡臨佗曰敗皆同此音。菅,古顏反。辛未,取郜〇郜,古報反。辛巳,取防”③,此“辛未”“辛巳”上宜加圈,尤其“辛未”上絶不可無圈,一則傳文專釋取郜、取防,示與上經不相涉;二則上經“公敗宋師于菅”下附《釋文》,示與下經不相關;三則又與他處以日分段之例相合。故“辛未”上宜加圈,且《釋文》“郜,古報反”宜附於注下。

　　概言之,余本加圈之例雖不如《釋文》分附之例整飭,仍有跡可循,其加圈之例:以時月日爲主,別據史事,並旁參傳注與《釋文》。準此,於前後互乖之例,即可定其去從。如僖公十年經"狄滅溫○溫子奔衛"①,此加圈分段也;莊公十年經"冬十月,齊師滅譚。譚子奔莒"②,僖公五年經"楚人滅弦。弦子奔黃"③,"譚子""弦子"上均不加圈。三事相類,或加圈,或不加圈,何者爲是?答曰:當以不加圈爲是。知者,莊公十年經"冬十月,齊師滅譚,譚子奔莒",傳云"國已滅矣,無所出也",何注"月者,惡不死位也",何氏之意,國滅君不死位而出奔,當月以惡之。是以此處"譚子奔莒",蒙上"十月"而不加圈。若然,"弦子奔黃"、"譚子奔莒"也是君不死位,當蒙上月以惡之,故不宜加圈。又考余本附《釋文》"譚,徒南反"於首注之下,不附於經下,乃不分段之證。則"狄滅溫,溫子奔衛"亦不宜加圈,以與譚子、弦子例相應。余本於"溫子"上加圈,不可從也。

余本加圈之例明、分附《釋文》之例又明,則十行本合刊注疏之長短,其理已得之半矣。

六、論單疏本分卷、出文,及十行本之異同

余本之外,十行本又據單疏本。今所見徐彥《公羊疏》殘本,民國嘉業堂劉承幹借蔣汝藻所得而刻入《嘉業堂叢書》中,後歸南海潘宗周寶禮堂,張元濟《續古逸叢書》曾據景印。今藏中國國家圖書館,《中華再造善本》又據以景印者,即此本。其書每半葉

---

① 余本,卷五,頁11b。
② 余本,卷三,頁11a。
③ 余本,卷五,頁8b—9a。

十五行,行二十三字至三十一字不等,白口,左右雙邊,版心記當葉字數,下有刻工名。雖大例與其他官刻單疏本同,但出文與疏文之間,空格不等,或空一格,或空二格,或空數格;又有不當提行而提行者,故有學者以爲乃坊刻本[①]。此本雖殘缺,但清人多未之見,故學者頗重其書,清劉承幹曾據以校正阮刻本之失,是其證也。刊本之外,近來又見日本蓬左文庫藏《公羊疏》鈔本,每半葉十二行,行二十字至二十五字不等,無界欄。此單疏鈔本乃三十卷全貌,可與注疏本互爲比勘[②]。今比對單疏鈔本與注疏本,知其間相異者大端有二,一是分卷,一是出文。

（一）論分卷

單疏本分卷三十,十行本分卷二十八。二本分卷之異同,詳見下表:

表2-1　單疏本與十行本分卷異同表

卷數	單疏本分卷起訖	十行本分卷起訖
卷一	起序,盡隱公元年正月。	起隱公元年,盡元年。序別在卷一前。
卷二	起隱公元年三月,盡二年。	起隱公二年,盡四年。
卷三	起隱公三年,盡十一年。	起隱公五年,盡十一年。

① 張壽林《續修四庫提要稿·經部》云:"今考其書,或有當空不空者,又有提行者,如桓六年末尾,八年中間,且有年代缺標題者,如桓四年之類,疑是當日坊刊官本簡易便覽之刻,故與他書不同云。"《張壽林著作集》第一冊,臺北"中研院"中國文哲研究所,頁305。

② 如僖公二年疏云"若文七年傳云'眣晉大夫使與公盟',彼注云'以目通指曰眣'。眣,大結反,又丑乙反",此"眣,大結反,又丑乙反"必是旁記之文闌入,今十行本同誤。疑十行本所據單疏本非官本也。又,單疏本有裨於校勘之資,可參閱杉浦豐治《公羊疏論考·攷文篇》;馮曉庭《蓬左文庫春秋公羊疏鈔本考釋》,《古文獻研究集刊》第六輯,鳳凰出版社,2012年,頁95—126。

卷數	單疏本分卷起訖	十行本分卷起訖
卷四	起桓公元年,盡六年。	起桓公元年,盡六年。
卷五	起桓公七年,盡十八年。	起桓公七年,盡十八年。
卷六	起莊公元年,盡六年。	起莊公元年,盡七年。
卷七	起莊公七年,盡十三年。	起莊公八年,盡十七年。
卷八	起莊公十四年,盡二十六年。	起莊公十八年,盡二十七年。
卷九	起莊公二十七年,盡閔公二年。	起莊公二十八年,盡閔公二年。
卷十	起僖公元年,盡十年。	起僖公元年,盡七年。
卷十一	起僖公十一年,盡二十四年。	起僖公八年,盡二十一年。
卷十二	起僖公二十五年,盡三十三年。	起僖公二十二年,盡三十三年。
卷十三	起文公元年,盡九年。	起文公元年,盡九年。
卷十四	起文公十年,盡十八年。	起文公十年,盡十八年。
卷十五	起宣公元年,盡八年。	起宣公元年,盡九年。
卷十六	起宣公九年,盡十八年。	起宣公十年,盡十八年。
卷十七	起成公元年,盡九年。	起成公元年,盡十年。
卷十八	起成公十年,盡十八年。	起成公十一年,盡十八年。
卷十九	起襄公元年,盡十年。	起襄公元年,盡十一年。
卷二十	起襄公十一年,盡二十年。	起襄公十二年,盡二十四年。
卷廿一	起襄公二十一年,盡三十一年。	起襄公二十五年,盡三十一年。
卷廿二	起昭公元年,盡八年。	起昭公元年,盡十二年。
卷廿三	起昭公九年,盡十五年。	起昭公十四年,盡二十二年。
卷廿四	起昭公十六年,盡二十四年。	起昭公二十三年,盡三十二年。
卷廿五	起昭公二十五年,盡三十二年。	起定公元年,盡五年。
卷廿六	起定公元年,盡三年。	起定公六年,盡十五年。
卷廿七	起定公四年,盡九年。	起哀公元年,盡十年。
卷廿八	起定公十年,盡十五年。	起哀公十一年,盡十四年。
卷廿九	起哀公元年,盡十年。	
卷三十	起哀公十一年,盡十四年。	

以十二公言之,單疏本昭公篇分爲四卷,十行本分爲三卷;單疏本定公篇分爲三卷,十行本分爲二卷;故有三十卷、二十八卷之別。以卷數起訖言之,除卷四、卷五、卷十三、卷十四相同外,餘者皆異。清代學者因未見單疏本,故關乎分卷之論,頗多臆斷,如四庫館臣云:

> 彦《疏》,《文獻通考》作三十卷,今本乃止二十八卷。或彦本以經文併爲二卷,別冠于前。後人又散入傳中,故少此二卷,亦未可知也。①

此謂經傳合併始於徐彦,故館臣推測徐彦分經爲二卷,別冠於前,殊爲無據。又如館臣陸宗楷論曰:

> 《志》言三十卷,而今世所傳止二十八卷。竊疑何休序文當自爲卷首,僖十六年春王正月,陸德明《釋文》云“本或從此下別爲卷,後人以僖卷大,輒分之爾”,則三十卷之謂也。今仍舊貫而識其説于此。②

此説大誤。陸德明所言或本,指經注本,非疏本也。經注本有十一卷、十二卷之別,《隋書·經籍志》云“《春秋公羊解詁》十一卷,漢諫議大夫何休注”③,《釋文》所據者蓋即十一卷本。而陸德明又見分僖公篇爲二卷者,則是十二卷本。至於徐彦《公羊疏》分爲三十卷,與經注本分卷了不相涉。陸宗楷却據陸德明所言經注本以説單疏本,不亦謬乎?

十行本分卷與單疏本異者,或慮及篇幅多寡。十行本每卷約

---

① 《春秋公羊傳注疏提要》,《景印文淵閣四庫全書·經部·春秋類》第 145 册,頁 5 下。
② 《春秋公羊傳注疏·序》附《考證》,《景印文淵閣四庫全書·經部·春秋類》第 145 册,頁 9 下。
③ 《隋書》第 3 册,頁 930。

在二十葉上下，多者二十五葉，卷一是也；少者十五葉，卷二、卷二十八是也。其餘或十八葉、或十九葉、或二十葉，或二十一葉不等。以定公篇爲例，若據單疏本分卷起訖，則定公元年至三年不及十葉，是多寡懸殊；昭公篇若據單疏本分四卷，除一卷十六葉外，其餘三卷僅得十四葉，亦嫌少於他卷，故重爲分合，俾篇幅不甚懸殊。

除分卷外，單疏本出文頗與十行本有異。

（二）論出文

單疏本出文之例有四：

其一，出文抄錄全句，疏以"解云"起句，如定公十四年"注'月者爲下卒出'，解云：隱六年有注"云云 ①。

其二，出文抄錄全句，後加"者"字，疏直釋其義，無"解云"二字，如莊公三十一年"注'四方而高曰臺'者，《爾雅·釋宫》文"②。

其三，出文不錄全句，然示以起訖之文，疏以"解云"起句，如僖公元年"'上無'至'方伯'，解云：上無天子下無方伯，莊四年何氏云'有而無益于治曰無'，猶《易》曰'闃其無人者'是也"③。

其四，出文錄首句數字，末加"云云"或"云云者"，疏文以"解云"起句，如哀公二年"注'不貶䎺瞶者'云云，解云：正以犯父之命也"云云 ④。又如隱公八年"注錄使者云云者，解云：正決哀八年齊人歸讙及僤之屬不錄使故也"⑤。

以上乃單疏本出文之四例。十行本則易以起訖之文，或加○，或加"○解云"，如下表：

---

① 單疏鈔本，卷二十八。
② 單疏鈔本，卷九。
③ 單疏鈔本，卷十。
④ 單疏鈔本，卷二十九。
⑤ 單疏鈔本，卷三。

表2-2 單疏本與十行本出文異同舉例表

魯公之年	單疏本出文	十行本出文	備注
1. 隱公元年	注"昏斗指東方曰春指南方曰夏指西方曰秋指北方曰冬也"者	注"昏斗"至"冬也"○解云	十行本改寫出文,並加"○解云"。
2. 莊公卅一年	注"四方而高曰臺"者	注"四方而高曰臺"○解云	十行本省"者"字,加"○解云"。
3. 僖公元年	"上無"至"方伯"解云	"上無"至"方伯"○解云	出文相同,加○。
4. 定公十三年	注"月者爲下卒出"解云	注"月者爲下卒出"○解云	出文相同,加○。
5. 哀公二年	注"不貶剶瞗者"云云　解云	注"不貶"至"子同"○解云	十行本改寫出文,並加○。

　　表中第1例,十行本出文改作"注'昏斗'至'冬也'○解云",表中第五例十行本出文改作"注'不貶'至'子同'○解云"。十行本標示出文起訖,雖有全句照録者,如表中第4例,但起訖之文以二字爲多,如表中第1、5例。

　　考十行本改易單疏本出文,前後不一者頗有,如莊公元年注"据公子遂如京師,言如者,内稱使之文",單疏本出文作"注'据公'云云"①,十行本改作"注'据公子遂如京師,言如者,内稱使之文'"②,反鈔録全句,殊非簡省之理。文公十五年注"月者,閔録之,從無罪例",單疏本出文作"注'月者,閔録之,從無罪例'者"③,十行本出文改作"注'月者閔'至'例'"④,是出文之止訖僅一字,不合起訖二字之常例。莊元年注"諸侯三年一貢士於天子"云云,

① 單疏鈔本,卷六。
②《春秋公羊傳注疏》,《十三經注疏》第7册,頁73上。
③ 單疏鈔本,卷十四。
④《春秋公羊傳注疏》,《十三經注疏》第7册,頁181下。

單疏本出文作"注'諸侯'云云"①,十行本出文改作"注'諸'至'一人'"②,是出文起始僅一字,亦不合二字常例。昭公三十一年何注"道所以言也",單疏本出文作"注'道所以言也'者"③,十行本出文改作"注'道所'至'言也'"④,出文起訖之間,僅一字,又非簡省之意。凡斯種種,皆可見十行本改易出文,未及仔細校核。

其中最可議者,乃十行本改易單疏本出文"云云"之例,以其出文之止訖,時見與疏意相乖者。如:

1. 莊公十二年注云:"萬弑君,所以復見者,重録彊禦之賊,明當急誅之也。月者,使與大國君奔同例,明彊禦也。"

單疏本出文作"注'萬弑君,所以復見者'云云"⑤,句末加"云云",未明其所止。案徐疏云:"欲道《春秋》上下皆是弑君之賊,皆不重見,即宋督、鄭歸生、齊崔杼之屬是也。而宋萬、趙盾之屬復見者,當文皆有注,更不勞重説。"知徐疏之所釋,當止於"萬弑君所以復見者",而十行本出文改作"注'萬弑君'至'誅之'也",與疏意不合。

2. 隱公七年注云:"順上伐文,使若楚丘爲國者,猶慶父伐於餘丘也。不地以衛者,天子大夫銜王命,至尊,顧在所諸侯有出入,所在赴其難,當與國君等也。録以歸者,惡凡伯不死位,以辱王命也。"

單疏本出文作"注'順上'云云"⑥,案徐疏云:"莊二年夏,公

① 單疏鈔本,卷六。
②《春秋公羊傳注疏》,《十三經注疏》第 7 册,頁 73 上。
③ 單疏鈔本,卷二十五。
④《春秋公羊傳注疏》,《十三經注疏》第 7 册,頁 308 上。
⑤ 單疏鈔本,卷七。
⑥ 單疏鈔本,卷三。

子慶父帥師伐於餘丘,傳云'於餘丘者何? 邾婁之邑。曷爲不繫乎邾婁? 國之也'者,是。"知此疏所解者,乃注文"順上伐文,使若楚丘爲國者,猶慶父伐於餘丘也"。"不地"者以下,非所疏也。而十行本出文改作"注'順上'至'命也'"①,非疏意。

3. 昭公廿六年注:"不月者,時諸侯相與約,欲納公,故内喜爲大信辭。"

單疏本出文作"注'不月者'云云"②,案徐疏云:"《春秋》之義,大信者時,小信者月,不信者日。鄲陵之會,無相犯復,無大信,止合書月,而書時者,正以約欲納公,故爲大信辭矣。"③知此疏所解,乃全段注文,十行本出文改作"注'不月'至'信辭'"④,是也。

以上三例,單疏本出文加"云云"者,或僅釋所出本句,如例1;或並釋數句注文,如例2;或釋全段注文,如例3;其止訖之處無一定之準。欲知其出文所止,須詳明疏意。今十行本所改易者,或止於下出文之始,如例1;或止於全段注文之末,如例2、例3。據此可知十行本改易此類出文之法有二:

其一,若一注之中有數節疏文,則止於下節出文之始,如例1。

其二,若下無疏文,則止於全段注文之末,如例2,例3。

以此二法,衡諸十行本改易出文者,同類者不勝枚舉,如桓公四年注云"老臣不名,宰渠伯糾是也。下去二時者,桓公無王而行,天子不能誅,反下聘之,故爲貶見其罪,明不宜",單疏本出文作"注

---

① 《春秋公羊傳注疏》,《十三經注疏》第7册,頁38下。

② 單疏鈔本,卷二十五。

③ 《春秋公羊傳注疏》,《十三經注疏》第7册,頁304下。

④ 《春秋公羊傳注疏》,《十三經注疏》第7册,頁304下。

‘老臣’云云”①，十行本改作“注‘老臣’至‘不宜’”②，以别無疏文，故出文止於注末。又如隱公八年注“言莒子，則嫌公行微不肖，諸侯不肯隨從公盟，而公反隨從之，故使稱人，則隨從公不疑矣。隱爲桓立，狐壤之戰不能死難，又受湯沐邑，卒無廉耻”，單疏本出文作“注‘言莒’云云”③，十行本改作“注‘言莒’至‘桓立’”④，出文所以止於“桓立”者，因下疏之出文始於“狐壤”耳。

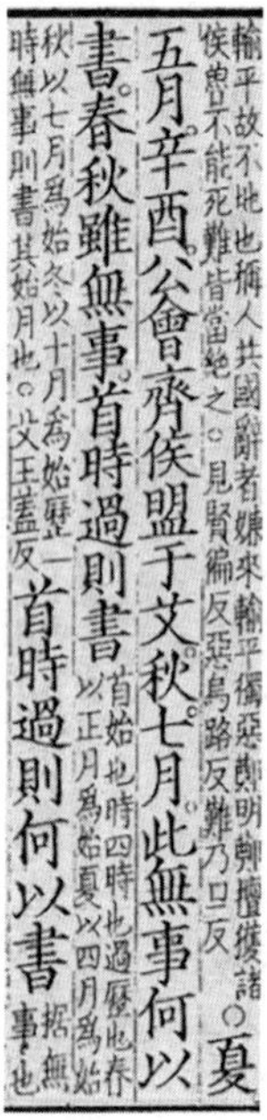
輸平故不地也稱人共國辭者嫌來輸平獨惡鄭明鄭擅獲諸
侯忠不能死難皆當絶之○見賢徧反惡烏路反難乃旦反○夏
五月辛酉公會齊侯盟于艾秋七月此無事何以
書春秋雖無事首時過則書首始也時四時也過歷也春
以正月爲始夏以四月爲始
秋以七月爲始冬以十月爲始歷一
時無事則書其始月也○艾五蓋反首時過則何以書據無
事也

圖2-4　余本《公羊經傳解詁》隱公六年

知十行本改易出文之法，即可證其所改是否合乎疏意。如下例：

夏，五月辛酉，公會齊侯盟于艾。秋七月。此無事，何以書？《春秋》雖無事，首時過則書。首，始也。時，四時也。過，歷也。春以正月爲始，夏以四月爲始，秋以七月爲始，冬以十月爲始。歷一時無事，則書其始月也。（隱公六年）

單疏鈔本出文作“‘夏五月’云云”⑤，十行本改作“‘夏五月’至‘則書’”⑥，正是出文訖於段末之法。考余本於“秋七月”上漏加圈（見圖2-4），十行本承其誤，又以出文止於段末之法，遂改寫出文爲“夏五月至則書”。不知夏五月與秋七月乃分屬二經，傳所解者，爲“秋七月”之經。又徐彦撰疏，或疏

① 單疏鈔本，卷四。

②《春秋公羊傳注疏》，《十三經注疏》第7册，頁52上。

③ 單疏鈔本，卷三。

④《春秋公羊傳注疏》，《十三經注疏》第7册，頁40上。

⑤ 單疏鈔本，卷三。

⑥《春秋公羊傳注疏》，《十三經注疏》第7册，頁37上。

經,或疏傳,或疏注,或經注並疏①,或二經並疏②,絶無合經傳爲一
疏者。十行本以出文止於段末之法而改易此出文,誤矣。而阮元
反以十行本爲是,《校勘記》云:

> 此本(案:即十行本)與唐石經同不分經傳,故此節疏在
> "此無事,何以書"節注下。閩、監、毛本强分經傳,移此疏於
> "公會齊侯盟于艾"下,改"'夏五月'至'則書'"爲"至'于
> 艾'"。③

阮氏未見單疏本,不知出文"云云"之例及十行本改易之法,
竟謂九行本"强分經傳",以不誤爲誤。考徐疏云"下無相犯之處,
而書日者,以下八年三月庚寅,我入邴,傳云'其言我何? 言我者,
非獨我也,齊亦欲之'。然則,雖不復侵伐,亦有争邑之隙,故書日
也。"④此疏乃專釋"辛酉"之義,與下經傳毫無關涉。九行本改出

---

① 如下二例:(1)昭公三十一年傳"大夫之妾士之妻",何注"禮也",單疏本出
　　文並疏文如下:"大夫之妾士之妻　注禮也　解云:大夫之妾士之妻,禮記
　　內則文,故注云禮也。"見單疏鈔本,卷二十五。(2)哀公三年傳"何以書",
　　何注"上已問'此皆毁廟,其言災何',故不復連桓宫僖宫"。單疏本出文並
　　疏文如下:"何以書　注上已問云云　解云:正小隱三年秋,武氏子來求賻,
　　傳云'其稱武氏子何? 父卒子未命也。何以不稱使? 當喪未君也。''武氏
　　子來求賻何以書',据彼注'不但言何以書者,嫌主覆問上所以説二事,不
　　問求賻',然則,今此上文亦有二事之嫌。云《春秋》見者不復見也,何以不
　　言及? 敵也。何以書',而不復嫌者,正小以上傳已云'此皆毁廟也,其言災
　　何? 復立也',分疏已訖,是以不復言'桓宫僖宫災何以書'矣。"見單疏鈔
　　本,卷二十九。
② 莊公二十六年經"春,公伐戎。夏,公至自伐戎"。單疏本出文並疏文作
　　"春公伐戎夏公至自伐戎者　解云:即上六年注云'公獨出用兵,不得意致
　　伐'者,即此是也。"見單疏鈔本,卷八。案今本"公伐戎"上無春字。
③《春秋公羊傳注疏校勘記》,頁56上。
④《春秋公羊傳注疏》,《十三經注疏》第7册,頁37上—37下。

文爲"'夏五月'至'于艾'"①,殿本附疏文於"夏五月"經之下,並示所疏者乃"夏五月"之經,是也。

單疏本出文之例明,十行本改易出文之得失也明,則合刻注疏之長短,其理又得之半矣。

七、論十行本分附疏文之例

十行本據余本與單疏本合刻而成。上文既詳余本分附《釋文》之例,又明單疏本、十行本分卷、出文之異同,今更申論十行本分附疏文之例。案徐彥撰疏,或釋經傳,或釋注。釋注之疏附於注下,自無疑義,但釋經傳之疏,究竟附於經傳下,抑附於注下,却須辨別。十行本分附疏文之例,大端如下:

其一,凡無傳有注之經,釋經之疏不附於經下,而附於注下或《釋文》下。

如閔公二年"春王正月,齊人遷陽",無傳有注,釋經之疏附於注下,不附於經下②。成公十四年經"秋,叔孫僑如如齊逆女",無傳,有注有《釋文》,疏文附於《釋文》下③。或在注下,或在《釋文》下,其義無別。此類例證凡二十有餘,無一例外。

其二,凡有傳有注之經,釋經之疏不附於經下,而附於首注或《釋文》下。

如莊公二十七年經"冬,杞伯姬來",有傳有注,疏文不附於經下,而附於首注"据有來歸"下④。僖公二十一年經"釋宋公",有傳

---

① 閩本《春秋公羊傳注疏》,卷三,頁11a。
②《春秋公羊傳注疏》,《十三經注疏》第7冊,頁114下。
③《春秋公羊傳注疏》,《十三經注疏》第7冊,頁229上。
④《春秋公羊傳注疏》,《十三經注疏》第7冊,頁105上。

有注,疏文也在首注之下①,不在經下。莊公九年經"夏,公伐齊納糾",有傳有注有《釋文》,釋經之疏附於《釋文》下②。此類例證三十有餘,惟一例外者,即隱公元年經"春王正月",有傳有注有《釋文》,疏文附於經之《釋文》下,而不在首注之下③,此承余本分附《釋文》之誤耳。

其三,凡有注之傳,疏文不附於傳下,而附於注下或《釋文》下。

如哀公十四年傳"君子曷爲爲《春秋》",有注,疏文即附於注下④。隱公元年傳"歲之始也",有注有《釋文》,疏文附於《釋文》下⑤。此類例證凡四百七十有餘,不合者數例而已。如隱公元年傳"及者何",有注有《釋文》,疏文不在《釋文》下,而附於下注之下⑥。昭公十七年傳"詐戰不言戰,此其言戰何",傳下有注有《釋文》,疏文亦在下注之下⑦,同誤。

據以上三種分附之例,知十行本分附疏文,正與余本分附《釋文》之例相應。案余本分附《釋文》於注下,即經注在前,《釋文》在後,乃重經注不分之理。十行本於經傳之疏,附於注下而不附於經傳之下者,亦循經注不分之理。

其四,凡無注之傳,其疏文不附於所疏之傳下,而附於傳末或《釋文》下。

如桓公八年傳云"女在其國稱女,此其稱王后何? 王者無外,其辭成矣",傳下無注,故疏文直附於傳末,不附於所疏傳下。又如

---

① 《春秋公羊傳注疏》,《十三經注疏》第7册,頁144上。
② 《春秋公羊傳注疏》,《十三經注疏》第7册,頁86上。
③ 《春秋公羊傳注疏》,《十三經注疏》第7册,頁8上。
④ 《春秋公羊傳注疏》,《十三經注疏》第7册,頁358上。
⑤ 《春秋公羊傳注疏》,《十三經注疏》第7册,頁8下。
⑥ 《春秋公羊傳注疏》,《十三經注疏》第7册,頁11下。
⑦ 《春秋公羊傳注疏》,《十三經注疏》第7册,頁291下。

文公十七年傳"聖姜者何？文公之母也。○聖姜，二《傳》作聲姜"，無注，有《釋文》，疏文即附於《釋文》下①，不在所疏之傳"聖姜者何"下。襄公十八年傳"白狄者何？夷狄之君也。何以不言朝？不能朝也。○言朝，直遙反，下同"，疏文也附於《釋文》下②。

　　其五，惟無傳無注之經，十行本分附疏文，其理頗異於余本。或附於經下、《釋文》下，或附於下經之下，或附於下經之注下。

　　1. 附於經下或《釋文》下者，如隱公五年經"夏四月，葬衞桓公"，疏文附於經下③。桓公元年經"夏四月丁未，公及鄭伯盟于越。○越，本亦作粵，音同"，疏文附於《釋文》下④。

　　2. 附於下經之下者，如文公五年經"秋，楚人滅六○冬十月甲申，許男業卒"，疏文"不月者"云云，乃釋上經之意，而附於下經之下⑤。

　　3. 附於下經之注下者，如僖公四年經"秋，及江人、黃人伐陳"，其疏文不在此經之下，而附於下經之注下⑥。

　　合計此三類疏文，凡六十一例，附於經下或《釋文》之下者二十五，附於下經或下注之下者三十六⑦，其數相差懸殊。考其分附之例，前後相乖者頗有，如襄公十九年"鄭殺其大夫公子喜○喜，

①《春秋公羊傳注疏》，《十三經注疏》第 7 冊，頁 182 下。
②《春秋公羊傳注疏》，《十三經注疏》第 7 冊，頁 255 上。
③《春秋公羊傳注疏》，《十三經注疏》第 7 冊，頁 34 上。
④《春秋公羊傳注疏》，《十三經注疏》第 7 冊，頁 47 上。
⑤《春秋公羊傳注疏》，《十三經注疏》第 7 冊，頁 167 下。
⑥《春秋公羊傳注疏》，《十三經注疏》第 7 冊，頁 127 上。
⑦ 此數不計誤繫之例，如宣公十二年經"宋師伐陳"，疏文誤繫於上經之疏下（見《春秋公羊傳注疏》，《十三經注疏》第 7 冊，頁 205 上）。襄公十六年經"叔老會鄭伯、晉荀偃、衞甯殖、宋人伐許"、定公十年經"冬，齊侯、衞侯、鄭游遬會于䕞"，其疏文並誤繫於上經之疏下（分見《春秋公羊傳注疏》，《十三經注疏》第 7 冊，頁 255 上、331 上）。

二傳作嘉”，疏文即附於此《釋文》下[①]，若然，襄公二十四年經“公會晉侯、宋公、衛侯、鄭伯、曹伯、莒子、邾婁子、滕子、薛伯、杞伯、小邾婁子于陳儀○陳儀，二傳作夷儀，二十五年同”，文例相同，其疏文亦宜附於此《釋文》下，但十行本却附疏文於下經之注下（見圖 2–5）。又如隱公五年經“夏四月，葬衛桓公”，十行本附疏文於經下[②]；而莊公二十四年經“葬曹莊公”，文例相同，十行本却附疏文於下經之注下[③]。

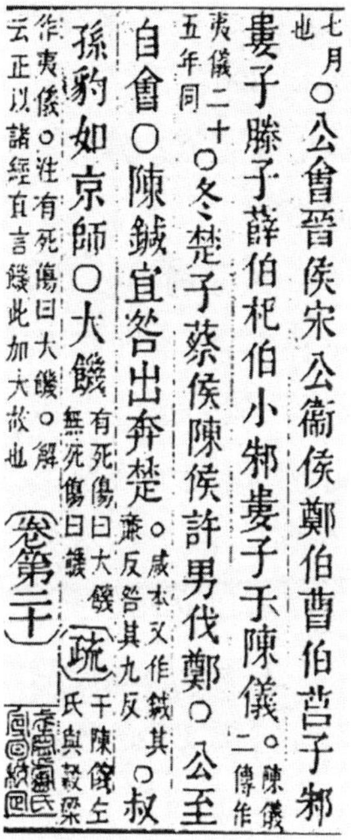
七月也○公會晉侯宋公衛侯鄭伯曹伯莒子邾
婁子滕子薛伯杞伯小邾婁子于陳儀○陳儀二傳作
夷儀二十五年同○冬楚子蔡侯陳侯許男伐鄭○公至
自會○陳鍼宜咎出奔楚○鍼本又作鍼其廉反咎其九反○叔
孫豹如京師○大饑有死傷曰大饑無死傷曰饑【疏】于陳儀○左氏與穀梁
作夷儀○注有死傷曰大饑○解云正以諸經直言饑此加大故也
卷第二十

圖2–5　阮本《春秋公羊傳注疏》襄公二十四年

疏文附於本經之下，其數少；疏文附於下經之下者，其數多。然則，此類疏文之分附，是否從其多數者？

今以釋音義之疏文爲證，知無傳無注之經，其疏文當以附於本經之下者爲正，何以言之？凡十行本關乎音義之疏文，皆附於經下，而不附於下經或下注之下，如襄公二十五年經“冬，鄭公孫囆帥師伐陳”，疏文“公孫囆云云，亦有本作公孫萬字者”，此疏專釋經之異文，附於此經下[④]。昭公三年經“春，王正月丁未，滕子泉卒”，疏文“滕子泉卒○解云：《左氏》《穀梁》作原字”也釋經異文，附於此經下[⑤]。昭公六

①《春秋公羊傳注疏》，《十三經注疏》第 7 册，頁 256 下。
②《春秋公羊傳注疏》，《十三經注疏》第 7 册，頁 34 上。
③《春秋公羊傳注疏》，《十三經注疏》第 7 册，頁 101 上。
④《春秋公羊傳注疏》，《十三經注疏》第 7 册，頁 262 下。
⑤《春秋公羊傳注疏》，《十三經注疏》第 7 册，頁 275 下。

年經"楚薳頗帥師伐吳",疏文"楚薳頗〇解云:《左氏》《穀梁》作薳罷字"同附於經下①。三疏皆關乎經之異文,均附於經下,與余本附《釋文》之例正同。以此觀之,則無傳無注之經,其疏文宜附於經下。

又考閩本改易十行本分附疏文之例,凡此類疏文附於下經或下注者,閩本即移附於本經下,其移附之數達二十餘例。閩本改附之後,無傳無注之經,疏文附於經下或《釋文》下者,其數增至四十餘例,附於下經或下注者十餘例,且此十餘例尚有改之未盡者(見下節)。故十行本分附此類疏文於下經或下注之下者,爲數雖多,不得據以立例。

可見,於無傳無注之經,十行本分附疏文雖無定例,然據余本分附《釋文》之例及閩本改附之證,知此類疏文仍以附於經下者爲正。至於疏注之文必在注下,無須贅言,若與此違者,乃合併者疏忽所致耳②。

八、論閩本之改附疏文

阮元謂閩本據十行本重刻,北監本據閩本重刻,毛本又依北監本重刻,是也。以出文相證,十行本出文有誤,閩本承而不改,如襄公二年經書"春王正月,葬簡王",十行本出文作"二年至簡王"③。

---

① 《春秋公羊傳注疏》,《十三經注疏》第 7 册,頁 278 下。
② 如隱公二年何注"据公子遂俱用兵入杞不貶也",其疏文不附於此注之下,而附於下注之下,誤。又如同年何注"前此者,在春秋前,謂宋滅郜是也",其疏文不在此注下,而附於下注之下,亦誤。見《春秋公羊傳注疏》,《十三經注疏》第 7 册,頁 24 下。
③ 《春秋公羊傳注疏》,《十三經注疏》第 7 册,頁 240 上。

考單疏本出文作"○二年　葬簡王"（見圖2-6），此"二年"乃分年之標識，"○"是識號，意謂此下之疏文並屬二年，故"二年"與"葬簡王"間空一格。而十行本則以"二年"爲出文之始，顯是合併者粗疏所致。同例如襄公四年經"秋七月戊子，夫人弋氏薨"，單疏本出文作"○四年　夫人弋氏薨"（見圖2-7），十行本出文改作"四年至夫人弋氏薨"①，亦誤。"四年"者，乃單疏本分年之標識，意謂以下疏文皆屬四年，十行本亦誤爲出文之始。此二處十行本出文之誤，閩本俱相沿不改②。又如襄公元年經"夏，晉韓屈帥師伐鄭"，十行本出文作"注夏晉韓屈"，此"注"字明是衍文，閩本亦承之，北監本同誤③，毛本删注字，是也④。隱公三年何注"是後，衛州吁弑其君完"，十行本出文作"注是後衛至完"，止訖之文僅一字，閩本仍之⑤。桓公十七年注"注本失爵在名例"，十行本出文作"注本失至在名例"，起訖之文僅間一字，閩本承之⑥。如斯之類，足證阮元所言不虛。故此專論閩本之例，閩本之例明，則北監本、毛

圖2-6　單疏鈔本《公羊疏》襄公二年

圖2-7　單疏鈔本《公羊疏》襄公四年

① 《春秋公羊傳注疏》，《十三經注疏》第7册，頁242上。
② 閩本，卷十九，頁4a、頁9b。
③ 閩本，卷十九，頁3b。北監本《春秋公羊傳注疏》，卷十九，頁3b。
④ 毛本《春秋公羊傳注疏》，卷十九，頁3a。
⑤ 閩本，卷二，頁9b。
⑥ 閩本，卷五，頁27a。

本同可知。

除版式行款變易外①,閩本改附十行本之疏文,最宜深究。如:

（1）莊公九年經"秋,七月丁酉,葬齊襄公"。十行本附疏文於下經之注下②,閩本改附於本經之下③。

（2）僖公十二年經"夏,楚人滅黃"。十行本附疏文於下經之《釋文》下④,閩本改附於本經之下。

（3）文公四年經"衞侯使甯俞來聘"。十行本《釋文》、疏文皆在下經之下,閩本改附於本經之下。

（4）宣公三年經"葬匡王"。十行本疏文附於下經《釋文》之下,閩本改附於本經之下。

（5）襄公五年經"十有二月,公至自救陳"。十行本疏文附於下經之下,閩本改繫於本經之下。

上所舉五例,皆涉無傳無注之經,閩本改附此類疏文達二十餘例。知無傳無注之經,其疏文宜附於本經之下。若據閩本所改,則無傳無注之經,疏文凡六十一,閩本附於經下或《釋文》之下者四十六,附於下經或下注之下者十五。此十五例,乃閩本改之未

---

① 閩本每段傳文上加"傳"字,每注之上加"註"字。案何休雖合注經傳,然其書既名"解詁",則其注文前必無"注"字。唐石經經傳合併,不加"傳"字。南宋撫州公使庫刊《春秋公羊經傳解詁》,也無"傳""註"字。余仁仲刊本同。故十行本合刻疏文,傳前無"傳"字,注前無"注"字,疑"傳""註"二字乃李元陽刊刻《十三經注疏》時所加,北監本、毛本並承之。三本行款版式相同,《釋文》、疏文分附之例又同,故行文時以明九行本統稱之。

② 《春秋公羊傳注疏》,《十三經注疏》第 7 冊,頁 87 上。

③ 閩本,卷七,頁 7a。

④ 《春秋公羊傳注疏》,《十三經注疏》第 7 冊,頁 136 下。

盡者,如宣三年葬匡王,閩本移附疏文於本經之下①,同理,則莊公二十四年葬曹莊公,閩本亦當移疏文於本經下,但仍承十行本之誤而在下經之注下②。

至於疏傳之文,閩本改附如下:

(6)莊公九年傳"其言入何? 篡辭也",十行本疏文附於下注之下③,閩本改附於本傳之下④。

(7)莊公三十年傳"徒葬乎叔爾",十行本附疏文於下經之注下,閩本改附於本傳之下。

(8)文公十四年傳"宋子哀者何",十行本附疏文於下傳之注下,閩本改附於本傳之下。

(9)襄公四年傳"定弋者何",十行本誤附疏文於此經之上,九行本改附於本傳之注下。

據此改易疏文之位,知閩本改附釋傳之疏例:凡無注之傳,疏文附於傳下;若有《釋文》,則附於《釋文》之下。有注之傳,疏文附於注下。

閩本亦有承十行本之誤而未改者,如隱公元年傳"及者何",傳下有注有《釋文》,十行本誤附疏文於下注之下,閩本未改⑤;昭公元年傳"運者何",傳下有注,十行本附疏文於下傳之注下,閩本亦未改⑥;昭公十七年傳"詐戰不言戰,此其言戰何",傳下有注有《釋

---

① 閩本,卷十五,頁 11b。
② 閩本,卷八,頁 13b。
③《春秋公羊傳注疏》,《十三經注疏》第 7 册,頁 87 上。
④ 閩本,卷七,頁 7a。
⑤ 閩本,卷一,頁 17a—17b。
⑥ 閩本,卷二十二,頁 4b。

文》，十行本亦附疏文於下注之下，閩本承其誤①。此皆閩本改而未盡者。

　　更可證閩本改之未盡者，如襄公十六年經“叔老會鄭伯、晉荀偃、衛甯殖、宋人伐許”，十行本誤附疏文於此經之上，閩本移附於本經之下②。定公十年經“冬，齊侯、衛侯、鄭游遬會于牽”，十行本亦誤附疏文於此經之上③，閩本移置於本經之下④。但宣公十二年經“宋師伐陳”，十行本疏文誤附於此經之上，閩本承其誤⑤，是其改而不盡也。

　　今不論閩本改而未盡者，即已改者言之，閩本所改之理據，正同十行本，即無傳無注之經，其疏文當附於本經之下。無注之傳，疏文附於傳下。有注之傳，疏文附於注下；若有《釋文》，則疏文附於《釋文》下。以閩本之所改，知十行本分附疏文，有例存焉。

九、論殿本分附《釋文》、疏文之例

　　清乾隆四年武英殿刊《春秋公羊傳注疏》，實據明北監本重新校刻⑥，其分附《釋文》、疏文之例，與十行本、九行本皆不同，既有

---

① 閩本，卷二十三，頁 14a。

② 閩本，卷二十，頁 12b。

③《春秋公羊傳注疏》，《十三經注疏》第 7 冊，頁 331 上。

④ 閩本，卷二十六，頁 13b。

⑤ 閩本，卷十六，頁 14a。

⑥ 齊召南《公羊注疏考證·跋語》云：“今奉敕校勘，於是書尤加詳審，凡書局所有各本，罔不讎對，正其脱訛，其無可證，概志其説，不敢輕於改移。至史傳所引儒先所論，有足爲是傳發明者，亦節録以備考證云。”（殿本，頁 3a—3b）知館閣諸公校勘《公羊注疏》，多據内府藏書。但其所據底本，實是明北監本。知者，十行本、九行本互異者，殿本皆從九行本而不（轉下頁）

改正 ①，又另立新例。

（一）殿本分附《釋文》之例

殿本分附《釋文》與余本不同，其分附之例有三：

其一，凡無傳無注之經、有傳有注之經，釋經之音義皆附於經下。

凡無傳無注之經，殿本釋經之音義附於經下，如隱公十一年經“夏五月，公會鄭伯于祁黎”，無傳無注，《釋文》“祁，音巨之反”云云即附於經下 ②。桓公三年經“六月，公會紀侯于盛”，無傳無注，《釋文》亦附於經下 ③。

凡有傳有注之經，釋經之音義，殿本亦附於經下，如隱元年經“三月，公及邾婁儀父盟于眛”，有傳有注，《釋文》“邾，音誅。婁，力俱反”云云附於經下 ④。襄公二十九年經“吳子使札來聘”，有傳有注，《釋文》“札，側八反”亦附於經下 ⑤。少數附於注下者，如僖公元年經“齊師、宋師、曹師次于聶北，救邢”，有傳有注，《釋文》

（接上頁）從十行本，如南宋撫州公使庫本僖公元年注“因見桓公行霸主，誅不阿親親”，主，余本作王，十行本亦作王，九行本作正，殿本亦作正。是殿本不從宋本、而從九行本之證。又僖元年疏“下文總道諸侯”，閩本總作揔，北監本、毛本作總，殿本亦作總，是殿本不從閩本之證。又僖元年疏云“何休曰：案先是盟亦言諸侯，非散也”，“案”，閩本、北監本同，毛本作“按”，今殿本亦作“案”，是從北監本而不從毛本之證。前人謂殿本據明北監本者，惜未論證，茲補如上。

① 改正者，如桓公二年何注“据觀魚諱”，徐疏“隱五年春，公觀魚于棠”云云者，乃釋此注，十行本、九行本誤繫此疏於下注之下，殿本移繫於此注之下是也。見殿本，卷四，頁 8 上。

② 殿本，卷三，頁 23b。

③ 殿本，卷四，頁 13a。

④ 殿本，卷一，頁 10b。

⑤ 殿本，卷二十一，頁 13a。

"聶,女涉反"不附於經下,而繫於注下①。僖公三年經"冬,公子友如齊蒞盟",有傳有注,《釋文》"蒞,音利,又音類,注同"不附於經下,而附於注下②。附於經下者三百餘例,附於注下者,數例而已③。知附於經下者,是常例;附於注下者,蓋主事者未能細致思慮,故前後不能一貫。

　　案余本附《釋文》之例,有傳有注之經,釋經之音義附於注下,而非經下,重經注本故也。今殿本附音義於經下,則經注已分。若然,於無傳有注之經,殿本亦當附音義於經下,俾前後之例一致。今考此類例證,又有不然者。

　　其二,凡無傳有注之經,釋經之音義或附於注下,或附於經下。

　　自卷一至卷廿二,無傳有注之經,釋經之音義,殿本附於注下,不在經下。如桓公十七年經"二月丙午,公及邾婁儀父盟于趡",《釋文》"趡,翠癸反"即附於注下④。莊公六年經"螟",《釋文》亦附於注下⑤。但自卷廿三昭公十三年始,於釋經之音義,殿本附於經下而不附於注下,如昭公十四年經"八月,莒子去疾卒",《釋文》"去,起吕反"即附於經下。定公十四年經"衛世子蒯聵出奔宋",《釋文》"蒯,苦怪反。聵,五怪反"亦在經下⑥。哀公二年經"癸巳,叔

---

① 殿本,卷十,頁 1b。
② 殿本,卷十,頁 15a。
③ (1)僖九年經"冬,晉里克弒其君之子奚齊",有傳有注,《釋文》"弒音試,下及注放此"繫於注下不繫於經下。(2)僖十七年經"夏,滅項",有傳有注,《釋文》"項,户講反,國名"也繫於注下。(3)宣公八年經"冬十月己丑,葬我小君頃熊",有傳有注,《釋文》"頃,音傾"繫於注下不繫於經下。
④《春秋公羊傳注疏》,《十三經注疏》第 7 册,頁 67 上。
⑤ 殿本,卷六,頁 23b。
⑥ 殿本,卷二十六,頁 19a。

孫州仇、仲孫何忌及邾婁子盟于句繹”,《釋文》也附於經下①。統計其數,自卷一至卷廿二,無傳有注之經凡五十一例,《釋文》皆附於注下,附於經下者僅二例②。自卷廿三昭公十三年訖於哀公十四年,無傳有注之經凡二十三例,《釋文》附於經下者多達十六例。如此前後差異,恐非合併者一時疏忽。今比照有傳有注之經,釋經之音義多附於經下,今此無傳有注之經,釋經之音義附於注下者已逾半數,是知合併者於此類《釋文》分附之例,實無定準,或在注下,或在經下,以致前後自相牴牾。

其三,凡有注之傳,釋傳之音義附於注下。

有注之傳,釋傳之音義附於傳下,不附於注下。如隱公元年傳“會及暨,皆與也”,傳下有注,《釋文》“暨,其器反,下皆同”附於注下③,不在傳下。哀公十四傳“天喪予”,傳下有注,《釋文》“喪,息浪反。予,羊汝反,我也”也在注下④。此類例證將近四百,與余本附音義之例同。不合者二十餘例,如文公十二年傳“何賢乎繆公”,傳下有注,《釋文》“繆音穆”却附於傳下而不附於注下⑤。襄公六年傳“曷爲不言萊君出奔”,傳下有注,《釋文》“爲,于僞反”也附於傳下而不在注下⑥。相違者既十不有一,蓋主事者疏忽所致。

---

① 殿本,卷二十七,頁 2a。

② 如文公二年經“夏六月,公孫敖會宋公、陳侯、鄭伯、晉士縠盟于垂斂”,《釋文》“縠,戶木反。垂斂,《左氏》作垂隴”即附於經下,不在注下(殿本,卷十三,頁 6b)。襄公十年經“冬,盜殺鄭公子斐、公子發、公孫輒”,《釋文》“斐,芳尾反。《左氏》作騑”亦在經下(殿本,卷十九,頁 20a)。

③ 殿本,卷一,10b。

④ 殿本,卷二十八,頁 14a。

⑤ 殿本,卷十四,頁 5a。

⑥ 殿本,卷十九,頁 13a。

（二）殿本分附疏文之例

殿本分附疏文，可區爲二類，一則附釋經之疏，一則附釋傳之疏。

其一，凡無傳有注之經，釋經之疏俱附於注下，不附於經下。

如閔公二年經"春王正月，齊人遷陽"，無傳有注，釋經之疏即附於注下[①]。宣公二年經"宋華元帥師及鄭公子歸生帥師戰于大棘，宋師敗績，獲宋華元"，無傳有注，釋經之疏亦附於注下[②]。此類無一例外。

其二，凡無傳無注之經、有傳有注之經，釋經之疏皆直附於經下，不附於注下。

如莊公九年經"秋七月丁酉，葬齊襄公"，成公十六年經"乙酉，刺公子偃"，並無傳無注，疏文逕附於經下[③]。

又如僖公廿一年經"釋宋公"，文公四年經"夏，逆婦姜于齊"，並有傳有注，疏文皆附於經下[④]。此類無一例外。

其三，凡無注之傳，釋傳之疏直附於傳下。

如襄公十八年經"春，白狄來"，傳"白狄者何？ 夷狄之君也。何以不言朝？ 不能朝也"，疏文即附於傳文"白狄者何"之下[⑤]，無例外。

其四，凡有注之傳，釋傳之疏或附於注下，或附於傳下，例無一定。

---

① 殿本，卷九，頁 18b—19a。
② 殿本，卷十五，頁 8a。
③ 分見殿本，卷七，頁 6b；卷十八，頁 16a。
④ 分見殿本，卷十一，頁 31b；卷十二，頁 12b。
⑤ 殿本，卷二十，頁 12a。

如隱公元年傳"祭伯者何"，傳下有注，疏文即附於注下 ①。

又如隱公二年傳"入者何？得而不居也"，傳下亦有注，然釋傳之疏附於傳下，而不附於注下 ②。

以上四種分附之例，並不一致。殿本於無傳有注之經，釋經之疏附於注下；於有傳有注之經，釋經之疏則附於經下；一在經下，一在注下，前後之例不一。以理衡之，無傳有注之經，殿本附釋經之疏於注下，重經注不分也。而於有傳有注之經，殿本附釋經之疏於經下，致經注相分，不但自乖其例，亦於義爲短。

（三）論殿本省略出文之失

殿本以釋經之疏附於經卜，釋傳之疏附於傳下，故省略出文，此與單疏本、十行本、九行本皆異。省略出文，雖便覽繹，却轉致新謬。

其一，殿本省略出文，致所疏者不明。如：

癸丑，葬我小君文姜。疏解云：《穀梁傳》曰"小君非君，其曰君何也？以其爲君配，可以言小君也"者，是。

傳文姜者何？疏解云：欲言莊母，謚異其父；欲言非母，備禮葬之，故執不知問。**莊公之母也。**注輒發傳者，起仇母，錄子恩。凡母在子年，無適庶皆繫子也。不在子年，適母繫夫，庶母繫子（中略）**音義**適，丁歷反，下同。疏注輒發至子恩，解云：隱元（後略）③（莊公二十二年）

此疏文釋經、釋傳、釋注並有。殿本以釋經之疏附於經下，釋傳之疏附於傳下，故省略出文。凡所疏爲經傳文者，以"疏解

---

① 殿本，卷一，頁 22b。

② 殿本，卷二，頁 1b。

③ 殿本，卷八，頁 7a。

云"示之。凡所疏爲注文者,則以"疏注解云"示之。若一注有二疏以上者,則以○界之,並標示出文起訖。此例釋經之疏無出文,似所疏者是"癸丑葬我小君文姜",但單疏鈔本出文實無"癸丑"二字①。

又如:

傳會者何? 期辭也。其言弗遇何? **疏**解云:經既書會,作聚集之名;尋言弗遇,是未見之稱,故執不知問。②(桓公十年)

據"疏解云",則所疏者當是傳文"會者何? 期辭也。其言弗遇何",然單疏鈔本出文作"會者何"③,知疏文"故執不知問",乃專爲"會者何"而發,不爲"其言弗遇何"而發。今殿本省略出文,致所疏之句不明。

又如:

傳大夫無遂事,此其言遂何? 歸惡乎大夫也。**注**使若大夫自生事取之者,即實遂,但當言取之。**疏注**解云:若實大夫自生事,即非諸侯使之取,是以不勞爲諸侯諱,依實書之亦無傷,故言"即實遂,但當言取之"。④(襄公二年)

以"疏注解云",則所疏者當是注文全段,即自"使若"至"取之"。今考單疏本出文作"注即實遂但當言取之"⑤,則所釋者非注文全段,此亦省略出文以致所疏之句不明。

其二,殿本因省出文,改附疏文,以致與徐疏不合。如:

近正也。注以不言盟也。**音義**近,附近之近,下及注同。**此其**

---

① 單疏鈔本,卷八。

② 殿本,卷五,頁 8b。

③ 單疏鈔本,卷五。

④ 殿本,卷十九,頁 5b—6a。

⑤ 單疏鈔本,卷十九。

爲近正奈何？古者不盟，結言而退。注善其近正似於古而不相背，故書以撥亂也。疏解云：古者不盟，而言近正，雖不歃血，口相誓勑，不若古者結言而退，故言近正而已。①（桓公三年）

以"疏解云"，知殿本所疏當爲傳文"此其爲近正奈何？古者不盟，結言而退"，但據單疏鈔本，出文作"近正也"②，則所疏者是前句傳文。殿本移疏文於下注之下，致與徐疏不合。

又如：

古人之有權者，祭仲之權是也。注古人，謂伊尹也。湯孫大甲驕蹇亂德，諸侯有叛志，伊尹放之桐宮，令自思過三年而復成湯之道。前雖有逐君之負，后有安天下之功，猶祭仲逐君存鄭之權是也。音義大，音泰。疏注古人至之道，解云：出《書序》。權者何？疏解云：欲言正，逐君立庶；欲言不正，今又言權；故執不知問。權者，反於經，然後有善者也。權之所設，舍死亡無所設。注設，施也。舍，置也。如置死亡之事不得施。疏《長義》云："若令臣子得行，則閉君臣之道，啓篡弑之路。"解云：權之設，所以扶危濟溺，舍死亡無所設也。若使君父臨溺河井，寧不執其

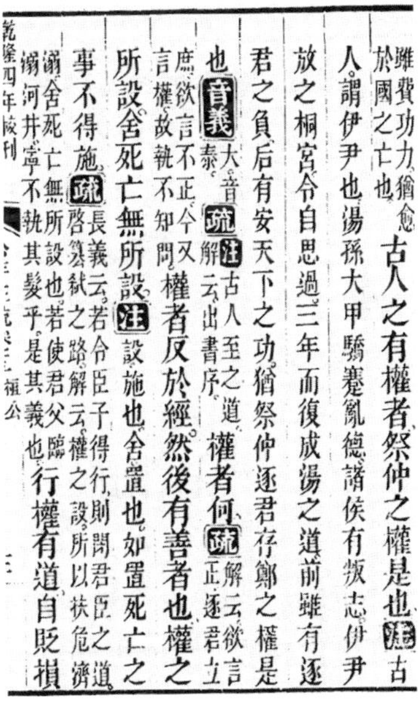

圖2-8　殿本《春秋公羊傳注疏》桓公十一年

---

① 殿本，卷四，頁13a。
② 單疏鈔本，卷四。

髮乎？是其義也。（桓公十一年）

　　案殿本末段分附疏文有誤。"疏《長義》云"者，殊非疏體。殿本省略出文，或書"疏解云"，或書"疏注解云"，從無"疏"下直連疏文者。考單疏本出文作"注古人至之道者"，疏文"出《書序》。《長義》云"者緊接其下①，知"《長義》云"以下，乃釋注"古人至之道"之疏，在"出《書序》"之下。今殿本移《長義》之文於此，反在傳文"權者何"之後，正以省略出文，不得不重新分附疏文，既乖疏體，又與徐疏不合。

　　有此二誤，則殿本改附疏文，雖便覽繹，然轉致新謬，不可謂義長矣。

　　總之，殿本分附《釋文》、疏文之失有三：於有傳有注之經，釋經之音義文、疏文皆附於經下，不附於注下，是割裂經注，且與無傳有注之經分附之例自相違，其失一也。於無傳有注之經，釋經之音義，殿本所附前後無定例，其失二也。殿本省略出文，致所疏之句不明，其失三也。故殿本雖據北監本校刻，然依其本而不知其例，終不得有冰水青藍之譽。

十、附論八行本分附疏文之例

　　向來所述，乃今日所見《公羊注疏》合刊本，自十行本至於殿本，綫索在手，長短可知。《公羊注疏》之合刻，未見越刊八行本。今存世越刊八行本，先有兩浙東路茶鹽司刻《周易》《尚書》《周禮》《毛詩》《禮記》五經正義②，後有紹興府刻《春秋左傳正義》，

---

① 單疏鈔本，卷五。
② 浙東茶鹽司所刻《禮記正義》黃唐跋語："本司舊刊《易》《書》《周禮》，正經注疏萃見一書，便於披繹，它經獨闕。紹熙辛亥，遂取《毛詩》（轉下頁）

皆以經注本與單疏本合併而不附《釋文》，因其行款皆半葉八行，刊刻地皆在紹興，故學者稱之爲越刊八行本。又有《論語註疏解經》《孟子註疏解經》，也是半葉八行，行十六字，小字雙行廿二字，版式行款與諸八行本大致相同，字體刀工相類，且刻工有重見者，故學者亦歸爲越刊八行本[①]。但此二本無官司刊刻之名，且“註”字與浙東茶鹽司刻《周易注疏》之“注”字有異，本文略不舉證，慎之也。

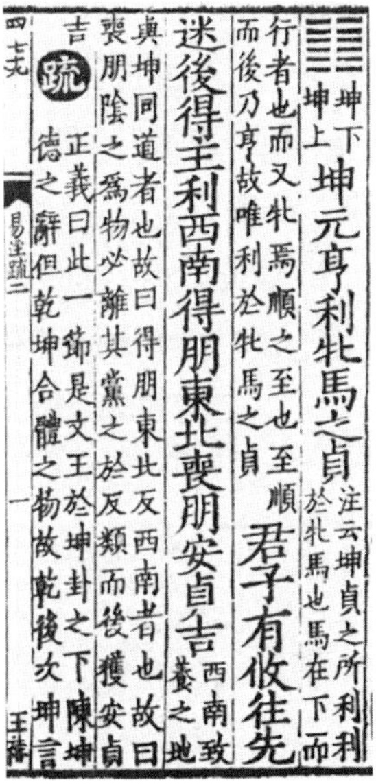
☷☷坤下坤上　坤元亨利牝馬之貞注云坤貞之所利利於牝馬也馬在下而行者也而又牝焉順之至也至順而後乃亨故唯利於牝馬之貞君子有攸往先迷後得主利西南得朋東北喪朋安貞吉西南致養之地與坤同道者也故曰得朋東北反西南者也故曰喪朋陰之爲物必離其黨之於反類而後獲安貞吉
疏正義曰此一節是文王於坤卦之下陳坤德之辭但乾坤合體之物故乾後次坤言

圖2-9　八行本《周易注疏》卷二

八行本分附疏文之法，各經小有異同。

其一，《周易》《禮記》依節附疏。孔穎達以數句經文合爲一節，先疏一節主旨，次疏各句經文，後疏注。如：

坤，元亨，利牝馬之貞。注云：坤貞之所利，利於牝馬也。馬在下而行者也，而又牝焉，順之至也。至順而後乃亨，故唯利於牝馬之貞。**君子有攸往，先迷後得，主利。西南得朋，東北喪朋。安貞吉。**西南，致養之地，與坤同道者也，故曰得朋。東北，反西南者也，故曰喪朋。

（接上頁）《禮記》疏義，如前三經編彙，精加讎正。乃若《春秋》一經，顧力未暇，姑以貽同志。”據此，茶鹽司先刻《周易注疏》《尚書正義》《周禮疏》，後刻《毛詩正義》《禮記正義》。黄唐云“如前三經編彙”，然前三經體例不爲一致。説見下文。

① 如張麗娟云“兩浙東路茶鹽司或紹興府又刊行了《論語》《孟子》的注疏合刻本”，見《宋代經書注疏刊刻研究》，第 296 頁。又李霖《南宋浙刻義疏官版的貯存與遞修》云：“《論》《孟》雖不像《六經》八行本有黄、沈二跋可據，然驗其原版刻工，多與《左傳》並見，也應出自越州官版。”見《“十三經注疏與經學文獻研究”學術研討會論文集》，2016 年 8 月，頁 19。

陰之爲物，必離其黨，之於反類而後獲安貞吉。(疏)正義曰：**此一節**是文王於坤卦之下陳坤德之辭。……（八行本《周易注疏》卷二）

“此一節”者，謂經文自“坤元至貞吉”。疏文先釋一節經意，次釋一節内各句經文之意，後釋注意，並以出文爲標識。如此例，“此一節”疏文在前，其後出文依次是“利牝馬之貞者”“君子有攸往者”“先迷後得主利者”“西南得朋者”“東北喪朋安貞吉者”“注坤貞至牝馬之貞”（見圖）。八行本《禮記正義》分附疏文與此無異，先疏一節經意，次疏各句經文[①]。

據此二經，知合併者分附疏文，即以節爲據。

其二，《尚書》《左傳》亦依節附疏，如：

曰若稽古帝堯。若，順。稽，考也。能順考古道而行之者帝堯。**曰放勳欽明，文思安安。**勳，功。欽，敬也。言堯放上世之功化而以敬明文思之四德，安天下之當安者。**允恭克讓，光被四表，格于上下。**允，信。克，能。光，充。格，至也。既有四德，又信恭能讓，故其名聞充溢四外，至于天地。(疏)**曰若至上下**　正義曰：史將述堯之美，故爲題目之辭，曰能順考校古道而行之者，是帝堯也。……**傳若順至帝**

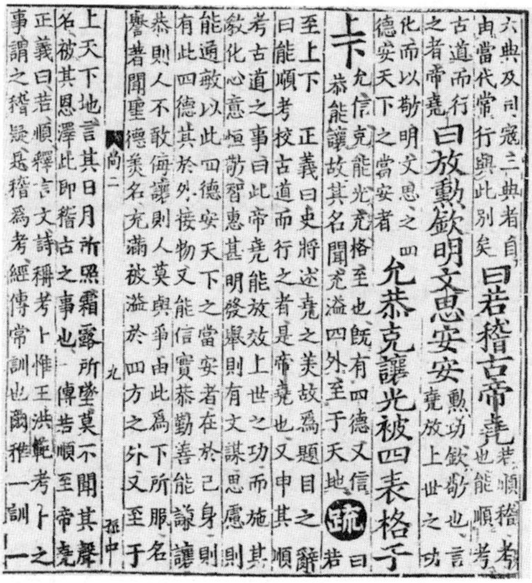
六典及司寇三典者自由當代常行與此別矣曰若稽古帝堯若順稽考也能順考
古道而行之者帝堯曰放勳欽明文思安安勳功欽敬也言堯放上世之功
化而以勸明文思之四德安天下之當安者允恭克讓光被四表格于
上下允信克能光充格至也既有四德又信恭能讓故其名聞充溢四外至于天地疏曰若
至上下　正義曰史將述堯之美故爲題目之辭
曰能順考校古道而行之者是帝堯也又申其順
考古道之事曰此帝堯能放效上世之功而施其
教化心意恒勤智惠甚明發舉則有文謀思慮則
能通敏以此四德安天下之當安者在於己身則
有此四德其於外接物又能信實恭勤善能謙讓
恭則人不敢侮讓則人莫與爭由此爲下所服名
譽著聞聖德美名充滿被溢於四方之外又至于
尚二　九　孫中
上天下地言其日月所照霜露所墜莫不聞其聲
名被其恩澤此即稽古之事也　傳若順至帝堯
正義曰若順釋言文詩稱考卜惟王洪範考卜之
事謂之稽疑是稽爲考經傳常訓也爾雅一訓一

圖2-10　八行本《尚書正義》卷二

①《影印南宋越刊八行本禮記正義》，頁6。

堯　正義曰：若，順，《釋言》文。（八行本《尚書正義》卷二）

此疏出文“曰若至上下”，示所疏者爲數句經文，其實也是一節之義。其後出文“傳若順至帝堯”，所疏者乃注文。

《左傳》分附疏文之例與《尚書》略同，亦是先疏一段經傳文，次疏注文。疏文雖無“此一節”或“此一章”語，但合數句經傳文爲一段而疏之，續以疏注之文，則與《周易》《禮記》二經同例。

考孔穎達撰《五經正義》，《尚書正義》《春秋正義》但疏一節經意，不復更釋某句經文。而《周易正義》《禮記正義》既疏一節經意，又釋某句經文。體例雖有不同，然四經分附疏文之例頗爲一致，即疏文皆依節分附，且總附於一節之注末。

其三，八行本《周禮疏》與上四經有異，釋經之疏不附於一節之注下，而逕附於經下。如：

内府，中士二人，府一人，史二人，徒十人。

注：内府，主良貨賄藏在内者。釋曰：**内府在此者**，案其職云“掌九貢、九賦、九功之貨賄良兵良器”，故在此也。

外府，中士二人，府一人，史二人，徒十人。

釋曰：**外府在此者**，案其職云“掌邦布之出入以共百事”，故在此也。注外府主泉藏在外者　釋曰：泉布本是外物，無在内府，故對内府爲外也。（八行本《周禮疏》卷一）

案此二例，疏文分附不同。内府例，釋經之疏附於注下。外府例，釋經之疏附於經下，釋注之疏附於注下。據右圖，二“注”字一小一大，今考八行本《周禮疏》，凡經注不並疏者，則“注”爲小字，且釋經之疏，附於注下而不附於經

圖2-11　八行本《周禮疏》卷一

下；凡經注並疏者，"注"是大字，且釋經之疏附於經下，釋注之疏則附於注下。

《周禮》如此分附疏文，其據難詳。有學者推測，浙東茶鹽司初刻《周易》《尚書》《周禮》三經注疏，當以《周禮疏》爲最早，《周易正義》《尚書正義》在後。如昌彼得、吳哲夫云：

　　三經雖同刊於茶鹽司，而此本與其他二經小異。《易》《書》通例以注按經，以疏按注，每節之下，下以一陰文大"疏"爲識，先標經之起止，復以釋經之疏繫之，再下標注之起止，又以釋注之疏繫之。此經則釋經之疏，轉列注前，而以大"注"字別之，其注按經文者，則以小"注"字別之，殆由注疏初合，以疏爲主，故不復見疏字也，疑三經之刻，此爲最先，故草刱難工，體例未密，後《易》《書》繼作，始加改進，乃成定式。①

昌、吳二氏謂《周禮疏》分附疏文與《易》《書》不同，即"釋經之疏，轉列注前"，此謂有注之經，釋經之疏附於經下而不附於注下。考其經注不並疏之例，則釋經之疏猶附於注下（如"內府"例），是《周禮》分附疏文之例，不第異於其他四經，亦前後自相乖違。據黃唐所言，浙東茶鹽司先合刻《周易》《尚書》《周禮》三經注疏，後合刻《毛詩》《禮記》二經正義。黃氏謂後二經之刊刻"如前三經編彙"，似謂前三經體例一致，其實《周禮》與《周易》《尚書》少異。《毛詩正義》八行本未見，今考《禮記正義》分附疏文之例，與《周易》《尚書》同，而與《周禮》異。至於紹興府沈作賓仿茶鹽司刊刻《春秋正義》，則與《周易》《尚書》《禮記》同例，而與《周禮》異。

《周禮疏》分附疏文，其釋經之疏或在注下，或在經下，例與其

────────────

① 見《"國立故宮博物院"宋本圖錄》，頁10。

餘四經有異,昌、吳二氏推測《周禮》合刊注疏爲最早,深具識見。雖然,《周禮疏》猶以節附疏,此與其餘八行本無異,其證可見於《夏官·大司馬》職文疏①。

八行本依節附疏,十行本或承之,或改之。承之者,如《禮記正義》;改之者,謂不依節附疏,乃依出文附疏。如《周易正義》、《左傳正義》:

〔疏〕正義曰:"天尊地卑"至"其中矣",此第一章明天尊地卑及貴賤之位,剛柔動靜寒暑往來,廣明乾坤簡易之德,聖人法之,能見天下之理。

天尊地卑,乾坤定矣。乾坤,其易之門戶,先明天尊地卑以定乾坤之體。〔疏〕"天尊地卑乾坤定矣"者,天以剛陽而尊,地以柔陰而卑。(阮刻本《周易正義·繫辭上》)

孔穎達《正義》先疏一章之旨,次疏各句經意。此章起於"天尊地卑乾坤定矣",訖於"天下之理得而成位乎其中矣"。八行本附疏文於章末注下,經在上、疏在下,自是合刊常理(見圖 2-13)。

十行本則是疏在上、經在下(見圖 2-12),因據出文附疏,此章單疏本出文作"天尊地卑至其中矣"②,不知當附於何句之下,若附於"乾坤定矣"之注下,則嫌所疏僅是此句經文。若附於章末"成位乎其中矣"之注下,則又嫌後於各句經文之疏,上下不得施文,是以十行本遂移附於"天尊地卑"之上,以致疏文反在經文上,殊欠理致。

---

① 見八行本《周禮疏》,卷三十四,頁 12a。疏文"此一節總論教戰訖,入防田獵之事"云云。
②《周易正義》,卷十一,頁 1b。

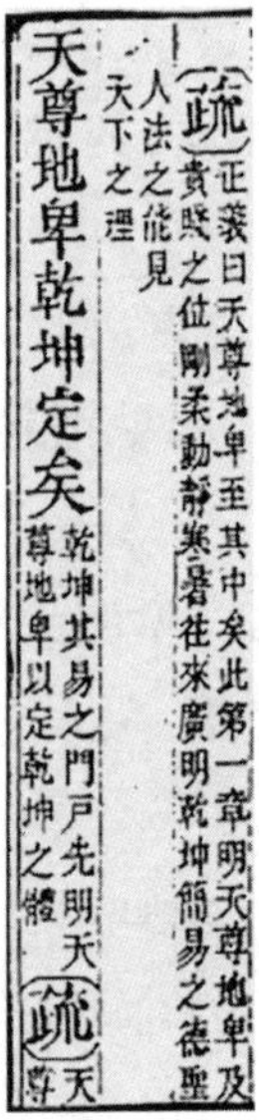

圖2-12　十行本《周
易正義·繫辭上》

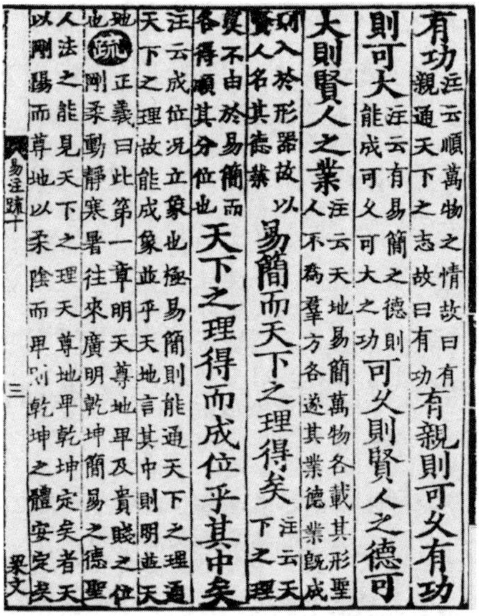

圖2-13　八行本《周易正義·繫辭上》

　　十行本各經分附疏文之法，並不一致，如《禮記正義》承八行本以節附疏之法，不依出文附疏，是以疏文不在經文之上。

　　但依節附疏，也有其弊。注疏合刊，本爲便於讀者覽繹，若疏文附於一節之末，則不便翻閱。以《春秋左傳正義》爲證：

　　遂爲母子如初。君子曰：“潁考叔，純孝也。純，猶篤也。**愛其母，施及莊公。《詩》曰‘孝子不匱，永錫爾類’，其是之謂乎？”**不匱，純孝也。莊公雖失之於初，孝心不忘，考叔感而通之，所謂永錫爾類。詩人之作，各以情言，君子論之，不以文害意，故《春秋傳》引《詩》不皆與今說《詩》者同，後皆放此。疏**初鄭至武姜**　正義曰：杜以爲，凡例本其事者，皆言初也。賈逵云：凡言初者，隔其年，後有禍福將終之，乃言初也。　　**注申國至宛縣**　正義曰：……。（八行本《春秋左傳正義》卷二，隱公元年）

　　出文“初鄭至武姜”，釋傳文“初，鄭武公娶于申，曰武姜”，八

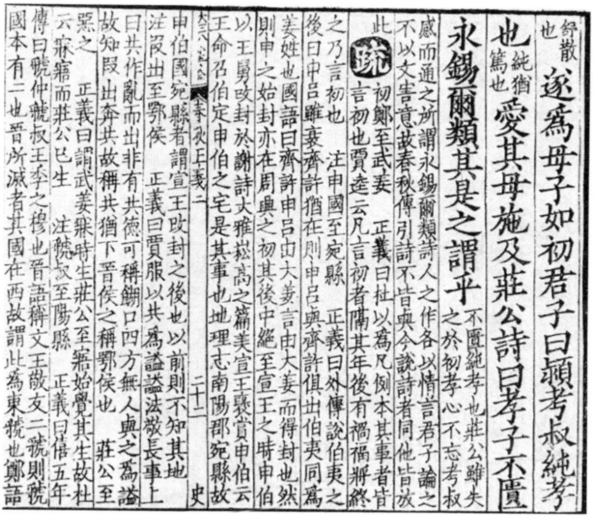

圖2-14　八行本《春秋左傳正義》卷二，隱公元年

行本此傳在此前三葉，翻閱已是不便，又最末出文"注不匱至放此"，更在此後四葉。疏文與所疏者，相間數葉、十數葉，前後翻閱，頗致煩勞，此即以節附疏之弊。

而十行本依出文附疏，更便翻閱，亦以《春秋左傳正義》爲證：

初鄭武公娶于申曰武姜。申國，今南陽宛縣。○宛，於元反。娶，取住反。〔疏〕**初鄭武公娶于申曰武姜**○正義曰：杜以爲凡例本其事者，皆言初也。賈逵云凡言初者，隔其年，後有禍福將終之，乃言初也。**注"申國今南陽宛縣"**　正義曰：……。**生莊公及共叔段。**段出奔共，故曰共叔，猶晉侯在鄂謂之鄂侯。○共，音恭，共地名，凡國名、地名、人名、字、氏、族皆不重音。疑者復出，後倣此，鄂，五各反。〔疏〕**注"段出奔共故曰共叔猶晉侯在鄂謂之鄂侯"**　正義曰：……。（阮刻本《春秋左傳正義》卷二，隱公元年）

十行本依出文附疏，雖改寫出文，但疏文繫於所疏之句下，讀

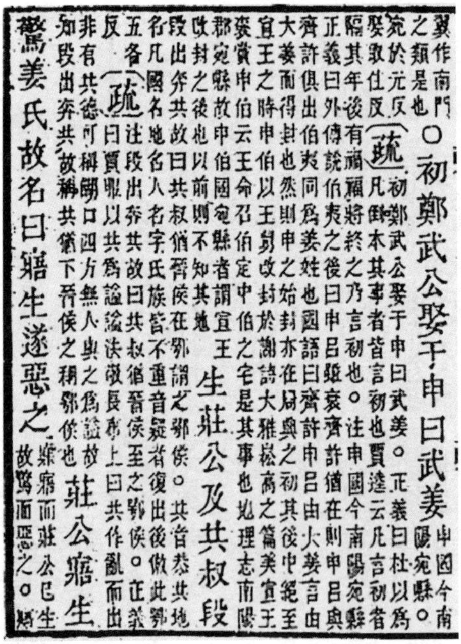

圖2–15　阮刻本《春秋左傳正義》卷二，隱公元年

者無翻檢之勞，便於閱讀。

總之，十行本依出文附疏，疏文在所疏之句下，利於翻閱；其失者，若疏文釋一章或一節之意，則無句可繫，以致疏文反在經文之上。八行本依節附疏，疏文在一節之末，無疏在經上之弊，其失者，疏文或與所疏者相間太遠，上下翻閱殊爲不便。故凡疏文釋一節一章之旨者，八行本依節附疏，於義爲長，如《周易》；若無一節一章之疏、但疏某句經義者，十行本依出文繫疏，更便覽繹，如《左傳》。無論依節附疏，依出文附疏，有注之經，釋經之疏皆附於注下而不附於經下，乃重經注不分之義。

小　結

經書注疏之合刊，乃合三本爲一本，三本者，經注本、釋文本、單疏本也。三本合一，並非隨意牽合，實有義例存焉。十行本據余本與單疏本合併，余本分附《釋文》於經注本之下，其於有傳有注之經，釋經之音義附於首注之下，是循經注不分之例。十行本分附疏文，尚依其例，如無傳有注之經，釋經之疏不附於經下，而附於注下或《釋文》下，即是其證。然於無傳無注之經，十行本分附疏文，或附於下經之下，或附於下經之注下，不附於本經之下，是其失也。九行本多改十行本此類之失，是其優長，然九行本於傳文前加"傳"字，於注文前加"註"字，又非何注本之原貌。何氏之書既題名"解詁"，則無"註"字明矣。至於清武英殿刊本，雖主據明北監本，但重新分附疏文、釋文，自立新例，乃與何注本原貌相去遠矣。

　　考後來者合刻注疏，雖各有其例，然欲論彼此長短，當以何休注本爲標準。標準既立，則諸合刻之得失即可心中瞭然。故斯篇先論何注本之例，如何休合經傳而爲之注，且釋經之注不寫於經下，而置於釋傳之注末，乃欲爲討論注疏本之得失張本。何氏釋經之注既不寫於經下，而寫於傳注之末，故凡釋此經之疏文，亦宜附於傳注之末，而不宜附於此經之下，如此，方合注意。故經注不分，乃重何注本之義，亦注疏合刻之第一義。守此第一義，始可言方便之意。八行本依節附疏，十行本、九行本依出文附疏，雖互有短長，然經注不分，乃諸本之通例。至於殿本，以疏文分附於經傳下，不附於注下，便則便矣，然經注已分，非何注本之舊，不重古也。明乎此，則底本之去取、異文之校勘從而定之，注疏合刊庶可無譏焉。

第三章　今本《解詁》弒殺異文考

　　自來校書者，時患論高而實不至。昔段玉裁嘗言"挍經之法，必以賈還賈，以孔還孔，以陸還陸，以杜還杜，以鄭還鄭"①，然觀其《公羊經傳弒字辯誤》②，却不能以何還何。顧廣圻以"不校校之"自詡③，然觀其爲張敦仁校刻《儀禮疏》，改"囬"爲"面"，已非嚴州本之舊④，則不可謂"不校"矣。王引之以小學校經，自謂"寫官槧工誤矣，吾疑之，且思而得之矣，但羣書無佐證，吾懼來者之滋口

----

① 段玉裁《與諸同志書論校書之難》，《經韻樓集》卷十二，《續修四庫全書·集部·別集類》第 1435 册，頁 189 下。
② 見《經韻樓集》卷四，《續修四庫全書·集部·別集類》第 1434 册，頁 632下—633 下。
③ 顧廣圻《思適寓齋圖自記》，見王欣夫輯《顧千里集》，頁 86。
④ 據顧氏代張敦仁撰《重刻儀禮注疏序》云"千里又用宋嚴州本校經及注"（《顧千里集》，頁 130）。今以嚴州本比對，與顧氏所言不合，如《士昏禮》"主人以賓升，西面。賓升西階，當阿，東面致命。主人阼階上北面再拜。授于楹閒，南面"（見黃丕烈刊《儀禮鄭氏注》，收入《士禮居黃氏叢書》上册，廣陵書社，2010 年，頁 228 下）。此嚴州本"面""囬"同用，雖云異體，然以字樣學言之，不宜混同。如顏元孫《干祿字書》於"囬、回"二字云"上俗下正"，則面、囬宜據嚴本而别之。今觀張氏所刻，"囬"，皆改作"面"。且嚴本"冬"字，下兩點皆作"冫"，如《士冠禮》"冬，皮屨可也"《士相見之禮》"贄，冬用雉"等（頁 228 上、231 下）。唐玄度《九經字樣》冬字在冫部（見《景刊唐開成石經》，中華書局，1997 年，第 4 册，頁 2826 下），是也。"冫"，《說文》作"仌"，云"凍也，象水凝之形。凡仌之屬皆從仌"。但張（轉下頁）

也,吾又不改"①,然《經義述聞》論襄公廿八年《公羊》經"乙未,楚子昭卒",謂乙未乃己未之誤,所據者,杜預《長曆》而已②,杜曆有頻年置閏、一年二閏,豈可憑據,此正滋後來者之口實也。噫,論、校相稱,於校經家何其難哉。愚近年重校《公羊傳注疏》,深以爲段氏"以賈還賈,以鄭還鄭"云云,校經者宜奉爲指南,又惜其不能自踐其言。案段氏撰《春秋經殺弑二字辯別考》③,總論夫子《春秋》經本;撰《晉里克弑其君之子奚齊》④,分別三家傳本之異同;撰《公羊經傳弑字辯誤》⑤,專辨《公羊》經注本之誤。《春秋》經本、三家傳本、何休注本各不相同,而段氏未嘗分疏,實與"以賈還賈、以鄭還鄭"之意自相乖違。且夫子作《春秋》,是否如段氏所言,已嚴殺、弑之別,文獻難徵⑥,不宜爲億必之説而乖蓋闕之義。斯篇辨何休本之弑、殺,竊欲以段氏之法糾段氏之失,以何還何,以陸還陸,以徐還徐,如此,經學家法分明,文字異同可定,而段氏之論高、段

（接上頁）氏所刻,冬字下半不作"冫",而作兩點"丷"（見《儀禮疏》,《師顧堂叢書》據清嘉慶十一年張敦仁刻本景印,頁 93、188）,則非。以此言之,顧氏不可謂"不校",且其校亦可議。

① 龔自珍《工部尚書高郵王文簡公墓表銘》,見王佩諍校《龔自珍全集》,頁 148。

② 王引之《經義述聞》,《續修四庫全書·經部·群經總義類》第 175 册,頁 166 上—166 下。

③ 見《經韻樓集》卷四,頁 620 下—622 下。

④ 見《經韻樓集》卷四,頁 623 上—623 下。

⑤ 見《經韻樓集》卷四,頁 632 下—633 下。

⑥ 段玉裁謂"凡《春秋傳》於弑君或云殺者,述其事也;《春秋經》必云弑者,正其名也。弑者,臣殺君也"（《春秋經殺弑二字辯別考》,《經韻樓集》,頁 620 下）。然鍾文烝則謂"竊意古祇有殺字。而上殺下及敵者相殺,讀殺,短言之;下殺上,讀殺,長言之"（鍾文烝《春秋穀梁經傳補注》,頁 36）。段、鍾二説不同,究竟孰是孰非? 文獻無徵,難以斷言。

氏之校失可以兩見矣。

一、漢世《公羊》諸本異同

今日所見漢世《公羊》經傳之本有二，一是熹平石經，一是何休《解詁》。石經《公羊》經傳分別勒石[①]，何氏《解詁》則是經傳合併[②]。此二本文字有異。以弑、殺爲證，凡何注本經文作"弑其君"者，漢石經皆作"殺其君"，如僖公十年經"晉里克弑其君卓子及其大夫荀息"，弑，漢石經作"殺"[③]。文公十四年經"齊公子商人弑其君舍"，弑，石經亦作"殺"[④]。餘者無一例外[⑤]。又凡何注本傳文作"弑"者，漢石經皆作"試"，如洪适《隸釋》錄熹平石經《公羊傳》隱公十一年"何隱爾？試也"[⑥]，即其證；且石經《周易·繫辭上》"臣試其君，子試其父"[⑦]，亦作"試"不作"弑"，知漢石經《公

_____

① 知漢石經《春秋》是《公羊》經者，以經文書"邾婁"可知。見馬衡《漢石經集存》，上海書店，2014 年。

② 知何氏《解詁》經傳合併者，何氏既注經，也注傳。阮元謂《解詁》但釋傳（《春秋公羊傳注疏校勘記序》，《續修四庫全書·經部·群經總義類》第 183 册，頁 46 下），非也。

③ 據馬衡《漢石經集存》，弑，石經作殺（圖版四三）；"卓子"，石經作"卓"（圖版四三）。

④《漢石經集存》，圖版八五。

⑤ 如（1）襄公廿六年經"衛甯喜弑其君剽"，弑，石經作殺（《漢石經集存》，圖版五〇）。（2）昭公十三年經"夏四月，楚公子比自晉歸于楚，弑其君虔于乾谿"。弑，石經作殺（《漢石經集存》，圖版五一）。（3）昭公十三年經"楚公子棄疾弑公子比"，弑，石經作"殺"（《漢石經集存》，圖版四八）。（4）昭公十九年經"許世子止弑其君買"，弑，石經作"殺"（《漢石經集存》，圖版四七）。

⑥《隸釋》，頁 153 上。

⑦《漢石經集存》，圖版八九。

羊》經傳無"弒"字。凡經文"弒",石經俱書"殺";凡傳文"弒",石經皆書"試"。至於何氏《解詁》,則有弒字,且弒、殺之別分明,如隱公四年傳"與弒公也",何注云"弒者,殺也,臣弒君之辭"[1],即是明證。

不但熹平石經與何注本文字有別,前漢董仲舒所見與石經、何注本亦有不同。如《春秋繁露・玉英篇》云:

> 桓之志無王,故不書王;其志欲立,故書即位。書即位者,言其弒君兄也;不書王者,以言其背天子。是故隱不言立、桓不言王者,皆從其志以見其事也。從賢之志以達其義,從不肖之志以著其惡。[2]

董氏云"桓之志無王,故不書王"者,謂桓公元年經"春正月",無"王"文。云"其志欲立,故書即位"者,謂桓公元年經"公即位"。云"隱不言立,桓不言王"者,乃以隱元、桓元前後經文相較,隱公元年經有"王",桓公元年經無"王";隱元年經不書"即位",桓元年經書"即位"。所以如此分別,皆從隱、桓之志耳。據此,可知董氏所見桓公元年經無"王"字。然考桓公三年何注云"無王者,以見桓公無王而行也。二年有王者,見始也。……不就元年見始者,未無王也"[3],此云"不就元年見始者,未無王也",是何氏所見桓公元年經有"王"字。王引之謂董、何所見異[4],深具識見。

又莊公十二年傳"爾虜焉故",《春秋繁露・王道篇》云"爾虜焉知魯侯之美惡乎致? 萬怒,搏閔公,絕脰"[5],是董氏所見傳文

----

① 撫本,卷一,頁 13a。
② 蘇輿《春秋繁露義證》,中華書局,1992 年,頁 76—77。
③ 撫本,卷二,頁 4b。
④ 王引之《經義述聞》,頁 154 上。
⑤ 見凌曙《春秋繁露注》,頁 153。

作"知"不作"故"。《韓詩外傳》亦言"焉知"①，與《繁露》同。而《解詁》云"爾，女也，謂萬也。更向萬曰：女嘗執虜於魯侯，故稱譽爾"②，既云"故稱譽"，則何注本作"故"不作"知"③，與董氏所見異。

又僖公三十三年《公羊傳》云"匹馬隻輪無反者"，何注云"隻，踦也"④。陸德明《釋文》云："隻輪，如字，一本又作易輪，董仲舒云'車皆不還，故不得易輪轍'。"《釋文》又云"隻踦，居宜反，一本作易踦"⑤。據此，董仲舒所見傳文是"易輪"，何氏所見則是"隻輪"，文公二年何注云"匹馬隻輪無反者"⑥，複言"隻輪"，是其證也⑦。

據上三例，可知董仲舒、蔡邕、何休所見經傳互有異同。即以弒、殺論，《春秋繁露·精華篇》云"難晉事者曰：《春秋》之法，未踰年之君稱子，蓋人心之正也。至里克殺奚齊，避此正辭而稱君之

———————

① 《韓詩外傳》云"顧曰：爾虜，焉知魯侯之美惡乎？宋萬怒，搏閔公，絕脰"。見許維遹《韓詩外傳集釋》，頁 276。

② 撫本，卷三，頁 14a。

③ 俞樾《公羊平議》云："按《韓詩外傳》、董仲舒《春秋繁露》引此文竝作'爾虜，焉知魯侯之美惡乎'，是此傳'故'字古本作'知'，何邵公所據本誤也。"見氏著《羣經平議》，《春在堂全書》第 1 冊，頁 371 上。

④ 撫本，卷五，頁 34b。

⑤ 《經典釋文》，頁 1232—1233。

⑥ 撫本，卷六，頁 1b。

⑦ 王引之《經義述聞》云："《公羊》古本蓋作易，何氏讀易爲隻，故云'易，踦也'。踦與隻同義，'易踦也'者，正以明易之爲隻也。"王氏僅據《釋文》"易踦"立説，故云"存其假借之'易'，讀其本義之'隻'，斯兩得之矣"（頁 159 下）。案王説迂回。《釋文》云"易踦"，或後人據別本改，非何氏舊本。案董、何之釋，於經傳文字不殊者，説解未嘗大異。若何氏本作"易輪"，宜如董氏釋爲"易輪轍"。今王氏未及文二年何注"隻輪"，僅據陸氏所見"一本"，不敢必也。

子,何也"①。案晉里克弒奚齊之事,在僖公九年,左、穀二家經皆作
"晉里克殺其君之子奚齊",熹平石經亦書"殺"②,今董氏云"殺奚
齊",未知其所見或"殺"字歟? 而何休所見經文却作"弒"字(説詳
下),蓋亦董、何不同之證。

　　要之,董仲舒、何休、蔡邕所見經傳文互有異同,且今日所見
《解詁》,又非何氏原本,故欲論《公羊》義例者,宜先分別諸本,明其
家法。如此,議論各有主名,庶無漫漶支離之譏。

二、論唐代何注本已經竄亂

　　何氏撰《公羊經傳解詁》,合經傳而爲之注,《解詁》流傳至
於唐代,已經後人竄亂。陸德明《公羊音義》多引異本,有"今
本""一本"之名③,又有"或作""又作""亦作"之目④,是陸氏所
見何注本互有異同。徐彦撰《公羊疏》,亦有"定本、正本、古本、舊

---

①《春秋繁露義證》,頁94—95。
②《漢石經集存》,圖版八四。
③ "今本"者,如隱公二年何注"不得踰竟",《釋文》曰"踰竟,音境,今本多
　即作境字"(《經典釋文》,頁1200)。又如隱公四年何注云"將辟桓居之以
　自終也",《釋文》"辟音避,今本多即作避字,後不更音"(《經典釋文》,頁
　1201)。"一本"者,如莊公七年經"辛卯夜",《釋文》曰"一本無夜字"(《經
　典釋文》,頁1214)。又如哀公二年經"戰于栗",《釋文》:"于栗,一本作
　秩。"(《經典釋文》,頁1266)
④ "或作"者,如文公二年經"戰于彭衙",《釋文》曰"衙音牙,本或作牙"
　(《經典釋文》,頁1233)。"又作"者,如成公十四年注"凡取早晚皆不譏
　者",《釋文》曰"凡取,本又作娶"(《經典釋文》,頁1244)。"亦作"者,昭公
　三十一年傳"負孝公之周,愬天子",《釋文》"周愬,音素,本亦作訴"(《經
　典釋文》,頁1260)。

本、一本”之稱①，是唐代何注本非止一種。今考二氏所據之本，皆非《解詁》原本。

知陸氏所據本非何氏原本者，如下諸例：

1. 隱公三年何注“是後，衞州吁弒其君完”，《釋文》出“殺其”云：“申志反，下‘殺其君’同。”②

案《釋文》所據本作“殺其”，而何注本必作“弒其”。知者，隱公四年經“衞州吁弒其君完”，注云“據齊公子商人弒其君舍氏公子”③，何氏以商人弒其君爲比，彼經書弒，則此宜亦書弒，方可兩相比。又注云里克與州吁“俱弒君賊”④，言“弒君賊”，亦是作弒之證。陸德明云“下殺其君同”者，謂下注“齊崔氏世，弒其君光”，陸氏所據本作“殺”。然考宣公六年注云“齊崔杼弒其君”⑤，襄廿四年注云“齊崔杼、衞甯喜弒其君”⑥，又襄十六年注云“其後，叛臣

---

① “定本”者，如成公四年經“三月壬申，鄭伯堅卒”，徐疏云“《左氏》作堅字，《穀梁》作賢字。今定本亦作堅字”（《春秋公羊傳注疏》，見阮刻《十三經注疏》第 7 册，頁 218 下）。“正本”者，如文公五年經“冬十月甲申，許男業卒”，徐疏云“正本作辛字”（《春秋公羊傳注疏》，《十三經注疏》第 7 册，頁 167 下）。“古本”者，如莊公四年傳“其餘從同同”，何注“凡二同，故言同同”，徐疏云“考諸古本，傳及此注同字之下皆無重語，有者衍文，且理亦宜然”（《春秋公羊傳注疏》，《十三經注疏》第 7 册，頁 78 下）。舊本者，僖公元年傳“齊人不納，却反舍于汶水之上”，徐疏云“舊本皆作洛，誤也”（《春秋公羊傳注疏》，《十三經注疏》第 7 册，頁 122 上）。一本者，如襄公二十五年經“吳子遏伐楚”，徐疏云“吳子遏，亦有一本作謁字者”（《春秋公羊傳注疏》，《十三經注疏》第 7 册，頁 262 下）。
② 《經典釋文》，頁 1200。
③ 撫本，卷一，頁 12b。
④ 撫本，卷一，頁 13b。
⑤ 撫本，卷七，頁 5a。
⑥ 撫本，卷九，頁 15a。

二、弒君五”①，齊崔杼弒其君，即“弒君五”之一②，三注皆言弒，則何氏所見襄公廿五年經“齊崔杼弒其君光”，作弒不作殺明矣。是《釋文》所據本與何注本不同。

2. 莊公三十年注“是後，魯比弒二君”，《釋文》出“比殺”云：“申志反。”③

陸氏所據本作“比殺”，何注本作“比弒”。案閔公元年傳云“繼弒君不言即位”，以閔公繼子般之後，云繼弒君，則子般弒可知。傳又云“孰弒子般？慶父也”，明言子般弒。閔二年傳云“莊公死、子般弒、閔公弒，比三君死”，閔元年注云“据子般弒不見”，是傳、注皆作子般弒。又，僖公元年傳云“繼弒君，子不言即位”，以僖公繼閔公之後，則閔公弒可知。子般、閔公皆言弒，故知何注本作“比弒二君”。《釋文》出“比殺”，陸氏所據本非何氏原本。

3. 昭公十九年傳“不成于弒也”，《釋文》出“于殺”云：“音試，下‘于殺’‘加殺’皆同。”④

案何注本必作“于弒”，不作“于殺”。傳云“止進藥而藥殺也”，既言殺，則不可言“不成于殺”。雖成于殺，却“不成于弒”，不成于弒，即加弒。昭十三年傳、注云“加弒”，此年注亦云“加弒爾，非實弒也”，則何注本作“于弒”明矣。陸氏云“下‘于殺’‘加殺’皆同”者，謂下傳“曷爲不成于弒”“則曷爲加弒焉爾”，其所見本並作“于殺”“加殺”，皆非何氏原本。

---

① 撫本，卷九，頁11a。

② 弒君五者，廿五年齊崔杼弒其君，一也；廿六年甯喜弒其君剽，二也；廿九年闇弒吳子餘祭，三也；三十年蔡世子般弒其君固，四也；卅一年莒人弒其君密州，五也。

③ 《經典釋文》，頁1221。

④ 《經典釋文》，頁1256。

　　以上三例,可知陸氏《釋文》所據非何氏原本。而徐彥撰《公羊疏》,其所據亦非《解詁》之舊。如:

　　1. 襄公廿五年經"吳子謁伐楚,門于巢卒"。徐疏云"吳子遏,亦有一本作謁字者"①,是徐彥所據本作"遏"不作"謁"。然陸德明《釋文》云"子謁,《左氏》作遏"②,則陸氏所見本作謁。然則,"遏""謁",孰是何氏之本?答曰:"謁"是也。知者,襄公廿九年注云"闔廬,謁之長子"③,是作"謁"之證。設若注文作遏,陸氏《釋文》宜另撰音④,今無者,則陸氏所見作謁字。且傳文"謁也""謁曰""故謁也死"⑤,並作"謁"字,未可全歸爲傳寫之譌。故知何氏本作謁,徐彥所據,則是別家經本。

　　2. 僖公十六年經"是月,六鶂退飛過宋都",傳云"是月者何",注云"是月,邊也,魯人語也"。此三"是月",並當作"提月",後來傳寫誤爲"是月"。知者,陸德明《公羊釋文》曰"是月,如字,或一音徒兮反"⑥,是陸氏所見或本有作"提月"者,證一也。陸淳《差謬略》云"是,《公羊》作提"⑦,證二也。《初學記·歲時部》引《公羊》傳注,即作"提月"⑧,證三也。白氏《六帖》引《公羊》傳注,亦

---

① 單疏鈔本,卷二十一。

②《經典釋文》,頁1251。

③ 撫本,卷九,頁20b。

④ 經文"吳子謁伐楚",《釋文》云"謁,《左氏》作遏",無"下注同"之文,知陸氏所見注文作"謁"。

⑤ 撫本,卷九,頁19b、20a、20a。

⑥《經典釋文》,頁1228。

⑦ 陸淳《春秋集傳纂例·三傳經文差謬略》,《景印文淵閣四庫全書·經部·春秋類》第146冊,頁516上。

⑧《初學記·歲時部》引《公羊》傳注云"《公羊傳》曰'提月,六鶂退飛過宋都。提月者何?僅建是月,晦日也。'何休注曰'提月,邊也,魯人語也,在是月之幾盡。'"(頁66)僅建,《文淵閣四部全書》本作"僅逮",當以"僅逮"爲是。

作提月 ①，證四也。注既云“魯人語”，則非尋常語可知，“是月”，常文，惟“提月”，與常文不同，故謂之魯人語。若“是月”是魯人語，則文公六年《公羊傳》“天無是月”之“是月”又是何人語耶？證五也。徐彥所據之本，“提月”已誤爲“是月”，故於何注“魯人語”不得其確解，漫言孔子魯人，《春秋》爲魯人語，傳文則是公羊子、胡毋生所撰，乃齊人語 ②。不知“是月”無齊魯之分，魯人謂之“是月”，齊人亦云“是月”，惟魯人“提月”之語非常，故傳解爲“僅逮是月”，注則釋爲“邊也，魯人語也”。然則，徐彥所據，非何氏舊本也。

3. 昭公廿四年經“叔孫舍至自晉”，左、穀二家經作“婼至自晉”，均無“叔孫”二字，但徐彥所據本則有之。徐疏云：

> 上十四年春，隱如至自晉，以其被執而還，故省去其氏。今此叔孫舍不去氏者，蓋以無罪故也。是以文十四年傳云“稱行人而執者，以其事執也”，注云“以其所衘奉國事執之，晉人執我行人叔孫舍是也”；“不稱行人而執者，以己執也”，注云“己者，己大夫，自以大夫之罪執之。分別之者，罪惡當各歸其本”。以此言之，則知隱如有罪，故去其氏；叔孫無罪，故無貶文。若然，文十五年夏，單伯至自齊，案彼單伯亦以其有罪執，而存其氏者，恥之故也。是以彼注云“不省去氏者，淫當絕，使若他單伯至”是也。③

---

① 白居易《六帖》引《公羊》傳注云“《公羊傳》：提月，六鶂退飛。提月者何？近建月，是晦日也。何休注：‘提月，邊也，魯人語，此是月之幾盡也。’”（《白孔六帖》，《景印文淵閣四庫全書·子部·類書類》第 891 册，頁 63 上），案此建字，蓋亦逮字之誤。

② 徐疏云“此一文獨爲魯人語者，以是經文孔子作之，孔子魯人，故知魯人語。彼皆是諸傳文，乃胡毋生、公羊氏皆爲齊人，故解爲齊人語。”見《春秋公羊傳注疏》，《十三經注疏》第 7 册，頁 139 上。

③《春秋公羊傳注疏》，《十三經注疏》第 7 册，頁 301 上。

此疏所釋，乃“叔孫舍”稱氏之義，然非《解詁》原本。何以明之？徐疏以文公十四年傳爲證，彼傳云“執者曷爲或稱行人，或不稱行人？稱行人而執者，以其事執也。不稱行人而執者，以己執也”，此言諸侯執大夫之稱例，謂以公事執者稱行人，以私事執者不稱行人，是解“執”不解“致”；不謂大夫無罪致當稱氏、有罪致不當稱氏。若以致例言之，何氏之意，大夫常例不致，致，則是善辭，如文公十五年經“單伯至自齊”，注云“大夫不致，此致者，喜患禍解也”是也①。今徐疏以有罪無罪釋致，非注意。依何氏之例，欲明內大夫之有罪無罪，宜以卒日卒不日示之②，不當據致之氏或不氏。此經書“舍至自晉”，乃《公羊》“一事而再見者卒名”之例，卒名者，但名不氏。宣公元年經“公子遂如齊”，下經“遂以夫人婦姜至自齊”，前氏“公子”，後但書“遂”。成公十四年經“叔孫僑如如齊逆女”，下經“僑如以夫人婦姜氏至自齊”，前氏“叔孫”，後竟書名。襄公廿七年經“叔孫豹會晉趙武以下于宋”，下經“豹及諸侯之大夫盟于宋”，前書叔孫豹，後書豹，皆一事再見者卒名之例。昭公十三年經“晉人執季孫隱如以歸”，下經“隱如至自晉”不氏“叔孫”者，同例也。考何休《左氏膏肓》駁《左氏》稱族、舍族之説，即據一事再見卒名之例③。然則，上經書“晉人執我行人叔孫舍”，此經書“舍

---

① 撫本，卷六，頁 16a。

② 隱公元年何注“於所見之世，大夫卒，有罪無罪皆日録之。於所聞之世，大夫卒，無罪者日録；有罪者不日略之。於所傳聞之世，大夫卒，有罪無罪皆不日略之也”（撫本，卷一，頁 7a）。

③ 成公十四年經書“秋，叔孫僑如如齊逆女”，《左傳》云：“稱族，尊君命也。”同年經“九月，僑如以夫人婦姜氏至自齊”，《左傳》云：“舍族，尊夫人也。”孔穎達《正義》引何休《左氏膏肓》云：“叔孫僑如舍族爲尊夫人，案襄二十七年豹及諸侯之大夫盟，復何所尊而亦舍族？《春秋》之例，一事再見者，亦以省文耳，《左氏》爲短。”見《春秋左傳正義》，《十三經注疏》第 4 册，頁 465 上。

至自晉”，正一事再見而卒名例，是以何氏於此無注。設若經有“叔孫”，何氏必別釋其義，猶如單伯之例①。故知此經“叔孫”二字，乃後人誤加。可爲旁證者，左、穀二家經無“叔孫”二字，一也。據熹平石經《春秋》殘字推排，亦無“叔孫”二字，二也②。陸德明《公羊音義》及陸淳《差謬略》不出異文，蓋二氏所見《公羊》經無“叔孫”二字，三也。至於唐石經書“叔孫舍至自晉”，衍叔孫二字，非何氏舊本可知。

　　以上三例，可證徐彦所據者非何氏原本。而今日所見宋以下經注本、注疏本，其經文、傳文、注文又與徐彦所據不全同。如襄公十二年經“晉侯使士魴來聘”，徐疏云“考諸正本，皆作士魴字，若作士彭者，誤矣”③，知徐氏所據本作“士魴”，非“士彭”，但今本皆作士彭，非徐氏所據也。文公十五年傳“入郛書乎？曰不書”，徐疏云“案諸舊本，此傳之下悉皆無注，有注云‘圍不言入，入郛是也’者，衍字耳”④，然今本正有注文“圍不言入，入郛是也”，亦非徐氏所據。

　　總之，陸德明、徐彦所據之本非何氏原本，唐石經、陸淳所見本亦與何注本有別，且諸本之間互有異同⑤。故欲辨《公羊》諸本弑、

---

① 王引之云：“文十五年經單伯至自齊，注云‘不省去氏者，淫當絶，使若他單伯至也’。以此例之，若叔孫舍至自晉，不省去氏，注亦必加訓釋。”見《經義述聞》，頁 167 上—167 下。
② 參本書第一章第三節，碑圖第二石陰面。
③《春秋公羊傳注疏》，《十三經注疏》第 7 册，頁 251 下。
④《春秋公羊傳注疏》，《十三經注疏》第 7 册，頁 181 下。
⑤ 如襄公七年經“鄭伯髡原如會”，徐彦疏云“正本作頑字，亦有一本作原字，非也”（《春秋公羊傳注疏》，《十三經注疏》第 7 册，頁 244 上），是徐彦所據本作“頑”不作“原”，然唐石經作“原”（《景刊唐開成石經》第 3 册，頁 2335 上）。疏本與唐石經不同也。僖公三十一年《公羊傳》云“然則曷祭？祭大山河海”，《釋文》“大，音泰，本亦作泰，下同”（《經典釋文》，頁 1232），陸氏所據本作“大”，然唐石經作“泰”，乃陸氏所謂“亦本”也。（轉下頁）

殺之異，不以徐還徐、以陸還陸、以何還何，猶登山無車、濟水無杭，難矣。

三、何氏弒例及《春秋》三十六弒考

但以何還何，並非易事。上述昭公廿四年經"叔孫舍至自晉"，衍叔孫二字，徐彥據誤本而爲之釋，是未曾詳究何氏義例。陸德明撰《公羊音義》，出文並見弒、殺，必有一本非何氏之舊，陸氏亦未揭明其間取舍。段玉裁詳論春秋弒君二十六，謂昭公十三年經"楚公子棄疾弒公子比"，弒乃殺之誤 [1]，其説亦非何氏義。欲以何還何，既須比勘諸本異同，又須究明何氏義例，不明何氏義例，則不能以何還何。不明何氏弒例，則弒、殺之去取必不達何氏之旨。

隱四年何注云"弒者，殺也，臣弒君之辭"，弒、殺之分，於此注最爲分明，是知何氏弒例：凡經傳臣弒君者，均作弒，不作殺。若臣弒君而書殺者，必非《解詁》原本。準此，大體可辨何注本弒殺之異同，如哀四年經"盜弒蔡侯申"，乃臣弒君例，何注本當作弒，漢石經作"殺"者，家法不同故也 [2]。至於宋十行本以下注疏本作"殺"

（接上頁）隱公元年經"鄭伯克段于鄢"，陸淳《差謬略》云"克，《公羊》作尅"（《春秋集傳纂例》，頁 514 下），然唐石經正作"克"，《音義》不出異文，蓋亦作克也，皆與陸淳所見有異。又如隱公八年經"無駭卒"，陸氏《差繆略》云"駭，《公》、《穀》作侅"（《春秋集傳纂例》，頁 514 下）。然陸德明《釋文》、徐彥《公羊疏》並不出異文，蓋皆作駭，唐石經亦作駭（《景刊唐開成石經》第 3 册，頁 2209 上）。是陸淳所見又與諸本異。

① 《公羊經傳弒字辯誤》，見《經韻樓集》卷四，頁 632 下—633 下。
② 惠棟《公羊古義》云："《公羊》有嚴、顏二家、蔡邕石經所定者，《嚴氏春秋》也。何邵公所注者，《顏氏春秋》也。"見《九經古義》，《景印文淵閣四庫全書·經部·五經總義類》第 191 册，頁 469 下。

者,蓋據《釋文》而改①。或有疑者,昭公十三年經"楚公子棄疾弑公子比",公子棄疾、公子比皆大夫稱,非臣弑君例,何以書"弑"?案《公羊》何氏義,比是君,其氏"公子"者,明其不當之意;書"弑"者,示棄疾有弑君代立之意。"公子比"雖是大夫稱,非實公子,乃君也。若是實公子,經當書"楚公子棄疾弑其公子比",今無"其"字,非公子之證也②,故知何注本書弑不書殺。

　　以此而言,除何氏弑例外,尚須知悉何氏弑君之所指。既知弑君之實,又明何氏弑例,兩相證驗,則弑殺之異同即可定焉。考漢儒常言春秋弑君三十六,但三十六弑所指,史無明文。後世學者所釋三十六弑,並非漢儒之意。段玉裁則謂春秋弑君僅二十六,典籍言三十六者,乃字之誤耳③。今考《公羊》經傳及相關典籍,知何休亦以爲春秋弑君三十六,段氏之説,非何氏義也。詳證如下:

　　1.《淮南子·主術》云"春秋二百四十二年,亡國五十二,弑君三十六"④。

　　2.《史記·太史公自序》云"春秋之中,弑君三十六,亡國五十二"⑤。

　　3.《説苑·建本篇》云"春秋之中,弑君三十六,亡國五十二"⑥。

　　4.《漢書·天文志》並司馬遷、劉向二傳云"弑君三十六"⑦。

---

① 南宋余仁仲萬卷堂刊本經文作"盜弑",但其附載《釋文》則出"盜殺",是余氏所據經文與陸德明不同。十行本據余本與單疏本合併而成,而十行本經文作"盜殺",與余本殊,蓋據《釋文》而改。
② 何注云"不言其者,比實已立,嫌觸實公子"。見撫本,卷十,頁9a。
③《春秋經殺弑二字辯別考》,見《經韻樓集》卷四,頁622下。
④ 劉文典《淮南鴻烈集解》,頁313。
⑤《史記》第10冊,頁3297。
⑥ 趙善詒《説苑疏證》,頁73。
⑦ 分見《漢書》第5冊,頁1301;第7冊,頁1936;第9冊,頁2717。

5.《論衡·死僞篇》云"春秋之時,弑君三十六"①。

6.《東觀漢記》載司徒丁鴻上疏云"臣聞《春秋》日食三十六,而弑君三十六,變不空生"②。

以上皆漢人言春秋弑君三十六之證,尤其丁鴻云《春秋》日食三十六與弑君三十六相應,"變不空生"。以《春秋》日食三十六,知弑君必是三十六,其數最爲不誤。而范氏《後漢書·丁鴻傳》云"弑君三十二"者,字之譌也③。準此,典籍中凡言弑君三十一、三十二者,皆傳寫譌誤。如《春秋繁露·王道篇》云"弑君三十二",《滅國篇》云"失國之君三十一",《盟會要篇》云"弑君三十一"④,此"三十一""三十二"皆"三十六"之誤。

案董仲舒習《公羊》,劉向主習《穀梁》,其云春秋弑君三十六,宜於《公》《穀》二傳求之。但顏師古注《漢書》,却據《左傳》爲釋,其中五例不見於二家之經傳⑤,實非董、劉之意。梁玉繩雖言其非,然亦不依《公》《穀》之義⑥。今合考《公》《穀》二傳,明言

① 黄暉《論衡校釋》第 3 册,頁 897。
② 劉珍等撰,吴樹平校注《東觀漢記校注》下册,頁 649。
③《後漢書·丁鴻傳》云"春秋日食三十六,弑君三十二,變不空生,各以類應"(《後漢書》第 5 册,頁 1265),文與《東觀漢記》少異。然既云"變不空生",則日食三十六,當應弑君三十六。若是三十二,變則空生。李賢注云"劉向上書云弑君三十六,今據《春秋》與劉向同。而《東觀》及《續漢》范氏諸本皆云三十二,蓋誤也"(《後漢書》第 5 册,頁 1266),是李賢所見本已誤作"三十二"。
④ 分見《春秋繁露義證》,頁 112、133、141。
⑤ 此五例,即(1)桓公七年曲沃伯誘晉小子侯殺之。(2)桓十七年鄭高渠彌弑昭公。(3)莊公十四年傅瑕弑其君鄭子。(4)僖公二十四年晉弑懷公于高梁。(5)哀公十年齊人弑悼公。
⑥ 梁氏云:"《左氏春秋經》書弑者二十五,内諱不書弑者五,書卒者三,書殺者一,凡三十四事,此言三十六,通傳數之,然通數當有三十七。"見梁玉繩《史記志疑》第 3 册,頁 1467。

弑君者凡三十一例,此三十一例,即(1)隱公四年,衞州吁弑其君
完。(2)隱公十一年,魯桓弑隱公①。(3)桓公二年,宋督弑其君與
夷。(4)桓公十八年,夫人文姜弑桓公②。(5)莊公八年,齊無知弑
其君諸兒。(6)莊公十二年,宋萬弑其君接。(7)莊公三十二年,
慶父弑子般③。(8)閔公二年,慶父弑閔公④。(9)僖公九年,晉里克
弑其君之子奚齊⑤。(10)僖公十年,晉里克弑其君卓子。(11)文
公元年,楚世子商臣弑其君髡。(12)文公十四年,齊公子商人弑
其君舍。(13)文公十六年,宋人弑其君處臼。(14)文公十八年,
齊人弑其君商人。(15)文公十八年,莒弑其君庶其。(16)宣公
二年,晉趙盾弑其君夷獳。(17)宣公四年,鄭公子歸生弑其君夷。
(18)宣公十年,陳夏徵舒弑其君平國。(19)成公十八年,晉弑其
君州蒲。(20)襄公七年,鄭大夫弑其君髡原⑥。(21)襄公廿五年,

---

① 魯桓與公子翬共弑隱公者,《公羊傳·隱公四年》云"與弑公""弑隱公"。
《穀梁傳·隱公元年》云"隱將讓而桓弑之",皆可證。

②《公羊傳·莊公元年》云"公何以不言即位?《春秋》君弑,子不言即位";
又云"夫人何以不稱姜氏?貶。曷爲貶?與弑公也",是《公羊》以爲夫人
與弑公也。《穀梁傳·桓公十八年》云"君弑,賊不討,不書葬,此其言葬何
也",莊公元年傳"繼弑君不言即位,正也",雖不明言夫人弑,然亦謂桓公遇
弑,與《公羊》同,是弑君之數應計此例。

③《公羊傳·閔公元年》云"孰弑子般?慶父也",明言弑。《穀梁傳·閔公元
年》云"繼弑君不言即位,正也",以"繼弑君",知子般弑。二傳義同。

④《公羊傳·閔公二年》云"莊公死,子般弑,閔公弑,比三君死",明言弑。
《穀梁傳·僖公元年》亦云"繼弑君不言即位,正也",既云"繼弑君",則閔公
遇弑也,同《公羊》。

⑤ 弑,《穀梁》作殺。知穀梁亦以爲君弑之例者,僖公十年《穀梁傳》云"里克
弑二君與一大夫""里克所爲弑者,爲重耳也",兩言弑,與《公羊》同。

⑥《公羊傳·襄公七年》云"何隱爾?弑也。孰弑之?其大夫弑之",明言弑。
《穀梁傳·襄公七年》云"不勝其臣弑而死,其不言弑,何也",是二傳皆以
爲鄭伯髡原遇弑也。

齊崔杼弑其君光。（22）襄公廿六年，衛甯喜弑其君剽。（23）襄
公廿九年，閽弑吳子餘祭。（24）襄公三十年，蔡世子般弑其君固。
（25）襄公卅一年，莒人弑其君密州。（26）昭公十三年，楚公子比
弑其君虔。（27）昭公十九年，許世子止弑其君買。（28）昭公廿七
年，吳弑其君僚。（29）定公十三年，薛弑其君比。（30）哀公四年，
盜弑蔡侯申。（31）哀公六年，齊陳乞弑其君舍。三十一例之外，猶
有三例，《公羊》明言弑，《穀梁》雖無明文，却可以意推求。

　　一，莊公九年經“齊人取子糾殺之”，《公羊傳》云“其稱子糾
何？貴也。其貴奈何？宜爲君者也”，何注“故以君薨稱子某言之
者，著其宜爲君，明魯爲齊殺之，皆當坐弑君”①。案上經云“齊小白
入于齊”，傳以爲“當國”，則齊小白坐篡國也。今此又發子糾“宜爲
君”之傳，可知傳意以齊小白爲篡弑者。何注“皆當坐弑君”，申傳
意也。《穀梁》雖無明文，却可以意推求。案僖公十七年經“齊侯
小白卒”，《穀梁傳》云“以不正入虛國，故稱嫌焉爾”，“以不正入虛
國”者，謂莊九年齊小白入于齊；“稱嫌”者，謂弑而代之，如隱公四
年傳、莊公八年傳並云“大夫弑其君以國氏者，嫌也，弑而代之也”；
是《穀梁》以爲齊小白有弑君代立之嫌。又考哀公六年經“齊陽生
入于齊。齊陳乞弑其君荼”，范注引鄭玄《起癈疾》云“荼與小白其
事相似，荼弑乃後立；小白立乃後弑。雖然，俱篡國而受國焉爾。
傳曰‘齊小白入於齊，惡之也’‘陽生其以國氏何？取國于荼也’，
義適互相足”②，鄭玄亦以爲小白有弑君篡國之罪。合而言之，則弑
君三十六，《公》《穀》皆並計齊小白弑子糾也。

　　二，文公十八年經“子卒”，《公羊傳》云“何隱爾？弑也。弑則

─────────

① 撫本，卷三，頁11a。
②《春秋穀梁傳注疏》，《十三經注疏》第7冊，頁202上。

何以不日”，又宣公元年傳云“爲弒子赤之賂也”，宣八年傳“爲弒
子赤貶”，成十五年傳云“公子遂知其不可與謀，退而殺叔仲惠伯、
弒子赤而立宣公”，文公十五年何注云“宣公弒子赤”，是傳、注明言
宣公與公子遂弒子赤。證以《穀梁》，雖無子赤君弒之明文，然宣公
元年經“公即位”，《穀梁傳》云“繼故而言即位，與聞乎故也”，“故”
即弒也，桓公元年傳云“繼故而言即位，則是與聞乎弒也”可證。
又宣公八年經“仲遂卒于垂”，傳云“其曰仲何也？疏之也。何爲疏
之也？是不卒者也”，案《穀梁》之例，内大夫卒日，正；不日，惡①，
無有不卒者。今以“不卒”言仲遂，則不但惡，蓋以弒君之罪而略
之，是《穀梁》亦以爲宣公與公子遂弒子赤也。合觀二傳，則春秋
弒君之數宜有此例。

　　三，昭公十三年經“楚公子棄疾弒公子比”，《公羊傳》云“大
夫相殺稱人，此其稱名氏以弒何？言將自是爲君也”，何注“故使與
弒君而立者同文也”②，是傳注皆謂棄疾有弒君之嫌。以《穀梁》相
證，經書“楚公子棄疾殺公子比”，作殺不作弒，與《公羊》異，然《穀
梁傳》云“當上之辭也。當上之辭者，謂不稱人以殺，乃以君殺之
也。棄疾主其事，故嫌也”，此以嫌解棄疾，如齊小白例，是棄疾有
當上爲君之嫌，故不稱人以殺，而云“以君殺之也”。合考二傳，則
弒君三十六之數，亦當計此例。

　　上述三例，《公羊傳》明言弒，《穀梁》可以意推求。通前三十一
例，凡三十四也。尚有二例，一則見於《公羊》，一則見於《穀梁》。

　　見於《公羊》者，謂陳公子招與孔瑗弒君也。昭公元年傳云

----

① 隱公元年《穀梁傳》云“大夫日卒，正也。不日卒，惡也”（《春秋穀梁傳注
　　疏》，《十三經注疏》第 7 册，頁 12 上）。
② 撫本，卷十，頁 9a。

“陳侯之弟招殺陳世子偃師，大夫相殺稱人，此其稱名氏以殺何？
言將自是弒君也”，何注“明其欲弒君，故令與弒君而立者同文。孔
瑗弒君，本謀在招”①，是傳、注皆謂陳招與孔瑗有弒君之事。又
昭九年傳云“滅人之國，執人之罪人，殺人之賊”，“滅人之國”者，
謂滅陳；“執人之罪人”者，謂執陳公子招；“殺人之賊”者，謂殺
陳孔瑗②。《公羊傳》云“君弒，賊不討，不書葬”，孔瑗既是大夫，
而謂之賊者，是與弒君也，故何注云“孔瑗弒君”。然此義不見於
《穀梁》。

　　見於《穀梁》者，謂楚公子圍弒君也。昭公四年《穀梁傳》載慶
封之言曰“有若楚公子圍弒其兄之子而代之爲君者乎”，“兄之子”
者，謂楚子卷。據《左傳》，公子圍問王疾，縊而弒之，事與慶封之言
相同，則《穀梁》之言弒君，當合計公子圍。惟《公羊傳》於此無説，
何注亦不言。然以《史記》相證，言公子圍弒其君而立者凡六③，知
史公云“春秋之中，弒君三十六”者，必合計此例④。

---

① 撫本，卷十，頁 1a—1b。
② 上八年經“楚師滅陳，執陳公子招放之于越，殺陳孔瑗”，此即滅人之國，執
　人之罪人，殺人之賊。
③（1）《史記·秦本紀》“楚公子圍弒其君而自立，是爲靈王”（《史記》第
　1 冊，頁 197）。（2）《吳太伯世家》“楚公子圍弒其王夾敖而代立，是爲靈
　王”（《史記》第 5 冊，頁 1459）。（3）《管蔡世家》“楚公子圍弒其王郟敖
　而自立，爲靈王”（《史記》第 5 冊，頁 1567）。（4）《陳杞世家》“楚公子圍
　弒其君郟敖自立，爲靈王”（《史記》第 5 冊，頁 1580）。（5）《宋微子世家》
　“三十五年，楚公子圍弒其君自立，爲靈王”（《史記》第 5 冊，頁 1630）。（6）
　《楚世家》“圍入問王疾，絞而弒之”（《史記》第 5 冊，頁 1703）。
④《史記·太史公自序》云“昔孔子何爲而作《春秋》哉？太史公曰：余聞董
　生曰”云云，是史公嘗問學於董仲舒也。以史公謂公子圍弒君之言，竊疑董
　氏亦有是論，則《公羊》三十六弒或計此例。然今本《繁露》不見此説，何注
　也無斯言，姑記於此，待驗。

　　如上所述，公、榖二傳可證弑君之數凡三十五，《榖梁》無陳招與孔瑗弑君之事，《公羊》則不見公子圍弑君之言。故凡言《春秋》弑君三十五以下者，或傳寫之誤，或非漢人之意。段玉裁謂二十六弑乃漢經師舊説①，非是。顔師古據《左傳》立説，非漢儒之義。而徐彦釋弑君之數，亦不得何氏之旨。

　　案文公十一年何注云“自宣成以往，弑君二十八”②，徐疏謂“八”乃衍字。然徐氏所舉之例，如吳子謁爲巢人所殺、吳殺胡子髠、沈子楹、蔡殺沈子嘉③，皆非本國臣子弑君父之例，徐彦並計之，殊謬。案此云“宣成以往，弑君二十八，亡國四十”者，與下成公五年注云“自是之後，六十年之中，弑君十四，亡國三十二”④，皆何休引緯書《春秋説》文，乃廣異聞，非實數也。緯書之説，別有淵源，不據經傳實證。如僖公十六年傳云“春秋不書晦也”，何注云“事當日者日，平居無他卓侻、無所求取言晦朔也，趡盟、奚戰是也”⑤。趡盟者，桓公十七年經“二月丙午，及邾婁儀父盟于趡”，徐疏引《春秋説》以爲二月晦；奚戰者，同年經“五月丙午，及齊侯戰于奚”，徐疏引《春秋説》以爲五月朔⑥。何休引緯文以釋趡盟、奚戰不書晦朔，然以春秋時曆相驗，桓十七年二月丙午非晦，五月丙午亦非朔。若二月丙午晦，則正月不得有丙辰，而同年經“正月丙辰，公會齊侯、紀侯盟于黃”，何氏無注，是不以爲誤。且若二月丙午晦、五

---

① 《春秋經殺弑二字辯別考》，《經韻樓集》卷四，頁 622 下。

② 撫本，卷六，頁 11a。

③ 《春秋公羊傳注疏》，《十三經注疏》第 7 册，頁 175 下。

④ 撫本，卷八，頁 5b。

⑤ 撫本，卷五，頁 18a。

⑥ 僖公十六年徐疏云“桓十七年二月丙午，及邾婁儀父盟于趡，《春秋説》以爲二月晦矣。五月丙午，及齊侯戰于奚，《春秋説》以爲五月之朔也。”（《春秋公羊傳注疏》，《十三經注疏》第 7 册，頁 139 下）

月丙午朔,則不能上推桓三年七月壬辰朔,而何氏曾以“桓三年秋七月壬辰朔,日有食之”爲食正朔之例[1],是何氏以爲此曆日不誤,由桓三年七月壬辰朔,可推桓十七年二月丙午非晦日。本傳言何休善曆算[2],若趙盟、奚戰爲晦朔,則何休無緣不知前後曆日相乖違也。故何氏引緯書趙盟、奚戰之例以釋不書晦朔者,乃增廣見聞耳。且考何注之例,凡云災異相應者,或應在數年之後,或應在本世,無漫言應在數十年乃至百年以後事也。注云“宣成以往”“自是之後六十年之中”,世踰數代,年歷百歲,均非何注災異之例。而徐彦竟以實數當之,以致吳殺胡子髡等亦在弒君之列,不知臣弒君方得稱弒君,豈有自外滅人國殺人君者爲弒君耶? 是徐氏於何氏弒君三十六之數,不得其確解。

以經傳明言三十五弒,知何休主三十六弒之説。此三十五弒,除子糾之例書殺外,其餘皆書弒。或問曰:子糾既屬弒例,何以書殺不書弒? 案莊九年經“齊人取子糾殺之”,此乃魯殺子糾,非齊弒子糾,傳云“脅我,使我殺之也”是也。齊小白有弒君篡國之罪,但殺子糾者,究是魯,非齊,自外者不得書弒,故經書“子糾”,示其宜爲君之意,齊、魯皆坐弒君之罪;書“殺”,示其自外殺之。此與臣子直弒君者異。自兹以外,皆本國臣子弒君父例,書弒不書殺。明乎此,則可以何還何、以陸還陸、以徐還徐。

四、據《釋文》以何還何

陸德明所見《春秋》三家經,弒、殺互異;即一家之經,或作殺,

① 隱公三年注,撫本,卷一,頁 10a。
②《後漢書》第 9 册,頁 2583。

或作殺，不能畫一。陸氏稱之爲"字亂"，字亂者，謂本當作弒，而亂作殺。隱公四年經"衛州吁弒其君完"，《公羊音義》出"弒其"云：

> 申志反。弒字从式，殺字从殳，不同也。君父言弒，積漸之名也；臣子云殺，卑賤之意也。字多亂，故時復音之。可知，則不重出也"。①

此謂臣弒君當書弒，君殺臣當書殺，但後來傳本弒多亂作殺，故還以正字弒音殺。云"時復音之"者，謂雖於此起例，其後有同例者，猶撰音而不省文。又，昭公十三年經"楚公子比自晉歸于楚，弒其君虔于乾溪"，《穀梁音義》出"弒其"云"凡弒字从式，殺字从殳。君父曰弒，取積漸之名，自外則皆曰殺。此可以意求也。傳本多作殺字，故時復音之，後放此"②。云"意求"者，謂以君父言弒、自外曰殺之意求之。陸氏之意，凡臣弒君，當言弒；凡君殺臣，或自外殺君，當言殺。若有弒亂作殺者，則以弒之音音殺。故其撰音，或注本音，或逐正字之音。注本音者，字不亂也；逐正字之音者，字亂故也。其音弒云"式志反""申志反"，或音殺云"所戒反""色界反"者，是注本音；其音殺云"申志反""音試"者，是逐正字之音。所以逐正字之音者，傳本差舛而字亂耳。陸氏云"余既撰音，須定紕謬。若兩本俱用，二理兼通，今竝出之，以明同異。其涇渭相亂，朱紫可分，亦悉書之，隨加刊正"③，明言其所見諸本互異，須正訛訂謬。以弒多亂作殺，故陸氏撰音據正字，而不據亂字。如桓公元年《穀梁傳》云"桓弟弒兄"，《釋文》出"弟殺"云"申志反，本亦作弒"④，是陸氏所見兩本一作殺、一作弒，以"申志反"音殺，非殺字

---

①《經典釋文》，頁1201。
②《經典釋文》，頁1322—1323。
③《經典釋文》，頁7。
④《經典釋文》，頁1279。

本音,乃謂此殺字當據一本正字弑而讀解焉。陸氏注本音、逐正字之音二例,略見下表:

表3-1　《釋文》注本音舉例

經傳注之文	《釋文》	附釋
1.《易・坤・文言》:"臣弑其君。"	臣弑,式志反,本或作殺,音同,下同。	陸氏所見兩本一作臣弑,一作臣殺,此云"式志反"者,即弑字本音。殺音同式志反者,則逐正字之音。
2.《禮記・明堂位》:"君臣未嘗相弑也。"	相弑,本又作殺,音試,注同。	陸氏所據本作相弑,"又本"作相殺,此云"音試"者,乃弑字之音。殺亦音試者,殺是亂字,故逐正字之音。
3.《左傳》隱公三年注:"四年經書州吁弑其君。"	弑其,音試。	案杜預所見經本,書弑不書殺,隱四年杜注云"州吁弑君而立"①,與此注同,是其證也。此以試音弑,注本音耳。
4.隱公十一年《公羊傳》:"何隱爾?弑也。"	弑也,申志反,注及下並同。	弑音申志反,即本字之音。陸氏所見與何注本同。
5.《尚書・咸有一德》孔傳:"言德行終始不衰殺。"	衰殺,色界反。衰,微也。殺,害也,言小小害也。	色界反,此注殺字本音。
6.《左傳》桓公二年注:"衰,殺也。"	衰殺,所界反。	所界反,注殺字本音。
7.《公羊傳》隱公元年注:"王父之臣恩少殺。"	少殺,所介反。	所介反,亦注殺字本音。

　　表中前四例,爲陸氏注弑字本音,後三例乃陸氏注殺字本音,此類例證數不勝數,知陸氏有注本音之例。

---

① 《春秋左傳正義》,《十三經注疏》第 6 册,頁 56 上。

表3-2　《釋文》逐正字之音舉例

經傳注之文	《釋文》	附釋
1.《禮記·檀弓下》："邾婁定公之時,有弒其父者。"	有殺,本又作弒,同式志反。	云"同式志反"者,不謂殺音式志反,乃謂殺字當據"又本"弒字讀解。陸氏之意,此殺字不宜讀作本音所戒反,宜據正字弒而讀爲式志反,故云"同式志反"。
2.《左傳》文公十七年杜注:"昭公雖以無道見弒。"	見殺,音試,本或作弒,下同。	云音試者,乃弒字本音,非殺字本音。陸氏所見兩本,一作弒,一作殺。弒是正字,亂作殺,殺音試,逐正字之音耳。
3.《公羊傳·襄公七年》"何隱爾?弒也"。	殺也,音試,下及注皆同。	此也以試音殺,非殺字本音。不云"本或作弒"者,蓋陸氏所見本無作弒者。然何氏原本作弒字明矣,説見表3-3第22例。
4.《穀梁傳·桓公十年》范注:"與夷見弒。"	見殺,申志反,下同,本又作弒。	陸氏所見兩本一作殺,一作弒,以申志反音殺,非殺字本音,乃逐"又本"正字弒字之音也。
5.《論語·憲問》:"陳成子弒簡公。"	弒簡,本亦作殺,同音試,下同。	陸氏所見一本作殺,云"同音試"者,亦謂當逐正字弒而讀解其音義。

　　表中但舉五例,《釋文》中此類例證不暇枚舉,是陸氏撰音有逐正字之音例。

　　注本音,是據音;逐正字之音,是據本。二者立説不同。段玉裁但及陸氏注本音之例,阮元則但及陸氏逐正字之音例,説皆未備。如段氏云:

　　　　殺於六書从殳杀聲,弒於六書从殺省、式聲。殺聲於音在脂部,式聲於音在之部。脂、之者,古音之大判,彼此不相假借者也。凡六書假借必其音同部,是故殺與弒音殊義殊。漢《公羊》經傳假試爲弒,斷無有假殺爲弒者也。凡三經三傳之用殺爲弒者,皆譌字也。凡經傳弒既譌殺,作音家從而爲辭曰音試、曰申志反者,皆不合正誤之法。殺之不得音弒,猶弒之不得音殺也。①

段氏分古音十七部,脂在第十五部,之在第一部,段氏云“五支、六脂、七之三韻,其分用乃截然也”②,故謂二字不相假借。案陸氏音殺爲申志反,乃謂傳本差舛,撰音不據亂字,而據正字。弑亂作殺,讀解當同弑,不謂假殺爲弑。陸氏以亂字爲釋,不以假借字爲釋。今段氏以假借立説而駁陸氏,非其本意也。段氏云“漢《公羊》經傳假試爲弑,斷無有假殺爲弑者也。凡三經三傳之用殺爲弑者,皆譌字也”,此與陸氏之意不相違,然謂“凡經傳弑既譌殺,作音家從而爲辭曰音試、曰申志反者,皆不合正誤之法”,此又未及陸氏逐正字之音例。

阮元之説則與段玉裁相反。隱四年經“衛州吁弑其君完”,《釋文》出“弑其”云“申志反”,此注本音,然阮氏《春秋公羊傳釋文校勘記》云:

> 按此當本作“殺其”,故陸音申志反。如本作弑,無煩音矣。陸云“弑字从式,殺字从殳,不同也。字多亂,故時復音之。可知,則不重出”,語極明析。③

云“如本作弑,無煩音矣”者,意謂陸氏但逐正字之音,不注本音。然據表一,如本作弑,陸氏猶有音“申志反”者,隱公十一年《公羊傳》“何隱爾? 弑也”,《釋文》“弑也,申志反”,即是注本音之明證。

總之,陸氏撰弑、殺之音,若二字不相亂,則出本音;若弑亂作殺,則逐正字之音。其曰“弑,申志反”“殺,所介反”者,注本音也;其曰“殺,申志反”者,逐正字之音也。阮氏云“如本作弑,無煩音

---

① 《春秋經殺弑二字辯別考》,《經韻樓集》卷四,頁 620 下。
② 段玉裁《六書音均表》,見《説文解字注》,上海古籍出版社,頁 809 下。
③ 阮元《春秋公羊傳釋文校勘記》,《續修四庫全書·經部·群經總義類》第183 册,頁 138 下—139 上。

矣",非陸氏注本音例;段氏云"殺之不得音弒",非陸氏逐正字之音例。明陸氏撰音二例,既不妄誣陸氏,又能以何還何。列表如下。

表3-3　《公羊音義》所出弒殺與何注本異同表

經傳注文	陸氏釋文	何氏注本	考證
1.隱公三年注:"衛州吁弒其君完"。(撫本,卷一,頁9b)①	殺其,申志反,下殺其君同。(《經典釋文》下册,頁1200)②	何注本作"弒其"。	何氏注本必是"弒其"。知者,隱公四年經"衛州吁弒其君完",注云"据齊公子商人弒其君舍氏公子",何氏以商人弒其君舍爲比,是作"弒"之證。又下注謂里克與州吁"俱弒君賊",言"弒君賊",亦是作弒之證。詳見本章第三節。
2.隱公三年傳:"莊公馮弒與夷"。(撫本,卷一,頁12a—12b)	馮弒,音試,注同。(頁1201)	何注本作"馮弒",同《釋文》。	此年注云"馮與督共弒殤公,在桓二年"③,是作弒字。又桓公二年注云"宋公馮與督共弒君而立"④,亦作弒,知何氏本傳文當作弒。阮元《校勘記》云"按此當本作馮殺,音試,淺人據注疏本改作弒"⑤。案此乃陸氏注本音之例,阮説可商。
3.隱公四年經:"衛州吁弒其君完"。(撫本,卷一,頁12b)	弒其,申志反,弒字從式,殺字從殳,不同也。君父言弒,積漸之名也。臣子云殺,卑賤之意也。字	同《釋文》。	陸氏云"君父言弒"者,與注意合,陸氏所見,與何注本同。但阮元《校勘記》云"按此當本作'殺其',故陸音申志反,如本作弒,無煩音矣。陸云'弒字從式,殺字從殳,不同也。字多亂,故時復音之。可知,則不重

---

① 以下經傳注文,皆引自此本。

② 以下但出頁碼。

③ 撫本,卷一,頁12b。

④ 撫本,卷二,頁3a。

⑤《春秋公羊傳釋文校勘記》,頁138下。

續表

經傳注文	陸氏釋文	何氏注本	考證
	多亂，故時復音之。可知，則不重出也。（頁1201）		出’，語極明析”①。案阮説不合陸氏注本音之例，下例隱公十一年《公羊傳》“何隱爾？弒也”，《釋文》出“弒也”云“申志反”，即注本音。阮説但及逐正字之音例，不及注本音例，不可從。
4.隱公十一年傳：“何隱爾？弒也”。（撫本，卷一，頁22a）	弒也，申志反，注及下並同。（頁1205）	同《釋文》。	此傳下注云“爲桓公所弒”②。又隱公四年傳云“弒隱公”，隱公九年注云“此桓將怒而弒隱公之象”③，桓公二年注云“桓公本亦弒隱而立”④，莊公卅一年注云“桓弒隱而立”⑤，傳注皆言弒，是何注本作弒之證。云“注及下並同”者，謂注文“爲桓公所弒”、傳文“弒則何以不書葬？《春秋》君弒，賊不討，不書葬”以下，皆同作弒。陸氏所見，與何注同。但阮氏《校勘記》云“此當本作‘殺也，申志反’。莊元年‘君殺，申志反’、桓元年‘繼殺，申志反’皆可證。”⑥案阮説非是。桓公元

---

① 《春秋公羊傳釋文校勘記》，頁138下—139上。

② 撫本，卷一，頁22a。

③ 撫本，卷一，頁20b。

④ 撫本，卷二，頁3a。

⑤ 撫本，卷三，頁26b。

⑥ 《春秋公羊傳釋文校勘記》，頁139上。

續表

經傳注文	陸氏釋文	何氏注本	考證
			年《釋文》作"繼弒,申志反",出文"繼弒",非"繼殺",是阮氏引證有誤。至於莊公元年《釋文》作"君殺,申志反"者,陸氏所見非何氏原本,其音殺爲申志反者,逐正字之音,不可據彼以難此。
5.桓公元年傳:"繼弒君不言即位"。(撫本,卷二,頁1a)	繼弒,申志反,注皆同。二年放此。(頁1205)	同《釋文》。	案閔公元年傳、僖公元年傳、宣公元年傳並云"繼弒君不言即位"。又隱公七年注云"繼弒君亦稱即位"①,皆是作弒之證。陸氏云"二年放此"者,謂二年傳云"弒君多矣"、二年注云"宋公馮與督共弒君而立",皆音申志反。此陸氏所見,與何注本同。
6.莊公元年傳:"《春秋》君弒,子不言即位"。(撫本,卷三,頁1a)	君殺,申志反,下皆同。(頁1212)	何注本作"君弒"。	隱公十一年傳云"《春秋》君弒,賊不討,不書葬",莊公十二年傳"仇牧聞君弒",閔公元年注云"至者,聞君弒"②,諸經、注之書"君弒",義與此同,知此亦當書"君弒"。陸氏所見,非何氏原本。但阮氏《校勘記》云"葉本、盧本同。傳文自唐石經以下諸本,殺皆改弒,注疏自十行本以下載《音義》亦改弒。惟此未誤,可據以訂前後諸弒字之訛。下'與殺'同"③。案阮説未及陸氏注字本音之例,不可從。

① 撫本,卷一,頁17b。

② 撫本,卷四,頁1b。

③《春秋公羊傳釋文校勘記》,頁139下。

續表

經傳注文	陸氏釋文	何氏注本	考證
7. 莊公元年傳："與弒公也"。（撫本，卷一，頁1b）	與殺，音預，下同。（頁1212）	何注本作"與弒"。	案何注本必作"與弒"。隱公四年傳云"與弒公也"，注云"弒者，殺也，臣弒君之辭"，作弒不作殺明矣，此傳文與彼同，宜作弒。且閔公二年徐疏引此傳云"曷爲貶？與弒公也"①，是徐彥所見本作"與弒"，唐石經同②，皆可爲旁證。以理揆之，哀姜殺二子及閔公，僖公元年傳猶云"與弒公也"，文姜是桓夫人，非母，更當書弒。陸德明出"與殺"者，其所據非何注本。考僖公元年傳"與弒公也"，《釋文》出"與殺"云"音預，又如字，下申志反"（見下第16例），似此音義下當補"下申志反"四字。
8. 莊公六年注："弒而立者，不以當國之辭言之"。（撫本卷三，頁7b）	殺而，申志反，下皆同。（頁1214）	何注本作"弒而"。	哀公六年經"齊陳乞弒其君舍"，傳云"弒而立者，不以當國之辭言之"，經傳並作弒字。此傳與彼同，亦當作弒。又考何氏之例，既云"當國"，則是篡弒之辭，莊公卅二年注云"莊不卒大夫而卒牙者，本以當國將弒君"③，亦可證。

① 《春秋公羊傳注疏》，《十三經注疏》第 7 册，頁 116 上。
② 《景刊唐開成石經》第 3 册，頁 2226 下。
③ 撫本，卷三，頁 28b。

續表

經傳注文	陸氏釋文	何氏注本	考證
9.莊公三十年注："是後，魯比弒二君"。（撫本，卷三，頁26a）	比殺，申志反。（頁1221）	何注本作"比弒"。	魯比弒二君者，謂慶父弒子般、閔公也。知何注本作"比弒"者，閔公元年注云"据子般弒不見"①，同年傳云"孰弒子般？慶父也"。又閔公二年傳云"莊公死、子般弒、閔公弒，比三君死"，傳注皆作弒，知何氏此注亦當云"魯比弒二君"。《釋文》出"比殺"者，所據本與何氏本不同。阮氏《校勘記》云："注疏本作'比弒'，并改《釋文》殺作弒，三十一年'桓殺'同。"②案阮説未可全信，十行本《釋文》猶作"比殺"③，未改作"比弒"。注疏本改《釋文》殺爲弒者，自閩本《公羊傳注疏》始④，其後，北監本、毛氏汲古閣本、清武英殿本並承其誤。
10.莊公卅一年注："桓弒隱而立"。（撫本卷三，頁26b）	桓殺，申志反。（頁1221）	何注本作"桓弒"。	隱公四年傳云"弒隱公"，隱公九年注"此桓將怒而弒隱公之象"，桓二年注"桓公本亦弒隱而立"，皆可證何注本作"桓弒"。

---

① 撫本，卷四，頁 1a。

②《春秋公羊傳釋文校勘記》，頁 140 下。

③《春秋公羊傳注疏》，《十三經注疏》第 7 册，頁 109 下。

④ 閩本《春秋公羊傳注疏》，卷九，頁 6a。

續表

經傳注文	陸氏釋文	何氏注本	考證
11.莊公卅二年傳："俄而牙弒械成"。（撫本，卷三，頁28a）	牙殺，申志反，注及下親弒同。（頁1222）	何注本作"牙弒"。	陸氏所據本作"牙殺"，非何注本。此傳下之注云"是時牙實欲自弒君"①，用弒字，是其一證。又據傳文，子般爲未踰年君，而慶父與公子牙共謀弒子般，故閔公即位，其元年傳云"繼弒君不言即位"，言"繼弒君"，則何注本作弒可知。
12.閔公元年傳："繼弒君不言即位"。（撫本，卷四，頁1a）	繼弒，申志反。（頁1222）	同《釋文》。	參上第5例。但阮氏《校勘記》云："當本作繼殺。僖元年'繼弒'同。又此二年'弒音試，下及注同'，當本作'殺音試'"②。案阮説未及陸氏注本音之例。考隱公七年注云"若繼體君亦稱即位，繼弒君亦稱即位"，明何注本作繼弒不作繼殺。今陸氏所見亦作繼弒，與何注本同。攷《公羊傳》桓公元年、閔公元年、僖公元年傳"繼弒君不言即位"，陸氏出文皆作"繼弒"。而《穀梁傳》莊公元年、閔公元年、僖公元年三傳皆云"繼弒君不言即位"，陸氏出文亦俱作"繼弒"③，《穀梁》隱公二年范注"公去即位以表繼弒"④、文公元年范注"莊閔僖不言即位，皆繼弒"，陸氏出文亦是"繼弒"，可證陸氏所見本作"繼弒"，阮元謂《釋文》當作"繼殺"者，非也。

① 撫本，卷三，頁28a。
②《春秋公羊傳釋文校勘記》，頁140下。
③ 見《經典釋文》，頁1284、1292、1293。
④《春秋穀梁傳注疏》，《十三經注疏》第7冊，頁13下。

經傳注文	陸氏釋文	何氏注本	考證
13.閔公元年傳："盍弒之矣"。（撫本，卷四，頁1b）	盍殺，户臘反。（頁1223）	何注本作"盍弒"。	"盍殺之矣"，慶父語鄧扈樂也。慶父不宜自言"弒"，似以"盍殺"爲是。但下句云"使弒子般"，則是傳家述事之語。既是傳家述事，則於慶父之言，容有改易。如隱公四年傳載公子翬語桓公曰"請作難，弒隱公"，此"弒"字，恐非公子翬自言，乃傳家以意改易。且下注云"知樂勢不能獨弒"①，明傳家用弒字。由注而推傳，則何注本傳文宜作"盍弒"。唐石經亦作"盍弒"②，可爲一證。
14.閔公二年傳："何隱爾？弒也"。（撫本，卷四，頁3a）	弒，音試，下及注同。（頁1223）	同《釋文》。	隱公十一年、文公十八年、襄公七年並發"何隱爾？弒也"之傳，皆臣弒君之例。且隱十一年傳下有注云"爲桓公所弒"，知何注本作"弒"字。陸氏所見，與何氏同。
15.僖公元年傳："繼弒君，子不言即位"。（撫本，卷五，頁1a）	繼弒，申志反。（頁1223）	同《釋文》。	説詳第5例、第12例。

---

① 撫本，卷四，頁1b。
②《景刊唐開成石經》第3册，頁2249下。

續表

經傳注文	陸氏釋文	何氏注本	考證
16.僖公元年傳："與弒公也"。（撫本,卷五,頁3b）	與殺,音預,又如字,下申志反。（頁1224）	何注本作"與弒"。	此傳下注云"與慶父共弒閔公"①,是臣弒君之例,正與隱四年傳"與弒公"例同。且閔公二年傳"子般弒、閔公弒",此二弒不得作殺;此年傳又云"繼弒君""公子慶父弒閔公",則何注本作弒明矣。陸氏所見"與殺"者,非何氏本。阮氏《校勘記》云:"唐石經以下本作'與弒',注疏載《釋文》十行本作殺,閩監毛本改弒。"②此無按斷,阮氏之意,蓋以十行本"與殺"爲是。
17.僖公五年注:"里克比弒其二君"（撫本,卷五,頁10a）	比殺,申志反。（頁1226）	何注本作"比弒"。	僖十年傳云"退弒奚齊,荀息立卓子,里克弒卓子",又云"里克弒二君""里克弒奚齊、卓子",皆弒字。又隱四年注謂里克"弒君賊",是何注本作弒之證。且徐疏出文作"晉里克比弒其二君"③,亦是旁證。阮氏《校勘記》云"注疏本作'比弒',非也"。案阮氏云"非也",謂非《釋文》之舊。然陸氏所見與何氏原本不同,以陸還陸,以何還何,此爲一證。

---

① 撫本,卷五,頁 3b。
②《春秋公羊傳釋文校勘記》,頁 141 上。
③ 單疏鈔本,卷十。

續表

經傳注文	陸氏釋文	何氏注本	考證
18.僖公九年經:"晉里克弑其君之子奚齊"。(撫本,卷五,頁12b)	殺其,音試,下及注放此。(頁1226)	何注本作"弑其"。	僖公十年傳云"退弑奚齊""里克弑二君""里克弑奚齊、卓子",又文公十四年注云"據弑其君之子奚齊也"①,知何注本作"弑其"。陸氏云"下及注放此"者,謂傳文"其言弑其君之子奚齊何"、注文"據弑其君舍不連先君",二弑字皆作殺。案陸氏所見,非何氏原本。阮氏《校勘記》云"唐石經以下本作弑,其十行本載《釋文》作殺,閩監毛本誤改弑,音試。案'音試'是也,盧本從之。"②阮氏之言合乎《釋文》,却不合何氏原本。
19.文公十四年注:"更相篡弑"。(撫本,卷六,頁13b)	篡殺,申志反,下同。(頁1237)	何注本作"篡弑"。	知何注本作"篡弑"者,僖公廿五年注云"卒生篡弑"③,宣公元年注云"子赤,齊外孫,宣公篡弑之"④,可證。阮氏《校勘記》云:"葉本作篡殺,盧本從之。此誤。十行本注疏載《釋文》作殺,閩監毛本改弑。"⑤案阮氏云"此誤"者,謂閩本以下。宋十行本猶作"篡殺"⑥,乃陸氏之舊。閩本以下改作篡弑者,乃何氏原本。

---

① 撫本,卷六,頁 15a。

② 《春秋公羊傳釋文校勘記》,頁 141 下。

③ 撫本,卷五,頁 25a。

④ 撫本,卷七,頁 2b。

⑤ 《春秋公羊傳釋文校勘記》,頁 142 下。

⑥ 《春秋公羊傳注疏》,《十三經注疏》第 7 册,頁 178 下。

續表

經傳注文	陸氏釋文	何氏注本	考證
20.文公十八年傳："何隱爾？弑也"。（撫本，卷六，頁18a—18b）	弑也，音試，下及注同。（頁1238）	同《釋文》。	説參第14例。云"下及注同"者，謂傳文"弑則何以不日"、下注文"一人弑君"皆作弑。陸氏所見與何注本同。但阮氏《校勘記》云："此當本作殺也，因唐石經以下本皆作弑，遂據改。"①案阮説未必是。云"弑也，音試"者，乃注本音例，非逐正字之音例。
21.成公十五年傳："弑子赤而立宣公"。（撫本，卷八，頁11a—11b）	殺子，音試。（頁1244）	何注本作"弑子"。	此傳下之注云"殺叔仲惠伯不書者，舉弑君爲重"②，既云"弑君"，則傳文當是"弑子赤"。又文公十五年注云"宣公弑子赤"③，宣公元年傳云"爲弑子赤之賂也"，宣公八年傳云"爲弑子赤貶"。然則曷爲不於其弑焉貶"，諸傳、注皆作"弑"。陸氏出"殺子"者，所見本與何注本不同。阮氏《校勘記》云"注疏本傳作'弑子'，十行本載《釋文》作殺，閩監毛本改弑"④，此未加案斷。案閩本以下改作弑者，據傳文而改。雖合乎何氏本，却非陸氏之舊。
22.襄公七年傳："何隱爾？弑也"。	殺也，音試，下及注皆同。（頁1247）	何注本作"弑也"。	此年傳云"何隱爾？弑也。孰弑之？其大夫弑之。曷爲不言其大夫弑之"，何注云"据鄭公子歸生弑其君夷書"⑤，以歸生之弑

①《春秋公羊傳釋文校勘記》，頁142下。

② 撫本，卷八，頁11b。

③ 撫本，卷六，頁16a。

④《春秋公羊傳釋文校勘記》，頁143下。

⑤ 撫本，卷九，頁5a。

經傳注文	陸氏釋文	何氏注本	考證
（撫本，卷九，頁5a）			君爲比，且傳云“其大夫弒之”，是臣弒君之辭，知何注本必作“弒也”。陸氏云“下及注皆同”者，謂下傳“孰弒之”“其大夫弒之”、下注“歸生弒其君”，諸弒皆作殺。是陸氏所見非何注本。
23.襄公八年注：“鄭伯以弒”。（撫本，卷九，頁6a）	以殺，音試。（頁1247）	何注本作“以弒”。	襄公七年傳云“於是弒之”，又同年注云“辜内當以弒君論之”“鄭伯欲與中國，意未達而見弒”①，皆何注本作弒之證。陸氏所見非何注本也。阮氏《校勘記》云“今本注皆作以弒，十行本載《釋文》作殺，閩監毛本改弒”②，是閩本以下，乃據注文而改《釋文》，雖合乎何氏原本，却非陸氏之舊。此亦以陸還陸、以何還何之證。
24.襄公廿五年傳：“諼君以弒也”。（撫本，卷九，頁15b）	以弒，音試，注同，後年放此。（頁1250）	同《釋文》。	此傳下注云“以先言入，後言弒也”③，臣弒君之例，是何注本傳文作弒也。陸氏云“注同”者，謂注“後言弒也”之弒亦音試。以何注必是弒字，故以“注同”而推知陸氏所見傳、注文亦作弒。阮氏《校勘記》云“當本作‘以殺’”④，未及陸氏注本音之例。

① 撫本，卷九，頁 5b。

②《春秋公羊傳釋文校勘記》，頁 143 下。

③ 撫本，卷九，頁 15b。

④《春秋公羊傳釋文校勘記》，頁 144 上。

經傳注文	陸氏釋文	何氏注本	考證
25.襄公廿七年注："閽殺吳子餘祭"。（撫本,卷九,頁18b）	閽殺,音昏,下音弑,二十九年同。（頁1251）	何注本作"閽弑"。	襄公十六年注云"弑君五",而閽弑吳子餘祭,即其一,知何氏所見襄公廿九年經當書"閽弑吳子餘祭"。何氏此注與"蔡世子般弑其君、莒人弑其君"並列,皆弑君之例,故以書"弑"爲長。且開成石經書"閽弑吳子餘祭",徐彦《公羊疏》凡六引襄廿七年經俱作"閽弑吳子餘祭"①,皆可與《解詁》原本相參證。今本注文作"閽殺"者,蓋傳寫之誤。或有疑者,下廿九年注云"刑人不自賴而用作閽,由之出入,卒爲所殺"②,此書殺,莫非"閽殺"之證歟?案此注乃述事之文,非直引經文,不得爲經文之證。陸氏又云"二十九年同"者,謂其所見襄廿九年經"閽殺吳子餘祭",不作弑,亦非何氏原本。
26.襄公廿九年傳："爾弑吾君"。（撫本,卷九,頁20b）	爾殺吾君,申志反,注殺僚同。（頁1252）	何注本作"爾弑吾君"。	傳云"爾弑吾君,吾受爾國,是吾與爾爲篡也",既云"篡",則何氏所見當是弑字,緣何注皆"篡弑"連文,無言"篡殺"也。開成石經、撫本、余本並作"爾弑吾君",可證。十行本傳文作"爾弑吾君",然所載《釋文》仍是"爾殺吾君"③,閩本始據《釋文》改傳文作"爾殺吾君"④,非何氏原本矣。

① 分見《春秋公羊傳注疏》,《十三經注疏》第 7 册,頁 175 下、219 上、246 下、254 上、255 上、343 上。

② 撫本,卷九,頁 19b。

③《春秋公羊傳注疏》,《十三經注疏》第 7 册,頁 267 上。

④ 閩本《春秋公羊傳注疏》,卷二十一,頁 16b。

續表

經傳注文	陸氏釋文	何氏注本	考證
27.襄公三十年注："使若加弒"。（撫本，卷九，頁22a）	加殺，音試，下同。（頁1253）	何注本作"加弒"。	加弒者，非實弒也，許止實無弒君之意，故傳以"加弒"言之，經書其葬，是加弒而非實弒之證。今蔡景公爲世子般所弒，賊未討而書葬，與彼同例，故注云"加弒"以爲諱辭。今陸氏所見作"加殺"者，非何氏原本可知。
28.昭公十九年傳："不成于弒也"。（撫本，卷十，頁12a）	于殺，音試，下于殺、加殺皆同。（頁1256）	何注本作"于弒"。	何注本必是"于弒"，不作"于殺"。知者，下傳云"止進藥而藥殺也"，既言殺，則不可言"不成于殺"。"不成于弒"，即加弒。此年注亦云"加弒爾，非實弒也"[1]，皆作"弒"之證。陸氏所見本諸作殺者，非何注本之舊。
29.昭公廿五年傳："昭公將弒季氏"。（撫本，卷十，頁17a）	將殺，音試，下及注同。（頁1258）	何注本作"將弒"。	此傳下之注云"傳言弒者，從昭公之辭"[2]，據此，知何休所見傳文即作弒字。下傳云"吾欲弒之何如"，注文"昭公素畏季氏，意者以爲如人君，故言弒"[3]，皆作弒之明證。
30.定公五年注："仲遂以貶起弒"。（撫本，卷十一，頁6b）	起弒，音試。（頁1262）	同《釋文》。	知何注本作弒者，宣公八年傳云"爲弒子赤貶"，成公十五年傳"弒子赤而立宣公"，莊公卅二年注云"惡不發揚公子遂弒也"[4]，皆作弒之證。阮元《校勘記》云"此當本作'起殺'"[5]，案阮説未及《釋文》有注本音之例，不可從。

---

① 撫本，卷十，頁 12a。

② 撫本，卷十，頁 17a。

③ 撫本，卷十，頁 17a—17b。

④ 撫本，卷三，頁 27b。

⑤《春秋公羊傳釋文校勘記》，頁 145 上。

續表

經傳注文	陸氏釋文	何氏注本	考證
31.定公八年傳："弒不成，却反舍于郊"。(撫本,卷十一,頁8b)	殺不,音試。下同。(頁1263)	何注本作"弒不"。	季氏於陽虎爲君,下傳云"弒千乘之主",皆臣子弒君父之例,何注本宜作弒字。
32.定公十二年注："失衆見弒"。(撫本,卷十一,頁10b)	見殺,音試。(頁1264)	何注本作"見弒"。	失衆見弒者,即定公十三年薛弒其君比,彼經書弒,且定公十二年何注亦云"是後,薛弒其君比"①,是何注本作弒明矣。今十行本所附《釋文》猶出"見殺"②,但閩本以下注疏本,乃據注文而改《釋文》作"見弒"③,雖合何注本,却非陸氏本之舊。
33.哀公四年經："盜弒蔡侯申"。(撫本,卷十二,頁3a)	盜殺,音弒。(頁1266)	何注本作"盜弒"。	傳云"弒君賤者窮諸人,此其稱盜以弒何",注以"宋人弒其君處臼"相比,知何氏所見經傳文即作弒字。開成石經作"盜弒"④,可爲旁證。案今本哀三年注"盜殺蔡侯申"云"殺"者,蓋傳寫之誤。又《釋文》云"音弒"者,宜作"音試"。

上表凡33例,《釋文》與何注本同者23例,異者10例。然今注疏本或據經注而改《釋文》,或據《釋文》而改經傳。據經注而改《釋文》者,如第9例莊公三十年何注"魯比弒二君",《釋文》出"比

---

① 撫本,卷十一,頁11a。

② 《春秋公羊傳注疏》,《十三經注疏》第7冊,頁331下。

③ 閩本,卷二十六,頁15a。

④ 《景刊唐開成石經》第4冊,頁2388上。

殺"云"申志反",陸氏所據,非何氏舊本。但自閩本《公羊傳注疏》以下注疏本,改《釋文》"殺"爲"弑"[1],雖與何氏原本合,却非《釋文》之舊。據《釋文》而改經傳者,如襄公廿九年傳"爾弑吾君",此何氏本作弑;《釋文》出"爾殺吾君",是陸氏所見與何氏本不同。今以陸氏出文與何氏弑例兩相比照,則陸氏所據與何注原本之異同,可謂彰明較著,而以陸還陸、以何還何庶可達致矣。

五、據疏文以徐還徐

既知《公羊》傳注明言弑君三十五,則何休主《春秋》弑君三十六之説。既知何氏所見本已有弑字,並解弑爲臣弑君之辭,則凡臣子弑君父而書殺者,必非何氏之本。前文既已論及徐彦撰疏所據之本非何氏原本,今更以弑殺爲例,以爲以徐還徐之證。

僖公九年經"晉里克弑其君之子奚齊","殺",左、穀二家經作"殺",熹平石經也作"殺",何注本作弑無疑(説詳下文)。然據徐彦疏文,知其所見經文作殺,但今日注疏本又改殺爲弑。此間紛紜糾纏,若不明何氏弑例,則治絲益棼。兹先録經注文,於後一一辨析:

冬,晉里克㊙其君之子奚齊。

此未踰年之君,其言㊙其君之子奚齊何? 据弑其君舍不連先君。連名者,上不書葬,子某,弑君名未明也。**㊙未踰年君之號也。** 欲言弑其子奚齊,嫌無君文,與殺大夫同。欲言弑其君,又嫌與弑成君同。故引先君冠子之上,則弑未踰年君之號定,而坐之輕重見矣。加之者,起先君之子。不解名者,解言殺,從弑名可知也。弑未踰年君例當月,不月者,不正遇禍,終始惡

───────────

[1] 閩本《春秋公羊傳注疏》,卷九,頁6a。

明,故略之。①

　　其一,此經傳凡三弑字,見於唐石經、撫本、南宋建安余仁仲本②。至於注文,撫本、余本相同。案注云"解言殺,從弑名可知也","解言",即傳言③,是何氏所見傳文必有作"殺"字者,準此,唐石經等三"弑"字之本必非何注本。

　　其二,阮刻《公羊傳注疏》經傳文則如下:"晉里克弑其君之子奚齊。此未踰年之君,其言弑其君之子奚齊何?殺未踰年君之號也"④,此經傳文二弑一殺。案阮刻祖本爲南宋十行本,十行本乃合余本與單疏本而成,然余本經傳三弑字,十行本却改末"弑"字爲"殺"。其改易緣由不得而知,但十行本所改,合乎何注本,何注本經傳文即是二弑一殺。詳證如下:

　　僖公十年傳云"里克弑二君""里克弑奚齊、卓子,逆惠公而入",同年傳又云"退弑奚齊",皆弑字,尤其"里克弑二君",此弑字不容改作殺,若作殺,則何氏不得云"弑者,殺也,臣弑君之辭"。以諸傳文皆作弑,知經文亦當書"弑",證一也。

---

① 撫本,卷五,頁12b—13a。圓圈乃筆者所加,爲醒目以便討論。
② 余本,卷五,頁11a。案北京國圖所藏余本,與臺北故宫所藏余本,略有殊異。據張麗娟教授研究,北京國圖藏本爲初印本,臺北故宫藏本爲後印本。如此注"不正遇禍",初印本脱"禍"字,後印本則補之。見張麗娟《宋余仁仲萬卷堂刻〈春秋公羊經傳解詁〉的兩個印本》,《中國典籍與文化》,2010年第4期。
③ "解言"者,傳言也,如隱公五年傳"公曷爲遠而觀魚?登來之也。百金之魚,公張之",何注"解言登來之意也"(撫本,卷一,頁14a)。莊公廿三年傳"魯子曰:我貳者,非彼然,我然也",何注"解言非齊惡我也,我行污貳,動作有危,故日之也"(撫本,卷三,頁20b)。昭公五年傳"舍中軍者何?復古也。然則曷爲不言三卿?"何注"据上言作三軍,等問不言軍云卿者,上師解言三卿,因以爲難"(撫本,卷十,頁4a)。三"解言",皆傳言之意。
④《春秋公羊傳注疏》,《十三經注疏》第7册,頁134下—135上。

　　隱公四年何注云里克與州吁"俱弑君賊"，僖公五年注云"晉里克比弑其二君"，文公十四年注云"据弑其君之子奚齊也"，三注皆言里克弑君，正何氏臣弑君書弑之例，則此經亦宜書弑，證二也。

　　此注云"据弑其君舍不連先君"，以齊公子商人弑其君舍爲比；而文十四年經"齊公子商人弑其君舍"，彼注云"据弑其君之子奚齊也"，是弑奚齊與弑舍兩相比，彼經書弑，不容疑問①，則此經宜亦書弑，證三也。

　　以上三證，傳、注皆作弑，則何氏所見經當是"晉里克⑭其君之子奚齊"，若作殺，乃與何氏臣弑君書弑之例相違，亦與其他傳、注文言弑不相應。

　　經既書弑，則傳文承經而問曰"其言弑其君之子奚齊何"，答曰"殺未踰年君之號也"，知答辭作"殺"者，以何注"解言殺"可知，故十行本改余本第三"弑"字爲"殺"，最得何氏之意。

　　十行本經傳文既合乎何注本，則徐彥所據本非《解詁》原本。徐氏所見經傳文當是"晉里克⑭其君之子奚齊。此未踰年之君，其言⑭其君之子奚齊何？⑭未踰年君之號也"，二殺一弑，與唐石經、撫本、余本及十行本俱異。

　　何以知徐氏所見經傳文是二殺一弑？據其疏文可以推知：

　　　　注連名至未明也　解云：言名未明者，弟子本意正欲問弑其君之子，而連奚齊何之者，恐人不知奚齊之名，爲是先君未葬稱子某，似若子般、子野之屬是也？爲是被弑之故稱名，似若諸兒、卓子之屬是也？是將名連⑭問之，欲使後人知其稱名

---

① 此爲弑君三十六之一，且何休引据齊公子商人弑其君舍者，又見隱四年注云"据齊公子商人弑其君舍氏公子"（撫本，卷一，頁12b），昭十三年注"据齊公子商人弑其君舍"（撫本，卷十，頁9a），哀六年注"据齊公子商人弑其君舍而立氏公子"（撫本，卷十二，頁4b），三注皆言弑，不作殺。

之義。①

　　右圖乃日本蓬左文庫藏《公羊疏》鈔本，疏文作“是將名連⑊問之”，今十行本以下，疏文皆作“是以將名連弑問之”②，改殺爲弑，又加“以”字。案“連殺問之”與“連弑問之”，一字之差，關乎經傳異同。今細審徐疏之意，知鈔本“連殺問之”是徐疏原文。何以言之？亦據疏文推知。疏云：

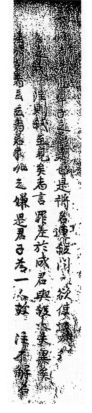

　　　　注不解名者云云者，正以傳云“弑未踰年君之號”止答上云“其言弑其君之子何”之文，故云不解名矣。既解言弑，則書奚齊之名由弑之故明矣，是以不復荅之。③

　　案上疏云“連殺問之”，則徐氏所見經當作“殺”，故傳承經而問曰“其言殺其君之子奚齊何”；此疏直引傳文“弑未踰年君之號”，又云“既解言弑”，知徐彥所見經文作“殺”，傳文答辭作“弑”，上下文理、辭氣一貫。

　　或有疑者，此疏亦謂“其言弑其君之子何”，猶作弑字，此又何解？案此或傳寫有誤，或徐彥便文寫之，猶如莊公九年疏云“僖九年冬，晉里克弑其君之子奚齊，傳云‘其言弑其君之子奚齊何？弑未踰年君之號也’”，疏引經傳文，乃三弑字，與疏文“連殺問之”相

圖3-1　單疏鈔本《公羊疏》僖公九年

違。又如文公十四年疏云“僖九年冬，晉里克弑其君之子奚齊，傳

──────────

① 單疏鈔本，卷十。案“是將名連殺問之”，阮刻本作“是以將名連弑問之”（《春秋公羊傳注疏》，《十三經注疏》第 7 册，頁 135 上）。

② 案阮刻本疏文“是以將名連弑問之”，此“弑”字猶見剜改之跡。

③ 單疏鈔本，卷十。

云‘弒未踰年君之號’是也”，亦是三弒字之意。此或傳寫有誤，或徐氏便文也①。

　　徐彥所見經傳文既是二殺一弒，與何注本二弒一殺不同，故注文“不解名者解言殺從弒名可知也”，徐彥必讀作“不解名者，解言殺從弒，名可知也”，意謂經作殺（即“殺其君之子奚齊”），傳以弒解之（即“弒未踰年君之號也”），傳既以弒解之，依弒君當名之例，故不須解奚齊之名。

　　此疏文意雖通，但讀注文“解言殺從弒”，總嫌非何氏文法。設若《解詁》經傳文與徐彥所見相同，此注文宜是“不解名者，解言弒，名可知也”，以弒、殺之間不宜言“從”。今既言從，則注文宜讀作“不解名者，解言殺，從弒名可知也”，謂經作弒，傳以殺解之，雖不解奚齊之名，但以經書弒，可從弒君當名之例推知奚齊是名。“從弒名”者，謂依從弒君當名之例。

　　徐疏所據之本既非何注本之舊，其疏釋注意，亦嫌一間未達。注云“連名者，上不書葬，子某，弒君名未明也”，徐疏兩設問，一問連名乃依君薨未葬稱子某之例歟？二問連名依弒成君當名之例歟？案徐疏第二問，非何氏之意。奚齊是未踰年君，前君詭諸卒，無葬文。設若詭諸未葬，據君薨稱子某之例，則奚齊正稱當是“子奚齊”，猶子般之屬；既稱“子奚齊”，即不君，否則，與一年不二君之義相違。何注云“稱子某，明繼父也。名者，尸柩尚存，猶以君前臣名也”②，可證。“子奚齊”之稱既不得君義，則經宜書“晉里克

---

① 知徐疏有便文之例者，如上文所論，襄廿五年經“吳子謁伐楚”，徐彥所據本作“遏”不作謁，但其所撰疏文，猶有作謁者，如襄公十二年疏引經傳文，即作謁是也（見單疏鈔本，卷二十；或《春秋公羊傳注疏》，《十三經注疏》第7冊，頁252上）。

② 莊公三十二年何注，撫本，卷三，頁29a。

弑‘子奚齊’”，去“其君之”三字，若然，則嫌與大夫相殺同文，如昭十三年經“楚公子棄疾弑公子比”之類，故注云“嫌無君文，與殺大夫同”。設若詭諸已葬，依既葬稱子例，當稱晉子，則經宜書“晉里克弑其君‘子奚齊’”①，既言“弑其君”，則是弑成君之常文，故注云“嫌與弑成君同”。上下不得施文，爲何不書“晉里克弑其君之子”而去奚齊之名？若然，又嫌弑未踰年君不書名。何氏之意，君、大夫卒，當赴於天子諸侯，君前臣名，從赴辭也②。今不得書“晉里克弑其君之子”，嫌弑未踰年君不名；不得書“晉里克弑‘子奚齊’”，嫌與殺大夫同文；亦不得書“晉里克弑其君‘子奚齊’”，嫌與弑成君同；是以變文書“晉里克弑其君之子奚齊”，加“之”者，謂繫於先君，己不爲君也；書“子奚齊”者，謂先君無論葬或未葬，皆當連名書之。此“弑其君之子某”，即弑未踰年君之號。若以君薨未葬稱子某之例，謂此“子某”即據此而名，則是不明弑未踰年君當名之例。故注云“子某，弑君名未明也”，謂“子某”不但以君薨未葬稱子某而名，亦以弑未踰年君例當名耳。徐疏第二設問，謂弟子問此稱名“爲是被弑之故稱名，似若諸兒、卓子之屬”，則是弑成君之稱，與注意了不相涉。

　　由此觀之，徐彦所據不但非何氏原本，且其所釋，與注意亦有間，猶如昭公廿四年經“叔孫舍至自晉”，徐氏據誤本而更爲之釋是也。今還原徐氏所見經傳文如上，知十行本以下注疏本，徐彦疏文已爲後人所竄亂。若不明何氏弑例，則徐彦所據本與何注本之異同，即不得其詳矣。

---

① “子”上“晉”字，蒙上“晉里克”而省。
② 隱公八年何注云，諸侯卒，“當赴告天子，君前臣名”（撫本，卷一，頁19b）。

六、文字異同與經學家法

　　向來所述,欲明《春秋》經傳弑殺相混者,既關傳本,亦關義例。《禮記·坊記》云"魯《春秋》記晉喪曰:殺其君之子奚齊及其君卓"①,此作殺者,以熹平石經言之,是也;以何注本言之,非也。隱公四年經"衛州吁殺其君完",依何注本,則是弑字;然陸淳所見左、穀二家經,及熹平石經,則是殺字②。故傳本不同,文字歧異,解經之義例從而殊。竊謂夫子《春秋》經本不可得,而後世傳本又各殊,本異字殊,若不先明各家義例,則不能定其正譌。晉里克弑其君之子奚齊,何注云"欲言弑其子奚齊,嫌無君文,與殺大夫同",段氏謂此注"弑"字當作殺③。段氏所言,非何氏義。非何氏義,可以言經,不可以議注。可以言經,以左、穀二家經與《公羊》異,且蔡邕石經與何氏《解詁》亦殊,經本不同故也。不可議注,乃何氏之義如此,不宜以別家師說斥之。若依段氏之言,上注弑字當作殺,則下注當云"欲言㉘其君",如此,則又與何氏臣弑君書弑之例相違,是段說不合何氏義之一證也。

　　又,昭公十三年經"楚公子棄疾弑公子比",傳云"大夫相殺稱人,此其稱名氏以弑何",注云"據經言弑公子比也",是何注本經傳皆作弑。然段氏謂此"乃何邵公之誤而傳未嘗誤"④,傳當是"大夫

---

① 《禮記注疏》,見阮刻《十三經注疏》第 5 册,頁 869 下。
② 陸淳《差謬略》云"殺君,《公羊》皆作弑君",是陸淳所見二傳作"殺君"。見《春秋集傳纂例》,頁 514 下。
③ 阮元引段説云"弑,當作殺",見《十三經注疏校勘記·春秋公羊傳》卷四,《續修四庫全書·經部·群經總義類》第 183 册,頁 80 下。
④ 《公羊經傳弑字辯誤》,《經韻樓集》卷四,頁 632 下。

相殺稱人，此其稱名氏以⟨殺⟩何”。段說非何氏義也。段氏之意，傳云“大夫相殺稱人，此其稱名氏以⟨殺⟩何”，謂“稱名氏以殺，與稱人以殺爲異文，異在稱人稱名氏，不在稱殺稱弑”[①]。若然，則此經與昭公八年經“陳侯之弟招殺陳世子偃師”無異，彼亦大夫相殺，稱名氏不稱人，且經作“殺”字。然以何氏義言之，二經不可等同。彼傳云“大夫相殺稱人，此其稱名氏以殺何？言將自是弑君也”，此傳云“大夫相殺稱人，此其稱名氏以弑何？言將自是爲君也”。一言“稱名氏以殺”，一言“稱名氏以弑”；一言“自是弑君”，一言“自是爲君”。彼陳招之經不書“弑”者，以陳侯溺猶在，招所殺者，乃世子，非君，故傳云“言將自是弑君也”，“弑君”者，謂招先殺世子，其後陳侯溺之縊死，以招故也。今棄疾書“弑”者，謂比已是君，棄疾弑其君比而代立，故傳云“言將自是爲君”，而不云“言將自是弑君”。比已立，而世子偃師非君，君臣尊卑判然，故公子比之傳不可云“此其稱名氏以⟨殺⟩何”。惟云“稱名氏以弑”，則棄疾弑君之實、公子比不當之意兩見。傳所以云“大夫相殺稱人”者，謂文以大夫相殺起義（即上下文皆見大夫名氏，名者，棄疾、比；氏者，公子[②]），實則是大夫篡弑。故稱名氏以弑，與稱人以殺，不但異在稱人稱名氏，亦異在稱殺稱弑耳。此段說不合何氏義之又一證。

　　段氏不依何氏義立說，不以何還何，故何氏可以不受。昭公二十六年《公羊傳》云“昭公將弑季氏，告子家駒曰：季氏爲無道，僭於公室久矣，吾欲弑之何如”，何注“昭公素畏季氏，意者以爲如人君，故言弑”，此何氏所見傳文明作“弑”字，而段氏謂此乃殺之

①《公羊經傳弑字辯誤》，《經韻樓集》卷四，頁633下。
②隱公元年何注云“公子者，氏也”。撫本，卷一，頁7b。

誤①。其改何氏之本，代傳家立辭，倘若何氏復生，豈以爲然耶？

以此言之，經傳文字異同，當據經學家法而定。家法不同，文字或異。桓公二年經“宋督弒其君與夷及其大夫孔父”，此經與莊公十二年經“宋萬弒其君接及其大夫仇牧”，僖公十年經“晉里克弒其君卓子及其大夫荀息”，三者文法全同，依何氏之本，皆當書弒。然鍾文烝、段玉裁謂此當作殺。鍾氏云：

> 宋弒與夷、捷，晉弒卓，皆有及大夫文，傳與《左傳》皆言里克弒二君與一大夫，《明堂位》言魯君臣未嘗相弒，其字必當作殺者也。②

鍾氏之意，大夫不可言弒，經傳既有“及大夫”文，則宜書殺。段氏亦謂《左傳》僖公十年“子殺二君與一大夫”，今本作弒者，誤也③。段、鍾二氏，皆據“及大夫”言，不據“其君”言。然依何氏義，此當據“其君”言，不當據“及大夫”言，經書弒，不可改作殺。

何以明之？考《公羊》之例，凡言及者，雖有尊卑之別，猶有敵義，僖公十一年經“公及夫人姜氏會齊侯于陽穀”，公與夫人雖有尊卑，然猶敵，故言及。哀公六年經“齊國夏及高張來奔”，國夏爲上大夫，高張爲下大夫，上下大夫爵有尊卑，亦有敵義，故可言及。而隱公元年經“天王使宰咺來歸惠公、仲子之賵”，傳云“何以不言及仲子？仲子微也”，注云“及者，別公、夫人尊卑文也”，仲子是妾，非夫人，不得上及公。故凡尊卑懸殊，不得言及。此經“宋督弒其君與夷及其大夫孔父”，注云“以公、夫人言及，仲子微，不得及君。上

---

① 段氏云“此二弒字，豈何氏不知殺誤？而必望文爲注，蓋其株守之習使然”，《公羊經傳弒字辨誤》，《經韻樓集》卷四，頁633下。

②《春秋穀梁經傳補注》，頁36。

③ 段氏云“今本作弒，則大夫不可云弒明矣”，《晉里克弒其君之子奚齊》，《經韻樓集》卷四，《續修四庫全書·集部·別集類》第1434冊，頁623下。

下大夫言及，知君尊亦不得及臣”，君尊臣卑，不可言及，何以此經言及？何氏於此起義云“言及者，使上及其君，若附大國以名通，明當封爲附庸，不絶其祀，所以重社稷之臣也”[1]，意謂孔父、荀息、仇牧皆是賢大夫，宜可封爲附庸小國，小國之君爵雖卑，猶是君，故可上及於大國之君。然則，據何氏家法，此經之弑不可改作殺。段玉裁、鍾文烝之説，皆非何氏義。文字異同與經學家法相關，於此可見一斑。

小　結

今日學界通行之《公羊》注疏本，多經後人改竄。其改竄之跡，或因經注而改《釋文》，如文公十四年注“更相篡弑”，《釋文》出“篡殺”，是陸氏所見非何氏本之舊，但閩本以下附載《釋文》，改“篡殺”爲“篡弑”，雖合乎何氏原本，却非陸氏之舊。或據《釋文》以改經傳，如襄公廿九年傳“爾弑吾君”，閩本以下傳文作“爾殺吾君”，乃依《釋文》改“弑”爲“殺”。或據經傳而改疏文，如僖公九年徐彦疏云“是將名連殺問之”，十行本以下改疏文作“是以將名連弑問之”，是據經傳而改也。以此言之，學者宜先辨諸本之異同，而後言各家之義例。段玉裁謂“各得其底本，而後判其義理之是非”[2]，是也。

欲得何氏底本，則須以何還何。還何之法，在於究明何氏義例。以弑、殺言，隱四年何注“弑者，殺也，臣弑君之辭”，意謂臣子弑君父者皆書弑不書殺，此即何氏弑例。以此弑例爲“還何”之綱

---

① 撫本，卷二，頁 3a。

② 《與諸同志書論校書之難》，《經韻樓集》卷十二，頁 189 下。

領,更考何氏三十六弒之義,兩相證驗,則後世改竄之本,掌迹分明。如此,經學家法不相淆雜,傳本參差不難辨別,文字異同可以定奪,此以何還何、以陸還陸、以徐還徐之精義也。

第四章　今本《解詁》通用字考

　　《史記·孔子世家》云：“至於爲《春秋》，筆則筆，削則削，子夏之徒不能贊一辭。”[①] 緯書《春秋説》云：“孔子作《春秋》，九月而書成，以授游、夏之徒，游、夏之徒不能改一字。”[②] 是知夫子作《春秋》，已有寫定之本。然今日所見三傳之經，非夫子定本，乃漢以後人所記，口耳相傳，書寫不一。如隱公五年《公羊》經“衛師入盛”，“盛”，左、穀二家經作“郕”。莊公十七年《公羊》經“齊人執鄭瞻”，“瞻”，二家經作詹。於此類異文，前儒多據通用字爲説[③]，實以夫子經本不得見故也。設若夫子經本可得，則二字必歸一是。斯篇辨今本《解詁》爲後來者傳寫改竄，正緣《解詁》原是何氏寫定之本，字有一定，不得相易耳。惟《解詁》傳本至隋唐之世已見竄亂，如

---

① 《史記》第 6 册，頁 1944。

② 徐彦疏引，見《春秋公羊傳注疏》，阮刻《十三經注疏》第 7 册，頁 282 下。

③ 如李富孫《春秋三傳異文釋》云“郕盛同聲，故公、穀竝通用”，又云“詹瞻，古今字”。分見《續修四庫全書·經部·春秋類》第 144 册，頁 394 上、頁 409 上；趙坦《春秋異文箋》云“盛有郕音，故公羊作盛”，又云“詹瞻，古今字”。分見《續修四庫全書·經部·春秋類》第 144 册，頁 545 上、頁 560 上；陳新雄《春秋異文考》云“郕盛竝從成聲，同音通假也”，又云“瞻詹二字，同音通假也”。臺北：嘉新水泥公司文化研究基金會，1964 年，頁 18、54。

陸德明《公羊音義》有"今本""一本"之目[1]，徐彦撰《公羊疏》，也有定本、正本、古本、舊本、一本之稱[2]，本亂而字異，何氏家法遂淆雜不能辨矣。竊謂《解詁》原本既不得見，若欲正字定本，勢必折衷於何氏義例，以何氏義例爲準，更參今日所見諸本，辨正異同，則《解詁》傳寫之譌，猶可得其踪跡。昔段玉裁云"挍經之法，必以賈還賈，以孔還孔，以陸還陸，以杜還杜，以鄭還鄭"，誠哉斯言。今考何氏之用字，或獨用，或別用，字義有定，例無通用；今本有通用字者，蓋後來者傳寫改易。兹循"以何還何"之法，詳證如下。

一、《解詁》獨用例舉證

獨用例者，謂二字可通用，但何休止用一字，《解詁》二字不竝見，如修脩、辟闢之類。

（一）脩修

脩修字義不同，典籍時見借脩爲修者，如《禮記·中庸》云"脩道之謂教"，鄭注"脩，治也"[3]。《周禮·宫人》職"掌王之六寢之脩"，陸氏《釋文》"脩，劉音修，本亦作修"[4]。《荀子·禮論篇》云"非順敦脩爲之君子"，楊倞注"脩，治也"[5]。皆是其證。

徧考今本《解詁》經注文，知何氏用脩不用修。莊公廿四年傳

---

① 分見《經典釋文》，頁 1200、1214。

②《春秋公羊傳注疏》，《十三經注疏》第 7 册，頁 218 下、167 下、78 下、262 下。

③《宋本禮記》，中國國家圖書館據宋余仁仲萬卷堂刊本影印，2017 年，第 4 册，頁 41。

④《經典釋文》，頁 437。

⑤ 王先謙《荀子集解》，頁 366。

"服脩云乎"，注云"服脩者，脯也"①，此用脩字本義。隱公四年傳
"吾使脩塗裘"、莊公七年傳"不脩春秋"、莊廿九年傳"脩舊不書"、
僖公四年傳"不脩其師"等②。又隱四年注"明脩法守正"、隱八年
注"脩五禮"、文公十二年注"邑久不脩"等③，是傳注俱借脩爲
修。唐石經、宋撫州公使庫本《春秋公羊經傳解詁》、宋余仁仲萬卷堂本
《春秋公羊經傳解詁》，傳注文咸作脩，無作修者。而清武英殿本寫
作"修舊不書""久不修"等④，是改脩爲修，非《解詁》原本也。

（二）辟闢

辟闢字義不同，書傳借辟爲闢者多見。考今本《解詁》，有借辟
爲避者，如莊公三年傳"辟王也"、莊廿七年傳"辟內難"，僖公卅三
年注"常若辟風雨"等是也⑤。有借辟爲闢者，如成公元年注云"辟
土殖穀"，昭公九年注云"陳臣子辟門虛心待之"是也⑥。有借辟爲
僻者，如隱公五年注"所以養仁義而除淫辟"是也⑦。有用辟字本
義者，如閔公元年注"論季子當從議親之辟"⑧，辟，法也。皆何氏
獨用辟不用闢之證。準此，隱公元年注云"天地開辟之端"⑨，此辟
字，不得寫作闢，陸氏《釋文》云"辟，本亦作闢"⑩，是陸氏所見本

---

① 撫本，卷三，頁 21a。
② 分見撫本，卷一，頁 13a；卷三，頁 8b、25b；卷五，頁 8b。
③ 分見撫本，卷一，頁 12b、19a；卷六，頁 12a。
④《春秋公羊傳注疏》卷九，清乾隆四年武英殿刊本，頁 12b、6b。
⑤ 分見撫本，卷三，頁 7a、23b；卷五，頁 34a。
⑥ 分見撫本，卷八，頁 1a；卷十，頁 6a。
⑦ 撫本，卷一，頁 16a。
⑧ 撫本，卷四，頁 1a。
⑨ 撫本，卷一，頁 2a。
⑩《經典釋文》，頁 1197。

已有譌作闚者。毛氏汲古閣本改辟爲闚①，非。

（三）闚窺

闚窺音同義近，可相通用。漢碑並見闚窺二字②，但何氏用闚不用窺。以今本《解詁》相證，闚字凡三見，即宣公六年傳"俯而闚其户"、宣十五年傳"乘堙而闚宋城"、成公二年傳"踊于棓而闚客"。考宋撫本、余本，成公二年傳"而闚客"均寫作"窺"字③。案陸氏《釋文》出"而闚"云"去規反，本又作窺"④，是陸氏所見二本已有闚、窺異文。然傳文用字例一，無有前作闚、後作窺者。今更以西安碑林《開成石經》相證，正作"而闚客"⑤，知何氏用闚不用窺。民國張氏皕忍堂景摩《唐開成石經》，原揭本"闚"字殘泐，據阮刻本補"窺"字⑥，謬矣。自明李元陽刊《公羊傳注疏》，始改窺爲闚⑦，乃與何氏原本合。

（四）閔愍

閔、愍皆有傷痛之義，時見通用⑧。覈之《解詁》，何氏用閔不用

---

① 《春秋公羊傳注疏》卷一，明崇禎毛氏汲古閣刊本，頁 8b。

② 《隸辨》，頁 9 上。

③ 撫本，卷八，頁 2b；余本，卷八，頁 2b。

④ 《經典釋文》，頁 1242。

⑤ 見《西安碑林全集》卷一七二《開成石經·春秋公羊傳》，廣東經濟出版社，1999 年，頁 500。

⑥ 《景刊唐開成石經》第 3 册，頁 2317 下。

⑦ 見《明版閩刻十三經注疏》第 7 册，東方出版社，2011 年，頁 572 上。

⑧ 閔，《説文》："弔者在門也。"愍，《説文》："痛也。"（分見《説文解字注》，頁 597 上、517 上）二字相通者，如《左傳》昭公元年云"吾代二子愍矣，"（《春秋左傳正義》，《十三經注疏》第 6 册，頁 698 下），《漢書·五行志》引作"吾代二子閔矣"（《漢書》第 5 册，頁 1382）。《毛詩·載馳序》云"閔其"，《釋文》"一本作愍"（《經典釋文》，頁 236）。又《爾雅·釋天》注云"旻，猶愍也"（《爾雅注疏》，《十三經注疏》第 8 册，頁 94 下），《毛詩·召旻序》云"旻，閔也"（《毛詩正義》，《十三經注疏》第 2 册，頁 697 上），皆閔愍通用之證。

愍。如文公十五年傳"閔之也"，注云"閔傷其棄絶來歸"①，隱公三年注"所以哀死閔患也"，襄公卅年注"爲諸侯所閔憂"，哀公十四年注"深閔民之離害甚久"②，是何氏用閔字，有閔傷、閔憂、閔痛等義。至於"愍"字，《解詁》僅一見，即文公二年注"稱秦師者，愍其衆，惡其將"③，此"愍其衆"，亦閔痛之義。然宣公二年注云"秦稱師者，閔其衆，惡其將"④，辭句全同，而用"閔"字。以今本《解詁》用閔字近二十例，用愍字僅此一見，又有文例相參證，知愍字乃後人改竄。

（五）据據

据，《説文》："戟挶也。"據，《説文》："杖持也。"⑤

案《豳風·鴟鴞》云"予手拮据"，毛傳云"拮据，戟挶也"⑥，義與許説同。戟挶者，據小徐云"《詩》'予手拮据'，傳曰'戟挶也'，謂手執臂曲局如戟，不可轉也"⑦，是謂手臂曲硬，不能隨意轉折。又《史記·司馬相如傳》"据以驕驁兮"，司馬貞《索隱》引張揖曰"据，直項也"⑧，直者，硬直也。至於據字，許慎釋爲"杖持"，引申爲依據、占據等，如《周易·困卦》六三爻"困于石，據于蒺藜"是也⑨。書傳常見借据爲據者，如《漢書·揚雄傳》"旁則三摹九据"，

---

① 撫本，卷六，頁 16a。

② 分見撫本，卷一，頁 12b；卷九，頁 22b；卷十二，頁 10a。

③ 撫本，卷六，頁 1b。

④ 撫本，卷六，頁 1b。

⑤ 分見《説文解字注》，頁 608 上、603 上。

⑥ 《毛詩正義》，《十三經注疏》第 2 册，頁 293 下。

⑦ 徐鍇《説文解字繫傳》，頁 238 上。

⑧ 《史記》第 9 册，頁 3058。

⑨ 《周易正義》，《十三經注疏》第 1 册，頁 109 上。

師古注引晉灼曰"据,今據字也。據猶位也、處也"①。又《酷吏傳贊》"趙禹据法守正",師古注云"据音據"②。范甯《穀梁集解·序》云"據理以通經乎",《釋文》出"據理"云"音据,亦作据"③,知陸氏所見《穀梁》一本有借据爲據者。

　　考今本《解詁》,知何氏用据不用據。凡持據、占據等義,何氏皆借据爲之,如隱公元年傳"元年者何",注云"諸据疑問所不知"④,是借据爲據。《解詁》中此類例證多達六百餘例,而"據"僅一見,即桓公九年注云"治自近始,故據土,與諸侯分職"⑤,此據字,必是後來者傳寫改易。知者,隱公元年注云"王者据土,與諸侯分職"⑥,文句相同,一作据,一作據。又以注文六百餘例作"据"可證,無作據者。或難曰,何氏《解詁·序》云"本據亂而作""敗績失據"⑦,兩"據"字,明用據,則又何解?案漢人撰序,皆在書末,今本乃後來者移而冠諸篇首,此二"據"字,蓋亦後人所改。可相參證者,《解詁·序》"倍經任意"用"倍"字⑧,亦非何氏用字之例,倍,宜作背(參下文"背悖倍"例)。

　　(六)早蚤

　　早蚤義異,典籍時見借蚤爲早之例,但何氏用早不用蚤。隱公元年注"言惠公不早分別也",文公元年注"刺其早任以權也",宣公十二年注"恥不能早服也",成公十四年注"凡娶早晚皆不譏者",昭

---

①《漢書》第 11 册,頁 3576。
②《漢書》第 11 册,頁 3676。
③《經典釋文》,頁 1272。
④ 撫本,卷一,頁 1b。
⑤ 撫本,卷二,頁 11a。
⑥ 撫本,卷一,頁 6a。
⑦ 撫本,卷一,頁 1a、1b。
⑧ 撫本,卷一,頁 1a。

公七年注"不早廢之",定公元年注"故天示以當早誅季氏"等①。今本《解詁》用早字十餘例,惟宣公六年注"欲令蚤免去"②,蚤字僅此一見。考《釋文》出"蚤免"云"音早"③,知陸氏所據本已譌早爲蚤。凡今本作蚤者,或據《釋文》而改歟?

（七）辭詞

典籍辭、詞多通用,如《周禮·大行人》"協辭命",鄭注"故書'協辭命'作'叶詞命'"④。《禮記·曲禮》云"不辭費",《釋文》出"不辭"云"本又作詞"⑤。《史記·儒林傳》云"是時天子方好文詞"⑥,《漢書·儒林傳》則作"是時上方好文辭"⑦。並是其證。

辭、詞二字雖可通,但考今本《解詁》經注文,用辭者近三百例,用詞者二例。此二詞字,即（1）昭公元年傳"今將爾,詞曷爲與親弒者同",（2）昭十二年傳"其詞,則丘有罪焉爾"⑧。竊疑此二"詞"字,何氏原本當作辭。何以明之? 以傳證傳可知。傳云"所見異辭,所聞異辭,所傳聞異辭""美惡不嫌同辭""《春秋》伯子男一也,辭無所貶""大夫受命不受辭""辭繁而不殺者""定哀多微辭"⑨,又有"辭窮""討賊之辭""期辭""君子辭""篡辭""善

---

① 分見撫本,卷一,頁 2b;卷六,頁 1a;卷七,頁 14a;卷八,頁 10b;卷十,頁 5b;卷十一,頁 2b。

② 撫本,卷七,頁 7b。

③《經典釋文》,頁 1240。

④《周禮注疏》,《十三經注疏》第 3 册,頁 566 上。

⑤《經典釋文》,頁 636。

⑥《史記》第 10 册,頁 3122。

⑦《漢書》第 11 册,頁 3608。

⑧ 分見撫本,卷十,頁 1b、頁 8a。

⑨ 分見撫本,卷一,頁 7a、頁 17b;卷二,頁 13b;卷三,頁 18a;卷五,頁 23a;卷十一,頁 1a。

辭”“入辭”“兄弟辭”“圍辭”“卑辭”等等①，傳文用“辭”字凡五十餘例。且莊公三十二年傳“公子牙今將爾，辭曷爲與親弑者同”，與此昭元年傳全同，彼注云“辭，傳序經辭”②，是何氏所見作“辭”明矣。前後相證，則此“詞曷爲”，《解詁》原本當作“辭曷爲”。至於昭十二年傳“其詞，則丘有罪焉爾”，乃引夫子之語，詞，宜亦作辭，亦有同例可證，即昭二十五年傳引孔子語曰“其禮與其辭足觀矣”③。同是夫子言，一作“其詞”，一作“其辭”，嫌前後不一。又何氏注文用辭者二百餘例，無一用詞字。傳文用辭字五十餘例，用詞僅此二例，又有同類文例相參證，知何氏用辭不用詞。

（八）漸浸

據《説文》，漸浸皆水名，由水名引申爲漸漬義，書傳常見借浸爲漸者④。二字雖可通，但何氏用漸不用浸。案隱公元年傳“此其爲可褒奈何？漸進也”，注云“漸者，物事之端，先見之辭”⑤，是傳文用漸字無疑。又如隱公元年注“漸漬禮義者”，閔二年注“漸三年也”，僖四年注“生事有漸”，襄公二十三年注“故小國有大夫，治之漸也”等等⑥，凡積漸之義皆用漸字，是注文亦用漸字。惟襄公九年注“先

---

① 分見撫本，卷一，頁 8a、頁 13b；卷二，頁 11b、頁 19a；卷三，頁 7b、9b、10a；卷五，頁 20b、頁 22b、頁 25b。

② 撫本，卷三，頁 28b。

③ 撫本，卷十，頁 19b。

④ 如《毛詩・敬之》“日就月將”，鄭箋云“言當習之以積漸也”，孔疏云“定本《集注》漸作浸”（《毛詩正義》，《十三經注疏》第 2 册，頁 741 上）。又《漢書・劉屈氂傳》云“丞相附兵浸多”，師古注“浸，漸也”（《漢書》第 9 册，頁 2882）。《莊子・大宗師》“浸假而化”，郭注“浸，漸也”（郭慶藩《莊子集釋》，中華書局，2012 年，頁 265），是漸浸相通之證。

⑤ 撫本，卷一，頁 4a。

⑥ 分見撫本，卷一，頁 6a；卷四，頁 2b；卷五，頁 7b；卷九，頁 14a。

聖法度浸疏遠”①，借浸爲漸，與他例不合。考陸德明《釋文》於此出“浸疏”云“子鴆反”②，是陸氏所據本已作浸字。《解詁》用漸字凡十四例，用浸字僅此一例，頗疑今本浸字乃後人據《釋文》而改。

據以上例證，知何氏用字之例：凡經傳用字（如脩、辟、閔、辭、漸），注文皆承經傳文，無易字。

二、《解詁》別用例舉證

《解詁》用字，除獨用例外，又有別用例。別用者，謂二字雖可通用，然何氏分別其義，義既有別，則不得相通用，如饗享、御禦之類。

（一）饗享

典籍常見饗享通用③，然何氏之釋饗享，分別二義。案莊四年經“饗齊侯于祝丘”，何注云“牛酒曰犒，加飯羹曰饗”④，是饗犒相對。僖十年傳“桓公之享國也長”，注云“享，食”⑤，是享食相通。饗齊侯云牛酒飯羹，此據生者言，謂犒勞生者；享國云食國，

---

① 撫本，卷九，頁 6b。

②《經典釋文》，頁 1247。

③ 饗，《説文》：“鄉人歙酒也。”享，《説文》：“獻也。從高省。曰象進孰物形。《孝經》曰‘祭則鬼亯之’。”（分見《説文解字注》，頁 223 上、231 下）二字相通者，如莊公四年《公羊》經“夫人姜氏饗齊侯于祝丘”，饗，《左氏》經作享。又莊公十七年《左傳》“王饗醴，命之宥”，劉向《新序》引作“王享醴，命之侑”（石光瑛《新序校釋》下册，頁 1087）。《禮記·月令》云“以共皇天上帝社稷之饗”（《禮記注疏》，《十三經注疏》第 5 册，頁 348 下），《吕氏春秋·季冬紀》則云“以供皇天上帝社稷之享”（《吕氏春秋集釋》，頁 260）。《孝經·喪親章》“以鬼享之”，陸氏《釋文》“又作饗之”（《經典釋文》，頁 1347）。皆饗享互借之證。

④ 撫本，卷三，頁 4b。

⑤ 撫本，卷五，頁 14b。

此據死者言。國者,先公先王傳之佑之,食國,當享祭先王先公,故云享。以何氏注文相驗,注云"足以享鬼神""天瑞之鼎以助享祭""立宗廟以鬼享之""君子生則敬養,死則敬享""莊公享國二十八年""讓國闔廬,欲其享之"等①,皆食祭鬼神之事,用享字。傳注又云"請以饗乎從者""殺牲饗士卒"②,皆犒勞生者事,用饗字。以生死分別饗享,乃何氏之意如此。但漢石經《公羊傳》書"享國"③,而石經《尚書》却書"饗國"④,蓋蔡邕於饗享二字未嘗畫一,與何氏家法有別。後世學者亦有以上下分別享饗者,謂上饗下作饗,下享上作享⑤,非何氏義,經書"夫人姜氏饗齊侯",明非上饗下也。朱駿聲云"享,神道也;饗,人道也"⑥,與何氏義合。以此言之,則今本何注"鬼神不饗""欲兄饗國""天不饗用"⑦,此三事皆祭鬼神,何氏當作享,今寫作饗者,恐是後人改易。

(二)御禦

御禦義異⑧,古籍多見借御爲禦者,如《邶風·谷風》"亦以御冬",毛傳"御,禦也"⑨。《左傳·襄公四年》"季孫不御",杜注"御,

---

① 分見撫本,卷一,頁 16a;卷二,頁 3b、頁 4a、頁 10a;卷三,頁 25b;卷十,頁 20b。

② 分見撫本,卷十,頁 19a—b;卷三,頁 9a。

③ 馬衡《漢石經集存》,圖版五三。

④ 洪适《隸釋》,頁 150 上。

⑤ 如歐陽修舉《頌·烈祖》"以假以享"爲例,云"上云以享者,謂諸侯來助祭,致享於神也。下云來饗者,謂神來至而歆饗也"。見《詩本義》,《景印文淵閣四庫全書·經部·詩類》第 70 冊,頁 278 上—下。

⑥ 朱駿聲《説文通訓定聲》,頁 896 下。

⑦ 分見撫本,卷二,頁 15b;卷五,頁 30a、32b。

⑧ 御,《説文》"使馬也";禦,《説文》"祀也"(分見《説文解字注》,頁 78 上、7 上);《爾雅·釋言》"禦,禁也"(《爾雅注疏》,《十三經注疏》第 8 冊,頁 39 上)。

⑨ 《毛詩正義》,《十三經注疏》第 2 冊,頁 92 上。

止也",孔疏"止寇謂之禦。御,猶禦也,故訓爲止"①。《淮南子·時則》云"以御秋氣",高注"御,止也"②。又《漢書·五行志》"共御厥罰",師古注云"御,讀曰禦,又讀如本字"③,皆借御爲禦之證。

周代金文已有御禦二字④,今本《公羊》經傳亦御、禦並見。觀何氏之釋二字,別義分明,如桓公十四年經"御廩災",注云"御者,謂御用于宗廟"⑤,是御爲御用之義。莊公十二年傳"仇牧可謂不畏彊禦矣",何注云"禦,禁也,言力彊不可禁也"⑥,是禦爲禁禦、抵禦之義。徧考何氏之注,凡云"御琴瑟""侍御""御者""從中御外""爲季孫御"等,何氏皆用"御"字,是使御、駕御義。凡言"禦寒暑""彊禦""禦寇""禦外難"等,何氏皆用"禦"字,是抵禦、防禦義。準此,"公子禦寇",《解詁》原本必作"禦"字,而《左氏》經作"御寇"者,傳本不同故也。桓公八年注"裘葛者,禦寒暑之美服"⑦,此何氏用"禦"字無疑。但《釋文》出"御寒"云"魚吕反,又如字"⑧,是陸氏所據本已非何氏原本。又據《公羊》人名用字相同之例(詳下"寧甯"例),僖公九年經"宋公禦説卒",禦寇、禦説皆人名,禦寇作禦,則禦説亦當作禦。《左氏》經作"御説"者,家法不同,未可據以説《公羊》。

---

① 《春秋左傳正義》,阮刻本《十三經注疏》第 6 册,頁 506 上。
② 何寧《淮南子集釋》,中華書局,1998 年,頁 416。
③ 《漢書》第 5 册,頁 1468。
④ 御、禦,分見《殷周金文集成》第 3 册,頁 1854;第 5 册,頁 3662,拓片 03468 號,05952 號。
⑤ 撫本,卷二,頁 15b。
⑥ 撫本,卷三,頁 13b。
⑦ 撫本,卷二,頁 10a。
⑧ 《經典釋文》,頁 1209。

（三）繆穆

　　據《説文》，繆穆之義異，典籍常見繆穆相通用，但其通用，不以本義行，而以借義行。如《禮記·檀弓》云"穆公召縣子而問然"，鄭注"凡穆，或作繆"①。隱公三年《穀梁》經"葬宋繆公"，《釋文》云"音穆，本亦作穆"②。《禮記·坊記》云"陽侯猶殺繆侯而竊其夫人"，《周禮》鄭注引作"陽侯殺穆侯而竊其夫人"③。此繆、穆之相通，用於諡法義也。又《荀子·王制》云"則有昭繆"，楊注"繆，讀爲穆"④。《禮記·大傳》云"序以昭繆"，鄭注"繆，讀爲穆"⑤。《禮記·仲尼燕居》云"所以仁昭穆也"，《釋文》"穆，亦作繆，音同"⑥。此繆、穆之相通，用於昭穆義也。

　　案今本《解詁》，穆字見於注文，繆則經傳注文並見。考何氏之用繆穆，凡諡法義，用繆不用穆；凡昭穆義，用穆不用繆。如宋繆公、許繆公、秦繆公、鄭繆公、衞繆公、繆姜等，是諡法用繆字。莊公廿四年注"令昭穆親疏各得其序也"、文公二年何注"父曰昭，子曰穆"、成公三年注"示昭穆相繼代"、成十五年注"爲亂昭穆之序"等等⑦，是昭穆用穆字。故文公十八注云"秦穆公也，至此卒者，因其賢"⑧，此"穆"字必是後人改易。可以爲證者，文十二年注"秦繆公自傷前不能用百里子、蹇叔子之言"，宣公二年注亦云"今襄公、

────────────

① 《禮記注疏》，《十三經注疏》第 5 册，頁 201 下。
② 《經典釋文》，頁 1275。
③ 《禮記注疏》，《十三經注疏》第 5 册，頁 872 下 ;《周禮注疏》，《十三經注疏》第 3 册，頁 112 上。
④ 《荀子集解》，頁 148。
⑤ 《禮記注疏》，《十三經注疏》第 5 册，頁 617 上。
⑥ 《經典釋文》，頁 809。
⑦ 分見撫本，卷三，頁 21a—b ;卷六，頁 3a ;卷八，頁 4b、頁 11b。
⑧ 撫本，卷六，頁 18a。

繆公已死”①，皆作繆字。故凡後來傳本“穆”字用於謚法者，必非《解詁》舊帙。

（四）與予

與予二字通用之例，書傳常見②。今本《解詁》並見與、予，而何氏之釋二字，其義殊也，如襄公廿九年傳“尚速有悔於予身”，注云“予，我也”③。哀公十四年傳“天喪予”“天祝予”，予，我也，何氏無注，從可知也。莊公元年傳“不與念母也”，僖公元年傳“實與而文不與”④，與者，許也⑤；不與，即不許。然昭公十一年傳“懷惡而討不義，君子不予也”⑥，却書“不予”，疑何氏原本當作“不與”。何以知之？徐彥《公羊疏》引此傳曰“懷惡而討不義，君子不與”⑦，知徐氏所據本即作與字，證一也。定公四年何注云“雖不舉子胥，爲非懷惡而討不義，君子不得不與之也”⑧，作“不與”，正與昭十一年傳文同，證二也。且此年注云“內懷利國之心，而外託討賊，故不與其討賊”⑨，依何氏注文承經傳文之例，注文既作“與”，可推傳文亦

----

① 分見撫本，卷六，頁 11b；卷七，頁 3a。

② 如定公十年《左傳》“公取而朱其尾鬣以與之”（《春秋左傳正義》，《十三經注疏》第 6 册，頁 979 上），《漢書》引作“以予之”（第 5 册，頁 1469）。《詩·大雅·皇矣》“此維與宅”（《毛詩正義》，《十三經注疏》第 2 册，頁 567），《漢書》引作“此維予宅”（第 4 册，頁 1255）。《毛詩·鄘風·干旄》“何以予之”（《毛詩正義》，《十三經注疏》第 2 册，頁 124），《魯詩》作“何以與之”（王先謙《詩三家義集疏》，中華書局，1987 年，頁 256）。

③ 撫本，卷九，頁 20a。

④ 分見撫本，卷三，頁 1b；卷五，頁 1b。

⑤ 文公九年傳云“許夷狄者不一而足”，何注云：“許，與也。”可相參證。見撫本，卷六，頁 10a。

⑥ 撫本，卷十，頁 7a。

⑦《春秋公羊傳注疏》，《十三經注疏》第 7 册，頁 321 下。

⑧ 撫本，卷十一，頁 5b。

⑨ 撫本，卷十，頁 7a。

作"與",證三也。《解詁》凡不許之義,皆作"不與",惟此一見"不予",蓋後來者傳寫改竄。

（五）寧甯

寧,《説文》云"願詞也"。甯,《説文》云"所願也"①。願詞者,發願之詞,如寧願、毋寧之類。所願者,謂願之所達,如安甯、康甯、甯静之類,義與《説文》"寍"字相通②。

書傳多見寧甯通用③,今本《解詁》經傳有甯字,無寧字,注文則甯寧並見。觀何氏之注,凡願詞皆作寧,如宣公六年注云"禮,與其奢也,寧儉",昭公十二年注"寧可彊更之乎",昭卅一年注"惡有,猶何有、寧有此之類也"是也④。凡地名、姓氏、人名,則皆用甯字,如甯母、甯遫、甯俞、公孫甯、甯殖、甯喜、許男甯、鄭伯甯、滕子甯等。惟隱公五年何注"存寧正性"⑤,則是借寧爲寍。案漢儒用字,多借寧爲寍者,如《淮南子·時則》云"邊竟不寧",高注"使邊竟之民不安寧也"⑥;《説苑·政理》"四民均則王道興而百姓寧"⑦;《周

---

① 分見《説文解字注》頁 205 下、129 下。
② 寍,《説文》:"安也。"《説文解字注》頁 342 下。
③ 如昭公二十年《公羊》經"宋華亥、向甯、華定出奔陳",《釋文》:"向甯,二傳作向寧。"(《經典釋文》,頁 1257)又如《禮記·禮運》"陳靈公與孔甯、儀行父數如夏氏以取弑焉",陸氏《釋文》"甯,本又作寧。案《左傳》作寧,《公羊》作甯。"(《經典釋文》,頁 716)《後漢書·烏桓傳》"於是始復置校尉於上谷甯城",李賢注:"《前書》甯縣作寧,《史記》甯城亦作寧。寧、甯兩字通也。"(《後漢書》第 12 册,頁 2983)案,今《後漢書》點校本寫作甯字,甯是寧字隸變。
④ 分見撫本,卷七,頁 6b;卷十,頁 8a、頁 22b。
⑤ 撫本,卷一,頁 16a。
⑥ 何寧《淮南子集釋》,頁 421。
⑦ 向宗魯《説苑校證》,中華書局,1987 年,頁 172。

南·葛覃》云"歸寧父母",毛傳"寧,安也"①;趙岐注《孟子·盡心上》云"若伊尹欲寧殷國"②;並是其證。今何氏云"存寧正性"者,借寧爲甯,正與諸家同。是知何氏用寧字有二義,一是願詞之義,如寧可、寧有之類;一是安甯之義,如"存寧正性"之類。至於甯字,則用於專名,凡姓氏、人名、地名皆是。考漢石經《魯詩·邶風》書"寧不我報"③,正願詞作寧;又漢石經《春秋》書"向甯"④,是姓名作甯。知蔡邕分別寧、甯,與何氏無殊。段玉裁謂"甯與丂部寧音義皆同"⑤,此非何氏意。何氏用寧甯二字,各有其義,不相通用。

（六）叛畔

叛畔義異,典籍常見借畔爲叛者,如《禮記·緇衣》云"倍畔",《釋文》"本或作叛,俗字,非也"⑥,陸德明以叛爲俗字。然《説文》已見叛字,又《吕氏春秋·尊師》云"説義不稱師命之曰叛",高注"叛,換也"⑦。《古樂》"成王立,殷民反",高注"反,叛"⑧,是高氏所據本亦用叛字無疑。則陸氏云俗字者,未可施於漢末諸儒。

今本《解詁》經傳並見叛、畔,叛爲離叛、叛亂義,如襄公廿六年經"衛孫林父入于戚以叛",僖公四年傳"下叛上也"、僖九年傳"叛者九國"是也⑨。畔亦表離叛、叛亂義,凡四見,即昭公廿一年經"宋華亥、向甯、華定自陳入于宋南里以畔",昭公二十年傳"此

①《毛詩正義》,《十三經注疏》第 2 册,頁 31 下。
②《孟子注疏》,《十三經注疏》第 8 册,頁 240 上。
③《漢石經集存》,圖版二。此圖版之字殘泐,猶可見"寧"字形。
④《漢石經集存》,圖版五一。
⑤《説文解字注》,頁 129 下。
⑥《經典釋文》,頁 831。
⑦《吕氏春秋集釋》,頁 95。
⑧《吕氏春秋集釋》,頁 128。
⑨ 分見撫本,卷九,頁 16a;卷五,頁 7a、12b。

其言自何？畔也。畔則曷爲不言其畔"①。經一見而傳三見。今細考之，此四畔字非《解詁》原本用字。案昭公十九年注云"宋南里以叛"②，何氏引此經作"叛"，則其所見經文非畔字，證一也。襄公廿六年經"衛孫林父入于戚以叛"、定十一年經"宋公之弟辰及仲佗、石彄、公子池自陳入于蕭以叛"、定十三年經"晉趙鞅入于晉陽以叛""晉荀寅及士吉射入于朝歌以叛"③，並作"以叛"，則此經"入于宋南里以畔"，文例相同，諸經既作叛，則此經亦宜作叛，證二也。今本昭公廿年傳"畔則曷爲不言其畔"，傳下注云"言叛者，當言以鄲"④，何注用字皆承經傳文，無易字，以注文之"叛"，推傳文或亦作叛，證三也。鄭箋《召旻》，引《公羊傳》"國亂曰潰，邑亂曰叛"⑤，高注《呂氏春秋·義貴》，引《公羊傳》曰"定公順祀，叛者五人"⑥，並作叛字，蓋漢末諸儒所見《公羊傳》文即作叛字，證四也。又徧考何氏注文，用叛字六十餘例，咸叛亂、離叛義，無有借畔爲叛者，證五也。今本經傳文四畔字借作叛者，蓋後人傳寫改竄。

（七）向鄉

據《説文》，向、鄉義異，書傳常見借鄉爲向，以表面向、向背義。何氏則別用向鄉二字，向用於專名，如"入向""向戌""叔向"，或國名，或姓氏人名。至於鄉字，既用其本義，又用其借義。莊公四年注"九族之讎不同鄉黨"，莊十七年注"明行當本於鄉里也"⑦，

---

① 分見撫本，卷十，頁 14a、頁 13a。

② 撫本，卷十，頁 12a。

③ 分見撫本，卷九，頁 16a；卷十一，頁 10b、11b。

④ 撫本，卷十，頁 13a。

⑤《毛詩正義》，《十三經注疏》第 2 册，頁 699 上。

⑥《呂氏春秋集釋》，頁 328

⑦ 撫本，卷三，頁 6b、頁 17a。

此用鄉字本義。莊公十三年注"諸侯猶是翕然信鄉服從",僖公十年注"起時莫不背死鄉生",文公二年注云"大祖東鄉,昭南鄉,穆北鄉,其餘孫從王父。父曰昭,子曰穆,昭取其鄉明,穆取其北面尚敬"①,則是借鄉爲向。徧考何氏注文,以鄉表面向、向背義者凡九例②,惟莊公十二年注云"更向萬曰"③,猶以"向"爲面向義,與常例不合,深疑此向字乃後人改寫,《解詁》原本當作鄉字。

（八）饑飢

饑爲饑荒,飢爲飢餓④,義雖微異,然典籍時見通用⑤。

考撫本、余本《解詁》之用饑、飢,別義分明。凡用飢者,即飢餓、飢寒義,如莊公廿八年注"民不飢乏",宣公十五年注"夫飢寒並至""飢者歌其食""民用飢"等⑥。凡用饑者,則饑饉、饑荒義,如宣公十三年注"新饑而使歸父"、宣十五年注"天災饑後",襄公廿四年注"有死傷曰大饑,無死傷曰饑"⑦。知何氏饑飢別用。但後來槧本有改易者,如莊公廿八年注"民不飢乏",十行本改飢爲饑⑧。宣公十五年注"飢寒""民用飢""飢者"三飢字,北監本《公羊傳注

---

① 分見撫本,卷三,頁 15b；卷五,頁 14a；卷六,頁 3a。

② 除文中所舉 5 例外,其餘 4 例:（1）猶有桓公時未爲諸侯所信鄉。（2）恐天下迴心趣鄉之。（3）且明兵之所鄉。（4）操兵鄉國,故初謂之叛。

③ 撫本,卷三,頁 14a。

④ 饑,《説文》:"穀不孰爲饑。"飢,《説文》:"餓也。"分見《説文解字注》頁 224 下、225 上。

⑤ 如《爾雅·釋天》"穀不熟爲饑",陸氏《釋文》云"本或作飢"（《經典釋文》,頁 1641）。《論語·顔淵》云"年饑,用不足",陸氏《釋文》云"鄭本作飢"（《經典釋文》,頁 1375）。

⑥ 分見撫本,卷三,頁 25b；卷七,頁 18a、頁 18b、頁 19a。

⑦ 分見撫本,卷七,頁 15a、頁 19a；卷九,頁 15a。

⑧《春秋公羊傳注疏》,《十三經注疏》第 7 册,頁 108 下。

疏》改爲饑字 ①，毛本、清武英殿本並沿其誤 ②，非是。

（九）訴愬

訴，《説文》云"告也"。愬，《説文》云"訴，或從朔心"。許慎以愬爲訴之或體，則二字通用，不礙義理。如《詩·柏舟》"薄言往愬"，愬即訴也。《戰國策·齊策》"必東愬於齊"，高注"愬，告" ③，愬亦訴也。但《周易·履卦》九四爻"履虎尾，愬愬"，陸氏《釋文》引《子夏傳》云"恐懼貌" ④，是以愬有別義，不爲訴之或體。宣公六年《公羊傳》云"靈公望見趙盾，愬而再拜"，何注"愬者，驚貌" ⑤，義與《子夏傳》之説相近。又莊公元年傳云"夫人譖公於齊侯"，注云"如其事曰訴，加誣曰譖" ⑥，是何氏釋訴之義與愬異。據此，昭公三十一年傳"於是負孝公之周，訴天子"，宋撫本、余本並寫作"訴"，自是《解詁》原本無疑，宋十行本據余本與單疏本合刻，訴字猶不誤 ⑦。閩本雖據十行本重刻，然此處改訴爲愬 ⑧。考其改易之由，蓋因《釋文》。《釋文》云"愬，音素，本亦作訴" ⑨，知陸氏所據本異於撫本、余本。閩本依《釋文》改訴作愬，顯與何氏家法相違。自兹以下，北監本、毛本、清武英殿本，皆承閩本改字之誤，謬矣。

---

① 明萬曆二十一年北京國子監刊本《春秋公羊傳注疏》，卷十六，頁 25a。

② 明崇禎毛氏汲古閣刊本《春秋公羊傳注疏》，卷十六，頁 25a；清乾隆四年武英殿刊《春秋公羊傳注疏》，卷十六，頁 22b。

③ 范祥雍《戰國策箋證》，頁 509。

④《經典釋文》，頁 82。

⑤ 撫本，卷七，頁 6a。案，陸氏《釋文》引此注云"驚愕也"，與此異。

⑥ 撫本，卷三，頁 1b。

⑦《春秋公羊傳注疏》，《十三經注疏》第 7 册，頁 307 下。

⑧《明版閩刻十三經注疏》第 7 册，頁 672 下。

⑨ 余本，卷十，頁 20a。

（十）孰熟

《説文》解孰云“食飪也”①，孰是熟之本字，熟乃後起字。考傳世文獻，知漢末已通行熟字。如《吕氏春秋·明理》云“五穀萎敗不成”，高注“成，熟也”②。《適威》云“有無之論不可不熟”，高注“熟猶知”③。《仲春紀》注云“故麥不成熟，民飢窮”，《制樂》注云“穀不熟爲饑也”④。此高氏用熟字無疑。又《異用》云“非桀，其孰爲此也”，高誘注“孰，誰也”。《下賢》云“其孰能禮賢”，《審應覽》云“請問孰病哉”，《舉難》云“則問樂騰與王孫苟端孰賢”，高誘並注云“孰，誰也”⑤。知高氏解孰熟二義不同。孰熟別用，於注中區別分明。

又考趙岐注《孟子》，如《梁惠王上》云“孰能與之”，注云“王言誰能與不嗜殺人者乎”⑥，是趙氏以誰釋孰。又《告子上》云“夫仁亦在乎熟之而已矣”，趙注“熟，成也”⑦，以熟爲成熟義。考今本《孟子》，凡生熟成熟之義皆用熟字，凡誰何之義皆用孰字。用熟字十例，用孰字二十餘例，是趙岐亦別用孰熟。

高、趙皆處漢末，知此時熟字已通行。今本《解詁》亦別用孰熟。隱公元年傳“王者孰謂”，何注云“孰，誰也”⑧，證以今本《解詁》，傳注用孰字凡四十餘例，皆誰何之義。又莊公廿八年傳“一年不熟，告糴，譏也”，宣公六年傳云“熊蹯不熟”，定公十四

①《説文解字注》，頁114下。
②《吕氏春秋集釋》，頁148。
③《吕氏春秋集釋》，頁528。
④ 分見《吕氏春秋集釋》，頁37、頁146。
⑤ 分見《吕氏春秋集釋》，頁235、頁371、頁477、頁541。
⑥《孟子注疏》，《十三經注疏》第8册，頁21上。
⑦《孟子注疏》，《十三經注疏》第8册，頁205下。
⑧ 撫本，卷一，頁2a。

年傳"腥曰脈,熟曰燔"①,是傳文用熟字。注文"謂五穀皆大熟成""麥始熟,可祈""黍先熟"等等②,是注文用熟字。又宣公六年注"熟視,知其爲畚"③,熟視,細視也,乃熟之引申義。傳注並見熟字,爲何氏用熟字之明證。然昭公二十五年注"餕,孰食;饔,孰肉"④,撫本、余本並作孰字,與常例不合。據傳文"熊蹯不熟",則此注"孰食""孰肉"當用熟字。十行本始改孰爲熟,得何氏之意。但阮元《校勘記》出"餕熟食"云"鄂本作孰,下同,加四點者,俗字"⑤。云"下同"者,謂注文"饔,孰肉",鄂本亦作孰字。阮氏以熟爲俗字,似謂《解詁》原本當作孰字。然何氏既以孰爲誰何義,以熟爲生熟成熟義,猶高注《吕氏春秋》區别孰熟,則阮説不合何氏家法也。又考鄭玄《周禮注》引《春秋傳》曰"熊蹯不熟"⑥,今本《公》《左》二傳正用熟字,與鄭氏所引相同,疑漢末諸儒所見《左》《公》二家經傳已用熟字。今撫本、余本作孰者,均誤,注疏本改孰爲熟,可從。

　　以上乃《解詁》别用字之例。以音理言,二字雖可通,然據何氏家法言,字義既異,則不得相通用。

三、《解詁》通用例辨誤

　　何氏用字之例,或别用,或獨用,不相通用。然考《解詁》,或言

---

① 分見撫本,卷三,頁 25b;卷七,頁 6a;卷十一,頁 12a。
② 分見撫本,卷二,頁 5b、頁 9b。
③ 撫本,卷七,頁 5b。
④ 撫本,卷十,頁 18b;余本,卷十,頁 16a。
⑤ 阮元《十三經注疏校勘記·春秋公羊傳卷九》,《續修四庫全書·經部·群經總義類》第 183 册,頁 122 上。
⑥《周禮注疏》,《十三經注疏》第 3 册,頁 464 下。

“悖德”，或言“背德”，是悖背通用。或云“佚獲”，或云“逸獲”，是佚逸通用。經書“錫”，傳以“賜”解之，是錫賜通用。《解詁》何嘗不通用耶？答曰：此類通用者，或義猶有別，或後世傳寫改易，非真通用也。

（一）錫賜

錫賜字義不同，書傳時見借錫爲賜者 [①]。今本《解詁》經傳文，錫賜並見，義又相近，如莊元年經“王使榮叔來錫桓公命”，傳云“錫者何？賜也” [②]，以賜解錫。傳文“賜之以死”“錫之以大禮”“虞郭之相救，非相爲賜”“錫之不毛之地” [③]，是錫賜互見。又成公八年注云“此⃝錫命稱天子者，爲王者長愛幼少之義，欲進勉幼君，當勞來與賢師良傅，如父教子，不當⃝賜也。”同一段注文，前作錫，後作賜。然則，何氏通用此二字耶？

案莊公元年經“王使榮叔來錫桓公命”，傳云“錫者何？賜也”，注云“上與下之辭” [④]，注意似謂錫賜俱是上與下之辭。今細考諸例，知何氏用錫賜二字，其義有殊：凡九錫之義，何氏用錫字；餘則咸用賜字。傳雖以賜解錫，皆有惠予義，然二字實有輕重之別：賜輕而錫重。九錫不得寫作九賜，猶賜几杖不得寫作錫几杖。

九錫者，王者錫諸侯也，諸侯有功德，天子錫之車馬、衣服等。如《韓詩外傳》云：“傳曰：諸侯之有德，天子錫之。一錫車馬，再錫

---

① 錫，《説文》“銀鉛之間也”；賜，《説文》“予也”（分見《説文解字注》，頁709上、283上）。二字相通者，如《易·師卦》九二爻“王三錫命”，《釋文》“鄭本作賜”（《經典釋文》，頁80）。《離騷》“肇錫余以嘉名”，王逸注“錫，賜也”（洪興祖《楚辭補注》，頁4）。是其證也。

② 撫本，卷三，頁2b。

③ 分見撫本，卷十，頁18a—b；卷五，頁5b；卷七，頁13a。

④ 撫本，卷三，頁2b。

衣服,三錫虎賁,四錫樂器,五錫納陛,六錫朱户,七錫弓矢,八錫鈇
鉞,九錫秬鬯。”①《白虎通》亦有是説②。《解詁》亦云“禮有九錫:一
曰車馬,二曰衣服,三曰樂則,四曰朱户,五曰納陛,六曰虎賁,七曰
弓矢,八曰鈇鉞,九曰秬鬯,皆所以勸善扶不能”③。何氏釋九錫次
第,雖與《韓詩外傳》《白虎通》略殊,然九錫是王者錫諸侯之義,
諸家無異辭。文公元年,天王使毛伯來錫公命,傳云“錫者何? 賜
也。命者何? 加我服也”,注云“文公新即位,功未足施而錫之,非
禮也”④,是何氏也以錫命當施予諸侯有功德者。傳解錫命爲加服,
加服乃九錫之一,故用錫字。至於尋常賞賜,用賜字。錫是重辭,
賜是常辭。此何氏家法也。

　　或有疑者,宣公十二年傳“錫之不毛之地”⑤,此非九錫,何以
也用錫字? 案此乃鄭伯降於楚,用尊辭,示自卑耳,故鄭伯尊稱楚
爲“君王”。昭公廿五年傳“錫之以大禮”,非九錫而用錫字,是魯昭
落難而感齊侯之恩,亦自謙而用尊辭,故何氏釋“大禮”,承傳文曰
“臣受君錫”⑥。若是尋常臣受君賜,皆作賜不作錫,如桓公元年注
“賜邑於遠郊”、桓二年注“天子亦作鼎以賜之”、文公二年注“大夫
有賜於君”、成公十五年注“則必賜之几杖”⑦,非九錫,皆是賜字。

　　以此爲例,《解詁》用錫賜之字三十有餘,皆以輕重別之,惟有
二處與例不合,乃傳寫之誤耳:(1)昭公廿五年傳“賜之以死”,何

①《韓詩外傳集釋》,頁 285。
②《白虎通·攷黜》云:“禮説九錫,車馬、衣服、樂則、朱户、納陛、虎賁、鈇鉞、
　弓矢、秬鬯。”見陳立《白虎通疏證》,頁 302。
③ 撫本,卷三,頁 3a。
④ 撫本,卷六,頁 1a—b。
⑤ 撫本,卷七,頁 13a。
⑥ 撫本,卷十,頁 18b。
⑦ 分見撫本,卷二,頁 1b、頁 3b;卷六,頁 6a;卷八,頁 11a。

注“鈇鑕，要斬之罪，即所錫之以死”①，此注錫字，乃賜字之譌。案賜死非九錫之義，不得寫作錫。何注用字皆承經傳文，傳既作賜，注承傳文，阮元《校勘記》引宋鄂本正作賜字②，是其證也。（2）成公八年經“天子使召伯來錫公命”，注云“此錫命稱天子者，爲王者長愛幼少之義，欲進勉幼君，當勞來與賢師良傅，如父教子，不當賜也”③，注文前作錫，後作賜，依注承經傳之例，則後賜字當作錫。考徐彥疏云“今成公幼少，當須如父教子，未當錫也”④，云“未當錫”，可推徐彥所見注文作錫不作賜，今作錫者，蓋亦後來傳寫者改易。

扣此二例，其餘錫賜異義分明，何氏以“錫”字專用於九錫，餘則用“賜”字，故《解詁》用錫賜二字有別。凡言錫命者，不得改作賜命；凡言賜邑、賜死者，不得寫作錫。傳以賜解錫，以義近爲釋，不得謂何氏通用二字。至於今本錫賜混用者，則是後人改易。

（二）逸佚

逸佚音同義近，書傳多通用。今本《公羊》傳文逸佚並見，閔公二年傳云“緩追逸賊，親親之道也”，同年注云“起季子緩追逸賊也”⑤，是逸賊用逸字。成公二年傳“佚獲也”，注云“佚獲者，已獲而逃亡也”⑥，是佚獲用佚字。逸佚並有逃亡之義，且宣公十七年注云“齊侯逸獲”⑦，佚獲又寫作逸獲，似何氏通用二字。

然審繹注意，何氏釋佚獲爲已獲而逃亡，則佚有得而復亡之

---

① 撫本，卷十，頁 18a。
②《十三經注疏校勘記·春秋公羊傳卷九》，頁 122 上。
③ 撫本，卷八，頁 8a。
④《春秋公羊傳注疏》，《十三經注疏》第 7 冊，頁 221 下。
⑤ 分見撫本，卷四，頁 3a。
⑥ 撫本，卷八，頁 2a。
⑦ 撫本，卷七，頁 19b。

義。又宣公十二年傳"而佚晉寇",何注云"佚,猶過,使得過渡邲水去也"①,謂楚先獲敗晉師,然後使亡去。佚,亦先得而後亡之義。至於逸賊,亡而不得,如慶父弒君而逸於齊,魯始終未獲慶父,亡而不得,故目爲"逸賊"。同有逃亡義,何氏之釋佚逸,分別在於得、不得耳。

以此而言,宣十七年注"齊侯逸獲",逸,何氏原本當作佚。齊侯先獲於晉,而後逃亡,傳云"佚而不反"是也,故當作佚。可爲證者,徐彦《公羊疏》於此出文作"言齊侯佚獲者"②,是徐氏所據本即作佚字。自宋撫本、余本誤作"逸獲",後之注疏本多祖襲其謬。清武英殿本改"逸"爲"佚"③,是也。佚獲不得寫作逸獲,猶逸賊不得寫作佚賊。逸佚不通用,乃何氏家法如此。

（三）娶取

典籍借取爲娶者多矣,出土文獻亦時見④。漢儒並用娶取,《白虎通·嫁娶》云"娶者,取也"⑤,是其證。考今本《解詁》,傳云"諸侯娶一國。諸侯不再娶""宋三世無大夫,三世內娶也""譏喪娶也""諱娶同姓"等⑥,傳文用娶字凡十四見,無作取者。依何注用字承經傳之例,則注文亦當作娶。徧檢注文,何氏用娶字三十四例,借取爲娶者六例,疑此六"取"字,乃後來者傳寫改易。詳證如下:

1.隱公二年何注云"禮,男之將取,三日不舉樂"⑦,此借取

① 撫本,卷七,頁 14b。
②《春秋公羊傳注疏》,《十三經注疏》第 7 冊,頁 210 上。
③ 殿本,卷十六,頁 25a。
④ 如《睡虎地秦墓竹簡·日書甲種》云"平日,可以取妻",見《睡虎地秦墓竹簡》,文物出版社,1990 年,頁 90、183。
⑤《白虎通疏證》,頁 491。
⑥ 分見撫本,卷三,頁 17b;卷五,頁 25a;卷六,頁 3b;卷十二,頁 8a。
⑦ 撫本,卷一,頁 9a。

爲娶。然桓二年注云"天子將娶於紀",莊廿三年注云"爲將娶齊女"①。同言"將娶",兩作娶字,一作取字。以何氏用字承經傳文之例,傳既皆作"娶",則注文亦宜作娶。考隱公二年《公羊音義》出文作"將取"②,知陸德明所據本已譌娶爲取,今本時有據《釋文》而改傳注者,此亦或然。

2. 莊公十七年注"以取齊淫女,丹楹刻桷"③,此述莊廿三年丹桓宮楹、莊廿四年刻桓宮桷事。彼注云"楹,柱也,丹之者,爲將娶齊女"④,何氏述同一事,一作娶,一作取,則"取"字爲後人改寫,或有以也。

3. 莊公廿二年注"以五月首時者,譏莊公取讎國女"⑤,借取爲娶。注用取字,余本及各注疏本皆同,惟撫州公使庫本作"娶"⑥,又此年注云"不譏喪娶者,舉淫爲重也"⑦,亦作娶。知撫本是,而余本以下諸本俱誤。

4. 莊廿七年注云"賤取,貴不去",取字,亦娶之譌。案注云:"婦人有七棄、五不(娶)、三不去。嘗更三年喪,不去,不忘恩也。賤(取),貴不去,不背德也。有所受無所歸,不去,不窮窮也。喪父長女不(娶),無教戒也。世有惡疾不(娶),棄於天也。世有刑人不(娶),棄於人也。亂家女不(娶),類不正也。逆家女不(娶),廢人倫也。"⑧此一段注文內,娶字六,取字一,深疑取字乃後人改寫。又注云"不背德",

① 分見撫本,卷二,頁 4a;卷三,頁 20a。
②《經典釋文》,頁 1200。
③ 撫本,卷三,頁 17a。
④ 撫本,卷三,頁 20a。
⑤ 余本,卷三,頁 16b。
⑥ 撫本,卷三,頁 19a。
⑦ 撫本,卷三,頁 19b;余本,卷三,頁 17a。
⑧ 撫本,卷三,頁 24a。

然下注何氏釋七棄云"不事舅姑,棄,悖德也",是背德與悖德互異,此背字亦誤(見下文"悖背倍"例),可爲旁證。

5. 成公十五年注云"不日者,多取三國媵,非禮",案僖公二十年注云"諸侯娶三國女"①,與此注"多取三國媵"文例相近,而作娶字;且傳言宋國"三世内娶"②,作娶字,可爲旁證。

6. 昭公十年注云"去冬者,蓋昭公取吳孟子之年"③,取字,當是娶字之譌。昭公七年徐疏引此注正作"娶"字④,是徐彦所據本作娶可知。又哀公十二年傳"諱娶同姓,蓋吳女也",注云"禮,不娶同姓,買妾不知其姓,則卜之,爲同宗共祖,亂人倫,與禽獸無別。昭公既娶,諱而謂之吳孟子"⑤。述同一事,此傳注並用娶字,與彼殊,也可爲證。

以上六例,或有傳本異文可據,或有相同文例可參,或本證,或旁證。是知凡嫁娶之義,《解詁》原本皆作娶,今本有作取者,蓋後來者傳寫改易。

(四)唯惟

唯、惟義異,典籍常見通用之例⑥,今本《解詁》亦唯惟並見。傳云"唯魯侯爾""唯泰山爾"⑦,又注云"唯天子稱天以誅之""唯

---

① 分見撫本,卷八,頁 12a;卷五,頁 21a。

② 撫本,卷五,頁 25a。

③ 撫本,卷十,頁 6b。

④《春秋公羊傳注疏》,《十三經注疏》第 7 册,頁 278 下。

⑤ 撫本,卷十二,頁 8a。

⑥《説文》:"唯,諾也","惟,凡思也。"(分見《説文解字注》,頁 57 下、509 下)《周禮·梓人》"惟若寧侯",鄭注《儀禮·大射儀》引作"唯若寧侯"(《儀禮注疏》,《十三經注疏》第 4 册,頁 215 上)。《楚辭·離騷》"豈唯是其有女",王逸注云"唯,一作惟"(《楚辭補注》,頁 35)。《荀子·大略篇》"惟惟而亡者誹也",楊倞注"惟,讀爲唯"(《荀子集解》,頁 519)。

⑦ 撫本,卷三,頁 14a;卷五,頁 33a。

臣子得褒之耳"等等 ①,是傳注用唯之例。傳"惟諓諓善竫言""惟
一介斷斷焉",注云"惟王者然後改元立號" ②,是傳注用惟之證。
然則,何氏通用唯惟耶?

徧考注文,知凡發語詞或獨一之義者,何氏用唯字;凡思、念之
義者,何氏用惟字。二字異義,何氏不通用。

案文十二年傳"其爲能變奈何? 惟諓諓善竫言,俾君子易怠,
而況乎我多有之? 惟一介斷斷焉,無他技",此二惟字,乃思念之義。
傳以"能變"許秦繆公,謂繆公念己多小善,易使君子易怠,故思以一
介之道。徐疏云"謂其念有淺薄之善而撰其言也""若思念之,皆
是一概專一之事,更無奇巧異端之術" ③,是徐彥均以念釋惟,故此
二"惟"字不得解作發語詞,也不得解爲獨一義。除此傳文二例,
注文用惟者亦僅二例,一云"反覆思惟" ④,一云"惟王者然後改元
立號"。"思惟"一詞,正用惟字本義。至於"惟王者"云云,蓋"唯"
之譌也。案注文"唯天子稱天以誅之""唯人君,然後得申親親之
恩""唯世子與母弟以今君録""唯孔子以爲是""唯天子娶十二
女"等等 ⑤,咸以唯爲獨一義。此類例證至於二十例,俱用唯字,僅
此用惟字,而文法意義相近,深疑"惟王者",何氏原本作"唯王者"。

（五）復覆

據《説文》,"復,往來也""覆,覂也。一曰蓋也" ⑥,義不同。

---

① 撫本,卷二,頁 19a ;卷五,頁 25b。

② 撫本,卷六,頁 11b ;卷一,頁 1b。

③《春秋公羊傳注疏》,《十三經注疏》第 7 册,頁 176 下。

④ 撫本,卷三,頁 28a。

⑤ 分見撫本,卷二,頁 19a ;卷三,頁 28b ;卷五,頁 9a ;卷七,頁 2b ;卷八,頁
9b。

⑥ 分見《説文解字注》,頁 76 下、360 下。

書傳借覆爲復者時見。但何氏之用復覆，其義有別。

　　攷今本《解詁》，復字，經傳注文並見，覆則僅見於注文。宣公六年傳"人弒爾君，而復國不討賊"，注云"復，反也"①。文公八年經"公孫敖如京師，不至復"，復，亦反義。此何氏用復字本義。桓公二年傳"所見異辭，所聞異辭，所傳聞異辭"，注云"所以復發傳者"②，"復"者，又也、再也；以隱公元年始發傳，今此再發傳，故何氏言"復"。閔公元年傳云"公何以不言即位"，注云"復發傳者，嫌繼未踰年君義異故也"③，此"復"，三復也，以隱公元年、莊元年已發"公何以不言即位"之傳，至此是三發其傳，故云復。

　　《解詁》之用覆字，或是覆蓋本義，如"天之所覆""車覆苓"是也④。或是覆被之引申義，如閔公二年注"功未足以覆比滅人之惡也"，僖公十七年注"服楚功在覆篡惡之表"，僖廿三年注"功覆之也"是也⑤。

　　以此而言，凡反復、又再、重復等義，《解詁》作復。凡覆蓋、覆被之義，《解詁》則作覆。莊公十三年注"反復爲齊所脅而殺之"，成公三年注"反復相疑"⑥，又注文"復見""復爲""不復"等等⑦，是作復之證。注文"服楚功在覆篡惡之表""功覆之也""天之所覆"等⑧，是作覆之證。

①　撫本，卷七，頁 5a

②　撫本，卷二，頁 3a。

③　撫本，卷四，頁 1a。

④　分見撫本，卷五，頁 32b；卷十，頁 19b。

⑤　分見撫本，卷四，頁 22；卷五，頁 19a、頁 24a。

⑥　分見撫本，卷三，頁 15a；卷八，頁 5a。

⑦　分見撫本，卷一，頁 8a、頁 13a；卷二，頁 12a。

⑧　分見撫本，卷五，頁 19a、頁 24a、頁 32a。

但隱公三年注"嫌以主覆問上所以説二事"[①]，覆問者，再問也，例宜作"復"，如隱公五年注"弟子未解其言大小緩急，故復問之"[②]，是復問作復可知，此則作覆；桓公十一年注"反覆道此者"[③]，反覆，例當作復，如成公三年注"反復相疑"可證[④]；莊公十二年注"復反覆發傳者"[⑤]，當作復而作覆；莊公三十二年注"反覆思惟"，亦當作復。此四覆字，陸氏《釋文》並云"芳服反"[⑥]，是陸氏所據本已誤"復"爲"覆"，又或今本乃後人據《釋文》而改易。

（六）彊强

據《説文》，强爲蟲名，彊爲彊力，二義殊異，然典籍中借强爲彊者不暇枚舉。今本《解詁》彊强並見。彊者見於傳注，如隱公五年傳、僖公六年傳並云"此其言圍何？彊也"，莊公十二年傳"仇牧可謂不畏彊禦矣。其不畏彊禦奈何"，僖公廿一年傳"楚，夷國也，彊而無義"，宣公十二年傳"彊者，吾辟之"，襄公七年傳"以中國爲彊，則不若楚"等等[⑦]。又如隱五年注云"惡其彊而無義也"，文三年注云"羣臣將爭彊相殘賊之象"，定三年注云"内有彊臣之讎"等等[⑧]。强則僅見於注文，如桓十一年注"是時宋强而鄭弱"，襄公五年注"被强楚之害"，昭廿八年注"閔公内爲强臣所逐"等[⑨]。徧檢

① 撫本，卷一，頁11a。
② 撫本，卷一，頁14a。
③ 撫本，卷二，頁13b。
④ 撫本，卷八，頁5a。
⑤ 撫本，卷三，頁13b。
⑥ 分見《經典釋文》，頁1201、1210、1216、1222。
⑦ 分見撫本，卷一，頁16b、卷五，頁10b；卷三，頁13b；卷五，頁21b；卷七，頁14a；卷九，頁5b。
⑧ 分見撫本，卷一，頁16b；卷六，頁4b；卷十一，頁3b。
⑨ 分見撫本，卷二，頁12b；卷九，頁4a；卷十，頁21a。

經注,用彊者七十餘例,用強者十一例,參伍稽考,疑強字乃後人所改,《解詁》原本作彊字。茲以相同文例相證,見下表:

表4-1　何注強彊並用表

何注用"強"字例	何注用"彊"字例	附釋
1.桓公十一年注"是時宋強而鄭弱"(撫本,卷二,頁12b)。 2.桓公十一年注"宋軍強乘其弱滅鄭"(撫本,卷二,頁13b)。	莊十年注"南侵彊宋",又宣十五年注"不能使彊不陵弱"(分見撫本,卷三,頁12a;卷七,頁18a)。	注云"宋強",又云"彊宋",義同而字異;前二注強弱相對,後注亦彊弱相對。文例相同,以傳文用彊不用強,疑此強字爲後人改寫。
3.桓公十八年注"時齊強魯弱"(撫本,卷二,頁19a)。	莊十年注云"屬北敗彊齊之兵",定八年注"内有彊臣之讎,外犯彊齊"(撫本,卷三,頁12a;卷十一,頁7b)。	注云"齊強",又云"彊齊",義同而字異。且傳文用彊不用強,疑此強字乃後人改寫。
4.莊公三年注"所以抑強消亂也"(撫本,卷三,頁4b)。	隱公五年注"惡其彊而無義也"(撫本,卷一,頁16b)。	注云"抑強消亂",強、亂相對,強者,強梁也。注又云"彊而無義",彊者,彊暴也。義近而字異。
5.莊公十七年注"齊強戍之"(撫本,卷三,頁16b)。	僖廿八年注"陳有大喪而彊會其孤",文十三年注"彊會人孤以尊天子"(撫本,卷五,頁28b;卷六,頁12a)。	注云強戍,是強迫義;注云"彊會",亦彊迫義。義同而字異。
6.襄公五年注"被強楚之害"(撫本,卷九,頁4a)。 7.昭公七年注"外慕強楚"(撫本,卷十,頁5a)。	莊十年注"楚彊而近中國",僖四年注"時楚彊大",僖十五年注"彊楚以邪勝正",僖廿一年注"絶彊楚之望"(撫本,卷三,頁12b;卷五,頁7a、頁17b、頁22a)。	注云"強楚",又云"彊楚""楚彊",文例相同。且有傳文可證,疑"強"字乃後人所改。

續表

何注用"强"字例	何注用"彊"字例	附釋
8.昭公十二年注"中國以無義,故爲夷狄所强"(撫本,卷十,頁8b)。	莊十三年注云"臣約其君曰要,彊見要脅而盟爾"(撫本,卷三,頁15b)。	云"所强"者,謂中國爲夷狄所强脅。云"彊見要脅",亦謂彊脅。義近而字異。
9.昭公廿八年注"閔公内爲强臣所逐"(撫本,卷十,頁21a)。	襄元年注"猶有屈彊臣之功"、襄十一年注、定三年、八年注並云"彊臣"(撫本,卷九,頁1a、頁8a;卷十一,頁3b、頁7b)。	注云"强臣",又云"彊臣",文例全同。案何注云"彊臣"者多見,云"强臣者"僅此一見,疑强字乃後人所改。
10.定公元年注"爲稼强,季氏象也"(撫本,卷十一,頁2b)。	莊公七年注"据是時苗微麥彊"(撫本,卷三,頁9a)。	一云稼强,一云麥彊,義同而字異。
11.定公十年注"明仲佗强與俱出也"(撫本,卷十一,頁10a)。		此强迫義,説同第5例。

　　此表借强爲彊者凡十一例,皆有彊字之文例相證。又考傳文用彊不用强,依何氏注文承傳文之例,且注文用彊字近60例,用强字11例,頗疑强字乃後來者傳寫改易。

　　(七)醇純

　　醇純本義不同,然典籍通用之例常見[1]。今本《解詁》傳文一見純字,即定公八年傳"龜青純",注云"純,緣也"[2]。純爲邊緣之

---

[1]《説文》:"醇,不澆酒也。""純,絲也。"(分見《説文解字注》,頁755上、650上)二字通用例,如《史記·平準書》云"自天子不能具鈞駟",司馬貞《索隱》"《漢書》作醇駟,醇與純同"(《史記》第4冊,頁1417)。又書傳醇粹、純粹時時並見,如《易·乾·文言》"純粹精也"(《周易正義》,《十三經注疏》第1冊,頁16下),《楚辭·遠遊》"精醇粹而始壯"(《楚辭補注》,頁168)。

[2]撫本,卷十一,頁9a。

義僅此一見，不得與醇相通。此外，注文四見"純"字，均非邊緣之義：（1）隱公元年注云"有不純臣之義"。（2）莊公二十四年注云"妻事夫有四義：君臣之禮，父子之恩，兄弟之義，朋友之道，不可純以君臣之義責之"。（3）文公九年注"足其氏，則當純以中國禮貴之"。（4）文公十三年注"不毛，不純色"①。此四純字，皆單一不兼之義。

案諸侯不純臣者，謂諸侯不但有臣義，亦兼有君義。妻事父不但具君臣之義，亦兼具父子、兄弟、朋友之義。夷狄大夫止宜稱名，雖貴，猶兼具夷狄之賤義；若進稱氏，則至於中國禮，嫌夷狄無積漸之義。羣公用牲不純色，謂祭牲兼雜色。是何氏用純字，對"兼"成義。至於醇字，則指物性之全之精，如莊廿四年注"醇粹無擇"，僖公元年注"所以醇其能以治世自任"，七年注"醇霸德"，文三年注"似雨尤醇"②，皆以"醇"形容一事一物之性。

以此言之，何休用醇純之義有異。假設"諸侯不純臣"改爲"諸侯不醇臣"，則嫌諸侯之爲臣道不忠厚，而諸侯爲君之義不見。假若"不可純以君臣之義責之"，改純爲醇，則嫌妻事夫於君臣之義有失醇道，而其餘父子、兄弟、朋友之三義没矣。假令"則當純以中國禮貴之"，改純爲醇，則嫌賤夷狄之意不彰。假如"不純色"改作不醇色，則嫌羣公牲色未醇，而牲之色雜之義不顯。是此四純字不得改作醇。《解詁》醇純不通用，可謂彰彰明矣。

（八）背悖倍

據《説文》，脊背是背字本義③。書傳常見借背爲北，以表乖背

---

① 分見撫本，卷一，頁 6a；卷三，頁 21a；卷六，頁 10a、頁 13a。
② 分見撫本，卷三，頁 21a；卷五，頁 1b、頁 7b；卷六，頁 4b。
③《説文》"背，脊也"（《説文解字注》，頁 171 上）。

之義①。倍者，反也，引申爲加倍、增倍義②。悖，則是亂義③。三字本義不同，但典籍時見通用，如《戰國策·楚策》云“先生老悖乎”，鮑注“悖，背道也”④。《漢書·文帝紀》云“詔曰：濟北王背德反上”，同書《元后傳》云“莽因曰：此詩德之臣也”⑤。《莊子·養生》云“倍情”，陸氏《釋文》“本又作背”⑥，皆是其證。

今本《解詁》背悖倍並見，何氏之用倍字，皆加倍、增倍義，如注文“取期再期恩倍”“增倍使若得其君以醇霸德”“伉健者爲里正，皆受倍田”⑦。至於“反”義，則用悖、背，且二字義殊。

案莊公廿七年注云“賤取，貴不去，不背德也”，同年注又云“不事舅姑，棄，悖德也”⑧，前作背德，後作悖德。細考何注，凡與道德禮義相乖亂者，用悖字，如莊公元年注“尤悖天道”、僖公廿八年注“悖君臣之義”、成公九年注“悖義恥深惡重”、成公十七年注“九月郊，尤悖禮”⑨，皆是其證。凡與人事相違反者，則用背字，如“背正而立己不正”“諸侯背叛”“背殯用兵”“突背恩伐宋”“諱魯背信亟也”“背約殺甯喜”等⑩，背正、背叛、背殯、背信、背約等，皆與

---

① 北，《説文》：“乖也，從二人相背。”（《説文解字注》，頁390下）又，如《國語·吳語》韋注：“北，古之背字。”（《國語集解》，頁561）

② 《説文解字注》，頁382上。

③ 詩（悖），《説文》“亂也。詩或從心”（《説文解字注》，頁98上）。

④ 范祥雍《戰國策箋證》，頁873。

⑤ 分見《漢書》，頁120、4033。

⑥ 《經典釋文》，頁1430。

⑦ 分見撫本，卷四，頁2b；卷五，頁7b；卷七，頁18b。

⑧ 分見撫本，卷三，頁24a。

⑨ 分見撫本，卷三，頁3a；卷五，頁30b；卷八，頁8b、頁15a。案莊元年注，撫本誤作“尤存天道”，此據余本改正，見余本，卷三，頁2b。

⑩ 分見撫本，卷一，頁3a；卷二，頁7b、頁15a、頁16a；卷八，頁6b；卷九，頁18a。

人事相違反,用背字。準此,上注"賤取貴不去,不背德也",背,當作悖。且此段注文内俱作娶,惟此一作"取",亦後人所改無疑。又《解詁》凡倍字用於加倍義,而今本《解詁・序》云"倍經任意",此倍字,疑何氏原本用背字。序文改背爲倍,猶改据爲據也。

(九)墜墮隋

墜(隊),《説文》"從高隊也",隊是墜落本字,墜則後起字。隓(墮墝),許慎云"敗城自曰隓"。隋,《説文》云"裂肉也"①。

據許説,三字本義不同,但書傳時見通用之例,有借隋爲墜者,有借墮爲墜者②。今本《解詁》墜隋墮三字並見,而何氏用之別義。其一,墜字用其本義,如文公三年傳"雨螽者何?死而墜也",定公八年傳"臨南投策而墜之"③,是墜字見於傳文,意指自高處落下。同例有,莊公七年注"星霣未墜而夜中星反者",文三年注"衆死而墜者,羣臣將争彊相殘賊之象"④,皆用本義。其二,隋字,何氏也借作落義,如宣十二年注"指隋舟中,身隋邲水中"⑤。隋與墜,雖同落義,但高低不同,墜必自高處而落;隋之落,非自高處,指本在舟中、身本在水中,故云隋。螽自空中而落,策自馬上而落,皆自高處,故云墜。何注"死而墜"云"墜,隋地也",此以隋釋墜,猶以賜釋錫,乃據義近爲釋。散文言之,隋、墜可通;對文言之,隋、墜有別。其三,

① 分見《説文解字注》,頁 739 下、740 上、174 下。
② 通用者,謂隋、墮皆可借爲墜字。隋借爲墜者,如《詩・氓》"其黄而隕",毛傳"隕,隋也"(《毛詩正義》,《十三經注疏》第 2 册,頁 135。阮本作惰,據校勘記,當是隋之譌字),是借隋爲墜之例。墮借爲墜者,如《史記・賈誼傳》云"梁王騎,墮馬而死"(《史記》第 8 册,頁 2503),借墮爲墜。又鄭箋《十月之交》云"從天墮也"(《毛詩正義》,《十三經注疏》第 2 册,頁 409 上),亦借墮爲墜。
③ 分見撫本,卷六,頁 4a—b;卷十一,頁 8b。
④ 分見撫本,卷三,頁 8b;卷六,頁 4b。
⑤ 撫本,卷七,頁 14b。

墮字用其本義,如定公十二年經"季孫斯、仲孫何忌帥師墮費"[①],墮,敗也、壞也。又隱公六年傳"輸平,猶墮成也",僖公廿一年傳"自我爲之,自我墮之"[②],皆敗壞義,是傳用墮字本義。又定公四年注"墮平王之墓",僖十六年注"墮功滅項自此始也"[③],是注用墮字,亦敗壞之義。以此而言,何氏用墜墮隋三字之義不同,不相通用。

以上例證,知今本所謂通用字者,或緣傳本有誤,或緣何氏之意猶有分別,似通用而實不通用,故不宜用小學之通假以釋何氏經學之家法。

四、《解詁》通用例獻疑

上來所述,證何氏用字有獨用、別用例,無通用例,然今本《解詁》中也有少數通用例,是否後人改易,並無鐵證,如率帥、一壹之類。雖然,其間尚有蛛絲馬跡,可證本文所言並非妄臆。

（一）率帥

典籍中率帥通用者不計其數,鄭玄注《儀禮・聘禮》云"古文,帥皆作率"[④],是知漢末之世,經傳已見率帥通用。今本《解詁》經傳注文並見率、帥。僖公二十七年經"公子遂帥師入杞",僖三十三年經"公子遂率師伐邾婁"[⑤],是經文帥率並見。隱公二年經"無駭帥師入極",但隱公五年注云"無駭率師入極"[⑥],是經注率帥通用。

① 撫本,卷十一,頁 10b。
② 分見撫本,卷一,頁 16b;卷五,頁 21b。
③ 分見撫本,卷十一,頁 5b;卷五,頁 18b。
④《儀禮注疏》,《十三經注疏》第 4 册,頁 227 上。
⑤ 分見撫本,卷五,頁 26b、頁 35a。
⑥ 分見撫本,卷一,頁 7b、頁 14b。

隱二年注"保伍連帥,本有用兵征伐之道",僖公十八年注"保伍連率,本有用兵征伐不義之道"①,是二注率帥通用。此類例證,《解詁》多矣。今考《解詁》,或作率或作帥,爲數既多,又無定例,惟成公二年經傳注率帥互異,或可證何氏用率不用帥:

〔成公二年〕經:季孫行父、臧孫許、叔孫僑如、公孫嬰齊⑭師會晉郤克、衞孫良夫、曹公子手及齊侯戰于鞌,齊師敗績。

傳:則客或跛或眇,於是使跛者迓跛者,使眇者迓眇者。迓,迎。卿主迎者也。聘禮,賓至,大夫⑭至于館。二大夫歸,相與⑭師爲鞌之戰。②

此年經用帥字,傳注用率字,且下注又云"數道其君率諸侯侵中國"③。同一經注之内,帥、率並見,非《解詁》用字之例。經若是帥字,則傳注文乃後人改竄;若傳注文不誤,則經文帥字是後人所改。或改經,或改傳注,兩相權衡,以經文簡省而傳注文繁多,改經易施,改傳注難行,改一以從三,愈於改三以從一也。且熹平石經皆用率不用帥,也是旁證。雖然,疑以傳疑,猶不敢必。

（二）拒距

拒距義異,書傳時見通假④。今本《解詁》亦拒、距並見,且有二

---

① 分見撫本,卷一,頁 7b;卷五,頁 19b。

② 撫本,卷八,頁 1b、頁 3a。

③ 撫本,卷八,頁 4a。

④ 拒(距),《説文》云:"止也。"。距,《説文》:"雞距也。"(分見《説文解字注》,頁 6 上、84 下)本義不同,但二字可通。如《莊子·大宗師》"不距",陸氏《釋文》"本又作拒"(《經典釋文》,頁 1444)。《毛詩·桑柔》鄭箋云:"雖觚距己",《釋文》"距,或作拒"(《經典釋文》,頁 379)。《荀子·仲尼篇》云"而富人莫之敢距也",楊倞注"距與拒同,敵也"(《荀子集解》,頁 107)。又,《儀禮·少牢饋食禮》云"長皆及俎拒",鄭注"拒,讀爲介距之距"(《儀禮注疏》,《十三經注疏》第 4 册,頁 562 下),是拒亦可借爲距。

字相通者。徧考經注,拒字凡十七見,皆拒絶義。距字凡五見,一則用距字本義,即宣公十五年注云"堙,距堙,上城具"①,距堙是專名,即用距本字。其餘四例皆借距爲拒。如莊公元年注"距蒯瞶不爲不順",襄十年注"欲共以距楚爾",昭二年注"恥見距",哀三年傳"爲固可以距之也"。借距爲拒,爲數雖少,然距字既見於傳,又見於注,拒則僅見於注,依何氏用字承經傳文之例,宜距是而拒非,然其間猶有曲折。如下例:

〔哀公三年〕以曼姑之義,爲固可以距之也。曼姑無惡文者,起曼姑得拒之。曼姑,臣也,拒之者,上爲靈公命,下爲輒故,義不可以子誅父,故但得拒之而已。傳所以曼姑解伯討者,推曼姑得拒之,則國夏得討之明矣。不言圍衛者,順上文,辟圍輒。②

傳文作距,注作拒,依何注用字承經傳文之例,則拒字誤。然作距者一,作拒者四,改一易而改四難。且宋本《三國志·魏志》裴注引《公羊傳》曰"以石曼姑之義,爲可以拒之"③,正作拒字,疑傳文距字乃後人改易也。且以下諸作距者,又有作拒者相近文例相參證:

1. 莊公元年注"距蒯瞶,不爲不順"④,借距爲拒。云距蒯瞶者,謂輒及曼姑也。然哀公二年注云"輒出奔不書者,不責拒父也",哀三年注云"輒之義不可以拒父"⑤。文義相同,而一作距、一作拒,可疑者一。

① 撫本,卷七,頁15b。
② 撫本,卷十二,頁2a。
③《宋本三國志》第2册,中國國家圖書館出版社,2018年,頁163。
④ 撫本,卷三,頁1b。
⑤ 分見撫本,卷十二,頁1b、頁2b。

2. 襄十年注"欲共以距楚爾"[1]，借距爲拒。與此相近文例者，如桓公十年注云"舉國無大小，當戮力拒之"，十一年注云"見國無拒難者"，僖公十八年注云"雖拒義兵"[2]，義相近，或作距，或作拒，可疑者二。

3. 昭公二年注"恥見距"[3]，與此相同文例者，桓公十年注云"見拒有恥""起公見拒深"，注文兩言"見拒"，文句相同，而拒、距並見，可疑者三。

今本借距爲拒者僅此三例，作拒者達十七例，且文例相同，似距字是後人誤改。然傳文既見距，故不敢遽定。

（三）一壹

據《説文》，一爲大始，壹指嫥壹[4]。二字常通用，如《儀禮·士冠禮》"壹揖壹讓"，鄭注"古文壹皆作一"[5]。《禮記·明堂位》云"侯服歲一見"，陸氏《釋文》出"壹見"云"壹，又作一"[6]。《漢書·韋玄成傳》云"五年而再殷祭，言壹禘壹袷也"[7]，荀悦《漢紀》則云"一禘一袷"[8]。是皆通用之證。

今本《解詁》經傳一、壹並見。傳注之於壹字，皆對"再"言，莊公十九年傳"諸侯壹聘九女，諸侯不再娶"[9]，壹、再對文。成公

---

① 撫本，卷九，頁 7b。

② 分見撫本，卷二，頁 12a、頁 12b；卷五，頁 19b。

③ 撫本，卷十，頁 3a。

④《説文》："一，惟初大始，道立於一，造分天地，化成萬物。""壹，嫥壹也。"（分見《説文解字注》，頁 1 上、500 下）

⑤《儀禮注疏》，《十三經注疏》第 4 册，頁 19 下。

⑥《經典釋文》，頁 750。

⑦《漢書》第 10 册，頁 3118。

⑧ 荀悦《漢紀》，見《兩漢紀》上册，頁 392。

⑨ 撫本，卷三，頁 17b。

二年傳"壹戰不勝，請再，再戰不勝，請三"①，亦是壹、再對文；此云
"三"者，意謂凡言"再"者，次數不過三，若過三，當一二三數，不當
壹再數。又案莊公四年傳"於讎者則曷爲將壹譏而已？讎者無時
焉可與通，通則爲大譏，不可勝譏，故將壹譏而已，其餘從同同"，何
注云"其餘輕者，從義與重者同，不復譏"②，注言"不復譏"，即不再
譏，是何氏釋"壹"，也與"復"對文。成公二年傳"此楚公子嬰齊
也，其稱人何？得壹貶焉爾"，注云"得壹貶者，獨此一事得具見其
惡，故貶之爾"③，云"獨此一事"者，謂嬰齊於此最惡重（即大夫驕
亢而會君），於此貶，則其餘皆惡輕，不復貶，故云壹貶。壹貶，正與
莊四年傳"壹譏"之義同。自茲以下，成公六年經"楚公子嬰齊率
師伐鄭"、七年經"楚公子嬰齊率師伐鄭"、十年經"楚公子嬰齊帥師
伐莒"，襄公三年經"楚公子嬰齊帥師伐吳"，嬰齊皆氏公子而不書
"楚人"，無貶辭者，從上"壹貶"耳。

　　傳注以"壹"與"再"相對成義。至於許慎云"嫥壹"之義，《解
詁》則用一不用壹，文公十二年注云"斷斷，猶專一也"可證④。故
凡與再、復對文者，何氏用壹字。凡一二三數、專一、不二心、齊一
等，何氏用一字。

　　或有疑者，若《解詁》一壹不通用，文公九年傳"許夷狄者不一
而足也"，襄公廿九年傳"許夷狄者不壹而足也"，莊公廿三年注"稱
人當繫國，而繫荆者，許夷狄者不一而足"⑤，或作不一而足，或作
不壹而足，一壹孰是耶？答曰：一是也。許夷狄者，不一度使足，可

① 撫本，卷八，頁 3b。
② 撫本，卷三，頁 6b。
③ 撫本，卷八，頁 4a。
④ 撫本，卷六，頁 11b。
⑤ 分見撫本，卷六，頁 10a；卷九，頁 21a；卷三，頁 20a。

二、可三、可四度使足。以襄廿九年爲例，許夷狄者可稱名，如此書
“吳子使札來聘”，一度也；可稱氏，如書“吳子使公子札來聘”，二度
也；可稱字，如書“吳子使季札來聘”，三度也；可稱子，如書“吳季
子來聘”，四度也。且范甯注《穀梁》，引《公羊》襄公二十九年傳云
“《春秋》賢者不名，而札名者，許夷狄不一而足”①，亦是作一不作
壹之旁證。故不壹而足，《解詁》原本當作不一而足。

　　但文公元年注“就不三年一譏而已”，成十四年注“從紀履緰
一譏而已”②，注兩見“一譏”，此又何解？

　　考文公元年經“叔孫得臣如京師”，此是魯聘於京師之事。前
年十二月，僖公薨，今年夏，魯即行聘於周。禮，三年之喪不行吉
事，今僖公薨未及一年即行聘事，不譏者，不以卑廢尊也，故何注云
“設有王、后崩，諸侯當越紼而奔喪”。意謂若非王、后之喪，則“就
不三年一譏而已”③。此可以閔公二年吉禘于莊公爲證，宗廟祭祀爲
國之大事，閔公行禘祭於三年喪内，經猶譏之，而諸侯相聘較宗廟
祭祀爲輕，自在可譏之列，是以不復譏，故何氏云“如他國，就不三
年一譏而已”。此一譏，當作壹譏，謂經已見譏於“吉禘于莊公”一
事，其餘則從而不再譏也。

　　又隱公二年經“紀履緰來逆女”，已發譏不親迎之傳。自兹以
下，凡逆女不親迎者，皆從而不再譏。故成公十四年經“叔孫僑如
如齊逆女”，何氏注云“凡取早晚皆不譏者，從紀履緰一譏而已”，此
一譏，亦當作壹譏。

　　但上述皆理證，無其他傳本相佐驗，不敢必是。

---

①《春秋穀梁傳注疏》，《十三經注疏》第 7 册，頁 161 下。
②分見撫本，卷六，頁 1b；卷八，頁 10b。
③分見撫本，卷一，頁 10a；卷六，頁 1b。

（四）嫡適

嫡適異義,古書借適爲嫡者比比皆是。何氏之用適字,有正恰義,如閔二年注云"時莊公薨至是適二十二月";有借適爲敵者,如閔二年注云"明君臣無相適之道也"①;有之往義,如成十五年注云"適四方"②;也有借適爲嫡者,如隱公元年傳"立適以長不以賢"等。傳注既借適爲嫡,何以又見嫡字? 如昭公五年傳"匿嫡之名也",昭十一年注云"襄公嫡夫人"③,皆是。

今細審何氏借適爲嫡諸例,疑適字乃後人改寫,何氏原本當作嫡。兹先以隱公元年傳注文爲證:

立(適)以長不以賢,立子以貴不以長。(適),謂(適)夫人之子,尊無與敵,故以齒。子,謂左右媵及姪娣之子。位有貴賤,又防其同時而生,故以貴也。禮,(適)夫人無子,立右媵;右媵無子,立左媵;左媵無子,立(嫡)姪娣;(嫡)姪娣無子,立右媵姪娣;右媵姪娣無子,立左媵姪娣。質家親親,先立娣;文家尊尊,先立姪。(嫡)子有孫而死,質家親親先立弟,文家尊尊先立孫。④

《解詁》嫡適之相混,莫甚於此例。傳文作適,依何氏注文承傳文之例,注亦當作適。然注文作適者三,作嫡者亦三。改適爲嫡,固有是理;改嫡爲適,亦有或然。揆之情理,改易次第,宜先自經傳起,而後至於注;不當自注末起,而逆至於經傳。此例改寫者當先改傳注之文,然改而未盡,故注末猶賸三嫡字。且昭公廿年注云"据立嫡以長"⑤,乃何氏引此傳之文,是作嫡之證。而其餘適嫡通

---

① 分見撫本,卷四,頁 2b、頁 3b。
② 分見撫本,卷八,卷 11a。
③ 分見撫本,卷十,頁 4b、7a。
④ 撫本,卷一,頁 3a—b。
⑤ 撫本,卷十,頁 13b。

用者，亦可見後人改嫡爲適之跡。

　　1. 隱公元年注引《士冠禮》曰“嫡子冠於阼”，撫本、余本並作嫡字。然《釋文》出“適子”云“丁歷反”①，則陸德明所據本即作適字。自閩本改嫡爲適，雖合乎《釋文》，却未必非何氏原本。參下第3例。

　　2. 莊公二十二年注云“凡母在子年，無適庶皆繫子也；不在子年，適母繫夫”②。此二適字，撫本、余本並同。《釋文》出“無適”云“丁歷反”③，是陸氏所據與今本相同。此雖無別本可證，而後人據《釋文》而改者多有。

　　3. 僖公二十年注云“是時僖公爲齊所脅，以齊勝爲嫡”④，撫本、余本並作嫡，然陸德明《釋文》出“適子”云“丁歷反，又作嫡”⑤，則陸氏所據本作適。

　　以《解詁》上下文相證，似嫡字爲長。何者？案僖公八年注云“夫人當坐篡嫡也，妾之事嫡，猶臣之事君”“僖公本聘楚女爲嫡，齊女爲勝，齊先致其女，脅僖公使用爲嫡”⑥，此述齊脅魯以勝爲嫡之事，嫡字四見，而陸德明不出異文，是其所見作嫡字明矣。今此例所述之事，正魯僖爲齊所脅，前後比照，則撫本、余本作嫡者可從。《解詁》用嫡字凡二十餘例，皆不見陸氏出異文，而上舉借適爲嫡者共四例，《釋文》皆別出嫡字，則今本凡借適爲嫡者，或依《釋文》而易字也。此事理或然，猶不能決也。

---

① 《經典釋文》，頁 1198。

② 撫本，卷三，頁 19a。

③ 《經典釋文》，頁 1219。

④ 撫本，卷五，頁 21a。

⑤ 《經典釋文》，頁 1229。

⑥ 撫本，卷五，頁 11b。

以上通用字四例，雖疑而不能定，猶有跡可循 ①。與上三節合觀，可明何氏用字無通用例。

小　結

何氏用字，例有獨用、別用，無通用。今本《解詁》有通用字者，蓋後來者傳寫改易。不明《解詁》用字之例，則後來傳本之竄亂、通用字之是非，必淆雜不能辨。昔吳壽暘撰《公羊經傳異文集解》，其列舉異文，旁引他書，終不以何氏義例爲據，故不能定其是非。如莊公三年《公羊》經“紀季以酅入于齊”，僖公廿六年經“公追齊師至巂，弗及” ②，酅、巂一邑，前作酅，後作巂，必有一誤。案莊公十八年何氏兩注云“据公追齊師至酅” ③，則酅是而巂非。且《左氏》經亦云“公追齊師至酅”，可爲旁證。吳氏云“《左氏》作酅，《穀梁》作巂” ④，其間雖引陸德明《釋文》、吳澄《春秋纂言》之説，然不言酅、巂之是非，是吳氏未嘗深究《公羊》家法也。案撫本、余本於襄十五年注皆作“故與‘至携’同文” ⑤，“携”字又與酅、巂不同，亦非。以音理言，携酅從巂得聲，或可通假；以何氏義例言，《解詁》原本一作酅也。舉此一隅，明《解詁》原本雖不可得，然以何氏義例爲準，廣蒐衆本，辨別異同，則其間是非去取，必有所擇焉，雖不敢云盡還《解詁》舊貌，猶可言十得七八矣。

---

① 《解詁》通用字難定者，僅“于、於”之例，傳注或作于，或作於，難以定奪。除此之外，餘例皆有蹤跡可考。

② 分見撫本，卷三，頁 4a；卷五，頁 25b。

③ 撫本，卷三，頁 16a。

④ 吳壽暘《公羊經傳異文集解》，《續修四庫全書·經部·春秋類》第 129 冊，頁 243。案巂爲巂之異體。

⑤ 撫本，卷九，頁 10a。余本，卷九，頁 9a。

第五章　何休《公羊》字氏例考

鄭樵《通志・氏族略序》云："凡言姓氏者，皆本《世本》《公子譜》二書，二書皆本《左傳》。"①《世本》是否本乎《左傳》，固可商酌，然自來學者言春秋姓氏名字，實多以《左傳》立説。遠者如班氏撰《古今人表》，取材於《左傳》；近者如王引之撰《春秋名字解詁》，也以《左傳》爲證。蓋《左氏》人物既衆，譜系又詳，學者便於立説取證。然其詳於事而略於例，於氏字之所以然者，略不盡言，如隱公八年《左傳》載"無駭卒。衆仲言諸侯以字爲謚，因以爲族。公命以字爲展氏"，展是無駭自身之字？抑其父之字？又或是其王父之字？傳無明言，致後人異説紛紛。至於《公羊》，人物雖少，譜系未備，然其例詳而可推，可以補正《左氏》之缺失，如《公羊》"孫以王父字爲氏"，明言字是王父之字，較諸"以字爲謚，因以爲族"之模糊疑似，文義更爲顯豁。惟《公羊》之例或明或隱，讀者須剔幽抉隱，方可得其精義。此誠非易事矣。昔武進劉逢禄以《公羊》名家，觀其《公羊何氏釋例》"公大夫世系表"，多鈔撮杜預之文，又謂慶父氏仲孫、公子牙氏叔孫②，殊違"孫以王父字爲氏"之意。劉氏尚且如此，其鄶下之等又何論焉。斯章專釋何休論字氏之例，以

---

① 鄭樵《通志》，頁 439 中。
② 劉逢禄《春秋公羊何氏釋例》，《續修四庫全書・經部・春秋類》第 129 冊，頁 548 下。

事證例、以例明事,考其且字之説,辨别宰渠伯糾、劉卷之稱字稱名,申論"孫以王父字爲氏"諸義,並籍此與二傳注相較量,讀者明其孰長孰短,定其何去何從,由經而史,更進而考論古人稱謂之例,則讀書心得之樂必可期矣。

一、何休、鄭玄"且字"説

《禮記·檀弓》云:"幼名,冠字,五十以伯仲,死謚,周道也。"此言周制五十以後稱伯仲。《儀禮·士冠禮》言字辭云:"伯某甫,仲、叔、季,唯其所當。"此二十加冠之時已見伯仲。是二書言伯仲之稱有異。孔穎達、賈公彦並以爲殷、周異制①,但二人所言殷、周制又有不同。孔氏云,周制,二十稱某甫;五十之時直稱伯仲。殷制,二十之時雖云伯仲,皆配某甫而言;至於五十之稱,孔氏無明言②。賈氏云,周制,二十冠而字,未呼伯仲叔季;五十則加而呼之。如孔子二十呼尼甫,五十則呼仲尼。殷制,二十冠而字之,即呼伯

---

① 如孔穎達《禮記注疏》云:"自殷以前,爲字不在冠時,伯仲不當五十,以殷尚質,不諱名故也。"(見《十三經注疏》第 5 册,頁 136 上)賈公彦《儀禮疏》云:"殷質,二十爲字之時,兼伯仲叔季呼之。周文,二十爲字之時,未呼伯仲,至五十乃加而呼之。"(見《十三經注疏》第 4 册,頁 32 上)

② 孔穎達《禮記注疏》云:"《檀弓》云'五十以伯仲',是正字;二十之時曰某甫,是且字,言且爲之立字。"(《十三經注疏》第 5 册,頁 720 下)又云:"士冠禮二十已有伯某甫仲叔季,二十之時雖云伯仲,皆配某甫而言。"又云:"冠字者,人年二十,有爲人父之道,朋友等類不可復呼其名,故冠而加字,年至五十,耆艾轉尊,又捨其二十之字,直以伯仲别之,至死而加謚,凡此之事,皆周道也。然則,自殷以前爲字不在冠時,伯仲不當五十,以殷尚質不諱名故也。"(見《十三經注疏》第 5 册,頁 136 上)

某,如孔子二十呼仲尼;至於五十之稱,賈氏亦略而不言①。

　　孔、賈之別,要在周制"五十以伯仲"也。孔氏以爲五十去其冠字,直稱伯仲;賈氏則謂五十呼伯仲連冠字,如伯某。後之學者,或以爲孔疏是,如朱子②;或以爲賈疏是,如孫希旦③。

　　以《春秋》證之,莊公廿七年《公羊傳》謂季友乃莊公母弟,莊公生於桓公三年,至閔公元年,季子未及五十歲可知。然閔公元年經"季子來歸",已見"季"字,是與《檀弓》"五十以伯仲"不合。孔穎達云周制五十乃直呼伯仲,不合季子之例。又,《春秋》有凡伯、原仲、榮叔、南季,伯仲叔季並是字稱,而《士冠禮》則以伯仲叔季爲連稱之辭,非字稱,是《春秋》與《士冠禮》不合。賈公彥言周制二十、五十之呼皆連冠字某,其說亦異於伯仲爲字稱之例。然則,《春秋》稱字之例自成一系,諸家之説紛錯不一,以經籍所載互有異同故也。考何休、鄭玄之論且字,其義已逸出《士冠禮》《檀弓》之外。

---

① 賈公彥《儀禮疏》云:"云唯其所當者,二十冠時,與之作字,猶孔子生三月名之曰丘,至二十冠而字之曰仲尼,有兄曰伯,居第二則曰仲。但殷質,二十爲字之時,兼伯仲叔季呼之。周文,二十爲字之時,未呼伯仲;至五十,乃加而呼之,故《檀弓》云'五十以伯仲,周道也',是呼伯仲之世,則兼二十字而言。若孔子生於周代,從周禮呼尼甫,至五十,去甫以尼配仲,而呼之曰仲尼是也。若然,二十冠而字之,未呼伯仲叔季。"(見《十三經注疏》第4册,頁32上)

② 《朱子語類》云:"古者初冠而字,便有伯某父、仲某父三字了。及到得五十,即除了下面兩字,猶今人不敢斥尊者,呼爲幾丈之類。今日偶看《儀禮疏》中却云,既冠之時,即是權以此三字加之,實未嘗稱也。到五十,方才稱此三字。某初疑其不然,却去取《禮記》看,見其疏中正是如前說,蓋當時疏是兩人做,故不相照管。"(見《朱子語類》第6册,頁2233。)

③ 孫氏云:"愚謂五十以伯仲,賈、孔之説不同,蓋賈氏爲是。"見孫希旦《禮記集解》,頁207。

　　何謂且字？且字者，加冠之字也。加冠之字何以目爲且字？説者有二，一謂冠字乃暫爲字稱，五十之後始是正字。如孔穎達《禮記正義》云："五十以伯仲，是正字；二十之時曰某甫，是且字，言且爲之立字。"①一謂冠字須藉連他詞而爲稱，故目爲且字，且，藉借之義也②。如段玉裁《説文解字注》云："且，古音俎，所以承藉進物者。引申之，凡有藉之詞皆曰且。"又云："蓋古二十而冠，祇云某甫。五十而後以伯仲某甫者，所以藉伯仲也。"③

　　以何、鄭論且字相證，知第二説於義爲長。古人冠而字，僅一字"某"，然一字恐不成文辭④，故以他詞如子、甫、伯仲等配之，所以配之者，表美意也。何休之説且字，三見於《解詁》，全是此義。

　　（一）桓公四年經"天王使宰渠伯糾來聘"，傳云："宰渠伯糾者何？天子之大夫也。其稱宰渠伯糾何？下大夫也。"何注："天子下大夫繫官氏、名且字。稱伯者，上敬老也。"⑤

　　宰渠伯糾爲天子下大夫，據何注，宰是繫官之氏，渠是名，伯糾是且字，"伯"爲表敬之意。何休以宰渠爲老臣⑥，則宰渠已過五十歲可知。若此，五十不必單稱伯仲，"伯某"也非二十之稱例，是何

---

①《禮記注疏》，見《十三經注疏》第 5 册，頁 720 下。

②《廣雅》云："且，借也。"見王念孫《廣雅疏證》，頁 59 上。

③ 段玉裁《説文解字注》，中華書局，2013 年，頁 723 上。

④ 陸淳《春秋集傳纂例》云："古者一字不成文辭，皆以氏字配之。姜氏子氏，以氏配姓也。季氏臧氏，以氏配族也。哭於賜氏，以氏配名也。"（見《景印文淵閣四庫全書·經部·春秋類》第 146 册，頁 493 下）又，若但稱冠字而不藉連他字，或有貶意，如《韓非子》"人有惡孔子於衛君者曰：尼欲作亂"（見王先慎《韓非子集解》，頁 293），"尼"是冠字，惡孔子而單稱"尼"，不連"甫"，是不作美稱之辭，故可爲惡言。

⑤《春秋公羊傳注疏》，見《十三經注疏》第 7 册，頁 51 上。

⑥ 桓公四年何注："老臣不名，宰渠伯糾是也。"見《春秋公羊傳注疏》，《十三經注疏》第 7 册，頁 52 上。

注與《檀弓》《士冠禮》所言有異。

、（二）宣公十五年經"王札子殺召伯、毛伯"，傳云："王札子者何？長庶之號也。"何注："天子之庶兄。札者，冠且字也。禮，天子庶兄冠而不名，所以尊之。子者，王子也。天子不言子弟，故變文上'札'繫先王以明之。"①

云"札者，冠且字也"，謂札是加冠之字，也是且字。冠字所以稱爲且字，以其須連稱之詞。此連稱之詞是"子"，冠字"札"與"子"相連爲且字"子札"。經倒書"札子"者，以天王不言子弟，故移"札"於"子"上以繫先王。此札子是變例，常文則是子札②。

（三）桓公四年傳"其稱宰渠伯糾何"，何注："据劉卷卒氏采、不名且字。"③

云"不名且字"者，"不"是否定詞，"名且字"是賓詞。劉卷爲圻外諸侯入爲天子大夫，生稱劉子，卒稱劉卷，其稱例與天子下大夫"名且字"異，故云"不'名且字'"，意謂"劉卷"但名而無且字，異於宰渠伯糾既名又且字之例。考定公四年徐彥疏云"劉卷其但字者"④，又以"卷"爲字，實則此疏之"字"，當是"名"字之誤。說詳下節。

以上乃何休説且字之三證。伯糾之糾是冠字，連"伯"以爲且

---

① 《春秋公羊傳注疏》，《十三經注疏》第 7 册，頁 207 上。

② 知札子是變例，子札是常文者，"子突"可以爲證。經書"王人子突"者，即王子突，隱公七年何注"据王子突繫諸人"（《春秋公羊傳注疏》，《十三經注疏》第 7 册，頁 38 下）；又莊公六年經"王人子突救衛"，何注"据王子瑕不稱人，本當言王子突，示諸侯親親以責之也"（《春秋公羊傳注疏》，《十三經注疏》第 7 册，頁 79 上）。案王子突、王子札皆是王子，何休以子突爲且字，知子札也是且字。

③ 《春秋公羊傳注疏》，《十三經注疏》第 7 册，頁 51 下。

④ 《春秋公羊傳注疏》，《十三經注疏》第 7 册，頁 320 下。

字；子札之札是冠字，連"子"以爲且字。何休或言且字，或言冠且字，其實並是冠字。冠字所以目爲且字者，須藉連他詞以成美稱。連伯仲，成敬稱，如伯糾例；連甫，成美稱，如儀父例①；連子，爲貴稱②，如子突例③。對文言之，義各有當；散文言之，皆是美稱。連稱之詞非字稱，然觀何休《解詁》，又單以伯、父爲字稱者，如祭伯、家父等，此伯、父均非連稱之詞。據何注，字稱之伯仲，有別尊卑義，有別適庶親疏義。是以連稱之"伯仲"與字稱之"伯仲"，文同義異。《解詁》中並存二義，不可不察焉。

　　至於鄭玄論且字，多合言冠字與連稱之詞，如謂伯某、某甫爲且字。其説並見於《儀禮注》《禮記注》二書。

　　1.《儀禮·士冠禮》："伯某甫，仲、叔、季，唯其所當。"鄭玄注云："伯仲叔季，長幼之稱。甫是丈夫之美稱，孔子爲尼甫，周大夫有嘉甫，宋大夫有孔甫，是其類。甫，字或作父。"④

　　此但釋"伯""甫"，不釋"某"。據下例，知"某"是冠字。又經云"伯某甫"，鄭玄僅以"尼甫""嘉甫"爲證者，因"伯某甫"實具三稱，一爲伯某，一爲某甫，一爲伯某甫。鄭氏但以某甫爲證，舉一以知三耳。

---

① 甫爲美稱，見《穀梁傳》。隱公元年經"三月，公及邾婁儀父盟于眛"，《穀梁傳》云："儀，字也。父，猶傅也，男子之美稱也。"（《春秋公羊傳注疏》，《十三經注疏》第 7 册，頁 10 上）鄭玄注《士冠禮》亦持是説。

② 如莊公六年傳"子突者何？貴也"，何注："貴子之稱。"（《春秋公羊傳注疏》，《十三經注疏》第 7 册，頁 79 上）又，文公十二年經"二月庚子，子叔姬卒"，傳云："其稱子何？貴也。"是子爲貴稱之證。

③ 莊公六年經"春王三月，王人子突救衛"，何注"又僖八年王人不稱字，嫌二人"。（《春秋公羊傳注疏》，《十三經注疏》第 7 册，頁 79 上）案僖公八年經但書"王人"不書"子某"，此書"王人子突"，是其別也。何休以"不稱字"作注，知以"子突"爲字。

④《儀禮注疏》，《十三經注疏》第 4 册，頁 32 上。

2.《士喪禮》“哀子某爲其父某甫筮宅”，鄭注：“某甫，且字也。”①

此云“某甫”是且字。某是冠字，甫爲連稱之辭，合而爲且字。鄭玄連言某甫爲且字者，孔穎達《禮記正義》云：“某者是字，甫者，丈夫美稱。而鄭所以謂爲且字者，舊説云：未斥其人，且以美稱配成其字。”② 此解頗允。

3.《士虞禮》“適爾皇祖某甫”，鄭注：“某甫，皇祖字也，若言尼甫。”③

此云“某甫，皇祖字”，與上例“某甫，且字”不同。然鄭氏以“尼甫”爲譬，以尼甫是且字，知此“某甫”亦是且字。鄭玄或稱“皇祖字”，或稱“且字”，二者文意互見：某甫既是皇祖字，也是且字。段玉裁謂“皇祖字”乃轉寫之誤④，改“皇祖字”爲“且字”⑤，不可從。説見下例。

4.《特牲饋食禮》“某諏此某事適其皇祖某子，尚饗”，鄭注：“某子者，祖字也，伯子、仲子也。”⑥

上例云“皇祖某甫”，此云“皇祖某子”，所稱有別。鄭玄以某子爲伯子、仲子，則“某”是伯仲，非冠字，故注以“祖字”解之。此“祖字”不可易以“且字”，因且字必有冠字，“某子”既無冠字，則不可目爲且字。段玉裁云：“《特牲篇》‘某子’之某爲伯仲，故注稱祖

---

①《儀禮注疏》，《十三經注疏》第 4 册，頁 440 下。

②《禮記注疏》，《十三經注疏》第 5 册，頁 79 下。

③《儀禮注疏》，《十三經注疏》第 4 册，頁 509 上。

④《且字考》，見《經韻樓集》，《續修四庫全書·集部·別集類》第 1434 册，頁 594 下。

⑤段玉裁《説文解字注》，頁 723 上。

⑥《儀禮注疏》，《十三經注疏》第 4 册，頁 520 上。

字;《少牢篇》‘伯某’之某爲某甫,故注稱且字;言各有當也。"① 此説得二者之别。而上例段氏竟改"皇祖字"爲"且字",却非,因"皇祖某甫"之某是冠字,故"某甫"既可云皇祖字,也可云且字。

5.《少牢》"用薦歲事于皇祖伯某",鄭注:"伯某,且字也。大夫或因字爲謚。"②

此云"皇祖伯某",第 3 例云"皇祖某甫",第 4 例云"皇祖某子",詞有區别,義各有指。"伯某""某甫"既是且字,也是祖字,因有冠字"某"在。第 4 例"某子"之"某"是伯仲,非冠字,故不可稱爲且字,但可言祖字。賈公彦疏:"云‘某子者,祖字也,伯子仲子’者,以其某在子上,爲男子美稱,故以某爲伯仲叔季五十字。下篇云‘皇祖伯某’,鄭注云‘伯某且字也’,不爲五十字者,以某在伯下,故爲且字解之,與此異也。"③ 又云:"伯某且字也者,以某在伯下。若其在子上者,某是伯仲叔季,以某且字不得在子上故也。"④ 此二疏並以"某在子上、某在伯下"爲説,實非祖字、且字分别之要。祖字、且字之别,當以"某"是否冠字爲據。伯某是且字,因某是冠字;某子非且字,以某是伯仲,非冠字。故某子但可言祖字,不可言且字。伯某、某甫既可言祖字,也可言且字。

又,鄭注云"大夫或因字爲謚"者,此解字、謚之關聯。某是冠字,若大夫有因字爲謚者,必以冠字"某"爲謚,而不以"伯仲"爲謚。賈公彦疏云:"以某且字者觀德明功。若五十字以伯仲,人人皆有,非功德之事,故知取二十字爲謚也。"⑤ 是也。

---

① 《且字考》,《經韻樓集》,頁 594 下。
② 《儀禮注疏》,《十三經注疏》第 4 册,頁 557 下。
③ 《儀禮注疏》,《十三經注疏》第 4 册,頁 520 上。
④ 《儀禮注疏》,《十三經注疏》第 4 册,頁 558 上。
⑤ 《儀禮注疏》,《十三經注疏》第 4 册,頁 558 上。

6.《禮記·曲禮下》:"曰有天王某甫。"鄭注:"某甫,且字也。"①

7.《禮記·曲禮下》:"某甫復矣。"鄭注:"某甫,且字。"②

8.《禮記·雜記上》:"稱陽童某甫。"鄭注:"某甫,且字也。"③

以上三例並以某甫爲且字,與第(二)例無異。

9.《禮記·坊記》:"魯《春秋》猶去夫人之姓曰吳,其死曰孟子卒。"鄭注:"孟子,蓋其且字。"④

孟子爲吳女,吳魯同姓姬,昭公娶同姓女,《春秋》諱之,不以常禮書"夫人姬氏薨",而書"孟子卒",孟,字也。婦人卒,當書姓,示不忘本也⑤。此例孟雖是字,然子是貴稱,非姓,故鄭氏以且字譬況,又用疑辭"蓋"。案"孟"乃以次爲字,猶男子之伯仲,云"孟子"者,猶男子之伯子、仲子。伯仲非表德之冠字,故伯子、仲子非且字。若此,則孟子亦非且字。但女子與男子不同,女子筓而字,所字者,即伯仲叔季,益以庶長之"孟",止五文而已,更無表德之字。女子之筓猶男子之冠,皆成人之禮,男子冠字稱爲且字,女子筓字比之,故可權稱爲且字。以筓、冠相比,則孟子可稱爲且字。但伯子、仲子實非且字之文,而孟子與伯子、仲子相同文例,故孟子又不宜目爲且字。是以鄭玄用疑辭"蓋"。孔穎達《正義》云"孟子是夫人之且字"⑥,棄疑辭而改爲決辭,於鄭旨猶未達一間。段玉裁云"經之'孟',猶男子之伯仲;經之'子',猶男子之某甫"⑦,前半

①《禮記注疏》,《十三經注疏》第 5 册,頁 79 下。

②《禮記注疏》,《十三經注疏》第 5 册,頁 93 上。

③《禮記注疏》,《十三經注疏》第 5 册,頁 720 下。

④《禮記注疏》,《十三經注疏》第 5 册,頁 872 上。

⑤ 何休《解詁》云"婦人以姓配字,不忘本也","夫人以姓配諡,欲使終不忘本也",分見《春秋公羊傳注疏》,《十三經注疏》第 7 册,頁 14 上、99 上

⑥《禮記注疏》,《十三經注疏》第 5 册,頁 872 上。

⑦《且字考》,見《經韻樓集》,頁 595 上。

雖是，後半恐非。男子之某甫是冠且字，此孟子之“子”是貴稱，與“某”不相當，段氏以“某甫”爲譬，不類。

　　鄭玄《儀禮注》《禮記注》言且字者如上，雖與何休少異（如何休不言以字爲謐），但大綱與何休之説無異。二人皆以爲且字乃冠字與他詞合稱。冠字祇一字，加連稱之詞，則有二字，三字。注疏家時言“伯某”“某甫”爲且字，不直言“某”爲且字者，乃因“某”不常單稱故也。

　　且字以冠字爲本，《士冠禮》云“伯某甫”者，某即是冠字。據何、鄭之注，此稱號實可析爲三，或云伯某，如《春秋》之伯糾；或云某甫，如《禮記》之尼甫；或云伯某甫，如《詩》之仲山甫。鄭注“伯某甫”，僅釋“伯”“甫”，不釋“某”，“某”乃加冠之字，以可知，從省文。段玉裁云：“言伯某、仲某，是稱其字；單言某甫，是稱其且字。”[1]案段説非也。伯某、仲某是且字，以何休言伯糾可證。“某甫”不宜謂“單言”，以鄭玄注“甫是男子美稱”可證。段氏又云“夫仲尼，字也；單言尼甫，且字也”[2]，然鄭注明言“伯某，且字也”，依鄭説，仲尼是且字，段説猶可商量。又，“尼甫”非單言。

二、宰渠伯糾、劉卷之稱與段氏《且字考》辨證

　　段玉裁《且字考》乃專論且字之文。段氏學力既高，辨思亦深，更勇於立説。其論且字，前少依傍，獨立其説，故瑕瑜不掩，得失互見。其得者，如辨《特牲篇》“某子”爲祖字，《少牢篇》“伯某”爲且字。其失者，如謂劉卷之卷爲且字，宰渠之渠非名。今考《且

---

① 《且字考》，見《經韻樓集》，頁594下。
② 《且字考》，見《經韻樓集》，頁595下。

字考》於二人之名字氏反復致意，頗與何注、徐疏異，故不得不詳辨之，以爲下文討論之憑證。兹摘録其文如下：

> 桓四年，天王使宰渠伯糾來聘。注云："劉卷，氏采、不名、且字。"按氏采者，謂劉也。不名、且字者，不書其名，但書其且字，謂卷也。注又云："宰渠伯糾，天子下大夫繫官氏，且字。稱伯者，上敬老也。"按官者，謂經之宰。氏者，謂經之渠。且字者，謂經之糾也。經稱且字，又稱伯者，以見其爲老臣也。①

《且字考》文末又附論云：

> 《公羊》何注："宰渠伯糾，天子下大夫繫官氏，且字。"各本於"且字"上衍一"名"字。疏云"渠是名"，然則下文云"老臣不名，宰渠伯糾是也"，作何解乎？此由淺人不解且字之恉，因添"名"字於此，謂渠是名，糾是字，名而又字，故曰"名且字"，而不省注明言"不名"也。且二百四十年中有一人名、字兼書乎？上文注"劉卷，氏采，不名、且字"，氏采者，劉也。卷者，不名，目其且字也。②

此二段文字，爲段氏説且字之要，大旨謂劉卷之卷爲且字，宰渠之渠是氏非名，糾是且字。今一一辨證如下。

經書"宰渠伯糾"，何休謂天子下大夫"名且字"，並以"劉卷"爲比。然"卷"或名或且字，徐疏未能一貫，遂致紛紛。其間分歧，以劉卷名字之稱最爲緊要。"卷"之爲名爲字明，則宰渠伯糾之稱亦可得而明焉。

何注、徐疏言劉卷之名字者，俱見於下：

1. 隱公三年傳云："其稱尹氏何？"何注："据宰渠氏官，劉卷卒

---

① 《且字考》，《經韻樓集》，頁 594 下—595 上。
② 《且字考》，《經韻樓集》，頁 596 上。

名。"徐疏："劉卷卒名，在定四年秋。"① 注、疏均謂"卷"是名。

2. 桓公四年何注："据劉卷卒氏采、不名且字。"徐疏："在定四年也。劉是其采，卷是名也。"② 徐疏再謂"卷"是名。

3. 定四年傳云："劉卷者何？天子之大夫也。外大夫不卒？此何以卒？我主之也。"何注："言劉卷者，主起以大夫卒之，屈於天子也。"徐疏："今此劉卷乃是圻外諸侯入爲天子大夫，所以不言'劉子卷卒'從諸侯之例，而言'劉卷'其但字者，正欲起大夫卒之，屈於天子故也。"③ 疏以"卷"爲字，與上二説相乖。

此三例，注、疏之釋劉卷，或名或字，未能畫一。段氏以"卷"爲且字，故推斷"渠"是氏，非名。然僅以第 3 例爲證，不顧第 1、2 例卷是名之證，其説難以徵信。竊以爲卷是名，非字。徐疏云"言劉卷其但字者"，此"字"當是"名"之誤。爰證如下：

定公四年經書"劉卷卒"，傳以"外大夫卒"爲釋。《公羊》之例，外大夫不卒，卒者，恩録之。如文公三年王子虎卒，據何注，王子虎即叔服，虎是名，服是字④。王子虎以新來會葬，故恩録其卒。同例，劉卷因主會召陵，亦恩録其卒。以王子虎卒名，推卷是名而非字。其證一也。

徐疏云"所以不言'劉子卷卒'從諸侯之例"者，案諸侯之卒，例稱名不稱字。隱公八年《公羊傳》云："卒何以名而葬不名？卒從正。"何注："卒當赴告天子，君前臣名，故從君臣之正義言也。"⑤ 徐疏既云"從諸侯之例"，則"劉子卷卒"正是諸侯卒名之例，知卷

---

① 《春秋公羊傳注疏》，《十三經注疏》第 7 册，頁 27 下。
② 《春秋公羊傳注疏》，《十三經注疏》第 7 册，頁 51 下。
③ 《春秋公羊傳注疏》，《十三經注疏》第 7 册，頁 320 下。
④ 《春秋公羊傳注疏》，《十三經注疏》第 7 册，頁 163 上。
⑤ 《春秋公羊傳注疏》，《十三經注疏》第 7 册，頁 39 下。

是名,不當是字。其證二也。

然則,卷既是名,桓四年何注云"劉卷卒,不名且字",又作何解?

段玉裁讀"不名"爲句,非也。不名與且字當連讀,謂劉卷但書名,不書名且字,故云"劉卷卒,不'名且字'",何休以劉卷"不'名且字'",以證天子下大夫宰渠伯糾"名且字"耳。段玉裁引何注"老臣不名,宰渠伯糾是也"爲證,謂渠非其名。案何休之意,凡字名相連者,皆屬不名之例。渠是名,因與且字連稱,故可目爲不名。與此相參證者,如叔肸,叔是字,肸是名,何休亦視爲不名,桓四年注云"禮,君於臣而不名者有五",其四曰"盛德之士不名,叔肸是也"①,是其證。

或有疑者,叔肸乃不名之例,叔字、肸名之説其有據乎?

知叔字、肸名者,以季友可證。季字、友名,季友是稱字不名之例。僖公十六年經公子季友卒,《公羊傳》云"其稱季友何? 賢也",何注:"不稱子者,上歸本當稱字,起事言子。"②上歸者,即閔公元年"季子來歸";稱字者,謂季友;意謂季子來歸,宜作"季友來歸",彼注云:"不稱季友者,明齊繼魯,本感洛姑之託,故令與高子俱稱子,起其事。"③據此,何休以季友爲稱字。

以季友之字名相連,可以證叔肸之字名相連。

桓公十七年何注:"天子大夫不得與諸侯親通,故魯季子、紀季皆去其氏。唯卒以恩録親,季友、叔肸卒是也。"④此注以"季友、叔肸卒"相並論,乃季友與叔肸最可相比之證。二人皆"以恩録

①《春秋公羊傳注疏》,《十三經注疏》第 7 册,頁 52 上。
②《春秋公羊傳注疏》,《十三經注疏》第 7 册,頁 139 下。
③《春秋公羊傳注疏》,《十三經注疏》第 7 册,頁 114 上。
④《春秋公羊傳注疏》,《十三經注疏》第 7 册,頁 67 下。

親”，即季友卒前加公子，言“公子季友卒”；叔肸卒前加公弟，言
“公弟叔肸卒”；恩親之文相同。此其一。大夫卒例稱名，季友卒，
不書“公子友卒”而加季；肸卒，不書“公弟肸卒”而加“叔”，均以
賢故，是加字見賞之文相同。此其二。“公子季友卒”與“公弟叔
肸卒”文法全同，何休以爲季友是稱字，亦以叔肸是稱字①，是二
者文同義同。此其三。故以季友字名相連，可推知叔肸亦是字名
相連。

　　叔肸、季友字名相連，何休或云稱字，或云不名，則渠伯糾名字
相連，既可云“名且字”，亦可云“不名”。以字是美稱，名字相連，蓋
君子舉其重，故云不名。何注“劉卷卒，不‘名且字’”，謂劉卷單書
名，而無且字，與宰渠伯糾既名又且字者異。

　　段玉裁以注云“不名”而謂渠非名，謂何注“繫官氏名且字”
衍一“名”字，是誤解何休名字連稱之例。又謂宰渠伯糾氏渠不氏
宰，更與何注有三不合，亦不合於鄭玄之説。隱公三年傳云“其稱
尹氏何”，何注“据宰渠氏官”②，明言“氏官”，是以“宰”爲氏，與段
説不合者一。隱公三年傳云“其稱武氏子何”，何注復云“据宰渠氏
官”③，其不合者二。桓公五年傳云“其稱仍叔之子何”，何注云“据
宰渠氏官”④，三言“氏官”，是不合者三。有此三不合，知宰渠氏渠
之説非何意也。

　　段氏與鄭玄不合者，見鄭玄《箴膏肓》云：

　　　　《膏肓》何休以爲，“《左氏》‘宰渠伯糾，父在，故名’，仍叔

① 宣公十七年公弟叔肸卒，何注：“稱字者，賢之。”見《春秋公羊傳注疏》，《十
　三經注疏》第 7 册，頁 210 上。
②《春秋公羊傳注疏》，《十三經注疏》第 7 册，頁 27 下。
③《春秋公羊傳注疏》，《十三經注疏》第 7 册，頁 28 上。
④《春秋公羊傳注疏》，《十三經注疏》第 7 册，頁 52 下。

之子何以不名？又仍叔之子以爲父在稱子，伯糾父在，何以不稱子？”鄭箋之云：“仍叔之子者，譏其幼弱，故略言‘子’，不名之。至於伯糾，能堪聘事，私覿又不失子道，故名且字也。”①

何休《膏肓》之意，謂《左氏》不知天子下大夫稱例，大夫名字之稱自有其例，無關乎父在不在耳。或稱名，或稱子，皆與父在不在無涉。鄭氏所箋，謂稱名稱子與父在不在相關。仍叔在，其子幼弱不堪聘事，故不書名而書“子”以示譏。伯糾之父雖在，然伯糾能堪聘事，不失子道，故書名且字以示褒。

鄭氏所箋，雖與何休不合，但終言“名且字”，正同何説。故孔穎達謂鄭氏“云伯糾名且字，非杜義”②。以鄭玄謂渠伯糾爲名且字，知段氏衍“名”之説不合鄭氏之旨。又知段氏謂何氏“駁《左氏》渠爲名之説，故謂渠爲氏，糾爲字”③，是誤解何休之意。何休以二經前後相難：若據《左氏》“父在故名”之例，則“仍叔之子”與此例相違；若據《左氏》仍叔之子“父在子弱”之例，則不得言“父在故名”。何休此難，其意不謂渠爲氏、糾爲字也。此又段氏不合於何注之一證。

段氏又謂：“《春秋》二百四十年中有一人名、字兼書者乎？”案，何休以《春秋》寓改制之意，有一人名、字兼書，即可成例。叔彭生以叔仲爲氏，亦《春秋》惟一之例，然則，可以發問“《春秋》二百四十年中有一人以叔仲爲氏者乎”？此問不可④，“一人名、字兼書”之問也不可。段與何、鄭凡四不合，是其説難以徵信。阮元

---

① 孔穎達《春秋左傳正義》引，《十三經注疏》第6册，頁104下。
② 《春秋左傳正義》，《十三經注疏》第6册，頁104下。
③ 《且字考》，《經韻樓集》，頁596下。
④ 此問所以不可，因史公、服虔、杜預等皆以叔仲爲氏，非何休一己私説。

《公羊注疏挍勘記》逕引段説，亦不可從 ①。

概言之，宰是氏，渠是名，伯糾是且字；卷是名，非且字。此爲何説之大要。段説與此不合者，皆不得何氏之意。又疏云："渠是其名，而言不名者，謂計其官爵之時，實合氏官、名而且字，但以其年老，故兼稱伯，示有不名之意也，故知之矣。" ② 徐彦之意，謂正例當書"宰渠糾"，因其年老，故加伯而爲"宰渠伯糾"，以示不名。案此説可商。凡名字連稱者，即可謂之不名，如叔肸、季友。若經書"宰渠糾"，已屬不名，何必加"伯"？徐彦離"糾"言"伯"，然且字"伯糾"不可分而言之。何休言"名且字"，謂名並且字，名是渠，且字是伯糾，不謂渠、糾之間另加"伯"也。糾所以連稱伯而不連稱仲、叔者，以糾年老、又或其次當伯。注云"稱伯，敬老也"，是其一隅。

宰渠伯糾、劉卷名字之例明，則段玉裁《且字考》之誤可得而正之。不但如此，宰渠伯糾爲天子下大夫，劉卷是外諸侯入爲天子大夫，二人俱是王臣，其名字之例明，則何休論王臣之稱例亦明。王臣之稱例明，則伯仲爲字稱之義亦明。

三、何休論王臣稱例

何休所論王臣，謂天子三公、上大夫、中大夫、下大夫、上士、中士、下士，外諸侯入爲天子大夫，天子庶兄弟、同母弟爲大夫者。其

---

① 桓公四年疏 "卷是名也"，阮元《校勘記》云："段玉裁云：定四年疏卷是字，此作卷是名，誤也。" 阮氏又引段説云："如言仲山甫，則山甫爲且字，合仲乃爲字，周制如此。故《公羊》糾、札、卷不連伯仲，皆且字也。此雖言伯糾，而注云且字，則專釋糾也，下方釋伯耳。"（《春秋公羊傳注疏》，《十三經注疏》第 7 册，頁 57 上）案此説可商。何休言且字者，糾與伯連，札與子連。若依段説，則鄭玄之注誤，鄭氏注《儀禮》《禮記》，謂伯某、某甫並是且字，不謂伯某是字。

② 《春秋公羊傳注疏》，《十三經注疏》第 7 册，頁 52 上。

論王臣稱例總括如下：

1. 天子三公氏采稱爵。桓公八年經“祭公來，遂逆王后于紀”，傳云：“祭公者何？天子之三公也。”何注：“天子三公氏采稱爵。”[1]知祭是采邑，公是爵稱。三公不稱字，但稱爵。

2. 天子上大夫氏采稱伯仲字。隱公元年經“祭伯來”，傳云：“祭伯者何？天子之大夫也。”何注：“祭者，采邑也。伯者，字也。天子上大夫字，尊尊之義也。”[2]

何休以伯仲爲字稱，不爲連稱之詞。字稱之伯仲有尊尊義；連稱之“伯仲”雖有敬老義，却無尊尊義，如宰渠伯糾之“伯”是也。

3. 天子中大夫氏采稱字。桓公八年經“天王使家父來聘”，何注：“家，采地；父，字也。天子中大夫氏采，故稱字不稱伯仲也。”[3]

父爲連稱之詞，伯仲亦連稱之詞，今同爲字稱，其義有異。何氏云“稱字不稱伯仲”，知上大夫、中大夫尊卑不同，伯仲之爲字，有尊尊之義；父之爲字，無尊尊之義，其義下伯仲一等。此自是何休解經家法，不可以常禮難之。

4. 天子下大夫繫官氏、名且字。桓公四年經“天王使宰渠伯糾來聘”，傳云：“宰渠伯糾者何？天子之大夫也。其稱宰渠伯糾何？下大夫也。”何注：“天子下大夫繫官氏、名且字。”[4]

中大夫字父，既無尊尊之義，則下大夫之字更無此義，故伯糾之“伯”雖有敬老義，却無尊尊義。上、中大夫同氏采，惟以字異。下大夫之稱，其氏、字並與上中大夫不同。蓋下大夫無采邑，不氏采，但氏官，知繫官氏卑於以采氏。以書法言，下大夫所以名且字

---

①《春秋公羊傳注疏》，《十三經注疏》第 7 册，頁 60 下。
②《春秋公羊傳注疏》，《十三經注疏》第 7 册，頁 16 下。
③《春秋公羊傳注疏》，《十三經注疏》第 7 册，頁 60 上。
④《春秋公羊傳注疏》，《十三經注疏》第 7 册，頁 51 下。

者,以氏下不可單書名,如宰渠,嫌與中士同稱;氏下也不可直繼且
字,如宰伯糾,嫌宰伯連文有太宰之意,故名且字。

5. 天子上士名氏通。定公十四年經"天王使石尚來歸脤",傳
云:"石尚者何? 天子之士也。"何注:"天子上士以名氏通。"① 則石
是氏,尚是名。以石爲氏之義,傳注無明文。

6. 天子中士以官録。隱公元年經"天王使宰咺來歸惠公、仲
子之賵",傳云:"宰者何? 官也。咺者何? 名也。曷爲以官氏?
宰,士也。"何注:"天子上士以名氏通,中士以官録,下士略稱
人。"② "以官録"者,謂以所繫之官録之,非以官爲氏。傳以"曷爲
以官氏"發問,答曰"宰,士也",意謂咺乃"宰"屬下之士。此與宰
渠伯糾氏"宰"不同。宰渠之氏宰,因"宰"是渠之身上官,雖卑不
得專官事,但氏宰不爲僭越。而宰咺之"宰",非咺之身上官,故僅
録其所繫之官,謂咺是宰下之屬官,故宰不可爲氏。

7. 天子下士稱人。如僖公八年經"春王正月,公會王人以下盟
于洮",傳云"王人者何? 微者也",上例注云"下士略稱人",此王
人,即下士。下士爲微者,不稱名字氏,但稱"人"耳。

8. 圻外諸侯入爲天子大夫者,氏采稱子。如襄公十五年經"劉
夏逆王后于齊",傳云:"其稱劉何? 以邑氏也。"何注:"諸侯入爲
天子大夫,不得氏國稱本爵,故以所受采邑氏,稱子。"③

據何注,外諸侯入爲天子大夫而稱子,並具三義④:一爲諸侯不

---

① 《春秋公羊傳注疏》,《十三經注疏》第 7 册,頁 333 下。
② 《春秋公羊傳注疏》,《十三經注疏》第 7 册,頁 14 上。
③ 《春秋公羊傳注疏》,《十三經注疏》第 7 册,頁 253 上。
④ 襄公十五年何注:"稱子者,參見義,顧爲天子大夫,亦可以見諸侯不生名,
　亦可以見爵,亦可以見大夫稱。"(《春秋公羊傳注疏》,《十三經注疏》第 7
　册,頁 333 上)

生名,既稱子,是其不名之證。一爲有爵意,坼外諸侯入爲天子大夫,例不得稱爵,然稱子,猶有爵意。一爲大夫稱,以氏采,知是大夫之稱例。

案外諸侯入爲天子大夫,與天子上大夫稱伯仲字異者,伯仲雖具尊尊之義,却無爵意。外諸侯入爲天子大夫也與天子三公稱爵異者,"公"是爵稱,"子"雖有爵意,非爵之實稱。然則,"子"是貴稱耳。故外諸侯入爲天子大夫,其稱介乎三公與上大夫之間。可與此參證者,桓公四年何注引《禮記·祭器》云"豆,祭器名,狀如鐙。天子二十有六,諸公十有六,諸侯十有二,卿上大夫八,下大夫六,士三"①,是諸侯豆數在諸公與卿上大夫之間。

9. 天子母弟稱"伯仲"字、天子庶兄弟稱且字。如宣公十年經"秋,天王使王季子來聘",傳云:"王季子者何? 天子之大夫也。其稱王季子何? 貴也。其貴奈何? 母弟也。"王季子是天子同母弟,稱"季",是天子母弟稱伯仲之證,諸侯亦如之。又宣公十五年經"王札子殺召伯、毛伯",傳云:"王札子者何? 長庶之號也。"王札子是天子庶兄弟,稱札,是且字也。同母弟稱季,庶兄弟稱且字,以見親疏之别。

以上爲何休説王臣之稱例。有氏同而字異者,如上大夫、中大夫。有氏、字並異者,如上大夫、下大夫。有内外大夫異稱者,如外諸侯入爲天子大夫、内大夫。有親疏不同字稱者,如同母弟、庶兄弟。諸種分别,當以伯仲之爲字稱最須辨析。據第2、第3例,天子上大夫之稱伯仲,有尊尊義。據第9例,天王母弟之稱伯仲,有别適庶義。此二義,乃何休論伯仲爲字稱之精義所在。二義明,猶若網在綱、挈裘振領矣。請看下例:

---

①《春秋公羊傳注疏》,《十三經注疏》第7册,頁51上—51下。

桓公十七年經“蔡季自陳歸于蔡”，何注：“不稱弟者，見季不受父兄之尊，起宜爲天子大夫。天子大夫不得與諸侯親通，故魯季子、紀季皆去其氏。唯卒以恩録親，季友、叔肸卒是也。”[①]

案此經若以親録，當書“蔡侯之弟某自陳歸于蔡”，今不書“蔡侯之弟某”，但書“蔡季”，是不以親親録，而以賢書。所以爲賢者，以其稱季，與天子上大夫稱伯仲例同，故起蔡季之賢可爲天子上大夫。又以其稱季，有別於庶兄弟，親親之意猶存。顧知凡諸侯大夫稱伯仲者，必兼具二義：以書伯仲字，起其可爲天子大夫；又起其爲同母弟。季子、紀季、蔡季並如是。

伯仲之爲字稱，有尊尊義，有別適庶義。尤其別適庶義，不但何休論之，服虔亦論之：“公之母弟，則以長幼爲氏，貴適統，伯仲叔季是也。庶公子則以配字爲氏，尊公族，展氏、臧氏是也。”[②]服虔論伯仲之爲氏，雖與何休論伯仲之爲字有異，但伯仲可別親疏適庶則一。何休尊今學，服虔治古學，師説雖異，立義則通。由何休論王臣之稱例，進而考其論伯仲爲字稱之新義，則不得不論“孫以王父字爲氏”之義。何者？長幼可以爲字，亦可爲氏，由字而氏，正《公羊》“孫以王父字爲氏”之義，此可與服虔説相發明。

四、“孫以王父字爲氏”釋義

成公十五年經“仲嬰齊卒”，《公羊傳》云：

> 仲嬰齊者何？公孫嬰齊也。公孫嬰齊則曷爲謂之仲嬰齊？爲兄後也。爲兄後則曷爲謂之仲嬰齊？爲人後者爲之子

---

①《春秋公羊傳注疏》，《十三經注疏》第 7 册，頁 67 下。
②孔穎達《春秋左傳正義》引，見《十三經注疏》第 6 册，頁 75 下。

也。爲人後者爲其子,則其稱仲何? 孫以王父字爲氏也。然則,嬰齊孰後? 後歸父也。

"孫以王父字爲氏"即出乎此。據傳文,公孫歸父、公孫嬰齊俱是公子遂之子,嬰齊乃歸父之弟。歸父使乎晉,宣公薨,諸大夫遣歸父之家,歸父自晉還至檉,聞君薨家遣,遂走之晉。魯人共傷其無後,故使嬰齊爲之後。此即弟爲兄後之事。魯人既以嬰齊後歸父,又據"孫以王父字爲氏"之例,以"仲"氏嬰齊,謂之曰"仲嬰齊"。何注云"不言仲孫,明不與子爲父孫"[①],不與子爲父孫,亦即弟不可後兄之義,以其亂昭穆之序,失父子之親。何休以"不與子爲父孫"釋不言仲孫,其實,不言仲孫,是勢有不得不然者,不必專爲子爲父孫而發。欲明其間曲折,則須分疏"孫以王父字爲氏"諸義。

其一,孫以王父字爲氏,專謂諸侯子孫。

傳云"孫以王父字爲氏",何注云:"謂諸侯子也。顧興滅繼絶,故紀族,明所出。"[②]此云"諸侯子"者,謂"孫"專指諸侯子孫。可與此相參證者,《白虎通·姓名篇》云:"所以有氏者何? 所以貴功德,賤伎力。或氏其官,或氏其事,聞其氏,即可知其德,所以勉人爲善也。或氏王父字何? 所以別諸侯之後,爲興滅國、繼絶世也。"[③]此分別氏官氏事與氏王父字爲二:氏官氏事謂"勉人爲善";氏王父字則謂"興滅國、繼絶世"。勉人爲善乃表德,興滅繼絶則紀族。二者義異。《白虎通》言"別諸侯之後",何注則云"謂諸侯子也",二者均指諸侯子孫。陳立《公羊義疏》云"專斥天子、諸侯子孫言"[④],亦得何休之旨。一言以蔽之,"孫以王父字爲氏",但可施

①《春秋公羊傳注疏》,《十三經注疏》第 7 册,頁 230 上。
②《春秋公羊傳注疏》,《十三經注疏》第 7 册,頁 229 下。
③ 陳立《白虎通疏證》,頁 402—403。
④《公羊義疏》,《續修四庫全書·經部·春秋類》第 130 册,頁 527 下。

於諸侯子孫,不涉異姓卿大夫。

其二,孫以王父字爲氏,氏據公命。

諸侯之子稱公子,公子之子稱公孫。何休謂公子、公孫乃氏稱,隱公元年經“公子益師卒”,何注云“公子者,氏也”[1]。又《公羊》之義,非命大夫不得氏,隱公九年經“俠卒”,莊公三年經“溺會齊師伐衞”,俠、溺皆未命之大夫,故不得書氏。故知凡書公子、公孫者,皆爲命大夫[2]。如成公十七年經“壬申,公孫嬰齊卒于貍軫”,傳云:

> 非此月日也,曷爲以此月日卒之? 待君命然後卒大夫。曷爲待君命然後卒大夫? 前此者,嬰齊走之晉。公會晉侯,將執公,嬰齊爲公請,公許之反爲大夫。歸,至于貍軫而卒。無君命,不敢卒大夫。公至,曰:“吾固許之反爲大夫。”然後卒之。

嬰齊卒於成公十七年十月壬申日,經則繫於十一月下,故傳云“非此月日也”。所以繫於十一月之下,乃因成公十一月至,始明其爲大夫。經書“公孫”以爲氏,是實與而文亦與。實與者,公明言也。文與者,書“公孫”也。若實不與,則嬰齊非大夫,不得卒,文不可書“公孫”。今既書“公孫”,明其已爲大夫。由嬰齊之例,知公孫之爲氏,乃由公所命。據此可推,孫以王父字爲氏,氏必由公命。陳立云“猶必賜之於君”[3],是也。

---

① 《春秋公羊傳注疏》,《十三經注疏》第 7 册,頁 17 上。

② 隱公五年《穀梁傳》云“隱不爵命大夫”,則隱公世不見公子、公孫者,或緣隱公不爵命大夫。至於公子益師、公子彄,則是惠公之大夫。范注云:“隱不成爲君,故不爵命大夫。公子不爲大夫,則不言公子也。”(《春秋穀梁傳注疏》,見《十三經注疏》第 7 册,頁 21 下)可與何休《公羊》義例相參證。

③ 《公羊義疏》,頁 527 下。

其三,孫以王父字爲氏,此氏即族。

何休注"孫以王父字爲氏"云"故紀族,明所出",以族釋氏。但綜觀《解詁》,言氏多,言族寡。惟孫以王父字爲氏,乃以族釋氏。何休之意,族與氏未可等同,公子公孫之爲氏,此氏,謂出於公。至於公之曾孫,其親已遠,不可連文作"公曾孫",故以王父字爲氏 ①。此氏,謂出於某公子一族,以别於他公子之族。故凡公之子孫,可氏"公子""公孫",氏可同稱,如慶父爲桓公子,氏公子;遂爲莊公子,亦氏公子。若是公之曾孫,惟以王父字爲氏,此氏不可同稱,如公子慶父字仲,其孫氏"仲孫";公子遂亦字仲,其孫氏"仲"而不得氏仲孫。氏仲孫者,謂出慶父一族;氏仲者,謂出遂一族。仲嬰齊所以不可氏仲孫者,以慶父之後已氏仲孫,如仲孫蔑爲大夫見於宣公九年。故何休注"仲嬰齊卒"云"不言仲孫,明不與子爲父孫",乃特定之義。設若嬰齊確爲公子遂之孫,且無弟爲兄後之事,亦不得氏"仲孫"。

氏仲孫,謂出於慶父一族;氏仲,謂出於仲遂一族。以其所氏,知其出於某公子一族。故凡不以字爲氏者,是不以區别他族爲本意。何休以族釋氏,專就孫以王父字爲氏而言,在此之外,俱不可以族釋氏,故氏、族不可等同。如仲遂,據《左傳》,又氏東門,以其居東門故也。此東門氏,不可以何休之"族"義解之,因東門僅以所居者爲氏,不以别於他公子爲本意,無諸侯興滅繼絕之義。

其四,孫以王父字爲氏,字據王父言,氏據孫言。

孫以王父字爲氏,字是王父之字,氏是孫之氏,各有所當。如宣公八年經"六月,公子遂如齊,至黄乃復。辛巳,有事于太廟。仲

---

① 孔穎達《禮記注疏》云:"若同姓公之子曰公子,公子之子曰公孫,公孫之子,其親已遠,不得上連於公,故以王父字爲氏。"(見《十三經注疏》第 5 册,頁 618 上)

遂卒于垂",此經前書公子遂,後書仲遂,依辭例,"仲遂"乃以仲爲氏,似宣公另賜公子遂爲仲氏。其實不然,此乃《公羊》追書之例。經書仲遂者,不謂宣公另賜仲氏,乃爲下經"仲嬰齊卒"設辭①。魯人既傷歸父之無後,更以嬰齊紹其後,弟爲兄後,即子爲父孫,故嬰齊於卒後改氏仲。假若前經不出"仲遂",則此公孫嬰齊卒,經書"仲嬰齊"而不書"公孫嬰齊","仲"字無所見,恐成疑辭。

仲遂卒于垂,是追書之例。與此相同者,閔公元年經"齊仲孫來",亦是追書之例。仲孫者,慶父也,不書慶父而以"仲孫"書者,不謂魯君賜慶父氏仲孫,乃爲下經仲孫蔑等起事,何注云"以後所氏起其事"②是也。

仲孫氏,指慶父之孫,非指慶父自身。仲氏,指公子遂之孫,非指遂自身。凡以王父之字爲其本身之氏者,皆非《公羊》之義。劉炫說云"季友、仲遂皆生賜族,非字也","仲遂受賜爲仲氏,故其子孫稱仲氏耳"③,此說不合何氏追書之意,又與氏據孫言、字據王父言不合。

其五,孫以王父字爲氏,謂生賜族也。

《春秋》凡諸侯大夫皆書名氏,小國大夫則名氏不具。何休云"公子者,氏也。諸侯之子稱公子,公子之子稱公孫",公子公孫乃繫公之常言,但未必皆可書於經。凡經見公子公孫者,必是命大夫。公子公孫所以爲氏,以其命大夫故也,經書"公孫嬰齊卒于貍軫"可以爲證。據此推之,《公羊》以爲大夫之氏皆君生賜焉。孫以王父字爲氏,此氏亦是生賜。若王父死而無子孫,或

---

① 何注:"貶加字者,起嬰齊所氏,明爲歸父後,大宗不得絶也。"見《春秋公羊傳注疏》,《十三經注疏》第 7 册,頁 194 下。

②《春秋公羊傳注疏》,《十三經注疏》第 7 册,頁 114 下。

③ 孔穎達《春秋左傳正義》引,《十三經注疏》第 6 册,頁 235 下、頁 465 下。

其子孫不爲大夫，是不得賜氏，仲孫蔑、叔孫得臣、季孫行父等，皆生賜也。

總之，何休論孫以王父字爲氏，專指公族，不包異姓大夫。以王父字爲氏，謂此氏乃出於某公子一族，他公子之族不可與此同稱。何休以族釋氏，專指此義。又，孫以王父字爲氏，字據王父言，氏據孫言，凡以王父字爲其本身之氏者，皆非何氏之意，且其氏乃時君生賜之。由《公羊》孫以王父字爲氏，知以字爲氏者，或伯仲字，或配字，尤以伯仲字爲緊要。惟有一例尚須疏釋，孫以王父字爲氏，叔彭生乃叔牙之孫，何以彭生氏叔仲而不氏叔？

五、叔彭生何以氏叔仲

成公十五年經“仲嬰齊卒”，傳云“叔仲惠伯，傳子赤者也”，何休注云：“叔仲者，叔彭生氏也。”[1] 謂叔彭生氏叔仲不氏叔。案文公十一年經“叔彭生會晉郤缺于承匡”，文十四年經“叔彭生帥師伐邾婁”，皆書叔彭生，不書叔仲彭生。雖然文十一年《左氏》經書“叔仲彭生會晉郤缺于承筐”，但據陸氏《釋文》，“仲”或爲衍字[2]，知三家經皆書“叔彭生”，不書“叔仲彭生”[3]。且叔彭生之氏叔仲，非何氏私見，如《史記·魯世家》書“叔仲”[4]，服虔、杜預亦同言之[5]，是

---

① 《春秋公羊傳注疏》，《十三經注疏》第 7 冊，頁 229 下。
② 陸德明云：“本或作叔仲彭生，仲衍字。”見《經典釋文》，頁 950。
③ 楊伯峻亦云：“此時尚未立叔仲氏，故但書叔彭生。十四年伐邾，三傳皆書叔彭生，尤可證。”見《春秋左傳注》第 2 冊，頁 579。
④ 《史記》第 5 冊，頁 1536。
⑤ 裴駰《集解》引服虔云“叔仲惠伯”（《史記》第 5 冊，頁 1536），杜預《集解》云：“彭生，叔仲惠伯。”見《春秋左傳正義》，《十三經注疏》第 6 冊，頁 328 上。

漢晉間並謂叔彭生氏叔仲也。然則,《公羊》既謂孫以王父字爲氏,叔彭生之王父乃叔牙,字叔,何以叔彭生氏叔仲而不氏叔? 叔彭生既氏叔仲,何以經不書"叔仲彭生"而書"叔彭生"?

　　歷來諸家於此並無問及者。惟何休注云:"文家字積於叔,叔仲有長幼,故連氏之。經云仲者,明《春秋》質家,當積於仲。惠,謚也。"①

　　此注言簡意豐,乃釋經不書"叔仲彭生"之關鍵。徐彥撰疏,於此已有詳説,然又有誤解者。兹詳録其文以辨之:

　　　　注文家字積於叔云云〇解云:知如此者,正以大姒之子皆稱叔,唯有聃季而已,是文家字積於叔之義也。注言此者,欲道彭生之經所以不連仲之意也。云"叔仲有長幼,故連氏之"者,注言此者,欲道彭生之傳所以連叔仲之意也。何者? 彭生之祖生於叔氏,其父武仲又長幼當仲,是以彭生遠而言之,雖非正禮,要是當時之事,是以傳家述其私稱,連言仲矣。〇注經云仲者至積於仲〇解云:注言此者,欲道嬰齊此經何故不連其父歸父之字、而單言仲者,欲明《春秋》當質,正得積於仲,是以不得更以佗字連之。②

　　案徐疏分三段解之,其中是非混雜,兹分疏如下:

　　其一,論"文家字積於叔"。

　　徐疏云"以大姒之子皆稱叔,唯有聃季而已,是文家字積於叔之義",此説是也。知者,《管蔡世家》云:"武王同母兄弟十人,其長子曰伯邑考,次曰武王發,次曰管叔鮮,次曰周公旦,次曰蔡叔度,次曰曹叔振鐸,次曰成叔武,次曰霍叔處,次曰康叔封,次曰冉季

---

①《春秋公羊傳注疏》,《十三經注疏》第 7 册,頁 229 下。
② 據日本蓬左文庫藏《公羊疏》鈔本校録,圓圈乃筆者所加。

載。"① 文王諸子,自武王發之下,諸兄弟皆以"叔"稱(周公紹文武之德,獨以爵稱),最末稱季,周文殷質,是文家字積於叔之證。

徐疏又云"注言此者,欲道彭生之經所以不連仲之意也",此謂彭生本氏叔仲,然經循文家字積於叔之意,故略仲而單書叔。經何以循文家字積於叔之例,疏無明言。愚謂此緣書法不得不然耳。經若實書"叔仲"氏,似叔仲之下有"叔叔"氏,然叔叔不辭,不可見於經。經既不可見"叔叔",則不宜書"叔仲",以免橫生疑義。故何注云"文家字積於叔",不謂《春秋》從文家字積於叔之制,乃謂此例可借文家字積於叔爲釋。何休云"《春秋》變周之文,從殷之質"②,其論字稱,實從質家字積於仲之制,叔彭生以叔仲爲氏,固是其證,惟書法不宜書"叔仲",故何休籍文家字積於叔爲説。

其二,論"叔仲有長幼,故連氏之"。

經書叔彭生,傳作"叔仲彭生",徐疏云"注言此者,欲道彭生之傳所以連叔仲之意",此説是。據《世本》,彭生乃叔牙之孫、武仲休之子③。叔孫得臣爲嫡子孫,故氏叔孫;彭生是旁支,又爲命大夫,故不氏叔孫而氏叔仲,以別於得臣之嫡系。經略"仲"而單書"叔",是書法不得不然。傳指言"叔仲",一則從質家字積於仲之例,質家字積於仲,故"叔仲"示其稱止於此,下無叔叔之文。一則明次,謂武仲是公孫兹之弟,仲是其次。何注云"叔仲有長幼,故連氏之",謂本有以長幼之次爲氏,如伯仲,今彭生之父字仲,正長幼之次,故可連氏之④。

---

① 《史記》第 5 册,頁 1563。
② 分見《春秋公羊傳注疏》,《十三經注疏》第 7 册,頁 38 上、41 下、63 下。
③ 孔穎達《禮記注疏》引,見《十三經注疏》第 5 册,頁 201 上。
④ 陳立《公羊義疏》云"叔仲云者,猶言叔氏之仲也",得何休之意。見《續修四庫全書·經部·春秋類》第 130 册,頁 528 上。

　　徐疏云“彭生之祖生於叔氏，其父武仲又長幼當仲，是以彭生遠而言之，雖非正禮，要是當時之事，是以傳家述其私稱，連言仲矣”，案彭生之氏叔仲，既據其父武仲之次，則不宜云“遠而言之”。又彭生既是見經大夫，則其氏乃時君賜之，並非“私稱”，徐説可商也。彭生氏叔仲，不但據王父之字叔，亦據其父之字仲。所以如此，叔孫得臣既以王父字爲氏，爲命大夫，彭生是其從弟，不可更氏叔孫，因據其父之字“仲”以爲氏，既合乎孫以王父字爲氏之禮，又與得臣之氏叔孫相區別。

　　其三，論“經云仲者，明《春秋》質家，當積於仲”。

　　徐疏云：“注言此者，欲道嬰齊此經何故不連其父歸父之字、而單言仲者，欲明《春秋》當質，正得積於仲，是以不得更以佗字連之。”此疏似不達注意。此注承上文“叔仲有長幼，故連氏之”，意謂經所以單書仲而不書仲叔者，以《春秋》質家字積於仲故也。歸父字子家 ①，“家”者，非次也，與“仲”之爲次不同，故歸父與武仲不可相比。何休所以言“叔仲有長幼”，乃緣次可爲氏。“家”非次，不可連氏。故疏文宜作“注言此者，欲道嬰齊此經何故不連佗字而單言仲者”。何以言之？質家字積於仲，言叔仲，可也；言仲叔，則不可。言仲叔，嫌字積於叔不積於仲。且仲叔之上必有仲仲，“仲仲”不辭，既無仲仲，則必無仲叔。知疏云“佗字”者，或“仲”或“叔”，乃表次之字，非表德之字。

　　明乎此，叔彭生氏叔仲而不氏叔，爲別於嫡長耳。爲別於嫡長，既據其王父字，又據其父之字。此或是孫以王父字爲氏之權變。以其權變，故何休以“文家字積於叔”爲説，言此例可籍此爲

---

① 《春秋釋例》，《景印文淵閣四庫全書·經部·春秋類》第 146 册，頁 200下—201 上。

釋,不謂《春秋》之稱制從"文家字積於叔"。嬰齊氏"仲",即從質家字積於仲之證。叔牙之孫,或氏叔孫,或氏叔仲。"孫"者,示其正適也;"仲"者,示其旁次也。叔仲之爲氏,"雖非正禮,要是當時之事",徐彦之説蓋得其實。

　　叔彭生氏叔仲而經書"叔",經更有叔老諸人,叔老其氏叔耶? 其氏叔仲耶? 答曰:叔老諸人皆氏叔不氏叔仲也。知者,文公薨,公子遂弑子赤及大夫叔彭生,立宣公。知彭生之後不得爲大夫,故不見於經。自文公十八年叔彭生卒,至於襄公十四年,經始見叔老,據杜預《釋例》,叔老乃公孫嬰齊之子[1],此公孫嬰齊,即成公十七年爲大夫卒于貍軫者,公孫嬰齊乃叔肸之子,則叔老受命爲大夫,是以王父字爲氏,故氏叔。叔老必不氏叔孫、叔仲,若氏叔孫、叔仲,則出於叔牙一族。故凡出叔肸一族者,並氏叔,以別於叔牙一族之氏叔孫、叔仲耳。此即孫以王父字爲氏,而氏不可同稱之意。猶如凡出慶父一族,皆氏仲孫;凡出公子遂一族,皆氏仲。仲孫、仲亦不可同稱。

　　孫以王父字爲氏,何以其氏或稱孫,或不稱孫? 證以經傳,同母弟如叔肸,稱叔不稱孫,叔老是也;三桓則同稱孫,仲孫、叔孫、季孫是也。庶兄弟如公子彄,稱臧孫,臧孫許是也;公子展之後,則稱展不稱孫,展無駭是也。或稱孫或不稱孫,孔穎達謂或出時君之命,或由自家之意[2]。惠士奇則云:"臧孫出自孝,三孫出自桓,其餘稱叔、仲不稱孫,以別於三桓之後也。"[3]二説合觀,知孫以王父字爲

---

① 《春秋釋例》,頁 201 上。

② 《春秋左傳正義》,《十三經注疏》第 6 册,頁 75 下。

③ 惠士奇《春秋説》,《景印文淵閣四庫全書・經部・春秋類》第 178 册,頁 891 下。

氏者,其氏決不可同稱。至於是否稱孫,則決於君命。自三桓稱孫之後,凡以仲叔季之字爲氏者,皆不稱孫,以別於三桓也。

六、論"孫以王父字爲氏"無字謚義

孫以王父字爲氏,但見字、氏相連,並無"以字爲謚"之義。然《左傳》云"諸侯以字爲謚,因以爲族。公命以字爲展氏",則言及字謚。杜預注云"公孫之子以王父字爲氏,無駭,公子展之孫,故爲展氏"①,乃據《公羊》立説。且鄭玄注《少牢》云"大夫或因字爲謚",又舉無駭爲例證。後之學者,或引之以論字謚,或引之以論孫以王父字爲氏,異説難定。是"孫以王父字爲氏"與字謚宜分畫辨明。因其間文繁義複,茲專立一節詳論之。

考諸家論字謚者,不外無駭、孔父、尼父三例。如段玉裁《且字考》舉此三人爲證。清鍾文烝謂《穀梁》言字謚,"諸證歷歷"②,然其所舉之證,也僅此三例而已。細考此三證,無駭以字爲謚,是否王父字,仍有歧義。尼父若是字謚,義與無駭不合。孔父字謚否,尚存疑問。以下一一辨之。

其一,論無駭是否以字爲謚。

隱公八年《左傳》曰:

> 無駭卒,羽父請謚與族。公問族於衆仲,衆仲對曰:"天子建德,因生以賜姓,胙之土而命之氏。諸侯以字爲謚,因以爲族。官有世功則有官族,邑亦如之。"公命以字爲展氏。

學者於此傳頗多分歧。有謂無駭乃公子展之孫,如杜預、惠士

---

① 《春秋左傳正義》,《十三經注疏》第 6 册,頁 76 上。
② 鍾文烝《春秋穀梁經傳補注》,頁 79。

奇①；有謂無駭乃公子展之子，如劉敞、葉夢得②。有謂謚、族合一，如鄭玄、段玉裁③。有謂謚、族分別，如賈公彥、齊召南④。諸説不一，知衆仲言"以字爲謚"者，義無一定。

今權衡諸説，竊謂衆仲所言"以字爲謚"者，不涉無駭。其證如下：

前經云"無駭帥師入極"，《左傳》以無駭爲司空官，乃上大夫，而經單書名，無所繫，嫌有所貶⑤。而羽父請謚與族，隱公僅舉族以

---

① 惠氏《春秋説》云："公子展之孫，遂以展爲謚，因以爲族。"《景印文淵閣四庫全書·經部·春秋類》第 178 册，頁 885 下。

② 劉敞《春秋權衡》云："杜云無駭公子展之孫，非也。若無駭真公孫之子，當其繼大宗也賜氏久矣，何待其死而賜氏乎？且ेे云公孫之子以王父字爲氏，曾非言其死而後氏之也。然則，無駭固公孫也，羽父請族者，爲無駭之子請族也。"（見《文淵閣四庫全書·經部·春秋類》第 147 册，頁 184 上）又葉夢得《春秋左傳讞》云："無駭爲公子展子邪，則自當氏公孫矣。爲展孫邪，則生即賜展，豈待死而後命之乎？今卒而請族，則無駭生不得氏公孫，死乃始氏展，是終其身未嘗有氏也。天下豈有無氏之人哉！以理考之，無駭當爲公子展之子，自氏公孫，以未三命，不得見於經。"（《文淵閣四庫全書·經部·春秋類》第 149 册，頁 507 上）

③ 鄭玄注《少牢》云"伯某，且字也。大夫或因字爲謚。《春秋傳》曰：魯無駭卒，請謚與族，公命以字爲展氏是也。"（見《儀禮注疏》，《十三經注疏》第 4 册，頁 557 下）段玉裁云："衆仲以謚、族合一之理對公。諸侯之於大夫也，命其以字爲謚，又命以謚爲族。然則，族於謚即族以字也。《春秋》大夫氏於字者，皆以字爲謚者也。"（《且字考》，《經韻樓集》，頁 595 上）

④ 如賈公彥云："彼無駭之祖公子展，以展爲謚，在春秋前。其孫無駭取以爲族，故公命爲展氏。若然，無駭賜族不賜謚。引之者，大夫有因字爲謚，謚伯某，某或且字有謚者，即某爲謚也。"（見《儀禮注疏》，《十三經注疏》第 4 册，頁 558 上）齊召南謂"鄭言因字爲謚，誤讀《左氏》衆仲之言"。（《禮記注疏考證》，《文淵閣四庫全書·經部·禮類》第 115 册，頁 183 上）

⑤ 杜預注云"無駭不書氏，未賜族"（《春秋左傳正義》，《十三經注疏》第 6 册，頁 28），以未賜族爲釋，同於俠、柔。然俠、柔經僅一見，非上大夫可知。今無駭是司空，即未賜族，必有氏稱，經不書其氏，嫌有貶，如翬帥師之類。

問衆仲,是不與謚可知。故"公命以字爲展氏",專應請族,不應請謚。衆仲言"以字爲謚",或謚是氏之誤①,或有死難之功②,其言但舉故事,不謂無駭以字爲謚。此其一。隱公五年經"公子彄卒",傳作"臧僖伯卒",臧者,公子彄之字,是以字爲氏③;僖者,謚也。此族、謚分别言之,是以字爲氏、非以字爲謚之證。此其二。莊公三十二年公子牙卒,傳云"立叔孫氏"。公子牙字叔,此氏叔孫者,乃據牙字。然據杜預注,無駭是公子展之孫,其氏展,則以王父字爲氏。故衆仲言"以字爲謚"之"字",謂己字歟? 謂王父字歟? 其義難定。此其三。以此三證,則傳云"公命以字爲展氏",未必謂無駭以字爲謚。鄭玄雖據無駭以證"大夫因字爲謚",亦不明言此字是王父之字,抑己身之字,總嫌難以徵信。

其二,論尼父之謚無確證。

《禮記·檀弓》云:"魯哀公誄孔丘曰:天不遺耆老,莫相予位焉。嗚呼哀哉! 尼父。"鄭注云:"誄其行以爲謚也。莫,無也。相,佐也。言孔子死,無佐助我處位者。尼父,因其字以爲之謚。"據此,言尼父爲謚者,始於鄭玄。故孔穎達《正義》云:"孔子以哀公十六年夏四月己丑日卒,哀公欲爲作謚,作謚宜先列其生時行狀,謂之爲誄。……尼則謚也,稱字而謚之尼父也。"④

案鄭氏以爲作誄即作謚。考上文《少牢注》云"大夫或因字爲謚",緣且字立説,謂賜謚之字必是且字。今鄭注云"尼則謚也",正

---

① 此爲朱子説。朱子曰:"以字爲謚,因以爲族。竊恐謚本氏字,先儒隨他錯處解將去,義理不通。"《朱子語類》第 8 册,頁 3280—3281。

② 此爲范甯説。《穀梁傳》曰"孔氏父字謚也",范注云:"孔父有死難之勳,故其君以字爲謚。"(《春秋穀梁傳注疏》,《十三經注疏》第 7 册,頁 29 下)

③ 據杜預《春秋釋例》,公子彄字子臧。《景印文淵閣四庫全書·經部·春秋類》第 146 册,頁 195 下。

④《禮記注疏》,《十三經注疏》第 5 册,頁 153 下。

是且字爲諡字之例。

但《左傳·哀公十六年》"夏四月己丑,孔丘卒,公誄之曰:旻天不弔,不憖遺一老,俾屏余一人以在位,煢余在疚,嗚呼哀哉!尼父,無自律。"孔穎達《正義》又與上説相乖違,其文曰:

> 鄭玄《禮記注》云:"誄,累也,累列生時行迹讀之以作諡。"此傳唯説誄辭,不言作諡,傳記羣書皆不載孔子之諡,蓋唯累其美行,示己傷悼之情而賜之命耳,不爲之諡,故書傳無稱焉。至漢王莽輔政,尊尚儒術,封孔子後爲襃成侯,追諡孔子爲襃成宣尼君,明是舊無諡也。鄭玄《禮注》云"尼父因且字以爲之諡",謂諡孔子爲尼父,鄭玄錯讀《左傳》云"以字爲諡",遂復妄爲此解。①

孔氏謂鄭玄錯讀《左傳》,與《禮記正義》相反。故齊召南《禮記注疏考證》云:"按字非諡也,鄭注太曲。穎達此疏可謂直糾鄭違矣。"② 由此觀之,鄭玄言尼父爲諡,於文獻並無確證,致孔穎達《正義》前後相乖 ③。

---

① 《春秋左傳正義》,《十三經注疏》第 6 册,頁 1041 下。

② 《景印文淵閣四庫全書·經部·禮類》第 115 册,頁 183 上。

③ 撰《春秋左傳正義》者,據孔穎達序,更有"朝請大夫國子博士臣谷那律、故四門博士臣楊士勛、四門博士臣朱長才、朝散大夫行大學博士上騎都尉臣馬嘉運、朝散大夫行大學博士上騎都尉臣王德韶、給事郎守四門博士上騎都尉臣蘇德融、登仕郎守大學助教雲騎尉臣隨德素、趙弘智",(見《春秋左傳正義》,《十三經注疏》第 6 册,頁 4 下—5 上)又,撰《禮記正義》者,據孔序,有"謹與中散大夫守國子司業臣朱子奢、國子助教臣李善信、守太學博士臣賈公彥、行太常博士臣柳士宣、魏王東閣祭酒臣范義頵、魏王參軍事臣張權、儒林郎守太學助教雲騎尉臣周玄達、儒林郎守四門助教雲騎尉臣趙君贊、儒林郎守四門助教雲騎尉臣王士雄、趙弘智"。(見《禮記注疏》,《十三經注疏》第 5 册,頁 4)是二書撰述之人不一,意見相左,或有以也。今以孔穎達領其事,便文而言其前後相乖。識者鑒之。

　　即如鄭氏所言,尼父乃字謚,其義也與衆仲所言不合。衆仲言
"以字爲謚,因以爲族"者,謂公族。而尼父非魯之公族,乃異姓大
夫,即以字爲謚,後世子孫也不以爲氏。故無駭之字謚與尼父之字
謚不同。段玉裁謂"以且字爲謚,則孔子謚尼父矣。其子孫雖氏尼
可也。子思不氏尼者,公命以尼爲謚,未命以尼爲氏也"①,此説未
得字謚之義。孔子雖謚尼父,子思却不可氏尼,因孔子非魯公族。
段氏以尼父之謚證"以字爲謚,因以爲族",是以異姓證公族,非衆
仲之意。

　　要言之,尼父以字爲謚,出自鄭玄,其説無文獻確證。且尼父
爲字謚,是以本身之字爲謚。至於無駭,不論公子展之孫,抑公子展
之子,展均非己身之字,故段玉裁以尼父字謚以説無駭,比例不當。

　　其三,論孔父爲字謚之可疑。

　　桓公二年經"宋督弑其君與夷及其大夫孔父",《穀梁傳》云:
"孔氏父字謚也。"是孔父爲字謚一説,出於《穀梁》。

　　字謚一詞,雖明見於《穀梁傳》,但傳文"孔氏父字謚也",説者
却多異辭。有學者謂"謚"乃衍字,如葉夢得《春秋穀梁傳讞》云:
"《春秋》未有賢大夫而以謚見者。禮,君前臣名,安得名與夷而謚
孔父?"②顧炎武《日知録》亦云:"孔氏父字謚也,父非謚,謚字衍
文。"③但也有學者謂"字謚"不誤,如惠棟《左傳補注》云"鄭玄曰
尼父因目字以爲之謚,孔氏駁之。案字謚見《穀梁》,非康成臆説。
以字爲謚,《左傳》有明文,孔氏之駁,未爲得也"④。此以《穀梁》、鄭

①《且字考》,《經韻樓集》,頁 595 下。
②《景印文淵閣四庫全書·經部·春秋類》第 149 册,頁 759—760。
③ 黄汝成《日知録集釋》,上海古籍出版社,2009 年,頁 1494。
④ 見《左傳補注》,《景印文淵閣四庫全書·經部·春秋類》第 181 册,頁 227
　上。案惠氏此説,乃承其父惠士奇《春秋説》而引證之。惠士奇(轉下頁)

玄互證，又引《左傳》爲證。今權衡諸説，竊謂謚爲衍字者更爲可取，其證有三：

何休《解詁》云"父者，字也"，徐彦疏云"《穀梁傳》文"，可推徐彦所見《穀梁》本無"謚"字，與今范注本不合，證一也。大夫三月而葬，謚在葬後。宋督殺孔父，間不旬月，宋殤公即遇弑，知宋殤未及賜謚孔父。至於宋莊公，本督立之，必無賜謚前朝大夫之理。故孔父無謚，宜是當時實情，證二也。惠棟謂"字謚"見於《穀梁》，非康成臆説，似謂鄭玄本《穀梁》爲説。然鄭氏注《禮記》但舉無駭、尼父爲證，不舉孔父，似鄭玄所見《穀梁》本無"謚"字。且無駭以字爲謚，或據王父之字，或據父字；孔父若爲字謚，則據己字；二者不同。是惠説之可商。又段玉裁云"今本《穀梁》作'孔氏父字謚也'，衍一'氏'字，尚可通乎"[1]，段氏無詳證，且未嘗分別己字與王父字，證三也。以此三證，知《穀梁》"孔氏父字謚也"，"字謚"二字未必無誤。

綜上，尼父爲字謚，起於鄭玄。然鄭玄論字謚，更舉無駭爲證。尼父、無駭，一爲異姓大夫，一爲公族，不可比類。又孔父爲字謚，見於范注本《穀梁》，然別本或無"謚"字。且孔父即爲字謚，是以己字爲謚，非以王父字爲謚。至段玉裁説字謚，以尼父、孔父、無駭合證，三人或是公族，或是異姓大夫，不可相比。明乎三人字謚之義各異，則"孫以王父字爲氏"無字謚之義，彰彰明矣。

（接上頁）《春秋説》云："生字，死謚。生則父字之，死則君謚之，一也。殤公死，故遂以字爲謚。"（見《文淵閣四庫全書·經部·春秋類》第178册，頁658下）

[1]《且字考》，《經韻樓集》，頁595下。

七、大夫繫國與氏國之別，兼證宰爲
"繫官氏" 之義

向來所述，卿大夫之氏多矣，若同姓公族之子，氏公子；公子之子氏公孫；公孫之子以王父字爲氏。若適夫人之子，則以伯仲爲氏，如魯之仲孫、叔孫、季孫。若庶妾子，則以冠字爲氏，如展氏、臧氏。若異姓，則或以官氏，或以邑氏，如宰渠、周公。無論何氏，皆不可氏國；若氏國，則是當國。如：

1. 隱公四年經 "戊申，衞州吁弑其君完"，傳云："曷爲以國氏？當國也。" 何注："與段同義。" ①

2. 莊公九年經 "齊小白入于齊"，傳云："曷爲以國氏？當國也。" 何注："當國，故先氏國也。" ②

此二例，傳皆以大夫氏國爲當國。當國者，何休云 "欲當國爲之君" ③，謂本不宜爲君，而欲亂次爲君，故《春秋》如當國者之意而氏國。以鄭段爲例，隱公元年經 "鄭伯克段于鄢"，此 "段" 上無氏，然何注云 "欲當國爲之君，故如其意，使如國君氏上鄭，所以見段之逆" ④，若此，則段承上 "鄭伯" 而氏 "鄭"。故第一例何注云 "與段同義"，謂州吁氏衞，與段之氏鄭同，皆當國也。第二例，傳以小白氏齊當國，因小白之次後於子糾，欲爲君，是當國，故不氏 "公子" 而氏 "齊"。又莊公八年經 "齊無知弑其君諸兒"，無知氏 "齊"，亦以當國故也。

州吁、無知弑君，皆欲當國。但大夫弑君，未必皆爲當國。如

---

① 《春秋公羊傳注疏》，《十三經注疏》第 7 冊，頁 29 下。
② 《春秋公羊傳注疏》，《十三經注疏》第 7 冊，頁 87 上。
③ 《春秋公羊傳注疏》，《十三經注疏》第 7 冊，頁 13 下。
④ 《春秋公羊傳注疏》，《十三經注疏》第 7 冊，頁 13 下。

文公十四年 "齊公子商人弑其君舍"，商人亦欲爲君，然不氏國而氏 "公子"者，商人之次先於舍，宜爲君，故不以當國論①。又如桓公二年經 "宋督弑其君與夷及其大夫孔父"，何注云："督不氏者，起馮當國。"案，莊公馮與宋督合謀弑宋殤公與夷，是馮欲爲君，非督欲爲君，故何注云 "督不氏"。今本經下有注云 "賢者不名，故孔父稱字；督未命之大夫，故國氏之"，非何休之意。徐疏云："考諸舊本，悉無此注，且與注違，則知有者衍文也。"②舊本是也。若督是未命大夫，但名而已。大夫或命或未命，均不以國爲氏。僖公七年何注云："諸侯國體，以大夫爲股肱，士民爲肌膚。"③諸侯是國體，大夫是股肱，故大夫不可氏國。

　　大夫不可氏國，宜繫國。文公九年經 "夫人姜氏如齊"，何注云 "言如齊者，大夫繫國"④，是其證。大夫繫國者，謂於氏上繫國，如鄭公子去疾、蔡公孫歸生之類。大夫即不書氏，名上也須繫國⑤，如：

　　1. 莊公廿四年經 "曹羈出奔陳"，傳云："曹羈者何？ 曹大夫也。"何注："以小國，知無氏爲大夫。"⑥

　　羈，名也，名上無氏，言 "曹羈"者，以羈繫曹。

　　2. 文公二年經 "及晉處父盟"，傳云："此晉陽處父也。何以不

---

① 何注云："商人本正當立，恐舍緣潘意爲害，故先立而弑之。"徐疏："商人所以得稱公子者，正以商人次正當立。"分見《春秋公羊傳注疏》，《十三經注疏》第 7 册，頁 180 上、29 下。

②《春秋公羊傳注疏》，《十三經注疏》第 7 册，頁 47 上。

③《春秋公羊傳注疏》，《十三經注疏》第 7 册，頁 129 上。

④《春秋公羊傳注疏》，《十三經注疏》第 7 册，頁 171 上。

⑤ 繫國氏國者，皆謂外大夫也。內大夫但言氏名而不言繫國，自我言之也。此亦內其國外諸夏之例。

⑥《春秋公羊傳注疏》，《十三經注疏》第 7 册，頁 102 上。

氏？諱與大夫盟也。"何注："諱去氏者,使若得其君,如經言邾婁儀父矣。"①

處父氏"陽",文公三年經"晉陽處父帥師伐楚救江"是也。此書"晉處父"而省"陽"氏,故傳以"何以不氏"發問,何休亦云"諱去氏",知處父繫晉。

曹爲小國,晉爲大國,無論大小國,大夫皆繫國而不氏國。然繫國、氏國之辭例無異,經書"晉處父",何休以爲繫國;經書"衛州吁",何休以爲氏國。如何區別氏國或繫國？所據者,惟當國耳。若不當國,則大夫繫國;若當國,則是大夫氏國。請看下例：

昭公元年"莒去疾自齊入于莒。莒展出奔吳",何注："主書去疾者,重篡也。莒無大夫,書展者,起與去疾爭篡。當國出奔,言自齊者,當坐有力也。皆不氏者,當國也。不從莒無大夫去氏者,莒殺意恢稱公子,篡重,不嫌本不當氏。"②

莒爲小國,小國大夫名氏不録。若見録於經,但書名繫國而已,如曹羈、莒慶之類。今莒去疾、莒展亦是名在國下,辭例與莒慶相同,何休知二人皆當國者,以經有"自""入""出奔"文。《解詁》專明其所以氏國之意：

其一,云"主書去疾者,重篡也。莒無大夫,書展者,起與去疾爭篡",知去疾爲篡者,以經有"入"文③。知書"莒展"以起爭篡者,以有"出奔"之文。"出奔"文在"入"下,故可起爭篡之義。

考二人爭篡之事,《解詁》云："莒子納去疾。及展立,莒子廢之,展因國人攻莒子,殺之。去疾奔齊。"此注可與《左傳》相參。

①《春秋公羊傳注疏》,《十三經注疏》第 7 册,頁 164 下。
②《春秋公羊傳注疏》,《十三經注疏》第 7 册,頁 275 上。
③ 隱公四年何注云："立納入皆爲篡。"見《春秋公羊傳注疏》,《十三經注疏》第 7 册,頁 31 上。

襄公三十一年《左傳》云："莒犁比公生去疾及展輿，既立展輿，又廢之。犁比公虐，國人患之。十一月，展輿因國人以攻莒子，弒之，乃立。去疾奔齊。"蓋去疾、展皆非世子，莒君又廢立無定，故有争篡之事。二人争篡，即當國意。

其二，云"皆不氏者，當國也"，謂莒去疾、莒展皆是當國之人，故不氏公子而氏國。此猶無知、州吁之例，何休謂二人"氏國"，而徐疏反以無知、州吁爲不氏①，不氏者，即不氏公子，注、疏之義並無歧異。何休此云"皆不氏"，謂不氏公子；又云"當國"者，謂氏國也。

其三，云"不從莒無大夫去氏者，莒殺意恢稱公子，篡重，不嫌本不當氏"者，莒小國無大夫，經若録見大夫，當書名去氏，故小國大夫不得書公子、公孫。此是小國大夫見經之常例。今何休以當國去氏立説，不以小國大夫去氏立説，故云"不從莒無大夫去氏者"。

所以不從者，以意恢爲證。意恢之氏公子，見於昭公十四年經"莒殺其公子意恢"，注云"莒無大夫，書殺公子者，未踰年而殺其君之子，不孝尤甚，故重而録之。稱氏者，明君之子"②，是《春秋》欲顯莒子之不孝，不從小國大夫去氏例，乃以意恢氏"公子"而成重録之文。今莒去疾、莒展争篡當國，事亦重，比例意恢，宜重録，故不宜從小國大夫去氏之常例。若從去氏常例，則如莒慶之屬，不見當國之意。故何氏假言二人本氏公子，因争篡當國而去其"公子"之氏，成重録之文。

當國争篡，事重，故何休假言二人本氏公子，雖與小國常例不

---

① 徐疏云："《春秋》之内，當國不氏者，無知、州吁之屬。"《春秋公羊傳注疏》，《十三經注疏》第 7 册，頁 48 上。
②《春秋公羊傳注疏》，《十三經注疏》第 7 册，頁 289 下。

合,却不以爲嫌,故云"纂重,不嫌本不當氏"①。

繫國、氏國辭例雖同,其義迥異。以繫國、氏國之有別,可推"宰"爲繫、氏之異同,並可證宰渠"繫官氏"之義。

《春秋》於名氏之上加"宰"者,宰咺、宰渠伯糾、宰周公三人而已。於宰咺,何休云"以官録";於宰渠伯糾,何休云"繫官氏";於宰周公,何休云"加宰"②。宰咺、宰周公之"宰"不爲氏,故云"加宰""以官録"。宰渠伯糾之"宰"是氏(以《解詁》三言"據宰渠氏官"可知),何休云"繫官氏"。宰既是氏,何以不直言"氏官",而云"繫官氏"?且襄公十五年注又云"據宰渠伯糾繫官"③,省"氏"字,是文有歧義。故段玉裁解"繫官氏"云:"官者,經之宰;氏者,經之渠"④,是以"繫官"爲一義,"氏"則爲另義。

繫官與氏官有別,猶如大夫繫國與氏國之不同。大夫非國體,乃國之股肱,宜繫國不宜氏國,若氏國,即有當國之意。據此,何注云"繫官者,卑不得專官事也",亦是宜繫不宜氏之意。若氏官,則有專官事、與上中大夫同尊之嫌。但何休又三言"宰渠氏官",是作何解?

此與下大夫稱例相關矣。天子上大夫氏采稱伯仲,天子中大夫氏采稱字,是稱字降於稱伯仲一等。天子下大夫氏官不氏采,又降一等。蓋下大夫無采邑,故氏官。雖氏官,然卑於上中大夫,故云"繫",以示"卑不得專官事"之意。

---

① 徐疏云"今亦纂重,明其未貶之時亦合稱氏"(《春秋公羊傳注疏》,《十三經注疏》第 7 册,頁 275 上),案"明其未貶之時亦合稱氏",乃假設之言,實未貶之時亦不稱氏,此是小國大夫見經常例。

② 《春秋公羊傳注疏》,《十三經注疏》第 7 册,頁 134 上。

③ 《春秋公羊傳注疏》,《十三經注疏》第 7 册,頁 252 下—253 上。

④ 《且字考》,《經韻樓集》,頁 595 上。

但下大夫繫官與中士繫官不同。下大夫繫官,此官是下大夫身上官;中士所繫之官則非中士身上官。宰渠之宰,是渠之身上官,故可爲氏;宰咺之宰,非咺之身上官,故不可爲氏。進而言之,宰周公之宰,亦是周公身上官,但周公不以宰爲氏,以其有采邑故也。采、官並有,何以氏采不氏官?蓋采可傳諸子孫①,而宰未必可世襲;氏采者,示世世永保之意。而下大夫無采,宰又是身上官,故不得不繫官爲氏。然又恐僭越上中大夫,是以何休云"繫官者,卑不得專官事"。

以此言之,下大夫之繫官,其實就是氏官,襄公十五年經"劉夏逆王后于齊",傳云"劉者何?邑也。其稱劉何?以邑氏也",注云"據宰渠伯糾繫官",依文意推之,此繫官即氏官。傳以劉氏邑起問,注以宰渠繫官相比。若宰渠僅繫官不氏官,則不能應"劉氏"之問。正因劉夏諸侯入爲天子大夫,乃以邑氏,故可與天子下大夫以官氏相比。

知下大夫繫官即氏官,則宰渠"繫官氏"實具二義,宰渠繫宰之宰,類於《周禮》之大宰、小宰,以宰渠下大夫,繫屬於上、中大夫。宰渠氏宰之宰,類於《周禮》之宰夫,謂此宰即下大夫身上官。一宰而兼二義,正何休言"繫官氏"之精義。繫官者,意謂從屬於大宰、小宰;氏官者,意謂身爲宰夫之官,故可以之爲氏。

由大夫繫國氏國之別,進而推考宰渠"繫官氏"之義,知宰氏渠名乃何休本意。段玉裁《且字考》謂宰渠之宰爲繫官,渠是氏,與何意不合。孔廣森謂宰渠"繫宰則與周公、咺同義"②,亦非。

---

① 《禮記·禮運》云"大夫有采以處其子孫,是謂制度"。《禮記注疏》,《十三經注疏》第 5 册,頁 421 下—422 上。
② 《公羊通義》,《續修四庫全書·經部·春秋類》第 129 册,頁 24 下。

八、何休氏例與二傳注之異同

明瞭何氏論氏、字之例，則可以比較何説與二傳注之異同。如何氏謂公子公孫爲氏稱；又以爲氏由君命，君生賜氏等，皆與二家師説不同。

其一，《左氏》公子公孫非氏族之稱。

宣公元年經"公子遂如齊"，《左傳》云"尊君命也"；下經云"遂以夫人婦姜至自齊"，《左傳》云"尊夫人也"。又成公十四年經"叔孫僑如如齊逆女"，《左傳》云"稱族，尊君命也"；下經"僑如以夫人婦姜氏至自齊"，《左傳》云"舍族，尊夫人也"。此二經之事相類，傳之解經亦同言"尊君命、尊夫人"，惟傳以"稱族、舍族"解叔孫僑如，公子遂則無之，知"叔孫"爲族稱，"公子"非族稱。杜預注"公子，當時之寵號，非族也，故傳不言舍族"[1]，得傳意也。以叔孫爲族，此《左氏》與何休之説相同者。但《左氏》不以公子爲氏稱，又與何説異。桓公三年經"公子翬如齊逆女"，傳云"修先君之好，故曰公子"；文公八年經"公子遂會雒戎盟于暴"，《左傳》云"書曰公子，遂珍之也"。二例俱以公子爲嘉號，孔穎達《正義》云"公子者，名號之美稱"，又云："公子雖則非族，稱舍亦與族同。所以異者，族必君賜乃稱之。公子公孫，繫公之常言，不須待賜乃稱之耳。"[2] 孔氏以爲公子乃嘉號美稱，非族稱，得傳意。而上文提及何休云"公子者，氏也"，是何説與《左傳》異。

其二，論杜預與何休之異同。

---

① 《春秋左傳正義》，《十三經注疏》第 6 册，頁 361 上。
② 分見《春秋左傳正義》，《十三經注疏》第 6 册，頁 413 上、361 下。

《左傳》以公子爲嘉號，非氏稱，固自成一説，然杜預《集解》未能一貫，或另立新説，與傳意並不一致。

隱公十年經“翬帥師會齊人、鄭人伐宋”，杜注：“公子翬不待公命而貪會二國之君，疾其專進，故去氏。”[①]杜氏以“公子”爲氏，故云“去氏”。莊公三年經“溺會齊師伐衛”，杜注“溺，魯大夫，疾其專命而行，故去氏”，孔穎達《正義》謂溺即公子溺[②]，是杜預以公子爲氏，故云“去氏”。

隱公四年經“翬帥師會宋公、陳侯、蔡人、衛人伐鄭”，杜注：“公子翬，魯大夫。不稱公子，疾其固請强君以不義也。諸外大夫貶皆稱人；至於內大夫貶，則皆去族稱名。翬、溺去族，傳曰疾之；叔孫豹則曰言違命。”[③]隱公十年傳“羽父先會齊侯、鄭伯伐宋”，杜注：“言先會，明非公本期，釋翬之去族。”[④]文公八年經“公子遂會雒戎盟于暴”，杜注云：“公子遂不受命而盟，宜去族，善其解國患，故稱公子以貴之。”[⑤]此三例，杜預並以公子爲族稱，故云“去族”。

杜預或以公子爲氏稱，或爲族稱，與《左傳》公子爲寵號之意相違。其以公子爲氏稱，與何休説同；其以公子爲族稱，則又與何休説異。考杜預《釋例》云“別而稱之謂之氏，合而言之謂之族”[⑥]，則族是大總言之，氏爲分別言之。此與何休分別氏、族有異。何休多言氏，少言族，惟孫以王父字爲氏，以族釋氏，餘者但言氏不言

①《春秋左傳正義》，《十三經注疏》第 6 冊，頁 77 上。
②《正義》云：“公子非氏，貶與氏同，故言氏也。”（《春秋左傳正義》，《十三經注疏》第 6 冊，頁 138 下）此孔氏彌縫之語。孔氏既循傳文公子非氏之意，又欲從杜注公子是氏之説，故爲此語。
③《春秋左傳正義》，《十三經注疏》第 6 冊，頁 55 下。
④《春秋左傳正義》，《十三經注疏》第 6 冊，頁 78 上。
⑤《春秋左傳正義》，《十三經注疏》第 6 冊，頁 319 上。
⑥《景印文淵閣四庫全書·經部·春秋類》第 146 冊，頁 30 上。

族。氏是大總，族爲分別。族必是氏，氏未必是族。何休以族釋氏，專指"孫以王父字爲氏"。故公子公孫可以稱氏，却不可稱族。此爲何、杜區別之大較。

其三，論何説與《穀梁》之異。

宣公十年經"齊崔氏出奔衛"，《穀梁傳》云"氏者，舉族而出之之辭也"①，是以族釋氏，顯與何休之族義不合。崔氏非齊之公子、公孫一族②，不可以族釋氏。范寧注引何休説曰："氏者，譏世卿也。即稱氏爲舉族而出，尹氏卒，寧可復以爲舉族死乎？"③

案隱公三年經"尹氏卒"，《公羊傳》云"譏世卿"，何注："氏者，起其世也，若曰世世尹氏也。"④ 以此例之，則齊崔氏出奔衛，書"崔氏"，亦譏世卿之意，氏者，若曰世世崔氏也。此異姓大夫，非孫以王父字爲氏之例，故不可以族釋氏。今《穀梁》以"舉族"解氏，不別氏、族，故何休駁云：若崔氏出奔爲舉族出奔，則隱公三年經"尹氏卒"是否亦舉族死之義？何氏本意，"崔氏"乃異姓大夫，不在"孫以王父字爲氏"之例，故不可以族釋氏；若以族爲釋，則"尹氏卒"亦可以族釋氏，若然，即有舉族死之嫌。鄭玄不達何氏之旨，

---

① 《春秋公羊傳注疏》，《十三經注疏》第 7 册，頁 120 上。
② 《白虎通》云"或氏王父字者何？ 所以別諸侯之後，爲興滅國，繼絶世也。王者之子稱王子，王者之孫稱王孫，諸侯之子稱公子，公子之子稱公孫，公孫之子，各以其王父字爲氏。……魯有仲孫、叔孫、季孫，楚有昭、屈、景，齊有高、國、崔。"（見《白虎通疏證》，頁 403）案此説與何説異。知者，中國之禮未施於夷狄，楚與魯、齊並列，何休所不取。又，孫以王父字爲氏，專謂公子、公孫一族，崔氏此時已非公子、公孫。據《新唐書·宰相世系表》："崔氏出自姜姓，齊丁公伋嫡子季子讓國叔乙，食采於崔，遂爲崔氏。"（《新唐書》第 9 册，中華書局，1975 年，頁 2729）齊丁公之世，遠在魯隱公之前，知此時崔氏雖爲世卿，然非公子、公孫一系，故不可以"孫以王父字爲氏"例之。
③ 《春秋公羊傳注疏》，《十三經注疏》第 7 册，頁 120 上。
④ 《春秋公羊傳注疏》，《十三經注疏》第 7 册，頁 27 下。

其釋之曰："云舉族死,是何妖問甚乎? 舉族而出之之辭者,固譏世卿也。崔杼以世卿專權,齊人惡其族,令出奔,既不欲其身反,又不欲國立其宗後,故孔子順而書之曰'崔氏出奔衛',若其舉族盡去之爾。"① 鄭氏謂舉族出奔即譏世卿,故其末句仍謂"崔氏出奔衛,若其舉族盡去之",以族釋氏,是以《穀梁》義駁何休,未得何休氏、族分別之旨。

其四,生賜氏與死賜族之辨。

《公羊》主生賜氏,《左氏》則主死賜族。如無駭卒,公命以字爲展氏,即是死後賜族。又如公子牙卒,《左傳》云"立叔孫氏",亦是死後賜族之證。《左傳》云"立華氏也",是生賜族,杜注:"督未死而賜族,督之妄也。"②《正義》云:"死後賜族,乃是正法。春秋之世,亦有非禮生賜族者,華督是也。"③

《左氏》主死賜族,其不從"孫以王父字爲氏"之説,亦可爲證。僖公四年經"公孫兹帥師會齊人、宋人、衛人、鄭人、許人、曹人侵陳",《左傳》云"叔孫戴伯帥師會諸侯之師侵陳",以兹之氏"叔孫",則前傳云"立叔孫氏"者,謂公子牙卒後即賜氏"叔孫",故其子氏叔孫,知《左氏》必不主孫以王父字爲氏。杜預謂無駭乃公子展之孫,公孫之子以王父字爲氏,非《左氏》家法。

案生賜氏與死賜族各自立説,界畫分明。但學者常執一以議長短。是《左傳》者,多謂死後賜族乃正禮,生賜非禮。如宋魏了翁云"死後賜族乃正法,生賜非禮"④,清顧棟高亦云"春秋大夫無

---

① 楊士勛疏引,見《春秋穀梁傳注疏》,《十三經注疏》第 7 册,頁 55 下。
②《春秋左傳正義》,《十三經注疏》第 6 册,頁 90 上。
③《春秋左傳正義》,《十三經注疏》第 6 册,頁 75 下。
④ 魏了翁《春秋左傳要義》,收入《景印文淵閣四庫全書·經部·春秋類》第 153 册,頁 299 下。

生而賜氏"①。又如上引劉炫説云"季友、仲遂皆生賜族,非字也",
"仲遂受賜爲仲氏,故其子孫稱仲氏耳",後之學者如宋謝湜、胡安
國、清顧炎武等皆以季友、仲遂之氏季、仲,並謂生賜非禮②,或緣
《左氏》及劉炫説而有所更改。然《公羊》實不以季友氏季、仲遂氏
仲。是《公羊》者,則謂生賜是禮,死賜非禮。如劉敞論無駭,正以
生賜族以駁杜預之説,其文曰:

> 　　無駭卒,傳曰"羽父請族,公命爲展氏",杜云"無駭,公子
> 展之孫",非也。若無駭真公孫之子,當其繼大宗也,賜氏久
> 矣,何待其死而賜氏乎?且禮云"公孫之子以王父字爲氏",曾
> 非言其死而後氏之也。然則,無駭固公孫也。羽父請族者,爲
> 無駭之子請族也。子展稱公子,無駭稱公孫,無駭之子未有稱
> 也,此其所以請之也。若必公孫之子死然後賜族,則無駭爲終
> 身無所氏也,故曰不明於禮矣。③

劉氏云"以王父字爲氏,曾非言其死而後氏之也",正緣孫以王
父字爲氏乃生賜之禮。其謂無駭是公孫而非公子展之孫,因無駭
見經爲大夫,已賜氏,不須死後始賜,故劉氏云"羽父請族者,爲無
駭之子請族"。爲無駭之子請族,即生賜其子展氏,非賜無駭爲展

---

① 顧棟高《春秋大事表》,中華書局,1993 年,頁 1200。

② 李明復《春秋集義》引謝湜説:"季,公子友字也。魯以公子友有社稷功,故
生賜以氏,俾世其職。友卒書氏,志魯之變法也。然則,魯卿生而賜氏,自季
友始也。"(收入《文淵閣四庫全書·經部·春秋類》第 155 册,頁 456 下)
胡安國云:"古者諸侯立家,大夫卒而賜氏。其後,尊禮權臣,寵遇貴戚而不
由道。於是乎有生而賜氏,其在魯則季友、仲遂是也。"(《胡氏春秋傳》,收
入《文淵閣四庫全書·經部·春秋類》第 151 册,頁 141 下)顧炎武云:"季
友、仲遂皆生而賜氏,故其子即以父字爲氏,生而賜氏,非禮也。"(《日知錄
集釋》,頁 266)

③ 劉敞《春秋權衡》,《景印文淵閣四庫全書·經部·春秋類》第 147 册,頁
184 上。

氏。故劉歆云"死然後賜族,不明於禮"。

明乎生賜氏與死賜族之别,則何休與《左氏》家之分别一目瞭然。

小　結

綜上所述,何休之論字、氏,義例繁複。字例之要在乎且字,氏例之要在乎孫以王父字爲氏。字氏之稱並指大夫,不涉諸侯。至於莊公十年《公羊傳》云:"州不若國,國不若氏,氏不若人,人不若名,名不若字,字不若子。"此七等之稱,寓褒貶進退之義①,乃主指諸侯,與大夫之稱例不同,二者不可通釋②。

姓氏名字之學,經學自有家法,不可混淆。桓公十一年宋人執鄭祭仲,何休以"仲"爲字,杜預、范甯謂"仲"是名。莊公六年王人子突救衛,何休、杜預以子突爲字,而穀梁氏以子突爲名,鄭玄謂名誤字是,徐乾又以名是③。諸家之别,正以師説互異故也。學者若强

---

① 何注云:"因周本有奪爵稱國、氏、人、名、字之科,故加'州'文備七等以進退之。"見《春秋公羊傳注疏》,《十三經注疏》第 7 册,頁 13 下。

② 如桓公十一年經"柔會宋公、陳侯、蔡叔盟于折",何注:"蔡侯稱叔者,不能防正其姑姊妹,使淫於陳佗,故貶在字例。"(見《春秋公羊傳注疏》,《十三經注疏》第 7 册,頁 63 下)桓公十五年經"許叔入于許",何注:"稱叔者,春秋前失爵在字例也。"(見《春秋公羊傳注疏》,《十三經注疏》第 7 册,頁 66 上)是諸侯稱字有降爵、譏貶之義。而大夫稱伯仲之字,則爲表敬之意,故二者不可通釋。

③《穀梁傳》云:"王人,卑者也。稱名,貴之也。"范注引鄭玄説云:"王人,賤者,録則名,可。今以其銜命救衛,故貴之,貴之,則子突爲字可知明矣。此名,當爲字誤爾。"又引徐乾説云:"王人者,卑者之稱也,當直稱王人而已。今以其能奉天子之命,救衛而拒諸侯,故加名以貴之。"(見《春秋穀梁傳注疏》,《十三經注疏》第 7 册,頁 48 上—下)

合諸説爲一，則嫌方圓枘鑿。若欲棄衆説而自立門户，則嫌空疎無本 ①。以鄭還鄭、以何還何、以杜還杜、以范還范 ②，孔、賈、徐、楊之疏各隨其注，則於《春秋》姓氏名字，淄澠可辨、涇渭自分，經學家法釐然有當而不相混雜也。

　　經學家法明，於史學亦有啓發之功。鄭樵《氏族略》曾訾議司馬子長、劉知幾不知三代姓氏宜分之理 ③，然觀其論"以族系爲氏""以次爲氏"之例，頗有可議。如論"以族系爲氏"云："叔孫氏，魯公子叔牙之後。叔牙與慶父同母，慶父弑閔公故，牙有罪，飲鴆而死，遂立公孫兹爲叔孫氏，亦曰叔仲氏，即叔氏也。" ④ 此説非也。據《公羊》，公孫兹氏公孫而不氏叔孫；據《左傳》，公子牙死後即賜氏叔孫，亦非兹氏叔孫也。且叔孫與叔仲不同，更與叔氏異，鄭樵混而爲一，誤。又論"以次爲氏"云："叔氏，姬姓，魯桓公之

----

① 如葉夢得："古者二十冠而字曰伯某甫，字與名並見，故伯牛、仲弓之類，男子之通稱也。至五十爲大夫，則有爵矣，又敬其字繫以氏而不名。以是差而上之，大夫始爵，以字繫氏而不名，則南仲、仍叔之類，皆下大夫也。字進則爵，下大夫以字繫氏，中大夫宜以氏繫爵，則劉子、單子之類，皆中大夫也。爵進則邑，中大夫以氏繫爵，上大夫宜以爵繫邑，則周公、召公、毛伯、芮伯之類，皆上大夫也。由字而上，則爵而已，卿可以兼公，皆上大夫，故爵邑不嫌同辭。下大夫不可兼中大夫之職，故以氏與爵爲辨，此仕於王朝者也。"（《葉氏春秋傳》，《景印文淵閣四庫全書·經部·春秋類》第 149 册，頁 9 上）此云二十冠而字，字名並見；五十大夫有爵；下大夫以字繫氏，中大夫以氏繫爵，上大夫以爵繫邑云云，皆憑己意立説，無典籍實證，不可信從。

② 段玉裁《與諸同志書論校書之難》云："挍經之法，必以賈還賈，以孔還孔，以陸還陸，以杜還杜，以鄭還鄭，各得其底本，而後判其義理之是非，而後經之底本可定，而後經之義理可以徐定。"（見《經韻樓集》卷十二，頁 189 下）"以賈還賈"云云，乃段氏論校經之法，兹借其語以明經學家法之不宜淆雜也。

③《通志》，頁 439 上。

④《通志》，頁 473 上。

子,叔牙之後。叔牙與慶父同母,慶父弑閔公,叔牙有罪,飲酖而
死,遂立公孫茲爲叔氏,亦曰叔孫氏,亦曰叔仲氏。又魯文公之子
叔肸後,世亦爲叔氏。"① 此謂公孫茲或氏叔、或氏叔孫,或氏叔仲,
誤與上同。叔肸之後既氏叔,假若叔牙之後亦氏叔,則如何分別二
人之後?

　　何休論字氏之例,既關乎《公羊》家法,又關乎三傳之異同;既
關乎諸本之異文校勘②,又關乎古人稱謂之例;事似細小而關乎義
例者鉅。

---

① 《通志》,頁 466 下。
② 桓公八年徐彦疏云:"上大夫即例稱伯仲字,即祭伯、南季、榮叔之屬是也。
　次大夫不稱伯仲字,即家父之屬是也。"閩本、北監本、毛本、殿本並如是。
　然阮元刊刻《公羊注疏》,上句作"上大夫即例稱五十字",下句作"次大夫
　例稱二十字"(見《春秋公羊傳注疏》,《十三經注疏》第 7 册,頁 61 下),阮
　氏所刊之祖本乃南宋十行本,十行本之疏文,與今日所見徐彦《公羊疏》單
　行本相合(見日本蓬左文庫藏《公羊疏》鈔本)。證以何休字氏之例,知單疏
　本、十行本誤矣。何氏之例,上大夫氏采稱伯仲,次大夫氏采稱父,父非二十
　加冠之字,故不可云"二十字"。知閩本、北監本、毛本、殿本是也。

第六章　何氏外諸侯卒葬日月例考

何休解《公羊》諸例，以日月時例最爲緊要 ①，以其範圍廣博，義兼三科九旨 ②，如得其要，則餘者可以觸類旁通。且治《左》《穀》者，於日月時例多有微辭 ③，是此例不可不詳辨也。然自來習《公羊》者，如劉逢祿《公羊何氏釋例》，列"時月日例"專節，僅鈔

① 日月時例者，謂《春秋》記事，或日或月或時，有例存焉，如隱公元年，公子益師卒，大夫卒不日者，何休以爲所傳聞世，曾祖高祖之臣，恩淺，故不日。而文公十年三月辛卯，臧孫辰卒，大夫卒日者，何休以爲所聞世，大夫卒無罪日録。則内大夫卒或日或不日，具褒貶之義。説詳隱公元年注。見《春秋公羊傳注疏》，《十三經注疏》第 7 册，頁 17 上。

② 徐彦《公羊疏》引何休《文謚例》云："三科九旨者：新周、故宋、以《春秋》當新王，此一科三旨也；所見異辭、所聞異辭、所傳聞異辭，二科六旨也；又内其國而外諸夏、内諸夏而外夷狄，是三科九旨也。"見《春秋公羊傳注疏》，《十三經注疏》第 7 册，頁 7 下。以本文爲證，何休論外諸侯卒葬例（外諸侯，謂魯以外諸侯），分所傳聞世、所聞世、所見世，是其三世之義。且外諸侯之卒葬又有諸夏、夷狄之别，魯之卒葬皆卒日葬日，外諸侯大國卒日葬月，是内魯而外諸夏；諸夏國之卒葬，與楚吴卒葬又有日月等差，是内諸夏而外夷狄。故此云日月時例義兼三科九旨。

③ 杜預注《左傳》云"《春秋》不以日月爲例""明經日月皆從赴"（分見《春秋左傳正義》，《十三經注疏》第 6 册，頁 33 下、336 上），是不許《公羊》日月之例也。清許桂林撰《穀梁日月時例考》，則謂"兩傳義異者，《穀梁》之義多正，《公羊》之義多偏"（見《清經解　清經解續編》第 11 册，頁 3163 下欄）。

錄《解詁》之文，並無深研。王闓運《春秋公羊傳箋》亦多言日月時例，却與何休之義不合。近人段熙仲教授《春秋公羊學講疏》，專章論及日月時例，乃門人聽講筆記，粗略排比，未暇細究。考察何氏日月時例，有常有變，常者顯，變者微，讀者須鈎深剔微，方得舉其全義。以外諸侯卒葬爲證，何休分大國、小國、微國三等，大國，謂齊、晉、宋、陳、蔡、衞、鄭；小國，謂曹、許；微國，謂莒、邾婁以下。大國皆卒日葬月，三世相同；小國、微國之卒葬則分三世。若不知何休小國、微國之别，則不明許、滕之卒葬所以異；不論同姓異姓之有親疏，則不達曹、許之卒葬何以殊；不主何氏三世之分，則漸進之義昧然；不曉秦非真夷狄，則其卒葬例必茫然不得其解。凡斯種種，非抛荒經例、僅鈔録文句者可比。以常例與變例互證，以本義與另義相參，則於何注之深回曲折，可以入其堂奥矣。

一、論大國卒葬之例

隱公四年何注云“卒日葬月，達於《春秋》，爲大國例”[1]，此謂大國卒葬常例是卒日葬月。云“達於《春秋》”者，謂自所傳聞世至於所見世[2]。所傳聞世，大國卒日葬月，所聞世、所見世亦是卒日葬月。如莊公元年十月乙亥，陳侯林卒，二年二月，葬陳莊公，是所傳聞世卒日葬月。成公九年七月丙子，齊侯無野卒，十一月，葬齊

<hr>

[1]《春秋公羊傳注疏》，《十三經注疏》第 7 册，頁 31 上。

[2] 隱公元年注云“所見者，謂昭定哀，己與父時事也；所聞者，謂文宣成襄，王父時事也；所傳聞者，謂隱桓莊閔僖，高祖曾祖時事也”（《春秋公羊傳注疏》，《十三經注疏》第 7 册，頁 17 上），何氏分十二公爲三世，昭公、定公、哀公，屬所見世；文公、宣公、成公、襄公，屬所聞世；隱公、桓公、莊公、閔公、僖公，屬所傳聞世。

頃公，是所聞世卒日葬月。定公四年二月癸巳，陳侯吳卒，六月，葬陳惠公，則所見世卒日葬月。凡與卒日葬月不合者，皆屬變例。徧考何氏所注，大國卒葬之變例有三：卒不日、非常葬、不書葬。

其一，卒不日者，如文公七年夏四月，宋公王臣卒，何注"不日者，內娶，略"①。成公十五年夏六月，宋公固卒，何注"不日者，多取三國媵，非禮，故略之"②。大國卒當日，今不日，是爲略録。惟僖公十四年冬，蔡侯肸卒，何注云"不月者，賤其背中國而附父讎，故略之甚也"③，此以"不月"爲釋，案大國常例卒日，卒月則是略録，卒時更略，今蔡侯肸卒時，故注以"不月"爲釋，明其略甚④。考《春秋》大國之卒不日者凡六例，其義皆爲略録⑤。

其二，非常葬者，案諸侯常例五月而葬⑥，若非五月而葬，即非常葬。非常葬又分爲三，即葬日、葬月、葬時。隱三年傳云：

> 葬者曷爲或日或不日？不及時而日，渴葬也。不及時而不日，慢葬也。過時而日，隱之也。過時而不日，謂之不能葬

---

① 《春秋公羊傳注疏》，《十三經注疏》第 7 冊，頁 169 上。
② 《春秋公羊傳注疏》，《十三經注疏》第 7 冊，頁 230 下。
③ 《春秋公羊傳注疏》，《十三經注疏》第 7 冊，頁 137 下。
④ 徐彥疏云"正以大國之卒，例合書日。今此反不月者，故言略之甚也"。《春秋公羊傳注疏》，《十三經注疏》第 7 冊，頁 138 上。
⑤ 除此三例外，其餘三例：（1）僖公二十四年，晉侯夷吾卒。卒上蒙冬，是卒時而不日，何注"不日月者，失衆身死，子見篡逐，故略之"（《春秋公羊傳注疏》，《十三經注疏》第 7 冊，頁 149 上）。（2）僖公二十八年，陳侯款卒。卒上蒙"六月"，是卒月而不日，何注"不日者，賤其歧意于楚"（《春秋公羊傳注疏》，《十三經注疏》第 7 冊，頁 154 上），是賤而略之。（3）昭公二十三年夏六月，蔡侯東國卒于楚，卒月而不日，何注"不日者，惡背中國而與楚，故略之。月者，比肸附父仇，責之淺也"（《春秋公羊傳注疏》，《十三經注疏》第 7 冊，頁 299 上），是惡而略之。
⑥ 隱公三年傳云"天子七月而葬，同軌畢至；諸侯五月而葬，同盟至"是也。

也。當時而不日,正也。當時而日,危不得葬也。

傳所解者,惟葬日、葬不日(即葬月),未及葬時。葬日、葬月並有不及時、過時、當時三類。

不及時而葬日,謂渴葬,渴葬即急葬。如僖公二十七年六月庚寅,齊侯昭卒,八月乙未,葬齊孝公。其間未及五月,而日,是謂渴葬;成公十五年六月,宋公固卒,八月庚辰,葬宋共公,亦是渴葬。過時而葬日,謂隱葬。如僖公十七年十二月乙亥,齊侯小白卒,至明年八月丁亥,葬齊桓公,歷九月乃葬,故日以隱痛之。當時而日,謂危葬。如桓公十四年十二月丁巳,齊侯禄父卒,至明年四月己巳,葬齊僖公,正五月葬,而日者,何注“當時而日者,背殯伐鄭,危之”①;昭公七年八月戊辰,衛侯惡卒,十二月癸亥,葬衛襄公,亦是五月葬,而日者,何注“當時而日者,世子輒有惡疾,不早廢之,臨死乃命臣下廢之,自下廢上,鮮不爲亂,故危録之”②。二例皆是危葬。

傳云“葬不日”者,何氏釋作葬月。葬月亦分不及時、過時、當時三類。三類之中,惟當時而葬月屬正例,如定公四年二月癸巳,陳侯吳卒,六月,葬陳惠公,是五月而葬,正例也。若未五月而葬,謂之慢葬。若過五月而葬,謂之不能葬。慢葬、不能葬皆是變例。如隱公八年六月己亥,蔡侯考父卒,八月,葬蔡宣公,未及五月,是慢葬,乃臣子慢薄其君父;桓公十一年五月癸未,鄭伯寤生卒,七月,葬鄭莊公,亦是慢葬。又如隱公四年二月戊申,衛州吁弒其君完,明年四月,葬衛桓公,歷一年始下葬,是不能葬,注云“解緩不能以時葬”是也。莊公廿一年五月辛酉,鄭伯突卒,十二

①《春秋公羊傳注疏》,《十三經注疏》第 7 册,頁 66 上。
②《春秋公羊傳注疏》,《十三經注疏》第 7 册,頁 279 上。

月,葬鄭厲公,亦不能葬。知同爲葬月,或正葬,或慢葬,或不能葬,義各不同。

　　至於葬時,《春秋》凡六見,雖無傳,但何氏皆有注,如桓公五年夏,葬陳桓公,何注“不月者,責臣子也。知君父有疾,當營衞,不謹而失之也,傳曰‘葬,生者之事’”[1]。僖二十五年秋,葬衞文公,何注“不月者,滅同姓,故奪臣子恩也”[2],皆責臣子薄恩之義。葬時略於葬月,葬是臣子之事,以其略,是臣子無恩於君父。何氏注其餘四例,義與此同[3]。

　　其三,不書葬者,起因各異。或以諱而不書葬[4],或以殺世子、

---

[1]《春秋公羊傳注疏》,《十三經注疏》第 7 册,頁 52 下。

[2]《春秋公羊傳注疏》,《十三經注疏》第 7 册,頁 150 上。

[3] 此四例,(1)宣公十二年春,葬陳靈公,何注“不月者,獨甯、儀行父有訴楚功,上已言納,故從餘臣子恩薄略之”(《春秋公羊傳注疏》,《十三經注疏》第 7 册,頁 203 上)。(2)宣公十七年夏,葬蔡文公,何注“不月者,齊桓晉文没後,先背中國,與楚,故略之”(《春秋公羊傳注疏》,《十三經注疏》第 7 册,頁 209 下)。(3)襄公八年夏,葬鄭僖公,何注“不月者,本實當去葬責臣子,故不足也”(《春秋公羊傳注疏》,《十三經注疏》第 7 册,頁 244 下)。(4)襄公十九年冬,葬齊靈公。何注“不月者,抑其父,嫌子可得無過,故奪臣子恩,明光代父從政,處諸侯之上,不孝也”(《春秋公羊傳注疏》,《十三經注疏》第 7 册,頁 256 下)。

[4] 如僖公九年三月丁丑,宋公禦説卒,傳云“何以不書葬?爲襄公諱也”。文公十三年五月壬午,陳侯朔卒,不書葬,何注“不書葬者,盈爲晉文諱也”(《春秋公羊傳注疏》,《十三經注疏》第 7 册,頁 177 上)。襄公二年六月庚辰,鄭伯睔卒,何注“不書葬者,諱伐喪”(《春秋公羊傳注疏》,《十三經注疏》第 7 册,頁 240 上)。所諱雖不同,皆以諱而不書葬。

大夫而不書葬①，或以絕賤而不書葬②，或以篡不明而不書葬③，或
以賊不討而不書葬④。既不書葬，即與日月不相涉。但何注、徐疏論
篡不明者，又牽涉卒葬日月，故於此略爲辨析。

---

① 僖公九年九月甲戌，晉侯詭諸卒，何注"不書葬者，殺世子也"（《春秋公羊傳
注疏》，《十三經注疏》第 7 册，頁 134 下）。宣公九年十月癸酉，衞侯鄭卒，何
注"不書葬者，殺公子瑕也"（《春秋公羊傳注疏》，《十三經注疏》第 7 册，頁
197 下）。僖卅二年夏四月己丑，鄭伯接卒，何注"不書葬者，殺大夫申侯也"
（《春秋公羊傳注疏》，《十三經注疏》第 7 册，頁 158 上）。文公七年夏四月，
宋公王臣卒，何注"不書葬者，坐殺大夫也"（《春秋公羊傳注疏》，《十三經
注疏》第 7 册，頁 169 上）。成公十年五月丙午，晉侯獳卒，何注"不書葬者，
殺大夫趙同等"（《春秋公羊傳注疏》，《十三經注疏》第 7 册，頁 223 下）。
或殺世子，或殺大夫，皆不書葬。而桓十一年經"秋七月，葬鄭莊公，案鄭
莊殺母弟段，段爲大夫，而書葬者，何注云"莊公殺段，所以書葬者，段當國，
本當從討賊辭，不得與殺大夫同例"，正可見殺無罪大夫不得書葬也。

② 如桓公六年，蔡人殺陳佗，傳云"陳君則曷爲謂之陳佗？絕也。曷爲絕之？
賤也。其賤奈何？外淫也"，何注"不書葬者，從賤文"（《春秋公羊傳注疏》，
《十三經注疏》第 7 册，頁 54 上）。僖公十四年冬，蔡侯肸卒，何注"不書葬
者，潰當絕也"（《春秋公羊傳注疏》，《十三經注疏》第 7 册，頁 137 下）。文
公十四年五月乙亥，齊侯潘卒，何注"不書葬者，潘立儲嗣不明，乍欲立舍，
乍欲立商人，至使臨葬更相篡弒，故絕其身"（《春秋公羊傳注疏》，《十三經
注疏》第 7 册，頁 178 下）。俱以絕賤而不書葬。

③ 莊公二十一年何注云"《春秋》篡明者書葬"（《春秋公羊傳注疏》，《十三經
注疏》第 7 册，頁 98 下），篡不明者，則不書葬以起其篡。如僖公二十四年，
晉侯夷吾卒，何注"篡，故不書葬，明當絕也"（《春秋公羊傳注疏》，《十三經
注疏》第 7 册，頁 149 上）。宣公九年九月辛酉，晉侯黑臀卒于扈，傳云"未出
其地，故不言會也"，何注"不書葬者，故篡也"（《春秋公羊傳注疏》，《十三
經注疏》第 7 册，頁 197 上）。昭公二十三年夏六月，蔡侯東國卒于楚，何注
"不書葬者，篡也"（《春秋公羊傳注疏》，《十三經注疏》第 7 册，頁 299 上）。

④ 隱公十一年傳云"《春秋》君弒，賊不討，不書葬，以爲無臣子也"，桓公十八
年傳"賊未討，何以書葬"，襄公八年傳"賊未討，何以書葬"，襄公三十年傳
"賊未討，何以書葬"，昭公十九年傳"賊未討，何以書葬"。又閔公二年注
云"不書葬者，賊未討"（《春秋公羊傳注疏》，《十三經注疏》第 7 册，頁 115
下）。皆可爲證。

桓公十二年十一月，“丙戌，公會鄭伯盟于武父。丙戌，衛侯晉卒”，此丙戌重出，何注“不蒙上日者，《春秋》獨晉書立記卒耳，當蒙上日，與不，嫌異於篡例，故復出日，明同”，徐彥疏云：

> 《春秋》之例，篡不明者，至卒時合去日以略之，即僖二十四年冬，晉侯夷吾卒，襄十八年冬十月，曹伯負芻卒于師之屬是也。①

案徐疏可商。夷吾卒所以不日者，以其失衆身死②，非以其篡。負芻卒月者，則以曹自桓公十年卒日葬月之後，爲避與大國相同之嫌，遂皆卒月葬時，非以篡不明故也。若必以篡不明而略其卒日者，則夷吾、負芻之外，惟昭公廿三年“夏六月，蔡侯東國卒于楚”或可當之，然據何注，東國卒不日，乃以背中國而與楚，不以其篡。東國篡，是以不葬明之③。故篡不明者，不以卒不日示之，乃以不書葬明之。細繹何氏之意，隱公四年“衛人立晉”，經書“立”國君者惟此一見，嫌立非篡文，是以重出丙戌，既示立是篡文，又示篡明者書葬。此經若蒙上日而不書丙戌，嫌以篡而略其卒日，是與尋常篡例不同，故云“嫌異於篡例”。今經重出丙戌，又書其葬，正合篡明者書葬之例，故注云“明同”，意謂此卒日書葬，與常例同。故疏云“篡不明者，至卒時合去日以略之”，非也。陳立云“若不重書丙戌，則嫌在不日之例”④，此説猶一間未達，不日之例，與篡例不同，篡例可以不

---

① 《春秋公羊傳注疏》，《十三經注疏》第 7 册，頁 64 上。

② 何注“不日月者，失衆身死，子見篡逐，故略之，猶薛伯定也”。《春秋公羊傳注疏》，《十三經注疏》第 7 册，頁 149 上。

③ 何注“不日者，惡背中國而與楚，故略之。月者，比胙附父仇，責之淺也。不書葬者，篡也。篡不書者，以惡朱，在三年之内，不共悲哀，舉錯無度，失衆見篡”。《春秋公羊傳注疏》，《十三經注疏》第 7 册，頁 299 上。

④ 《公羊義疏》，收入《續修四庫全書·經部·春秋類》第 130 册，頁 148 下。

日,不日未必是篡,陳説但言不日,未及篡,宜云"則嫌在篡例"。

《春秋》以卒日葬月爲大國常例,卒不日、非常葬、不書葬皆屬變例。以葬月變例而言,如未五月葬、過五月葬,皆與常例文同而義異。故欲明大國卒葬例,不分疏其變例,即難以貫通全體。

二、所傳聞世,微國、小國卒葬例

《公羊》外諸侯大國謂齊、晉、宋、陳、蔡、衞、鄭,但僖公十三年何注云"桓公自貫澤、陽穀之會後,所以不復舉小國者,從一法之後,小國言從令行,大國唯曹、許以上乃會"①,何休於此又以曹、許爲大國,則當何解?

案以曹、許爲大國,乃對小國言也。小國,謂莒、郳婁以下。據莒、郳婁言,則曹、許是大國;據方伯言,則曹、許爲小國。其實,曹、許皆小國。桓公九年,曹伯使其世子射姑來朝,何注"小國無大夫,所以書者,重惡世子之不孝甚"②;莊公廿四年,曹羈出奔陳,傳云"曹羈者何? 曹大夫也",何注"以小國,知無氏爲大夫"③,皆曹是小國之證。桓公十五年許叔入于許,何注"入者,出入惡,明當誅也。不書出時者,略小國"④;僖公四年,葬許繆公,何注"得卒葬於所傳聞世者,許大小次曹,故卒少在曹後"⑤,也以許爲小國。曹、許實小國,然自貫澤、陽穀之會後,凡齊桓之會,莒、郳婁以下小國皆不見經,惟見曹、許,故何氏以曹、許爲大國。

①《春秋公羊傳注疏》,《十三經注疏》第 7 册,頁 136 下。
②《春秋公羊傳注疏》,《十三經注疏》第 7 册,頁 61 下。
③《春秋公羊傳注疏》,《十三經注疏》第 7 册,頁 102 上。
④《春秋公羊傳注疏》,《十三經注疏》第 7 册,頁 66 上。
⑤《春秋公羊傳注疏》,《十三經注疏》第 7 册,頁 127 下。

此云"大國惟曹、許以上"者,便文也。《解詁》中多便文之例,如隱公七年滕侯卒,傳云"何以不名? 微國也",注云"小國,故略不名"①,是以小國釋微國。隱十一年經"滕侯、薛侯來朝",傳云"其兼言之何? 微國也",何注"略小國也"②,也以小國釋微國。然隱七年注又云"滕,微國"③,知何氏言小國者,即微國。"小國"云云,便文取義。

　　何休之意,《春秋》分大國、小國、微國三等,乃以曹、許爲界,大於曹、許者爲大國,如齊、晉、陳等方伯國;小於曹、許者爲微國,如莒、邾婁以下。散文言之,微國亦小國;對文言之,小國大於微國。以外諸侯卒葬言之,微國、小國宜爲二等,以其三世卒葬例俱異。茲分別敘之。④

　　所傳聞世,微國常例不卒葬,若卒,則是變例。如下表:

表6-1　所傳聞世,微國卒表

所傳聞世	微國卒文	附釋
1.隱公七年	滕侯卒。	何注云"滕,微國,所傳聞之世未可卒,所以稱侯而卒者,《春秋》王魯,託隱公以爲始受命王。滕子先朝隱公,《春秋》褒之以禮,嗣子得以其禮祭,故稱侯見其義"⑤。案云"微國,所傳聞之世未可卒"者,謂微國於所傳聞世不當卒,卒者,變例。經所以書滕侯卒者,以《春秋》王魯,滕子先朝隱公故也。此有卒無葬。

---

① 《春秋公羊傳注疏》,《十三經注疏》第 7 册,頁 37 下。
② 《春秋公羊傳注疏》,《十三經注疏》第 7 册,頁 41 下。
③ 《春秋公羊傳注疏》,《十三經注疏》第 7 册,頁 38 上。
④ 《春秋公羊傳注疏》,《十三經注疏》第 7 册,頁 38 上。
⑤ 《春秋公羊傳注疏》,《十三經注疏》第 7 册,頁 37 下。

續表

所傳聞世	微國卒文	附釋
2.隱公八年	六月辛亥，宿男卒。	何注"宿本小國，不當卒，所以卒而日之者，《春秋》王魯，以隱公爲始受命王。宿男先與隱公交接，故卒褒之也。不名、不書葬者，與微者盟功薄，當褒之爲小國，故從小國例"①。案云"宿本小國，不當卒"者，此小國即微國。微國所傳聞世不當卒，宿所以卒者，以與魯交接，褒之，義與滕同。劉敞嘗駁何注云"宿是小國，何説從小國例乎"②？案劉説未得注意。何氏云"從小國例"者，謂從微國變例而書卒。此注更釋卒日之義，乃緣微國變例書卒，有卒月卒日之分。參下二例。
3.莊公十六年	十有二月，邾婁子克卒。	何注"小國未嘗卒而卒者，爲慕霸者，有尊天子之心，行進也。不日，始與霸者，未如瑣"③。此小國，亦微國之義。云"小國未嘗卒而卒者"，邾婁微國，於所傳聞世不當卒，今卒者，以其行進。云"不日，始與霸者，未如瑣"者，乃與下經邾婁子瑣卒相較。克卒月、瑣卒日，故同在所傳聞世，微國卒有卒月、卒日之分。
4.莊公廿八年	四月丁未，邾婁子瑣卒。	何注"日者，附從霸者朝天子，行進"④。案此與上例皆是邾婁之卒，一月一日，不同者，微國於所傳聞世不當卒，若變例書卒，則卒月而不卒日。卒月，行進也；卒日，則二見經而行更進。考僖公廿九年春，介葛盧來朝，冬，又來朝，何注云"前公圍許不在，故更來朝，不稱字者，一年再朝不中禮，故不復進也"⑤，依注意，若葛盧循五年一朝之禮，則初朝進稱名，

---

① 《春秋公羊傳注疏》，《十三經注疏》第 7 册，頁 39 下。

② 劉敞《春秋權衡》，《景印文淵閣四庫全書·經部·春秋類》第 147 册，頁264 上。

③ 《春秋公羊傳注疏》，《十三經注疏》第 7 册，頁 93 下。

④ 《春秋公羊傳注疏》，《十三經注疏》第 7 册，頁 108 下。

⑤ 《春秋公羊傳注疏》，《十三經注疏》第 7 册，頁 155 下。

續表

所傳聞世	微國卒文	附釋
		再朝更進稱字。又昭公卅一年徐疏云"《春秋》之義，小國始卒，名、日及葬未能悉具，會二見之後，方始能備" ①，云"會二見之後"者，意謂二見之後尤具漸進之義。是注、疏並及漸進②。此邾婁一見卒月，再見卒日，行更進也。或有疑者，第2例宿一見經，何以即卒日耶？案宿一見經即卒日者，盡其辭也。莊公十年宋人遷宿，此後宿不復見，是宿亡於所傳聞世，所見世不見其卒，故於所傳聞世盡其卒葬之辭。劉逢祿釋云"滕侯卒不日，此日者，其國早滅於宋，不能至所見世見正文，故盡其辭，以起其當興也" ③，此說深具卓識。由邾婁漸進之例，可證微國於所傳聞世不當卒，若卒，則月，若二見經，則卒日以示漸進。故第1例滕侯卒，文承"春三月"之下，乃蒙月不蒙時。
5.莊公卅一年	夏四月，薛伯卒。	何注"卒者，薛與滕俱朝隱公，桓弑隱而立，滕朝桓公，薛獨不朝，知去就也" ④。案隱公十一年春，滕侯、薛侯來朝，滕爲微國，薛亦是微國。隱七年書滕侯卒，以其朝魯而褒之，是變例。此薛卒者，以其有禮，知去就，亦是變例。月卒者，又證微國於所傳聞世變例書卒，則卒月也。

---

① 《春秋公羊傳注疏》，《十三經注疏》第7冊，頁307上。
② 隱公元年傳云"與公盟者衆矣，曷爲獨褒乎此？因其可褒而褒之。此其爲可褒奈何？漸進也。"何注云："漸者，物事之端，先見之辭。去惡就善曰進。"成公七年經"吳伐郯"，何注："吳國見者，罕與中國交，至升平乃見，故因始見以漸進。"知《公羊》漸進之義，或由惡進善，或由無禮義進於有禮義。有初見，有復見；初見謂進，復見則更進，皆漸進之義也。
③ 《公羊解詁箋》，收入《清經解》第8冊，頁10094。
④ 《春秋公羊傳注疏》，《十三經注疏》第7冊，頁110上。

以上五例可知微國於所傳聞世例不卒，若卒，或爲王魯，或慕霸者，或知去就，皆月，若二見經，則更進卒日。無論卒日卒月，微國皆不書葬。

明乎微國卒例，則所傳聞世小國之卒葬與微國異，可知也。

小國爲曹、許。曹與魯同姓，許爲異姓。同姓、異姓之卒葬又不同，雖不同，然與微國相較，曹、許俱有葬，此乃異於微國之明證。考所傳聞世，許書卒葬者一，曹書卒葬者三。

僖公四年經“夏，許男新臣卒”，何注“不言卒於師者，桓公師無危。不月者，爲下盟去月，方見大信”①。

此注一釋“不卒于師”，一釋“不月”，二者俱起齊桓之賢，即賢者師無危、賢者盟有信。據何氏釋“不月”之意，知許本當卒月，今不月者，爲起下盟之大信。可見，所傳聞世，許例卒月。

所傳聞世許不但卒月，亦書葬，同年經“葬許繆公”是也。此葬文承“秋”、“八月”之下，據下何注云“小國始卒，當卒月葬時”，知此葬蒙時不蒙月。

至於曹，與許同爲小國，許略小於曹②。所傳聞世曹書卒葬者三，異乎許。

1. 桓公十年正月庚申，曹伯終生卒。夏五月，葬曹桓公。何注云“小國始卒，當卒月葬時，而卒日葬月者，曹伯年老，使世子來朝，《春秋》敬老重恩，故爲魯恩録之尤深”③。

云“小國始卒，當卒月葬時”者，謂所傳聞世，小國常例是卒月葬時，如許；今曹小國而卒日葬月者，乃爲魯恩録之。曹與魯有同

①《春秋公羊傳注疏》，《十三經注疏》第 7 册，頁 126 上。
②何注云“得卒葬於所傳聞世者，許大小次曹，故卒少在曹後”。《春秋公羊傳注疏》，《十三經注疏》第 7 册，頁 127 下。
③《春秋公羊傳注疏》，《十三經注疏》第 7 册，頁 61 下。

姓之親，曹伯年老，使世子來朝，有尊厚魯之心，故恩録之尤深，是以《春秋》變例而卒日葬月。

卒日葬月本是大國常例，曹是小國，今卒葬與大國同，嫌《春秋》褒曹如大國例。故自此以下，曹之卒葬皆卒月葬時以避嫌。如：

2. 莊公廿三年十一月，曹伯射姑卒。廿四年，葬曹莊公。葬文承"春三月"之下，何注云"曹達《春秋》，常卒月葬時也。始卒日葬月，嫌與大國同，後卒而不日，入所聞世，可日不復日"①，知此葬蒙時不蒙月。

云"曹達《春秋》，常卒月葬時"者，謂曹之卒葬不論三世，皆卒月葬時。云"始卒日葬月，嫌與大國同"者，即上例桓公十年經"正月庚申，曹伯終生卒。夏五月，葬曹桓公"，卒日葬月乃大國常例，曹亦卒日葬月，嫌與大國同，故其後皆卒月葬時，以別於大國。云"後卒而不日"者，謂自桓公十年以後，如此例並僖公七年曹伯般卒，皆不日。云"入所聞世，可日不復日"者，謂入所聞世，曹卒當日而不日；不但所聞世曹可日而不日，即所見世亦是可日而不日。案所見世文致太平，微國亦卒日，如昭公元年六月丁巳，邾婁子華卒，哀公四年八月甲寅，滕子結卒之類，曹爲小國，猶卒月而反略於微國者，正爲曹始卒日葬月之爲大國嫌也。自所傳聞世曹卒日葬月後，爲避同於大國之嫌，曹之變例達乎《春秋》，故云"曹達《春秋》，常卒月葬時也"。

3. 僖七年七月，曹伯般卒。冬，葬曹昭公。

上注云"曹達《春秋》，常卒月葬時"，此例正是其證，故何氏不復出注。

以上三例，可見曹之卒葬例與許有別。曹、魯同姓，常與魯相

---

① 《春秋公羊傳注疏》，《十三經注疏》第 7 册，頁 100 下。

親厚,始見即卒日葬月,與大國同,厥後,則是卒月葬時。而所傳聞世許之例卒月葬時。二者雖有親疏之别,然以許、曹皆書葬,更證微國所傳聞世例不葬,故微國、小國宜分大小二等。不但所傳聞世,微國、小國卒葬例異,所聞世、所見世亦各不相同。

三、所聞世,微國、小國卒葬例

既知微國所傳聞世不卒葬,小國卒月葬時,則所聞世,其卒葬之例亦可知。

所聞世,微國書卒者凡六見:

1. 文公十三年,邾婁子蘧篨卒。此卒文承“夏五月壬午”之下,據下例,卒當蒙月。

2. 宣公九年八月,滕子卒。此例何氏無注,乃所聞世微國卒月常例,知卒月爲常例者,下第 4 例滕卒日漸進,可以爲證。

3. 成公十四年正月,莒子朱卒。何注“莒大于邾婁,至此乃卒者,庶其見殺不得卒;至此始卒,又不得日”①。

莒亦微國,例卒月,今何氏更出注者,以莒大於邾婁故也。邾婁於所傳聞世已卒日,莒大於邾婁,所聞世卒,反而不日,似違大小之序,是以何氏更爲注釋,不謂莒之卒月非常例。而徐疏竟以曹爲比,非注意。疏云:

> 曹書日者,何氏云“老使世子來朝,《春秋》敬老重恩,故爲魯恩録之尤深”是也。然則,此注何以不言“故不得日”而言“又”者,欲道曹伯終生雖亦始卒,但於魯有恩,是以書日。今此莒子非直始卒,又無善行,是以不日。②

①《春秋公羊傳注疏》,《十三經注疏》第 7 册,頁 228 下。
②《春秋公羊傳注疏》,《十三經注疏》第 7 册,頁 228 下。

案曹爲小國，非微國。其卒葬之例，不宜與莒爲比。曹於所傳聞世卒日，而此已入所聞世，異世也不宜比類。入所聞世，曹卒皆月，惟宣公十四年五月壬申，曹伯壽卒日者，以壽乃公子喜時父，加録也。徐彦以"始卒"二字，即引曹説莒，非也。何氏之意，邾婁於所聞世始卒月，後漸進卒日，而莒大於邾婁，無善行，始卒不得書日，故同在成公世，邾婁以二見經卒日，而莒仍卒月，嫌邾婁大於莒，故注言"又"以起其嫌。

4. 成公十六年四月辛未，滕子卒。何注"滕始卒於宣公，日於成公、不名；邾婁始卒於文公，日於襄公、名；俱葬於昭公，是以知滕小"①。

此滕卒日者，以宣九年滕卒已見經，今二見經，故卒日以示漸進。此注以邾婁爲比，滕小於邾婁。滕二見經卒日，邾婁二見經亦卒日，可知。

5. 成公十七年，邾婁子玃且卒。何氏無注。此文承"十二月丁巳朔"之下，二見經，蒙上日可知。

6. 襄公十七年十二月庚午，邾婁子瞷卒。此三見經，卒日無疑，故不復注。

以上六例皆無葬文，知所聞世微國常例卒月而不葬。若二見經，則卒日以示漸進，雖卒日，猶不葬。

至於小國，其卒葬例與微國異。所聞世，小國例當卒日葬時。

上已提及，曹以所傳聞世卒日葬月，嫌與大國同，爲避此嫌，故所聞世仍卒月葬時，此是曹之特例。論小國常例，當以許爲證。所聞世，許書卒葬者三，例皆卒日葬時，見下表：

---

①《春秋公羊傳注疏》，《十三經注疏》第 7 册，頁 231 下。

表6-2　所聞世，許之卒葬表

所聞世	許之卒	許之葬
1.文公五年	十月甲申，許男業卒。	文公六年春，葬許僖公。
2.宣公十七年	正月庚子，許男錫我卒。	同年夏，葬許昭公。
3.襄公廿六年	八月壬午，許男甯卒于楚。	同年冬，葬許靈公。

　　此三例皆卒日葬時，何氏並無注，知是小國常例。或有疑者，此亦二見經，何以不葬月，而爲漸進之義？案所聞世乃升平之治，未及太平，若漸進而卒日葬月，則是太平世之例，非“著治大平、小大若一”之義①。何氏云“哀公著治大平之終，小國卒葬極於哀公者，皆卒日葬月”，據此可知，所聞世卒日葬時，不得漸進至於卒日葬月。與此同類者，杞於所聞世亦卒日葬時，雖三見經，亦不漸進至於卒日葬月。説見下節。

　　至於曹，所聞世書卒葬者凡四見，卒月葬時者三，卒日葬時者一，見下表：

表6-3　所聞世，曹之卒葬表

所聞世	卒日/卒月	葬時	備注
1.文公九年	秋八月，曹伯襄卒。	冬，葬曹共公。	何氏無注，此卒月葬時，曹之常例。
2.宣公十四年	五月壬申，曹伯壽卒。	葬曹文公。	葬文承“秋九月”之下，蒙時不蒙月②，此卒日葬時，例與上異。

---

① 隱公元年注，《春秋公羊傳注疏》，《十三經注疏》第7冊，頁17上。
② 案上經書“秋九月，楚子圍宋”，何注云“月者，惡久圍宋，使易子而食之”（《春秋公羊傳注疏》，《十三經注疏》第7冊，頁205下），知何氏謂此月爲楚子圍宋出，不爲葬出。此經雖承“秋九月”之下，然蒙時不蒙月。

續表

所聞世	卒日/卒月	葬時	備注
3.成公十三年	曹伯廬卒于師。	冬，葬曹宣公。	卒文承"夏五月"之下，據莊廿三年注"曹達《春秋》，常卒月葬時"，知此卒當蒙月，例亦卒月葬時。
4.襄公十八年	冬十月，曹伯負芻卒于師。	葬曹成公。	曹成公葬於襄十九年，葬文承"春王正月"之下，據莊廿三年注，知此葬蒙時，此亦卒月葬時例。

　　表中四例，惟第二例卒日葬時，其餘皆是卒月葬時。卒日葬時，正所聞世小國常例，但"曹達《春秋》，常卒月葬時"，是所聞世曹例卒月葬時。今此曹伯壽卒日葬時，雖是所聞世小國常例，於曹却是變例。徐彥疏云：

　　　　正以曹爲小國，卒月葬時，即昭十八年三月，曹伯須卒，秋，葬曹平公之屬是。今而書日，故以加錄解之也。[1]

案徐疏此處不宜漫言"曹爲小國，卒月葬時"，許亦爲小國，所聞世却是卒日葬時。此亦不必遠以昭公十八年爲比，文公九年八月，曹伯襄卒，冬，葬曹文公，即是卒月葬時之例。故疏文"曹爲小國，卒月葬時"，宜改作"曹達《春秋》，常卒月葬時"，如此，方得注意。

　　如上所述，所聞世，微國常例卒月而不葬。小國常例卒日葬時。曹多變例者，爲避所傳聞世卒日葬月同於大國之嫌也。

---

①《春秋公羊傳注疏》，《十三經注疏》第 7 册，頁 205 下。

四、所見世，微國、小國卒葬例

所聞世，微國卒月，二見經則卒日，俱不葬。入所見世，其卒葬例又與所聞世不同。經書微國卒葬者凡十見：

1. 昭公元年六月丁巳，邾婁子華卒。秋，葬邾婁悼公。卒日葬時，何氏無注，正是所見世微國常例，此與所聞世小國例同。

2. 昭三年正月丁未，滕子泉卒。五月，葬滕成公。何注云“月者，襄公上葬，諸侯莫肯加禮，獨滕子來會葬，故恩録之，明公當自行，不當遣大夫，失禮尤重以責内”[1]。

案月葬既是恩録之文，則常平之文自是時葬，知微國常例是卒日葬時，更證上例所以無注，固常例耳。

3. 昭十四年八月，莒子去疾卒。何注“入昭公，卒不日、不書葬者，本篡故，因不序”[2]。

此云“卒不日、不書葬”者，意謂莒當卒日書葬，因篡而略之，知此是變例。

4. 昭廿八年七月癸巳，滕子甯卒。冬，葬滕悼公。此卒日葬時，何氏無注。

案昭公三年，滕卒日葬月，爲恩録之文。今此再見，復其常例而卒日葬時者，以所見世，滕皆卒日葬月，若不於此時葬，則嫌卒日葬月是滕之常例，故此更時者，起所見世滕葬時也[3]。

---

①《春秋公羊傳注疏》，《十三經注疏》第 7 册，頁 275 下。

②《春秋公羊傳注疏》，《十三經注疏》第 7 册，頁 289 下。

③ 王闓運《春秋公羊傳箋》：“此時者，常見月不顯褒進，故一月一時以起之。”（《續修四庫全書·經部·春秋類》第 131 册，頁 317 下）案，此説非何氏意，滕卒月者，正是褒進之文，不可謂“不顯褒進”。

5.昭三十一年夏四月丁巳,薛伯穀卒。秋,葬薛獻公。此卒日葬時,常例,本不必出注,但何注云"始卒便名、日、書葬者,薛比滕最小,迫後定、寅皆當略"①,似謂"名、日、書葬"非微國所見世始卒之例。

案注非此意。微國於所見世始卒,自是名、日、葬俱備,今何氏更出注者,緣定公十二年薛伯定卒不日、哀公十三年薛伯寅卒不日。何氏之意,薛伯穀始卒即名、日、書葬,何以薛伯定、薛伯寅二見經不卒日? 考定公十二年春,薛伯定卒,何注"不日月者,子無道,當廢之,而以爲後,未至三年,失衆見弑,危社稷宗廟,禍端在定,故略之",是薛伯定有危行而不日。哀公十年五月,薛伯寅卒,秋,葬薛惠公。何注云"卒葬略者,與杞伯益姑同"②。案昭公六年正月,杞伯益姑卒,何注"不日者,行微弱,故略之"③,是薛伯寅亦行微弱,故不日。以定、寅之卒葬非常例,故不得不於穀之卒而備具名、日、葬,以盡其辭,猶如所傳聞世宿之卒日以盡其辭。注所以云"薛比滕最小"者,以薛比滕小,滕又小於莒,而所見世莒子朱卒不日、不書葬,今此薛卒,名、日、葬皆備,更詳於莒,是別有另義焉。何氏以滕而不以莒爲比者,近取其類,則遠者自明。但徐疏云:

> 《春秋》之義,小國始卒,名、日及葬未能悉具,會二見之後,方始能備,即宣九年秋八月,滕子卒,成十六年夏四月辛未,滕子卒,昭三年春王正月丁未,滕子泉卒,五月,葬滕成公之徒是也。④

徐疏論所見世薛卒之例,以所聞世滕卒爲比,深失何注之意。

①《春秋公羊傳注疏》,《十三經注疏》第 7 冊,頁 307 上。
②《春秋公羊傳注疏》,《十三經注疏》第 7 冊,頁 348 上。
③《春秋公羊傳注疏》,《十三經注疏》第 7 冊,頁 278 上。
④《春秋公羊傳注疏》,《十三經注疏》第 7 冊,頁 307 上。

案三世異辭，何氏言"始卒"者，皆據本世言之，不涉前世。如襄公六年書"杞伯姑容卒"，何注"始卒，便名、日、書葬者"①，而僖公廿三年經已見"杞子卒"，是"始卒"不涉所傳聞世。莊公十六年經"邾婁子克卒"，廿八年經"邾婁子瑣卒"，在所傳聞世；文公十三年經"邾婁子蘧篨卒"，在所聞世，而成公十六年何注云"邾婁始卒於文公"②，是所聞世之"始卒"不涉所傳聞世。今此昭公卅一年經"薛伯穀卒"，何注云"始卒便名、日、書葬者"，而莊公卅一年已見"薛伯卒"，亦是所見世"始卒"不涉所傳聞世。徐彦以所聞世之滕爲比，非何氏"始卒"義。

6.定公三年三月辛卯，邾婁子穿卒。秋，葬邾婁莊公。此卒日葬時，常例。然昭公元年邾婁已是卒日葬時，今此再見，宜葬月以示漸進之義，而猶時葬者，下經"仲孫何忌及邾婁子盟于枝"，注以"又未踰年君，薄父子之恩"爲説③，乃譏邾婁未逾年即盟會，無恩於先君，是以不得漸進，猶以時葬略録之。

7.定十二年春，薛伯定卒。夏，葬薛襄公。卒時葬時，與常例不合，以薛伯定有惡故也。説詳第5例。

8.哀公四年秋八月甲寅，滕子結卒。葬滕頃公。葬文承上"冬十有二月"之文，乃蒙月不蒙時。知者，襄公三十一年，滕子來會葬襄公，其後滕葬月，是爲恩録之文。今滕子亦來會葬定公，自當葬月而爲恩録之文，此與第2例同，是卒日葬月例。

9.哀十年五月，薛伯寅卒。秋，葬薛惠公。此卒月葬時，何注"卒葬略者，與杞伯益姑同"。案"卒略"者，謂當卒日而實卒月；"葬略"者，謂當葬月而實葬時。卒葬皆略，以寅行微弱故也。參下

---

① 《春秋公羊傳注疏》，《十三經注疏》第7册，頁243上。
② 《春秋公羊傳注疏》，《十三經注疏》第7册，頁231下。
③ 《春秋公羊傳注疏》，《十三經注疏》第7册，頁318下。

節杞之卒葬例。

10. 哀十一年秋七月辛酉，滕子虞母卒。冬十有一月，葬滕隱公。此卒日葬月。哀四年滕卒日葬月，爲恩録之文，今仍卒日葬月而何氏不注者，哀公文致太平，猶詳録以示襃進。

以上十例，可證所見世微國常例卒日葬時，其卒日葬月者，乃恩録之文。哀公世皆卒日葬月者，著太平之治，以見小大若一之義。

所見世微國常例爲卒日葬時，與所聞世小國同例，則所見世小國常例自是卒日葬月。所見世許之卒葬惟一見，然非卒日葬月：

哀公十三年夏，許男戌卒。秋，葬許元公。何注云“比陳蔡，不當復卒，故卒葬略”①。

此例許卒時葬時。案注以陳蔡爲比者，其義謂國滅，君當死位。昭公八年楚師滅陳、十一年楚師滅蔡，陳、蔡之君死位；至昭公十三年經“蔡侯廬歸于蔡。陳侯吳歸于陳”，其國皆非自復，故經録廬、吳之卒葬。而定公六年鄭游遬帥師滅許，以許男斯歸，是許國滅而君不死位，其國當絶，但哀公元年經見許男戌，注云“戌復見者，自復”②，是戌自復其國，其惡深，不當録其卒葬。今雖書其卒葬，而略録者，正欲見其自復爲非禮，即本當卒日葬月，略録而爲卒時葬時。

至於曹，所見世書卒葬者凡四例，皆卒月葬時③。上已提及，曹

①《春秋公羊傳注疏》，《十三經注疏》第 7 册，頁 353 上。
②《春秋公羊傳注疏》，《十三經注疏》第 7 册，頁 340 上。
③（1）昭公十四年三月，曹伯滕卒。秋，葬曹武公。（2）昭公十八年三月，曹伯須卒。秋，葬曹平公。（3）昭公廿七年十月，曹伯午卒。廿八年春三月，葬曹悼公。何注“月者，爲下出也”（《春秋公羊傳注疏》，《十三經注疏》第 7 册，頁 305 下），知此葬蒙時不蒙月。（4）定公八年三月，曹伯露卒。秋七月，葬曹靖公。此例何氏無注，但據何注“曹達《春秋》，常卒月葬時”之説，知此葬亦蒙時不蒙月。

於所傳聞世卒日葬月，嫌與大國同，爲避此嫌，故所見世仍卒月葬時。以曹之變例，知所見世小國卒葬，仍當據許立説。

五、論杞之卒葬例

論小國、微國之卒葬，則不得不論杞。《春秋》杞、宋爲二王後，杞爲夏後，宋爲殷後。宋稱公，杞則稱伯稱子。宋爲大國，杞則爲微國。《春秋》盟會，杞常序于邾婁與滕薛之下，是其微國之證。杞雖微國，然是王者後，其卒葬又與微國異，不可全以微國例之。

莊公廿七年，杞伯來朝，何注“杞，夏後，不稱公者，《春秋》黜杞、新周而故宋，以《春秋》當新王。黜而不稱侯者，方以子貶，起伯爲黜”[1]。

案隱公五年傳云“王者之後稱公”，隱三年何注云“王者封二王後，地方百里，爵稱公，客待之而不臣也”[2]。杞既是夏後，爵當稱公，而不稱公者，以《春秋》黜杞故也。《春秋》黜杞，何以不稱侯？若稱侯，則黜杞之義不明。傳云“大國稱侯，小國稱伯子男”，侯爲大國之稱，故不宜爲黜稱，陳立云“稱侯，則黜小國之義不顯”是也[3]。既不宜稱侯，則稱伯以起其黜。不以子而以伯起其黜者，《春秋》合伯子男爲一，皆據“子”以示義，如夷狄進稱子、未逾年君稱子、貶稱子等。若以子起杞之黜稱，則貶杞之辭無所施，故以伯爲黜稱，子爲貶稱。《春秋》書“杞子”者三見，何注皆以爲貶稱[4]。

---

① 《春秋公羊傳注疏》，《十三經注疏》第 7 冊，頁 105 上。後，阮本作后，誤。
② 《春秋公羊傳注疏》，《十三經注疏》第 7 冊，頁 28 下。
③ 《公羊義疏》，《續修四庫全書·經部·春秋類》第 130 冊，頁 242 上。
④ （1）僖公廿三年冬十有一月，杞子卒。（2）僖公廿七年，杞子來朝。（3）襄公廿九年，杞子來盟。何注皆云“貶稱子”。分見《春秋公羊傳注疏》，《十三經注疏》第 7 冊，頁 148 下、151 下、266 上。

　　所傳聞世,杞卒惟一見,即僖公廿三年十一月,杞子卒,注云
“卒者,桓公存王者後,功尤美,故爲表異,卒録之。始見稱伯,卒獨
稱子者,微弱爲徐莒所脅,不能死位。《春秋》伯子男一也,辭無所
貶,貶稱子者,《春秋》黜杞不明,故以其一等貶之,明本非伯,乃公
也。又因以見聖人子孫有誅無絕,故貶不失爵也。不名、不日、不
書葬者,從小國例也”①。

　　案何氏云“從小國例”者,小國即微國。所傳聞世,微國不卒
葬,凡卒者,必有另義。如隱公七年書滕侯卒,以滕先朝魯也。莊
公十六年書邾婁子克卒,以其慕霸者也,諸如此類。杞雖王者後,
黜爲微國,例不當卒,今卒者,爲表齊桓存王者後之功,故卒月,且
不葬,與尋常微國之變例無異。

　　然杞是王者後,雖黜爲微國,又與尋常微國不同。入所聞世,
杞之卒葬即與微國異,經見杞之卒葬者二,如下表:

表6-4　所聞世,杞之卒葬表

所聞世	卒日	葬時	附釋
1.襄公六年	三月壬午,杞伯姑容卒。	秋,葬杞桓公。	案注云“始卒便名、日、書葬者,新黜,未忍便略也”,云“始卒”者,不包所傳聞世。云“新黜”者,杞爲王者後,《春秋》黜之爲伯,故云“新”。考微國所聞世常例卒月、不葬,小國卒日葬時,今杞卒日葬時而同於小國者,以其爲王者後也。
2.襄公廿三年	三月己巳,杞伯匄卒。	夏,葬杞孝公。	此卒日葬時,與上例同,是以何氏無注。

①《春秋公羊傳注疏》,《十三經注疏》第7冊,頁148下。

此二例可證所聞世杞卒日葬時之例，與小國同而與微國異。二見經，猶卒日葬時，而不漸進者，所聞世未及太平之治，如許。

入所見世，杞之卒葬又有變，經凡四見：

1. 昭公六年正月，杞伯益姑卒。夏，葬杞文公。此卒月葬時。何注云"不日者，行微弱，故略之。上城杞已貶，復卒略之者，入所見世，責小國詳，始録内行也。諸侯内行小失不可勝書，故於終略責之，見其義"①。

案何注但釋卒不日，不釋葬時。考哀公十年五月，薛伯寅卒。秋，葬薛惠公。何注"卒葬略者，與杞伯益姑同"，薛伯寅卒月爲略録，杞伯益姑亦卒月爲略録，知此例本當卒日。薛惠公葬時爲略録，此杞文公時葬亦略録，知此例本當葬月。杞於所聞世已是卒日葬時，入所見世，自宜卒日葬月，今卒月葬時，責略之甚。

2. 昭公廿四年八月丁酉，杞伯鬱釐卒。冬，葬杞平公。此卒日葬時，雖同於所聞世之例，但與上例卒月相較，猶見漸進之義，故何氏無注。

3. 定公四年，杞伯戊卒于會，文承"五月"之下，似是卒月，但何注云"不日，與盟同日"，知此是卒日之例。云"盟"者，謂前經"五月，公及諸侯盟于浩油"，何注云"不日者，善諸侯能翕然俱有疾楚之心，會同最盛，故褒與信辭"②，是浩油之盟爲小信辭，故不日。何休既以爲卒與盟同日，若五月下書日，則示盟爲不信；若書日於盟下，則嫌盟非此日；上下不得施文，故以"與盟同日"出注，是此例卒日明矣。但徐彦疏云：

考諸古本，日，亦有作月者。若作日字，宜云所見之世，小國

---

① 《春秋公羊傳注疏》，《十三經注疏》第 7 册，頁 278 上。
② 《春秋公羊傳注疏》，《十三經注疏》第 7 册，頁 319 下。

之卒例合書日,即上言"三月辛卯,邾婁子穿卒"之文是也。今不日者,正以與盟同日,文不可施故也。何者?若言"五月甲子,公及諸侯盟于浩油。杞伯戊卒于會",則嫌上會非信辭。若言"五月,公及諸侯盟于浩油。甲子,杞伯戊卒于會",則嫌與盟別日,是以進退不得日也。若作月字,宜云所見之世,雖例書日,若有内行失,亦但月之,即昭六年春王正月,杞伯益姑卒,何氏云"不日者,行微弱,故略之。入所見之世,責小國詳,始録内行也。諸侯内行小失不可勝書,故於終略責之見其義"是也。然則,今杞伯亦有内小失,宜合書月,而不書月,正以與盟同月故也。[①]

徐疏兩解日月,依違無定。案當以作"日"者是。何以明之?昭六年杞伯益姑卒,所以月者,以其危社稷宗廟。今此浩油之盟,善諸侯俱有疾楚之心,褒與信辭,不得以"内小失"爲解,故當依漸進之義,二見經而卒日。

又,下經書"葬杞悼公",文在"秋七月,公至自會"下,注云"月者,爲下劉卷卒"[②],是劉卷卒月,而"葬杞悼公"之文更在"劉卷卒"下,宜蒙月不蒙時,故此例應是卒日葬月。

4. 哀公八年冬十有二月癸亥,杞伯過卒。九年春王二月,葬杞僖公。卒日葬月,杞至此四見經,漸進之義顯然,故何氏無注。

由此觀之,杞是王者後,當稱公,《春秋》黜杞爲"小國",此小國,既不與曹、許等,又不與微國等。不與曹、許等,是以所傳聞世不書葬;不與微國等,是以所聞世卒日葬時。杞之卒葬亦分三世,所傳聞世,杞例不卒葬,若卒,則月。所聞世,杞例卒日葬時。所見世,宜卒日葬月,但以其微弱危社稷宗廟,始卒月葬時以示略,二見

①《春秋公羊傳注疏》,《十三經注疏》第 7 册,頁 319 下。
②《春秋公羊傳注疏》,《十三經注疏》第 7 册,頁 319 下。

經,則以卒日葬時示漸進,三見經以後,則卒日葬月。

六、秦、楚、吳之卒葬例

前文所論,乃諸夏國之卒葬例。若夷狄行者,如秦、楚、吳之卒葬,又與諸夏不同。

《公羊》以秦爲夷狄,如昭公五年經“秦伯卒”,傳云“何以不名? 秦者,夷也,匿嫡之名也”,明言秦爲夷狄。然公羊家又以爲秦非真夷狄,僖公卅三年經“晉人及姜戎敗秦于殽”,傳云“其謂之秦何? 夷狄之也”,“夷狄之”者,以之爲夷狄,非真夷狄之謂。與此同例者,桓公十五年經“邾婁人、牟人、葛人來朝”,傳云“皆何以稱人? 夷狄之也”,“夷狄之”,是以之爲夷狄,非真夷狄。成公三年經“鄭伐許”,何注云“謂之鄭者,惡鄭襄公與楚同心,數侵伐諸夏,自此之後,中國盟會無已,兵革數起,夷狄比周爲黨,故夷狄之”[1],“夷狄之”,謂以鄭爲夷狄,非真夷狄。昭公十二年經“晉伐鮮虞”,注云“先伐同姓,從親親起,欲以立威行霸,故狄之”[2]。“狄之”,謂以晉爲夷狄。晉、鄭、邾婁等,傳注並言“夷狄之”,秦亦言“夷狄之”,是秦非真夷狄。若是楚、吳,乃真夷狄,傳注絶不言“夷狄之”。

秦非真夷狄,其爵稱伯亦可爲證。《公羊》有七等稱:州、國、氏、人、名、字、子,子爲七等稱之首。夷狄若有賢行,可進稱子,如楚子、吳子,並無稱伯之例。僖公十五年經“晉侯及秦伯戰于韓,獲晉侯”,是《春秋》始見秦,爵即稱伯。且莊公十年經“荊敗蔡師于莘,以蔡侯獻舞歸”,傳云“曷爲不言其獲? 不與夷狄之獲中國也”,

---

夷狄不可言獲,此經言"獲晉侯",是秦非夷狄之證①。

　　秦非真夷狄,故所見世秦書葬,宣十八年傳云"吳楚之君不書葬,辟其號也",秦既書葬,則異於楚、吳。是以秦之卒葬,既與諸夏異,又與楚、吳異。

　　秦之卒始於所聞世,見下表:

表6-5　所聞世,秦之卒表

所聞世	秦之卒文	附釋
1.文公十八年	秦伯罃卒。	文承"春二月丁丑"之下,注云"秦穆公也,至此卒者,因其賢",不言其卒當蒙時、蒙月抑或蒙日。此有卒而無葬。
2.宣公四年	秦伯稻卒。	文承"春王正月"下,何氏無注,亦不知卒當蒙時抑或蒙月。此亦有卒無葬。
3.成公十四年	秦伯卒。	文在"冬十月庚寅"之下,何氏亦無注。案此經三字或衍文。

　　表中三例皆書卒不書葬,前二例皆書名;第三例不名,疑是衍文。何以言之?昭公五年經"秦伯卒",傳云"何以不名?秦者,夷也,匿嫡之名也",若成公已見"秦伯卒",則傳宜先發於此,不宜後發於彼。且據漢石經殘字比勘,經文亦多三字,疑此"秦伯卒"爲衍文②。今爲謹慎起見,僅據前二例立說。案所聞世秦例不當卒,以秦繆公賢,故卒,知秦更略於諸夏微國。以所聞世諸夏微國例卒月,則秦於所聞世變例書卒者,宜卒時。故表中兩例卒文,皆蒙時不蒙月。

　　入所見世,經書秦之卒葬者凡三見,如下表:

---

① 徐彥疏云"秦、楚同類,得獲晉侯者,正以爵稱伯,非真夷狄,故與楚異"(《春秋公羊傳注疏》,《十三經注疏》第7冊,頁138下),是也。
② 據馬衡《漢石經集存》M圖五〇·301,成公十四年經"十月庚寅"與成公十五年經"月宋公固"並列,但石經行款每行70字,此則行73字,衍三字。詳見本書第一章。

表6-6　所見世，秦之卒葬表

所見世	卒文	葬文	附釋
1.昭公五年	秦伯卒。	葬秦景公。	此卒文承"秋七月"之下，葬文在"春正月"之下，卒葬蒙時蒙月未可知。傳云"何以不名？秦者夷也，匿嫡之名也。其名何？嫡得之也"，但解秦伯卒名之義，不解其卒月卒時之例。以下例卒時葬時，知此亦卒時葬時，卒、葬之文皆蒙時不蒙月也。
2.定公九年	秋，秦伯卒。	冬，葬秦哀公。	何氏無注。案此例卒時葬時最無疑義，何氏既不出注，當是常例。據此可推上例應卒時葬時。所見世秦卒時葬時，亦可推所聞世秦當卒時。此二見經，而不漸進者，以秦多夷狄行，非如諸夏國常有漸進之行。雖然，秦非真夷狄，故最終又託太平世而進之，下例是也
3.哀公三年	冬十月癸卯，秦伯卒。	葬秦惠公。	葬文在"春三月庚戌"之下，何注云"哀公著治大平之終，小國卒葬極於哀公者，皆卒日葬月"①，知此葬蒙月不蒙時。此是卒日葬月例。

　　所見世，秦書葬，明其非真夷狄。秦雖書葬，但不書名，是以又略於諸夏微國；略於諸夏微國，故不與其漸進之義。然最終卒日葬月，又見"天下遠近小大若一"之義②。以事實言之，秦是大國；以傳意言之，秦是小國。文公十二年，秦伯使遂來聘，傳云"秦無大夫，此何以書"，云"無大夫"者，是以秦爲小國③。昭公元年，秦伯之弟

①《春秋公羊傳注疏》，《十三經注疏》第 7 册，頁 342 下。
②隱公元年何注，《春秋公羊傳注疏》，《十三經注疏》第 7 册，頁 17 上。
③隱公元年何注"所傳聞世，大國有大夫，小國略稱人。所聞世，小國有大夫"（《春秋公羊傳注疏》，《十三經注疏》第 7 册，頁 17 上），凡傳云"無大夫"者，即小國之意。

鍼出奔,傳云"秦無大夫,此何以書",亦是小國之意。但傳又云"有千乘之國而不能容其母弟",千乘之國,即大國,而云"秦無大夫",仍比之小國①。傳所以依違其辭者,正見秦多夷狄行,又非真夷狄之意。秦多夷狄行,是以比之小國,其卒葬例更略於微國,如所見世,秦伯卒,二例並卒時葬時,無二見經漸進之義。但秦非真夷狄,最終卒日葬月,則同於諸夏大國。故秦之卒葬例不但與諸夏殊,也與楚、吳異。楚、吳非但不書葬,且終無漸進之義,楚始卒即日、名,終則仍卒日、名;吳始卒即月、名,終則仍月、名。秦雖無二見經漸進之文,但於哀公世卒日葬月,注云"哀公著治大平之終,小國卒葬極於哀公者,皆卒日葬月",是以小國比秦,猶託以太平世之治,則秦歸乎諸夏國,而與楚、吳之真夷狄判然各殊矣。

　明乎秦之卒葬例,則楚、吳卒葬例即不難索解。

　楚是真夷狄,如莊公十年經"荆敗蔡師于莘,以蔡侯獻舞歸",傳云"曷爲不言其獲? 不與夷狄之獲中國也";僖公廿一年經"宋公、楚子、陳侯、蔡侯、鄭伯、許男、曹伯會于霍,執宋公以伐宋",傳云"曷爲不言楚子執之? 不與夷狄之執中國也";昭公十六年經"楚子誘戎曼子殺之",傳云"楚子何以不名? 夷狄相誘,君子不疾也";並是楚爲夷狄之證。經書楚卒者凡六,皆卒日無葬,見下表:

---

① 徐疏引舊說云"地之張斂,彼此異時;蹙闢之數,不可同日而語。昭元年之時,自以千乘爲大國,至此還小,亦何傷也而有疑焉",案舊說非何氏意也。秦爲小國,不以地之大小也。徐彥云"此注謂之小國者,正以僻陋在夷,罕與諸夏交接,至於《春秋》大夫名氏不見於經,是以比之小國,其實非小者也"。(《春秋公羊傳注疏》,《十三經注疏》第 7 册,頁 343 上)此説深得何氏之意。

表6-7　楚之卒表

所聞世/所見世	卒文	附釋
1.宣公十八年	七月甲戌,楚子旅卒。	傳云"何以不書葬?吳楚之君不書葬,辟其號也",注云"至此卒者,因其有賢行"①。據此,知所聞世楚始卒,無葬,始卒即日之。
2.襄公十三年	秋九月庚辰,楚子審卒。	何氏無注者,楚例卒日。
3.襄公廿八年	十二月乙未,楚子昭卒。	何注"乙未與甲寅相去四十二日,蓋閏月也"②,注不釋卒義,以其卒日常例耳。
以上所聞世		
4.昭公元年	十一月己酉,楚子卷卒。	何氏無注,所見世,楚亦卒日。
5.昭公廿六年	九月庚申,楚子居卒。	何氏無注。
6.哀公六年	七月庚寅,楚子軫卒。	何氏無注。
以上所見世		

　　此六例皆書名與卒日,與諸夏大國例同,但不書葬,示楚爲夷狄。然自宣公始卒,至哀公世,楚皆卒日,故知楚無漸進之義,明與諸夏國殊異。

　　楚無漸進之義,吳亦如此。吳是真夷狄,成公十五年經"叔孫僑如會晉士燮、齊高無咎、宋華元、衞孫林父、鄭公子鰌、邾婁人會吳于鍾離",傳云"曷爲殊會吳?外吳也。曷爲外也?《春秋》內其國而外諸夏,內諸夏而外夷狄",是以吳爲夷狄。定公四年經"蔡侯以吳子及楚人戰于伯莒,楚師敗績",傳云"吳何以稱子?夷狄也而憂中國",是以吳爲夷狄。下經"庚辰,吳入楚",傳云"吳何以不稱子?反夷狄也",亦吳是夷狄之證。吳、楚竝是夷狄,其卒雖有遠近詳略之分,但俱無漸進之義。經書吳卒者三,見下表:

———————————

①《春秋公羊傳注疏》,《十三經注疏》第7冊,頁210下。
②《春秋公羊傳注疏》,《十三經注疏》第7冊,頁265上。

表6-8　吳之卒表

所聞世/所見世	卒文	考釋
1.襄公十二年	九月,吳子乘卒。	吳卒月,與楚之卒曰異;但無葬,與楚同。何注"至此卒者,與中國會同本在楚後,賢季子,因始卒其父,是後亦欲見其迗爲君。卒皆不日,吳遠于楚"①。據此,吳例卒月。
以上所聞世		
2.昭公十五年	正月,吳子夷眛卒。	此卒月常例,故何氏無注。
3.定公十四年	吳子光卒。	卒文承"五月"之下。上經"五月,於越敗吳于醉李",何注云"月者,爲下卒出"②,知此光卒蒙上月。
以上所見世		

據表中三例,知吳亦無漸進之義,自襄公至於定公,吳之卒皆月,無卒日者。吳、楚二國與諸夏交接有先後,故以卒月、卒日示其別。

合而言之,楚、吳是真夷狄,故不書葬。其卒或日或月,有詳略之分,無漸進之義。秦多夷狄行,亦無二見經漸進之義,然非真夷狄,故又於哀公世卒日葬月以著治太平。此是秦與楚、吳卒葬之大判。

以上所述,乃外諸侯常卒之例,不涉君弒例。君弒非常卒,其例與常卒異。如隱公四年二月戊申,衛州吁弒其君完,何注"日者,從外赴辭,以賊聞例"③,是何休以爲君弒例日。若不日,則必出注,如僖公十年晉里克弒其君卓子、文公十四年齊公子商人弒其君舍、哀公六年齊陳乞弒其君舍,皆不日者,何注云"不正遇禍,終始惡明,故略之"④,是不正而遇弒,以不日示其義。又如襄公三十年夏

①《春秋公羊傳注疏》,《十三經注疏》第 7 册,頁 251 下。
②《春秋公羊傳注疏》,《十三經注疏》第 7 册,頁 333 下。
③《春秋公羊傳注疏》,《十三經注疏》第 7 册,頁 29 下。
④ 分見《春秋公羊傳注疏》,《十三經注疏》第 7 册,頁 136 上、180 上、346 上。

四月,蔡世子般弒其君固,何注"不日者,深爲中國隱痛有子弒父之
禍,故不忍言其日"①,是世子弒君,痛深而不日。至於文公元年冬
十月丁未,楚世子商臣弒其君髡,所以日者,夷狄忍言其日②,是夷、
夏有別。又如文公十八年冬,莒弒其君庶其,何注"舉國以明失衆,
當坐絶也。例皆時者,略之也"③,是君失衆、稱國而弒者例時。但
昭公廿七年夏四月,吳弒其君僚,也是稱國以弒,而不時者,以僚非
失衆,故仍月之④。若與常卒相較,則君弒是變例。若據君弒言之,
亦有常有變,常者例日,變者不日。

七、論何氏日月相蒙之例

何休論外諸侯卒葬,以日月時例示其等差。但《春秋》敘事,
有一時數事、一月數事、甚者有一日數事者。時月日是否相蒙,即
關乎卒葬日月之推斷。成公十三年,曹伯廬卒于師,文在"夏五月"
之下,據何氏説,是蒙月不蒙日(見所聞世小國卒例)。成公十七
年,邾婁子貜且卒,文在"十二月丁巳朔"之下,則是蒙日不蒙月
(見所聞世微國卒例)。昭公五年,秦伯卒,文承"秋七月"之下,又
是蒙時不蒙月(見所見世秦之卒例)。或蒙時,或蒙月,或蒙日,其

---

① 《春秋公羊傳注疏》,《十三經注疏》第 7 冊,頁 268 上。又,昭公十九年夏
　五月戊辰,許世子止弒其君買,何注云"日者,加弒爾,非實弒也"(《春秋公
　羊傳注疏》,《十三經注疏》第 7 冊,頁 291 下),此非世子弒君正例,不得據
　以難之。

② 何注云"日者,荊蠻子弒父,忍言其日"(《春秋公羊傳注疏》,《十三經注疏》
　第 7 冊,頁 164 上)。

③ 《春秋公羊傳注疏》,《十三經注疏》第 7 冊,頁 183 下。

④ 何注云"月者,非失衆見弒,故不略之"(《春秋公羊傳注疏》,《十三經注疏》
　第 7 冊,頁 305 上)。

例若何？

　　案隱公元年經“冬十有二月，祭伯來。公子益師卒”，此一月二事，一爲外大夫奔，一爲内大夫卒。外大夫奔例時 ①，内大夫卒當月 ②，二例不同，然又同在月下，是以有蒙月不蒙月之别。若此例，經不書“冬，祭伯來。十有二月，公子益師卒”，若書，則嫌祭伯來不在十二月。何注云“月者，爲下卒也。當案下例，當蒙上月，日不也。奔例時，一月二事，月當在上”③，意謂二事雖同在月下，未必皆蒙月。此例“十有二月”乃爲公子益師卒出，“祭伯來”不蒙月。

　　然則，如何判定何者蒙月？何者不蒙月？何氏云“當案下例，當蒙上月，日不也”，謂日月之相蒙宜據上下例推求。如此例，知外大夫奔例時，所傳聞世内大夫卒當月，則祭伯來不蒙月可知。又如隱公二年經“夏五月，莒人入向。無駭帥師入極”，何氏云“入例時，傷害多則月”④，知此“五月”爲入向出。至於入極，其實是滅極，以内諱滅而言入 ⑤，何注“滅例月，不復出月者，與上同月。當案下例，當蒙上月，日不”⑥。滅例月，故知無駭帥師入極蒙上五月。此又云“當案下例，當蒙上月，日不”，亦謂當考求上下例，以明月日之相蒙與否。

　　“當案下例，當蒙上月”，是何氏考求日月相蒙之法。成公十七

---

① 閔公二年何注“外大夫奔例皆時”，《春秋公羊傳注疏》，《十三經注疏》第 7 册，頁 116 上。

② 何注云“所傳聞世，大夫卒，有罪無罪皆不日”，《春秋公羊傳注疏》，《十三經注疏》第 7 册，頁 17 上。

③《春秋公羊傳注疏》，《十三經注疏》第 7 册，頁 16 下。

④《春秋公羊傳注疏》，《十三經注疏》第 7 册，頁 24 上。

⑤ 傳云“此滅也，其言入何？内大惡諱也”。

⑥《春秋公羊傳注疏》，《十三經注疏》第 7 册，頁 25 上。上“當”字，阮本誤作常。

年經"冬,公會單子、晉侯、宋公、衞侯、曹伯、齊人、邾婁人伐鄭。十
有一月,公至自伐鄭。壬申,公孫嬰齊卒于貍軫",何氏於"公至自伐
鄭"下注云"月者,方正下壬申,故月之"①。案致例時②,故此"十有
一月"不爲致出,乃爲正十月壬申日而出。十月壬申,爲何不繫於十
月下,而書於十一月下? 以公命嬰齊爲大夫在十一月,故"壬申,公
孫嬰齊卒于貍軫"不可移於"十有一月"之上,以彼時未有公命,嬰
齊不爲大夫,其卒不得見經。然"十有一月"不可不出,若不出,則
嬰齊卒後爲大夫之義不明,故壬申不蒙"十有一月",而"十有一月"
却爲正壬申而出。此即"當案下例,當蒙上月"之一證。又如定公
四年秋七月,公至自會,何注"月者,爲下劉卷卒"③,案致例時,故
此月不爲致出;且外大夫例不卒,若卒,則於魯有恩禮,如隱公三年
四月辛卯,尹氏卒,尹氏以天王崩,主儐贊諸侯,與隱公交接,故卒
日以恩録之。今劉卷亦以主會諸侯,故録其卒以示恩禮,是以何休
知此月爲劉卷卒出。凡諸種種,皆是"當案下例,當蒙上月"之證。

　　知乎日月相蒙之例,則於外諸侯卒葬例頗有啓發之功。今徧
考注疏,其論日月相蒙與外諸侯卒葬相關者凡六見,如下表:

表6-9　外諸侯卒葬與日月相蒙例表

魯十二公	外諸侯卒葬文	附釋
1.莊公二十四年	葬曹莊公。	葬文承"春三月"之下,徐疏云"雖在月下,不蒙上月也"④。案莊廿三年注云"曹達《春秋》,常卒月葬時",故徐疏知此不蒙上月。

①《春秋公羊傳注疏》,《十三經注疏》第 7 册,頁 234 下。
②見桓公十六年何注,《春秋公羊傳注疏》,《十三經注疏》第 7 册,頁 67 上。
③《春秋公羊傳注疏》,《十三經注疏》第 7 册,頁 319 下。
④《春秋公羊傳注疏》,《十三經注疏》第 7 册,頁 101 上。

續表

魯十二公	外諸侯卒葬文	附釋
2.僖公二十八年	六月，衛侯鄭自楚復歸于衛。衛元咺出奔晉。陳侯款卒。	此"六月"下領三事，而注云"復歸例皆時，此月者，爲下卒出也"①，何氏所以不言月爲下出奔者，乃緣外大夫出奔例時②，而大國例卒日。今"陳侯款卒"上無日可蒙，故知當蒙月。注又云"不日者，賤其歧意于楚"③，正以陳侯卒蒙上月，故何氏專釋其不日之義。
3.宣公十年	五月，公至自齊。	此年經書"五月，公至自齊。癸巳，陳夏徵舒弒其君平國"，徐疏云"致例時，而書五月者，爲下癸巳出之"④。案桓公十六年注云"致例時"，故知月不爲致出，乃爲下經"癸巳，陳夏徵舒弒其君平國"而出。
4.昭公廿八年	春王三月，葬曹悼公。	何注"月者，爲下出也"⑤。此與第1例同。曹自桓公十年卒日葬月後，常卒月葬時，故知此月爲下出也。下者，即"公如晉，次于乾侯"，案公如、次例皆時⑥，今蒙此"三月"者，注云"月者，閔公内爲强臣所逐，外如晉不見答"⑦，故知蒙月爲變例。

---

① 《春秋公羊傳注疏》，《十三經注疏》第 7 冊，頁 154 上。

② 何注云"外大夫奔例皆時"，見《春秋公羊傳注疏》，《十三經注疏》第 7 冊，頁 116 上。

③ 《春秋公羊傳注疏》，《十三經注疏》第 7 冊，頁 116 上。

④ 《春秋公羊傳注疏》，《十三經注疏》第 7 冊，頁 201 下。

⑤ 《春秋公羊傳注疏》，《十三經注疏》第 7 冊，頁 305 下。

⑥ 知公如例時者，僖公十年經"春王正月，公如齊"，何注"書如者，録内所與外交接也。故如京師，善則月，榮之；如齊晉，善則月，安之；如楚，則月危之。明當尊賢慕大，無友不如己者。月者，僖公本齊所立，桓公德衰見叛，獨能念恩朝事之，故善録之"，據此，月是重録之文，則其常例時也。文公三年經"冬，公如晉"，十三年經"冬，公如晉"，宣公四年經"秋，公如齊"，五年經"春，公如齊"，十年經"春，公如齊"，成公三年經"夏，公如晉"，襄公四年經"冬，公如晉"，昭公十五年經"冬，公如晉"，廿七年經"春，公如齊"，並皆時者，何氏無注，以其常例故也。知次例時者，莊公三年注云"次例時"。見《春秋公羊傳注疏》，《十三經注疏》第 7 冊，頁 76 下。

⑦ 《春秋公羊傳注疏》，《十三經注疏》第 7 冊，頁 305 下。

續表

魯十二公	外諸侯卒葬文	附釋
5.定公四年	杞伯戊卒于會。	此文承"五月"之下,何注云"不日,與盟同日"。所見世,杞例卒日。經不書日者,以上經"五月,公及諸侯盟于浩油"不得書日。一本作"不月,與盟同月"者,非也。説詳第五節。
6.定公十四年	五月,於越敗吳于醉李。	何注"月者,爲下卒出"①。案於越、吳皆是夷狄,兩夷詐戰,例不書月以示其略,如昭公十七年,楚人及吳戰于長岸,傳云"詐戰不言戰,此其言戰何?敵也",何注"不月者,略兩夷"是也②。兩夷詐戰不月,知此"五月"爲下卒出,下經"吳子光卒",吳卒例月,以別於楚卒例日耳。

　　以上六例,乃日月相蒙與外諸侯卒葬相關者。昔王闓運撰《春秋公羊傳箋》,不主日月相蒙之例,其論外諸侯卒葬例,多與何休之説相違,且不合經傳之意。如桓公十二年十一月,"丙戌,公會鄭伯盟于武父。丙戌,衛侯晉卒",此丙戌不蒙上而重出者,嫌因篡而略之,故重言丙戌,示篡明而無須去日,何注云"不蒙上日,嫌異於篡例",即是此意。但王氏云"《春秋》設月日之例,若可蒙上,則例亂不明,故出二日以顯之"③,是與何休異也。又如成公六年經"壬申,鄭伯費卒",文在"夏六月"之下,自是六月壬申日無疑,但王氏云"壬申繫時,例下日月不必相蒙也"④,又與傳注相乖。定公八年曹伯露卒,文在"三月"之下,本是卒月,但王氏謂此卒時⑤,其説既不

①《春秋公羊傳注疏》,《十三經注疏》第7冊,頁333下。
②《春秋公羊傳注疏》,《十三經注疏》第7冊,頁291下。
③《春秋公羊傳箋》,頁109上。
④《春秋公羊傳箋》,頁252下。
⑤《春秋公羊傳箋》云:"見世,曹例卒月葬月,此時卒者,曹初與桓同見治王者,終退從夷例,卒葬皆時,略之。"頁329上。

合何休，又多與經傳違，難以徵信。

小　結

綜上所述，何休論外諸侯卒葬之例，實與大小國、三世説、內外説相關。尤其微國、小國之卒葬，有三世之等差。所傳聞世，微國常例不書卒葬，小國則卒月葬時。所聞世，微國常例卒月而不葬，小國則是卒日葬時。所見世，微國常例卒日葬時，小國則卒日葬月。三世不同，卒葬之例從而異。杞雖黜爲微國，但因其爲王者後，其卒葬例又與尋常微國異。吳、楚爲夷狄，不但不書葬，其卒例亦各不同，楚始卒即日、名，吳始卒則月、名，以二國與中國交接有遠近也。至於秦，多夷狄行，又非真夷狄，故其卒葬例，既與諸夏異，又與楚、吳殊。與諸夏異，是以卒不名，且無二見經漸進之義。與楚、吳殊，是以書葬，終於卒日葬月以見著治太平之意。

至於大國，常例乃卒日葬月，其不卒日、非常葬、不書葬者，皆有另義。以書法論，大國卒日葬月而達乎《春秋》者，以小國、微國有三世漸進之義。自所傳聞世微國不卒葬始，依三世漸進之意，至所見世，微國、小國亦皆卒日葬月，若大國不卒日葬月，則所見世小國、微國之卒葬，必有僭越大國之嫌。故大國卒日葬月，三世相同，是爲文不得不如此耳。明乎其間常變，則何休論外諸侯卒葬之例備矣。

第七章　春秋朔閏表與經文曆日考證

　　自來推排春秋曆表者多矣,有專據曆算者,如劉歆《世經》、包慎言《公羊曆譜》①。有主據經傳曆日者,如杜預《長曆》、顧棟高《春秋朔閏表》。亦有兼顧曆算與經傳曆日者,如施彥士《春秋朔閏表發覆》、王韜《春秋朔至表》。專據曆算者,譏之者謂其"度己之跡而欲削他人之足"②。主據經傳曆日者,譏之者謂其"祇就經傳推較,而未諳歷法"③。至於兼顧曆算與經傳曆日者,其言雖當,其意雖善,然諸家編排曆譜,千人千面,是言易而行難也。昔王韜撰《春秋朔至表》,紫金山天文臺張培瑜先生稱其精善,且謂後無更密者④。鄙意王表弗能稱善矣,其有頻年置閏,有五年一閏,甚至六年一閏者,深乖曆理。又新城新藏撰《春秋長曆圖》,亦頻年置閏、五年一閏。二氏號稱知曆,然於閏月、連大月之設,多有可商。愚近年從

① 《世經》據三統術,《公羊曆譜》據殷術。
② 杜預《春秋釋例》云:"學者固當曲循經傳月日、日食以攷晦朔也,以推時驗。而見皆不然,各據其學以非《春秋》,此無異度己之跡而欲削他人之足也。"收入《景印文淵閣四庫全書·經部·春秋類》第 146 冊,頁 266 上。
③ 施彥士《覆張丹邨太守書》,《春秋朔閏表發覆》,《續修四庫全書·經部·春秋類》第 147 冊,頁 40。
④ 張氏云:"在春秋曆法研究上有更大發現或排出與王韜有較多差異且尤爲真實的長曆者,至今未見,估計今後也很難會有。"見張培瑜等《中國古代曆法》,北京,中國科學技術出版社,2007 年,上冊,頁 290。

事《春秋》經傳考校,頗留心於三傳曆日之異同,以爲文獻所載與春秋曆法相關者,一殷曆、一周曆、一魯曆。言殷曆者,緯書之説也①;言周曆者,經傳之説也②;言魯曆者,班固之説也③。據此三術以推曆表,却與經傳曆日多不合。前人嘗謂古六曆乃後世所作,非時曆④,固是,然後來者用後世曆法釋經傳(如唐一行用大衍曆,元郭守敬用授時曆),亦不得時曆之真。愚嘗反復排比考證,總嫌顧此而失彼,近來以新出秦簡牘推排秦曆,知秦漢間行用顓頊術,實有"藉半日"之法⑤,且知《開元占經》所載古六曆⑥,雖非時曆,其術數猶有可徵,遂再據殷、周、魯三術推步,輔以"藉半日"法,更以

---

① 《晉書·律曆志》引姜岌《三紀甲子元曆》云:"《命曆序》曰'孔子爲治《春秋》之故,退修殷之故曆,使其數可傳於後',如是,《春秋》宜用殷曆正之。"見《晉書》第 2 册,頁 566。

② 《周禮·大史》職文"頒告朔于邦國",鄭玄注"天子頒朔于諸侯,諸侯藏之祖廟,至朔,朝于廟,告而受行之"(《周禮注疏》,見《十三經注疏》第 3 册,頁 402 上)。據此,則侯國之曆乃據周家王曆也。

③ 《漢書·律曆志》云"天子不能班朔,魯曆不正,以閏餘一之歲爲蔀首"(見《漢書》第 4 册,頁 980);又《五行志》下之下云"魯曆不正,置閏不得其月,月大小不得其度(見《漢書》第 5 册,頁 1479)。

④ 如祖沖之云"古術之作,皆在漢初周末,理不得遠",見《宋書·曆志》,《宋書》第 1 册,頁 308。

⑤ 《漢書·律曆志》云"先藉半日,名曰陽曆;不藉,名曰陰曆。所謂陽曆者,先朔月生,陰曆者,朔而後月乃生。"(《漢書》第 4 册,頁 976)此謂藉半日爲陽曆,朔先月生;不藉爲陰曆,朔後月生。今人陳久金、陳美東、黄一農等皆有專文論及,並釋藉半日爲加朔小餘,惟各人所加朔小餘有異。參陳久金、陳美東《從元光曆譜及馬王堆帛書天文資料試探顓頊曆問題》(《中國古代天文文物論集》,文物出版社,1989 年,頁 83—103)、黄一農《漢初百年朔閏析究》(《中研院史語所集刊》72 本第 4 分)。拙文《漢初百年朔閏表得失論》(《漢學研究》,2014 年第 4 期)亦有詳論,説與二家有異。

⑥ 古六曆:即黄帝曆、顓頊曆、夏曆、殷曆、周曆、魯曆。六曆術數,見於《唐開元占經》卷一〇五。

經傳曆日相證，所得曆表，小有可觀。內中歡喜，不敢自必，爰不揣疏淺，詳述理據如下，謹請教於好學考古之士。

一、周曆、魯曆上元積年考

周曆者，古六曆之一。文獻所載周曆有二種，一爲《漢書·藝文志》之周曆；一爲《開元占經》之周曆。二術之法不同，杜預稱後者爲"真周曆"①，至於《藝文志》載《夏殷周魯曆十四卷》之周曆，其術數則未知其詳。

《開元占經》記周曆上元積年云"周曆上元丁巳至今二百七十六萬一千一百三十算外"②。

案此有脫文，"三十"下奪"七"字，上元積年數當是2761137。清顧觀光《六秝通考》、張培瑜《中國先秦史曆表》等已有改正③，

①《春秋釋例》云"漢末宋仲子集七曆以攷《春秋》，案其夏、周二曆術數，皆與《藝文志》所記不同，故更其名爲真夏、真周曆也"（頁267上—267下），又云"周曆得十三日食。真周曆得一日食"（頁266下、267上）。今以《開元占經》所載周曆推算，僅得日食一，即宣公十七年六月癸卯，日有食之。算如下：周曆上元至宣公十七年（前592）積年2759832算外，（1）入紀：2759832÷4560=605+1032/4560，知入天紀1032年算外。（2）入蔀：1032÷76=13+44/76，命起甲子，算外13，知入辛卯蔀44年算外。（3）積月：44×235/19=10340/19=544+4/19。（4）積日：544×27759/940=15100896/940=16064+736/940；16064-60×267=44。大餘44，小餘736。命起辛卯，算外44，得天正朔乙亥。以下大餘加29，小餘加499，得六月癸卯朔。知此周曆，即杜預所言"真周曆"也。

② 瞿曇悉達《唐開元占經》，《景印文淵閣四庫全書·子部·術數類》第807冊，頁944上。

③ 顧觀光《六秝通考》，收入《武陵山人遺書》第1冊，清光緒十九年刊本，頁1a，中研院歷史語言研究所藏。案顧氏原文作"周秝上元丁巳至今二百七十〔六〕萬一千一百三十七算外"，脫"六"字，但"三十"（轉下頁）

但無論證。兹補證如下：

（一）唐李淳風《五經算術》云“周曆上元丁巳至僖公五年丙寅，積二百七十五萬九千七百六十九算外”[1]。

據此數，則周曆上元丁巳至唐開元二年（714）積年 2759769+（655+713）=2761137 算外，知李氏即據 2761137 爲算。

（二）以四分術求年名法推之，2761137 所求年名與干支紀年相合，而 2761130 則不合干支紀年。如僖公五年（前 655）年名，依 2761137 推算，周曆上元至此年 2759769 算外，（1）求入紀：2759769÷4560=605+969/4560。知入天紀 969 年算外。（2）求入蔀：969÷76=12+57/76。命起甲子，算外 12，入壬子蔀。周曆天紀壬子蔀首年名己巳，命起己巳，算外 57，得此年年名丙寅。而據 2761130 歲所求年名，僖公五年年名爲己未，與干支紀年不合。

（三）劉歆《世經》引四分術曰“四分上元至伐桀十三萬二千一百一十三歲，其八十八紀甲子府首，入伐桀後百二十七歲”[2]。

依劉歆説，三統上元至伐桀之歲十四萬一千四百八十歲（141480，此爲算外），又謂三統上元至僖公五年，積十四萬二千五百七十七歲（142577，此爲算上數，算外當是 142576），則伐桀至僖公五年，積 142576-141480=1096 算外。以此數減《五經算術》所言周曆上元至僖公五年之積年，得周曆上元至伐桀積年，即 2759769-1096=2758673。以此數減去四分上元歲數，即 2758673-132113=2626560，又以四分術元會 41040 除之，即

（接上頁）下補“七”字，知顧氏知周曆上元至開元二年爲 2761137 年。又見張培瑜《中國先秦史曆表·前言》，頁 5。

[1] 李淳風《五經算術》，《景印文淵閣四庫全書·子部·天文算法類》第 797 册，頁 218 下。

[2]《漢書》第 4 册，頁 1014。

2626560÷41040=64,適盡,則此四分上元日月閏積及月食,並與周曆上元同[①]。是劉歆所言四分術[②],其上元積年亦與2761137相合。

有此三證,則《開元占經》所載周曆上元積年當爲2761137算外,其文脱一"七"字。顧觀光、張培瑜之説是也。

至於魯曆上元積年,《開元占經》云"魯曆上元庚子至今二百七十六萬一千三百三十四算外"[③]。

此數亦誤,顧觀光改"一千三百三十四"爲"四千三百九十四"[④],可從。但無論證,亦補證如下：

---

① 説詳李鋭《漢三統術》卷下,《續修四庫全書·子部·天文算法類》第1045册,頁565下—566上。

②《世經》不稱"周曆",而稱之爲"四分"。案班氏《藝文志》本乎劉歆《七略》,杜預謂《藝文志》所載之周曆與"真周曆"不同,而真周曆即《世經》所言"四分"曆。今《藝文志》但見"周曆"之名(如《夏殷周魯曆十四卷》之周曆),却不見"四分"之名,未知其中"天曆大曆十八卷""律曆數法三卷"等是否載"四分"術。又,司馬彪《續漢志》云"黄帝造曆,元起辛卯,而顓頊用乙卯,虞用戊午,夏用丙寅,殷用甲寅,周用丁巳,魯用庚子"(見《後漢書》,中華書局,1965年,第11册,頁3082),此云"夏用丙寅",與《開元占經》云"夏曆上元乙丑"不同,則司馬氏所言諸古曆,或與《藝文志》同爲一系;而《開元占經》與之不同,其所載夏曆,乃"真夏曆"。夏曆與真夏曆術數不同,據杜預《釋例》,"夏曆得十四日食。真夏曆得一日食"(頁266下),以《開元占經》記夏曆上元乙卯2760589爲算,僅得宣公十七年六月癸卯日食,故知是真夏曆。算如下:夏曆上元至魯宣公十七年(前592),積年2759284算外,(1)入紀:2759284÷4560=605+484/4560,入天紀484年算外。(2)入蔀:484÷76=6+28/76,命起甲子,算外6,入戊午蔀28年算外。(3)積月:28×235/19=6580/19=346+6/19。(4)積日:346×27759/940=10217+634/940。(5)大餘:10217−60×170=17,命起戊午,算外17,得天正朔乙亥,小餘634。以下大餘加29,小餘加499,得六月癸卯朔。以此法驗以其他日食,俱不合。

③《開元占經》,頁944上。

④ 顧氏云:"依法推之,當作四千三百九十四。"《六秝通考》,頁1a。

（一）杜預《長曆》引漢末宋仲子集七曆以考《春秋》，魯曆得十三日食。今以 2761334 相驗，無一相合，而以 2764394 相驗，合者十三[①]，其證一也。

（二）唐一行論魯曆云：

> 僖公十五年九月己卯晦，十六年正月戊申朔；成公十六年六月甲午晦；襄公十八年十月丙寅晦、十一月丁卯朔，二十六年三月甲寅朔，二十七年六月丁未朔：與殷曆、魯曆合。[②]

一行所舉諸例，皆合乎殷術、魯術。惟"僖公十五年九月己卯晦"不合，二術皆九月庚辰朔，己卯乃八月晦，非九月晦[③]。一行所以言合者，蓋以春秋置閏不必盡據算術，故泛言之。但若以魯曆上元 2761334 推算，不但與僖公十五年九月己卯晦不合，其餘諸例亦

---

① 此十三日食相合者，（1）僖公五年九月戊申朔，日食。（2）僖公十二年三月庚午，日食。（3）成公十七年十二月丁巳朔，日食。（4）襄公廿年十月丙辰朔，日食。（5）襄公廿一年九月庚戌朔，日食。（6）襄公廿一年十月庚辰朔，日食。（7）襄公廿四年七月甲子朔，日食。（8）襄公廿四年八月癸巳朔，日食。（9）昭公七年四月甲辰朔，日食。（10）昭公廿二年十二月癸酉朔，日食。（11）昭公廿四年五月乙未朔，日食。（12）昭公卅一年十二月辛亥朔，日食。（13）哀公十四年五月庚申朔，日食。

② 《新唐書》第 2 冊，頁 595。

③ 算如下：殷曆僖公十五年（前 645）入壬子蔀 10 年算外，（1）積月：$10 \times 235/19 = 123 + 13/19$，閏餘 13，閏在 11 月。（2）積日：$123 \times 27759/940 = 3632 + 277/940$；大餘 $3632 - 60 \times 60 = 32$。命起壬子，算外 32，得天正正月甲申朔。以下大餘加 29，小餘加 499，得九月庚辰朔，十月庚戌朔。

魯曆據 2764394 算如下：魯曆上元至此年 2763036 算外，（1）入紀：$2763036 \div 4560 = 605 + 4236/4560$，$4236 - 1520 \times 2 = 1196$，知入人紀 1196 年算外。（2）入蔀：$1196 \div 76 = 15 + 56/76$。命起甲子，算外 15，知入己酉蔀。（3）積月：$(56 \times 235 + 1) \div 19 = 692 + 13/19$。閏餘 13，有閏。（4）積日：$692 \times 27759/940 = 20435 + 328/940$，大餘：$20435 - 60 \times 340 = 35$。命起己酉，算外 35，得天正正月甲申朔，以下大餘加 29，小餘加 499，得九月庚辰朔，十月庚戌朔，與殷曆同。

不合。如僖公十六年正月甲辰朔，非戊申朔 ① ；襄公十八年十月癸亥朔，十一月癸巳朔 ②，十月晦乃壬辰，非丙寅，十一月朔非丁卯，等等，是一行也不以 2761334 爲算，其證二也。

有此二證，知《開元占經》載魯曆上元積年有奪文，顧觀光之說可從。

二、一行論殷、周、魯三術辨，兼證張氏論魯曆上元積年之誤

但《新唐書》載一行大衍曆議，其中論殷曆、周曆、魯曆，是非溷雜，不可不辨。如一行云：

> 《春秋》日蝕有甲乙者三十四。殷曆、魯曆先一日者十三，後一日者三；周曆先一日者二十二，先二日者九。其偏可知矣。③

此云"先一日者"，謂朔先於食一日，即二日食。云"後一日者"，謂朔後於食一日，即晦食。以殷曆、魯曆證之，先一日者八，後一日

---

① 若以 2761334 爲算，魯曆上元至僖公十六年（前 644），積年 2759977 算外，（1）入紀：2759977÷4560=605+1177/4560，知入天紀 1177 年算外。（2）入蔀：1177÷76=15+37/76，命起甲子，算外 15，入己酉蔀。（3）積月：（37×235+1）÷19=457+13/19。（4）積日：457×27759/940=13495+563/940；大餘 13495−60×224=55。命起己酉，算外 55，得天正正月甲辰朔。

② 設以 2761334 爲算，魯曆上元至襄公十八年（前 555），積年 2760066 算外，（1）入紀：2760066÷4560=605+1266/4560，知入天紀 1266 年算外。（2）入蔀：1266÷76=16+50/76，命起甲子，算外 16，入戊子蔀 50 年算外。（3）積月：（50×235+1）÷19=618+9/19。（4）積日：618×27759/940=18250+62/940。大餘 10，小餘 62，命起戊子，算外 10，得天正朔戊戌。以下大餘加 29，小餘加 499，得十月癸亥朔，十一月癸巳朔。

③《新唐書》第 2 冊，頁 594。

二,後二日者一①,不符"先一日者十三,後一日者三"之數,疑一行於《春秋》置閏,或不純依殷、魯術而前後推移,如襄公十五年經書八月丁巳日食,殷、魯曆七月丙辰朔,丁巳乃七月二日②;襄公廿七年經書十二月乙亥朔日食,殷、魯曆十一月甲戌朔,乙亥,則十一月二日。此二年若移改閏月,即可歸爲"先一日"之類。但合此二例,先一日者僅十,非十三。後一日者二,不得謂三。

又論周曆云:

> 僖公五年正月辛亥朔,十二月丙子朔,十四年三月己丑朔,文公元年五月辛酉朔,十一年三月甲申晦;襄公十九年

---

① 先一日者凡八見:(1)殷曆、魯曆莊公廿六年十二月壬戌朔,經書癸亥日食。(2)殷曆、魯曆文公十五年六月庚子朔,經書辛丑日食。(3)殷曆、魯曆宣公十年四月乙卯朔,經書丙辰日食。(4)殷曆、魯曆成公十六年六月乙丑朔,經書丙寅日食。(5)殷曆、魯曆襄公十四年二月甲午朔,經書乙未日食。(6)殷曆、魯曆襄公廿三年二月壬申朔,經書癸酉日食。(7)殷曆、魯曆昭公廿一年七月辛巳朔,經書壬午日食。(8)殷曆、魯曆定公五年三月庚戌朔,經書辛亥日食。後一日者二見:(1)殷曆、魯曆宣公十七年六月甲辰朔,經則是癸卯日食。(2)殷曆、魯曆昭公十七年六月乙亥朔,經則是甲戌日食。後二日者一見:(1)殷曆、魯曆宣公八年七月丙寅朔,經書甲子日食。

② 算如下:殷曆上元至襄公十五年(前558),積年2759809算外,(1)入紀:2769809÷4560=605+1009/4560,知入天紀1009年算外。(2)入蔀:1009÷76=13+21/76,命起甲子,算外13,知入辛卯蔀21年算外。(3)積月:21×235/19=259+14/19,閏餘14,知閏九月。(4)積日:259×27759/940=7648+461/940,大餘7648-60×127=28,小餘461,命起辛卯,算外28,得天正正月己未朔。以下大餘加29,小餘加499,得七月丙辰朔。

魯曆上元至襄公十五年,積年2763123算外,(1)入紀:2763123÷4560=605+4323/4560,4323-1520×2=1283,知入人人紀1283年算外。(2)入蔀:1283÷76=16+67/76,命起甲子,算外16,得戊子蔀67年算外。(3)積月:(67×235+1)÷19=828+14/19,閏九月。(4)積日:828×27759/940=24451+512/940,大餘24451-60×407=31,小餘512。命起戊子,算外31,得天正正月己未,以下大餘加29,小餘加499,得七月丙辰朔。

五月壬辰晦；昭公元年十二月甲辰朔，二十年二月己丑朔，二十三年正月壬寅朔，七月戊辰晦：皆與周曆合。①

以周曆相驗，文中諸例或合或不合。一行云"皆與周曆合"者，乃便文，非實算。其不合者，如謂僖公十四年"三月己丑朔"，然己丑乃三月二日，非朔②。謂文公十一年"三月甲申晦"，甲申乃三月廿一日，非晦③。謂昭公二十年"二月己丑朔"，己丑乃正月朔，非二月朔④。謂昭公二十三年"七月戊辰晦"，戊辰乃八月朔，非七月晦⑤。

雖然一行論殷曆、周曆、魯曆，並非全據推算，但其所據周曆、魯曆積年數，仍與 2761137、2764394 不相違，如周曆僖公五年正月辛亥朔、魯曆僖五年正月壬子朔。至於張培瑜推算魯曆上元庚子積年爲 2761514 算外，不但與一行所言不合，亦與顧觀光之説殊

---

① 《新唐書》第 2 册，頁 594—595。

② 算如下：周曆上元至僖公十四年（前 646），積年 2759778 算外，入壬子蔀 66 年算外，積月 816，閏餘 6，無閏；積日 24097，小餘 164，大餘 37，命起壬子，算外 37，得天正正月己丑朔。

③ 周曆上元至文公十一年（前 616），積年 2759808 算外，（1）入紀：2759808÷4560=605+1008/4560。（2）入蔀：1008÷76=13+20/76，入辛卯蔀 20 年算外，積月 247，閏餘 7，積日 7294，小餘 13，大餘 34，命起辛卯，算外 34，得天正正月乙丑朔，以下各加大餘 29，小餘 499，得三月甲子朔，四月癸巳朔，甲申乃三月廿一日。

④ 周曆上元至昭公二十年（前 522），積年 2759902 算外，入庚午蔀 38 年算外，即第三章首，積月 470，無閏餘；積日 13879，小餘 470，大餘 19，命起庚午，算外 19，得天正正月己丑朔。

⑤ 周曆上元至昭公廿三年（前 519）積年 2759905 算外，（1）入紀：2759905÷4560=605+1105/4560，知入天紀 1105 年算外。（2）入蔀：1105÷76=14+41/76，命起甲子，算外 14，入庚午蔀 41 年算外。（3）積月：41×235/19=507+2/19。（4）積日：507×27759/940=14972+133/940，大餘 14972−60×249=32。命起庚午，算外 32，得天正正月壬寅朔。以下大餘加 29，小餘加 499，可得七月己亥朔，八月戊辰朔，知戊辰非七月晦。

異。張氏長期從事中國天文學史研究,恐尋常讀者不知其説之正誤,兹辨析如下：

其一,張氏云：“魯曆第 606 元天紀甲子蔀首乃前 2001 年庚子。魯曆的上元庚子年爲前 2760801,距開元二年 2761514。”[①]

案依此魯曆積年數推算,則桓公三年(前 709)爲丁卯蔀首[②],僖公廿七年爲丙午蔀首[③],襄公十六年爲乙酉蔀首[④],哀公十四年爲地紀甲子蔀首[⑤]。張氏亦云：“僖五年(前 655)入丁卯蔀 55 年,則前 709 年爲丁卯蔀首,前 785 年爲戊子蔀首。其後,前 633 年爲丙午(原作 “丙子”,誤)蔀首,前 557 年爲乙酉蔀首,前 481 年庚申爲地紀甲子蔀首。”[⑥] 正與推算相合。

但若據此積年數,則魯曆僅得日食一,即莊公廿六年十二月癸亥朔日食。算如下：上元積年至莊廿六年(前 668),(1)積年：2761514-(668+713)=2760133 算外,(2)入紀：2760133÷4560=605+1333/4560,知入天紀 1333 年算外。(3)入蔀：1333÷76=17+41/76,命起甲子,算外 17,入丁卯蔀 41 年算外。(4)積月：(41×

---

① 《中國古代曆法》,上册,頁 373-374。
② 據魯曆上元積年數 2761514,則上元至桓公三年(前 709),積年 2760092,(1)入紀：2760092÷4560=605+1292/4560,知入天紀 1292 年算外。(2)入蔀：1292÷76=17,適盡,命起甲子,算外 17,得丁卯蔀首。
③ 算法同上,魯曆上元至僖廿七年(前 633),積年 2760168,(1)入紀：2760168÷4560=605+1368/4560,知入天紀 1368 年算外。(2)入蔀：1368÷76=18,適盡,命起甲子,算外 18,得丙午蔀首。
④ 算法同上,魯曆上元至襄公十六年(前 557),積年 2760244,(1)入紀：2760244÷4560=605+1444/4560,知入天紀 1444 年算外。(2)入蔀：1444÷76=19,適盡,命起甲子,算外 19,得乙酉蔀首。
⑤ 算法同上,魯曆上元至哀公十四年(前 481),積年 2760320,入紀：2760320÷4560=605+1520/4560,1520,正是入地紀甲子蔀首之數。
⑥ 《中國古代曆法》上册,頁 373—374。

235+1）÷19=507+3/19。（5）積日：507×27759/940=14972+133/940，大餘：14972-60×249=32，命起丁卯，算外32，得天正正月己亥朔，小餘133。以下大餘加29，小餘加499，得十二月癸亥朔，小餘922。經書"冬十有二月癸亥朔，日有食之"是也。而以此法證以其他日食例，俱不合。

　　其二，張氏云："3世紀杜預根據漢末宋仲子所集七曆以考《春秋》日食合曆，我們依據上述復原的魯曆積年推步，魯曆得13日食。這個結果與杜預所考完全一致。"①

　　上云據魯曆上元積年2761514驗算，僅得莊公廿六年一日食，此何以云"依據上述復原的魯曆積年推步，魯曆得13日食"？今以張氏《中國先秦史曆表·附表四》所載13日食爲證②，知張氏實不據上元積年2761514爲算，乃據上元積年2761354推算。何以知之？以張氏推算魏安釐王二十五年（前252）入元、入紀之法，即可知魯曆上元積年數當爲2761354③，此其一。又據張氏"古六曆入

---

① 《中國古代曆法》上冊，頁374。
② 此13日食，即（1）僖公五年九月戊申朔，日食。（2）僖公十二年三月庚午，日食。（3）襄公二十年十月丙辰朔，日食。（4）襄公二十一年九月庚戌朔，日食。（5）襄公二十一年十月庚辰朔，日食。（6）襄公二十四年七月甲子朔，日食。（7）襄公二十四年八月癸巳朔，日食。（8）昭公七年四月甲辰朔，日食。（9）昭公二十二年十二月癸酉朔，日食。（10）昭公二十四年五月乙未朔，日食。（11）昭公三十一年十二月辛亥朔，日食。（12）定公十五年八月庚辰朔，日食。（13）哀公十四年五月庚申朔，日食。見《中國先秦史曆表》，頁248。
③ 張氏推算魏安釐王二十五年（前252）入元、入紀之法云：入元年＝近距上元（前1841）－前252=1589年，魯曆入地紀甲子蔀70年（見《中國古代曆法》，上冊，頁367）。據此，知張氏之算法如下：1589-1520=69，入地紀甲子蔀69年算外，或言70年算上。設若魯曆上元積年至唐開元二年（714）爲2761354，則上元至公元前1841年，其積年數爲2761354－（1841+713）=2758800，2758800÷4560=605，適盡。故知近距上元爲公元前1841年，可推魯曆上元積年爲2761354。

蔀年表"（見表 7-1，甲子蔀），知張氏所言魯曆上元積年有三數，一
是 2761354，據此數，則公元前 321 年，入地紀甲子蔀首。一是《開
元占經》所言積年 2761334，據此，則公元前 301 年，入地紀甲子蔀
首。一是張氏所言積年，即 2761514，據此，則公元前 481 年入地
紀甲子蔀首。此三數可推魯曆合乎十三日食者，惟 2761354 而已。
此其二。

表7-1　古六曆入蔀年表

曆　　　蔀名	五曆入蔀年（公元前）						
	魯曆			殷曆	周曆	黃帝曆	夏曆
	閏餘0	（開元占經）	閏餘1				
甲子	321	301	481				
癸卯	245	225					
壬午	169	149					
辛酉							
庚子							
己卯							695
戊午							620
丁酉							544
丙子							468
乙卯							392
甲午							316
癸酉				731	788	514	240
壬子				655	712	438	164
辛卯				579	636	362	
庚午	777	757		503	560	286	
己酉	701	681		427	484	210	
戊子	625	605	785	351	408	134	
丁卯	549	529	709	275	332		

續表

曆 蔀名	五曆入蔀年（公元前）						
	魯曆			殷曆	周曆	黃帝曆	夏曆
	閏餘0	（開元占經）	閏餘1				
丙午	473	453	633	199	256		
乙酉	397	377	557	123	180		

　　由此可見,張氏言魯曆上元積年數 2761514,因不合漢末宋仲子"魯曆得十三日食",實不可信。

　　其三,又考張氏所排"春秋魯曆冬至、正朔大小餘、歲首建正表"①,知其所據者,乃自創術法,即蔀年 83,蔀月 1027,蔀日 30328,朔策 30329/1027,一元凡 15 蔀②。此術法,既與其所言魯曆上元積年 2761514 不相應,也與 2761354 不合。以此法推排朔閏表,日食所合者,乃 17③,不止 13。

　　要言之,張氏所言魯曆者,或云上元積年 2761514,然據此數推排曆表,合《春秋》日食者僅一,與漢末宋仲子言魯曆合十三日食之數不符。或據上元積年 2761354 推算,雖得十三日食,但此年年

①《中國古代曆法》上冊,頁 299—318。

②《中國古代曆法》上冊,頁 297—298。此 15 蔀之名 :1. 癸酉。2. 辛丑。3. 己巳。4. 丁酉。5. 乙丑。6. 癸巳。7. 辛酉。8. 己丑。9. 丁巳。10. 乙酉。11. 癸丑。12. 辛巳。13. 己酉。14. 丁丑。15. 乙巳。

③ 此 17 日食相合者 :（1）隱公三年二月己巳,日食。（2）文公十五年六月辛丑朔,日食。（3）宣公十年四月丙辰,日食。（4）成公十六年六月丙寅朔,日食。（5）襄公十四年二月乙未朔,日食。（6）襄公二十年十月丙辰朔,日食。（7）襄公二十一年九月庚戌朔,日食。（8）同年十月庚辰朔,日食。（9）襄公二十四年七月甲子朔,日食。（10）昭公七年四月甲辰朔,日食。（11）昭公二十一年七月壬午朔,日食。（12）昭公二十二年十二月癸酉朔,日食。（13）昭公二十四年五月乙未朔,日食。（14）昭公三十一年十二月辛亥朔,日食。（15）定公五年三月辛亥朔,日食。（16）定公十五年八月庚辰朔,日食。（17）哀公十四年五月庚申朔,日食。

名庚辰，又與《續漢志》《開元占經》載魯曆上元年名庚子不合。或
據其自創術法，即蔀年 83 云云，則合《春秋》日食者 17，亦非魯曆
得十三日食之數。

其四，《新唐書·曆志》云"魯曆南至，又先周曆四分日之三，
而朔後九百四十分日之五十一"，張氏云："這段話有脫誤。校改
成'魯曆南至，又先周曆四分日之三，而朔後此值（四分日之三）又
九百四十分之五十一'。"①

案張氏校語"而朔後此值又九百四十分之五十一"，深嫌不辭，
古人無此行文之法。《新唐書》云"四分日之三"者，此"日"據氣
言；云"九百四十分日之五十一"者，此"日"據朔言；文同義異，
不可並計。考周曆僖公五年入壬子蔀 57 年算外，積月 705，積日
20819，大餘 59，小餘 235，正月辛亥朔。冬至：57×21/4=299+1/4，
大餘 59，小餘 1，冬至亦辛亥。而魯曆此年入己酉蔀 46 年算外②，
大餘 3，小餘 51，正月壬子朔。冬至：46×21/4=241+2/4，大餘 1，小
餘 2，冬至庚戌。以冬至小餘相減，庚戌（2/4）先於辛亥（1/4）正四
分日之三，故云"魯曆南至，又先周曆四分日之三"。而殷曆僖公五
年入壬子蔀首，正月壬子朔，無小餘。魯曆雖亦壬子朔，然小餘 51，
故一行云"朔後〔殷曆〕九百四十分日之五十一"，此句省"殷曆"
二字者，以上下文皆論殷曆，故不復出之。惟於南至，插入"周曆"
一句，是以張氏誤以爲"朔後"是周曆，而非殷曆。其言"魯曆朔後

---

① 《中國古代曆法》上冊，頁 373。
② 以顧觀光上元積年 2764394 爲算，魯曆上元至僖公五年（前 655）積年
　 2763026，（1）入 紀：2763026÷4560=605+4226/4560，4226−1520×2=1186，知
　 入人紀 1186 年算外。（2）入蔀：1186÷76=15+46/76。命起甲子，算外 15，入
　 己酉蔀 46 年算外。（3）積月：（46×235+1）÷19=569。（4）積日：569×27759/
　 940=16803+51/940，16803−60×280=3。大餘 3，小餘 51。命起己酉，算外 3，得
　 天正正月壬子朔。

周曆四分日之三又九百四十分之五十一”者，不僅不合文法，亦不合算術，以朔小餘相驗，“四分日之三”者，謂 705 分，“又九百四十分之五十一”者，謂通之，即 705+51=756 分，以周曆辛亥朔小餘減去 756 分，即辛亥（235）−756= 壬子（419），亦非魯曆壬子（51）小餘之數，知張説誤也。

其五，張氏云：“顧觀光用演紀術推得魯曆上元至開元二年爲2764394 年。我們推得魯曆上元庚子距開元二年 2761514 年。這兩種復原方法都以庚子爲上元，推算的朔閏也基本一致，但前者以閏餘 0 之歲作蔀首，與《漢書·律曆志》《新唐書·曆志》記述不符。我們是根據‘魯曆不正，以閏餘一之歲爲蔀首’復原的，與漢唐所傳魯曆相合。”①

案顧觀光之法，亦是以“閏餘一之歲爲蔀首”，以文公二年（前625）證之，魯曆上元至此積年 2763056 算外，入人紀 1216 年算外，入蔀 1216÷76=16，適盡，命起甲子，算外 16，得戊子蔀首，至、朔同爲戊子日。不知張氏云“以閏餘 0 之歲爲蔀首”是否緣於此義？但此年是戊子蔀首，亦即己酉蔀 76 年算外，積月（76×235+1）÷19=940+1/19。此 1/19，正是“以閏餘一之歲爲蔀首”之義。同理，桓十一年爲己酉蔀首，閏餘 1；襄廿四年爲丁卯蔀首，閏餘亦是 1。故顧觀光之魯曆，不宜稱之爲“以閏餘 0 爲蔀首”。

總而言之，周曆上元積年數爲 2761137 算外，魯曆上元積年當爲 2764394 算外，殷曆上元積年爲 2761080 算外。據此三數推排，既與漢末宋仲子所言相合，又與一行所論殷、周、魯三術不相違。是知顧觀光之説可從。下文以魯曆推排春秋曆表，即取魯曆上元積年 2764394 爲算。

---

①《中國古代曆法》上册，頁 375。

三、論經書日食不必在朔

考曆當以日食爲主，自陳厚耀至於新城氏，曆家多持斯論[1]，然各人曆表長短互見，難以徵信，是知曆表之編排非止於考日食也。經有當日食而不書者，又有所書而非日食者[2]，且日食有食朔、食晦、食二日之分，食晦又有食本月晦、食前月晦之別，不分疏日食之例，則曆表編排必多可議。

經書日食不必在朔，古人早有明言，隱公三年傳云：

> 日食則曷爲或日或不日？ 或言朔或不言朔？ 曰：某月某日朔，日有食之者，食正朔也。其或日或不日，或失之前或失之後。失之前者，朔在前也；失之後者，朔在後也。

《公羊》之解日食，分爲三類，一爲書日書朔，如桓公三年經"秋七月壬辰朔，日有食之"，此爲食在朔。一爲書日不書朔，如隱公三年經"二月己巳，日有食之"，此爲食二日。一爲不書日，如莊公十八

---

① 陳厚耀云："愚謂考曆以日食爲主，後之推曆者皆能上溯而得之，非如日月之干支可諉之爲傳寫之訛也。若從杜曆，則日食之不合者皆推不去矣。"（《春秋長曆》，《皇清經解續編》第 9 冊，頁 338 上）施彥士云："求其可以考曆法之疎密而堅定其是非者，莫如日食，則欲以曆證春秋之日月而破千古之疑似者，莫如求全經之交食。"（見《推春秋日食法·序》，頁 1）新城氏云："《春秋》有三十七個日食記事，其中有三十三個日食。決定三十三個確實之根據點，更由鑽究此等確定之時日間，所散之三百九十四款曆日干支，可按排閏月之位置，且頗可推定其插入閏月之位置，於是終可明春秋時代全部之朔閏。"（《中國天文學史研究》，頁 295）
② 參張培瑜《中國古代曆法》表 3-2 "曲阜可見而《春秋》未載的日食"，頁 259—263。

年經"三月，日有食之"，此爲食在晦 ①。《穀梁傳》則分爲四類 ②，其言食晦、食二日，雖與《公羊》相反 ③，但亦以爲日食有食朔、食晦、食二日之分。今以經文曆日相證，知二傳之説有徵。

宣公八年經"秋七月甲子，日有食之，既"，襄公廿四年經"秋七月甲子朔，日有食之，既"，二經敘日食之事全同，惟一書"朔"，一不書"朔"。若據《左氏》云"不書朔與日，官失之也"，則宣八年七月甲子日食，甲子自是七月朔無疑，經不書朔，官失之也。但以宣公十年經"四月丙辰，日有食之"相證，若八年七月甲子朔，則十年四月不得丙辰朔；若十年四月丙辰朔，則八年七月不得甲子朔。上下相推，宣公八年七月朔乃丙申，八月乙丑朔，甲子是七月晦 ④，杜注云"月三十日食" ⑤，不言"官失之"，亦以甲子爲七月晦 ⑥。故襄

① 説見何氏注，見《春秋公羊傳注疏》，《十三經注疏》第 7 册，頁 27 上。
② 此四類，（1）隱三年經二月己巳，日有食之，傳云"言日不言朔，食晦日也"，是食晦。（2）桓三年經七月壬辰朔，日有食之，既，傳云"言日言朔，食正朔也"，是食朔。（3）桓十七年冬十月朔，日有食之，傳云"言朔不言日，食既朔也"，是食二日。（4）莊十八年三月，日有食之，傳云"不言日，不言朔，夜食也"，是夜食。（分見《春秋穀梁傳注疏》，《十三經注疏》第 7 册，頁 14 下、頁 31 上、頁 41 下、頁 54 上）案夜食之論，頗爲駭怪。至於食晦、食二日，説與《公羊》異，而分類同。
③《穀梁》云"言日不言朔，食晦日也"，《公羊》却以爲食二日；《穀梁》云"言朔不言日，食既朔也"，食既朔，即食二日，《公羊》則以爲食朔。
④ 可參杜預、施彥士、王韜等諸家曆表，本文推排曆表亦同。
⑤《春秋左傳正義》，《十三經注疏》第 6 册，頁 379 上。
⑥ 杜預注此類日食，皆以"官失之"爲釋，如莊公十八年經"三月，日有食之"，杜注："無傳。不書日，官失之。"（《春秋左傳正義》，《十三經注疏》第 6 册，頁 158 下）僖公十二年經"三月庚午，日有食之"，杜注："無傳，不書朔，官失之。"（頁 222 下）文公元年經"二月癸亥，日有食之"，杜注："無傳。癸亥，月一日，不書朔，官失之。"（頁 297 上）宣公十年經"夏四月丙辰，日有食之"，杜注："無傳。不書朔，官失之。"（頁 381 上）宣公十七年經"六月癸卯，日有食之"，杜注："無傳。不書朔，官失之。"（頁 411 下）

廿四年經"七月甲子朔,日有食之",書"朔"者,謂食於朔;宣八年經"七月甲子,日有食之",不書"朔"者,謂食於晦。《公》《穀》二傳云食晦者,有經文可證。

　　經書日食有食晦之義,但不知食本月晦,抑食前月晦? 考《漢書·五行志》所載前漢食晦之例,皆食本月晦,無有食前月晦者。而楊士勛《穀梁疏》却有食本月晦、食前月晦之别[①]。食本月晦者,固可以宣八年經"七月甲子,日有食之"爲證。食前月晦者,其證安在? 案襄廿四年經"八月癸巳朔,日有食之",蓋"朔"字衍,"八月癸巳,日有食之",即是食前月晦之例,試析如下。

　　(一)已知襄公廿年經有十月丙辰朔日食,廿一年經有九月庚戌朔、十月庚辰朔日食,以干支推驗,中間必有一閏,又據年末置閏例(説詳下節),則襄廿年末應有一閏。

　　(二)已知襄公廿三年經有二月癸酉朔日食,廿四年經有七月甲子朔日食,以干支可推中間必有一閏,據年末置閏例,則廿三年末應有一閏。

　　(三)已知襄公廿一年九月庚戌朔、十月庚辰朔日食,襄廿三年二月癸酉朔日食,自襄廿一年十月起算,至於襄廿三年二月,以連大月相間十五月、十七月爲準,欲合襄廿三年二月癸酉朔,惟一之法,襄廿一年九月、十月須爲連大月,即九月庚戌朔,十月庚辰朔,十一月庚戌朔;襄廿二年十二月、襄廿三年正月亦須連大月,即襄廿二年十二月癸酉朔,襄廿三年正月癸卯朔、二月癸酉朔。如此,兩連大月相間十五月,方合曆理。

────────

[①] 楊疏云:"此經不書朔,傳云'食晦日也',則此食必當晦日,但不知是何月晦也。徐邈云:己巳爲二月晦,則三月不得有庚戌也。明宣十年四月丙辰、十七年六月癸卯,皆是前月之晦也。"(《春秋穀梁傳注疏》,《十三經注疏》第 7 册,頁 14 下)知此義徐邈已前發之。

（四）以此惟一之法，即襄公廿一年九月、十月爲連大月，襄廿二年十二月、襄廿三年正月爲連大月，相間十五月，又可推下連大月必間十七月①，則襄廿四年四月、五月當爲連大月，可知四月乙未朔、五月乙丑朔、六月乙未朔。

（五）以襄廿四年五月乙丑朔、六月乙未朔，可推七月甲子朔、八月甲午朔。如此，經“七月甲子朔，日有食之”，是也；經“八月癸巳朔，日有食之”，非也。

（六）八月是甲午朔，但經文“癸巳”二字不容俱誤。何則？曆無頻月而食之理，經籍中時有誤記日食之事，干支却未必差謬。《漢書·五行志》載高帝三年十月甲戌晦日食、十一月癸卯晦日食②，頻月而食，非曆理，然甲戌爲十月晦、癸卯乃十一月晦，是干支不誤③。又載文帝三年十月丁酉晦日食、十一月丁卯晦日食④，頻月而食，不合曆理，然丁酉、丁卯之爲十月晦、十一月晦亦不誤。《春秋》襄公廿一年九月庚戌朔日食、十月庚辰朔日食，頻月而食也，非曆理，然庚戌爲九月朔、庚辰爲十月朔，干支亦不謬（見本章附表）。故陳厚耀云“《春秋》日食，雖月之前後有小差，而日未嘗誤”⑤，陳氏未遑考證日食，然謂日食之月或誤而日未嘗誤，可謂知言。以此類推，襄廿四年七月甲子朔日食、八月癸巳朔日食，頻月而食也，而七月甲子朔不誤，八月雖無日食⑥，然“癸巳”猶不誤，“朔”字蓋涉

---

① 四分術連大月之例爲 15-17-17-15-17，無有連續相間 15 月者。

② 《漢書》第 5 册，頁 1500。

③ 前漢百年朔閏表，可參黃一農《漢初百年朔閏析究》、拙文《漢初百年朔閏表得失論》。

④ 《漢書》第 5 册，頁 1501。

⑤ 《春秋長曆》，頁 316 下。

⑥ 此年八月無日食，見《中國古代曆法》上册，頁 257。

上文而衍。經文當是"八月癸巳，日有食之"，不書"朔"者，謂食在前月晦。《穀梁》云"書日不書朔，食晦也"，正可解此義。

　　或有問者，襄公廿四年八月癸巳日食，可歸爲食前月晦之例，此外尚有他證否？案宣公十七年經"六月癸卯，日有食之"，以曆表相驗，癸卯爲五月晦，亦是食在前月晦例[1]。有此二證，知《穀梁》家之説有徵矣。

　　宣公八年七月甲子日食，可爲食本月晦之證；宣公十七年六月癸卯日食、襄公廿四年八月癸巳日食，可爲食前月晦之證，則《公羊》"食二日"、《左氏》"官失之"之説亦有徵乎？案隱公三年經"二月己巳，日有食之"，依曆表，食二日也。宣公十年經"四月丙辰，日有食之"，依曆表，丙辰乃四月朔，不書"朔"者，官失之也。是《公》《左》二説亦有經爲證。故《春秋》凡書日不書朔者，或食晦、或食二日、或食朔，宜合而觀之，不可偏舉一端。後人編排春秋曆表，不必爲食在朔之習見所囿耳。

四、論春秋歲末置閏之例

　　經書日食既有食朔、食晦、食二日之分，食晦又有食本月晦、食前月晦之別。則日食考證，實與置閏有關。閻若璩嘗論《春秋》三十六日食，"有以後月作前月，不應閏而閏，先時者""有以前月

---

[1] 宣公十七年六月無日食，且六月朔亦非癸卯，前人多疑史策有誤。如江永謂"宣十七年六月癸卯，日有食之，此史誤也"（《羣經補義》，《景印文淵閣四庫全書·經部·五經總義類》第 194 册，頁 29 下），此謂史官誤書。鄒伯奇則以爲定公元年六月癸卯朔日食（《春秋經傳日月考》，《續修四庫全書·經部·春秋類》第 148 册，頁 333，天頭批注），王韜以爲日食當是宣公七年六月癸卯日食（《春秋日食辨正》，《續修四庫全書·經部·春秋類》第 148 册，頁 439 上），此謂簡策誤書。

作後月，應閏而不閏，後時者"①，即以日食與置閏並論。若不明置閏之例，雖考日食，猶利器在手而不能解盤錯。可惜文獻記載春秋閏法，多語焉不詳。後世曆法如漢三統術、四分術推算有閏無閏，乃據無中置閏法，即閏餘大於 12 者，則此年必有一月無中氣，宜置閏；小於 12 者，則每月皆有節、中氣，不得置閏。唐李淳風注《五經算術》，謂文公元年閏餘 10，無閏，即據周曆四分之法②。但此法不可移用於春秋，何者？文公六年經"閏月，不告月，猶朝于廟"，哀公五年經"閏月，葬齊景公"，閏皆在年末。若據周曆、魯曆或殷曆推算，文公六年無閏，哀五年當閏七月③，故知經書閏月不依無中置閏法。張培瑜云"考慮到春秋時期尚無閏餘及二十四節氣，缺乏年中

---

① 閻若璩《尚書古文疏證》，《景印文淵閣四庫全書・經部・書類》第 66 册，頁 317 下。

② 《五經算術》卷下"推文公六年歲在庚子，是歲無閏而置閏法"條云："十爲閏餘，經云閏餘十二已上，其歲有閏，今止有十，即知六年無閏也"（頁 221 上）。

③ 以文公六年（前 621）爲例，殷曆上元至此積年 2759746，（1）入紀：2759746÷4560=605+946/4560，知入天紀 946 年算外。（2）入蔀：946÷76=12+34/76，命起甲子，算外 12，入壬子蔀。（3）積月：34×235/19=7990/19=420+10/19，閏餘 10，無閏。周曆上元至文公六年（前 621）積年 2759803，（1）入紀：2759803÷4560=605+1003/4560，知入天紀 1003 年算外。（2）入蔀：1003÷76=13+15/76，命起甲子，算外 15，得己酉蔀。（3）積月：15×235/19=3525/19=185+10/19，閏餘 10，無閏。魯曆上元至文公六年（前 621）積年 2763060，（1）入紀：2763060÷4560=605+4260/4560，4260−1520×2=1220，知入人紀 1220 年算外。（2）入蔀：1220÷76=16+4/76，命起甲子，算外 16，入戊子蔀。（3）積月：（4×235+1）÷19=49+10/19，閏餘 10，亦無閏。又以哀公五年（前 490）爲例，殷曆上元至此積年 2759877，（1）入紀：2759877÷4560=605+1077/4560，知入天紀 1077 年算外。（2）入蔀：1077÷76=14+13/76，命起甲子，算外 14，入庚午蔀 13 年算外。（3）積月：13×235/19=3055/19=160+15/19，閏餘 15，知閏七月。周曆、魯曆算法同上例。

設閏的天文依據"①,説頗精審。若是年中置閏,則閏月置於何月之下,並無定例,曆官第憑己意而隨意於某月下置閏,恐非實情。以此言之,春秋置閏宜在歲末而不在年中。

但《左傳》兩言年中置閏,一者,文公元年傳"於是閏三月,非禮也",明言"閏三月";一者,昭公二十年傳"閏月戊辰,殺宣姜",文在"八月辛亥"之下,下更有"冬十月"之文,亦非歲末置閏,故有學者謂春秋閏月不必在歲終。今考此二例,猶在疑似之間,非年中置閏之證。

1. 文公元年傳"閏三月",乃傳家之言,非時曆之閏。

案文公元年經有二月癸亥日食之文,又有"夏四月丁巳,葬我君僖公"之文。若二月癸亥朔,則四月不得有丁巳;若四月有丁巳,則二月朔不得癸亥。經文上下曆日相乖違,江永《羣經補義》論云:

> 是年本無閏三月。《左氏》以爲日食必在朔,二月爲癸亥朔,則四月無丁巳,意其間必有閏月,故憑空發傳云"於是閏三月,非禮也"②。

此謂經文上下曆日不協,左氏爲彌縫其失,遂發傳云"閏三月",不謂時曆即於此置閏,其説頗具識見。新城氏云"夫《左傳》之長曆與純粹之《春秋》長曆,似宜明白區別者也"③,其區分經傳異曆,實本江氏立説。

江永雖不信左氏"閏三月"之説,但昭公廿年《左傳》有"閏月戊辰"之文,江氏疑春秋末期或有年中置閏之例④,則又不足徵信。

---

① 《中國古代曆法》上册,頁 295。

② 《羣經補義》,頁 29 上。

③ 《中國天文學史研究》,頁 365、367。

④ 《羣經補義》云:"閏月常在歲終,而昭二十年傳'閏月戊辰,殺宣姜',乃是閏八月,似春秋之季,曆家漸改法,閏不必在歲終。"(頁 30 下)

2. 昭廿年《左傳》"閏月戊辰"，乃終言之例，非年中置閏之證。

案左氏敘事，有終言之例。昭公七年《左傳》載"孟僖子病，不能相禮，乃講學之，苟能禮者從之，及其將死也，召其大夫曰"云云，孟僖子（即仲孫貜）卒於昭公廿四年，傳於昭七年即有"及其將死"文，乃終言之。又定公五年《左傳》云"九月，夫槩王歸，自立也，以與王戰而敗，奔楚，爲堂谿氏"，此敘吳事；下傳云"乙亥，陽虎囚季桓子及公父文伯"，此敘魯事。乙亥，乃九月二十八日。夫槩戰敗奔楚爲堂谿氏，自是九月以後事，傳終言之，故反在"乙亥"之前。據此，昭二十年傳"閏月戊辰，殺宣姜。衛侯賜北宮喜謚曰貞子，賜析朱鉏謚曰成子，而以齊氏之墓予之"云云，亦是終言之例。此傳以"閏月"領三事，殺宣姜，一也；賜謚，二也；予墓田，三也。由後二事而推前事：大夫三月而葬，葬然後謚，是賜謚及予以墓田在葬後三月；而衛國之亂終於八月，則賜謚二事必在卒後三月，即十一月後，在歲末。賜謚及墓田既在歲末，以閏月領三事，則殺宣姜亦宜在歲末。杜注云"皆死而賜謚及墓田，傳終而言之"[1]，以死謚而"終言之"，正閏在歲末之義。故閏月戊辰，文雖在八月之下，不必閏在八月，猶如夫槩奔楚爲堂谿氏在九月以後，傳則敘於九月乙亥之前。張培瑜云："《左傳》將衛國動亂前後有關的史實集中寫到了一起。如此，閏月戊辰殺宣姜等事，就可在年終，而並非必定在閏八月了。"[2] 此説得左氏敘事之體。

《左傳》文公元年"閏三月"，乃傳家之説，非時曆；昭公廿年"閏月戊辰"之文，乃傳家終言之例，非年中置閏之證。其餘《左氏》

---

①《春秋左傳正義》，《中華再造善本》據中國國家圖書館藏宋慶元六年紹興府刻宋元遞修本景印，卷三十，頁25上。案自南宋十行本以下，各本"死"上皆誤衍"未"字。

②《中國古代曆法》上册，頁280。

所記閏月,皆在歲末①,故春秋時曆當以閏在歲末爲長②。而前人主年中置閏者,以王韜《春秋朔閏至日考》之舉證最爲繁複,今一一辨之於下,以證春秋置閏宜在歲末耳。其文曰:

> 春秋時置閏,諸秝家各執一説,聚訟紛紜,莫衷一是。鄙意不如折衷於經爲得。今按(一)閔二年五月乙酉,吉禘於莊公。八月辛丑公薨。五月有乙酉,則八月不得有辛丑,中間應有一閏。(二)僖元年十月壬午,公子友帥師敗莒師於酈。十二月丁巳,夫人氏之喪至自齊。十月有壬午,則十二月不得有丁巳,中間應有一閏。特其兩年疊置閏月,於法未聞。(三)宣二年二月壬子,宋華元帥師及鄭公子歸生帥師戰於大棘。九月乙丑,晉趙盾弑其君夷皋,中間有閏。(四)昭元年六月丁巳,邾子華卒。十一月己酉,楚子麇卒,此亦應有閏在中間,而杜預以爲月誤,踈矣。(五)昭二十年傳記二月己丑朔日南至,而經書十一月辛卯,蔡侯盧卒,傳於八月下有"閏月戊寅,殺宣姜"之文,則中間明有一閏矣。雖識者譏其歷官妄置,而不聞傳言其誤也。(六)昭二十八年四月丙戌,鄭伯寧卒。七月癸巳,滕子寧卒。相距僅百餘日,苟非置閏,何以通之? 經文前

---

① 《左傳》記閏月凡九例,除文公元年、昭公廿年外,其餘七例皆在歲末,即(1)僖公七年傳"閏月,惠王崩"。(2)文公六年經傳"閏月不告朔"。(3)成公十七年傳"閏月乙卯晦,欒書、中行偃殺胥童"。(4)昭公廿二年傳"閏月,晉箕遺、樂徵、右行詭濟師取前城"。(5)哀公五年經"閏月,葬齊景公"。(6)哀公十五年傳"閏月,良夫與大子入"。(7)哀公廿四年傳"閏月,公如越"。

② 清梅文鼎云:"自今日言曆,則以無中氣置閏爲安。而論《春秋》閏月,則以歸餘之説爲長。何則? 治《春秋》者當主經文,今考本經書閏月俱在年終,此其據矣。"《曆算全書》,《景印文淵閣四庫全書·子部·天文算法類》第794册,頁87上。

　　後甲子違距差異者凡六處，不得盡謂之誤書、概指爲從赴。①
王氏謂春秋置閏當據經立説，是也，但其所舉六例，却非年中置閏
之證。

　　1. 閔二年五月乙酉，吉禘於莊公，八月辛丑，公薨。王氏以爲
其間當閏月。然唐陸淳所見《公羊》作"八月辛酉"②，據此，則辛
丑乃辛酉之譌。王氏謂經文曆日前後互乖，"不得盡謂之誤書"，此
説固是，然經籍傳寫，本有誤書之實，誤與不誤，豈敢必耶？若依陸
淳所見，辛丑乃譌文，則此年無閏明矣。

　　2. 僖元年十二月丁巳，夫人氏之喪至自齊，明年經"夏五月辛
巳，葬我小君哀姜"，據夫人五月而葬之禮，十二月至自齊，閏五月
算上，宜明年四月葬，若葬於五月，則凡六月乃葬，是緩葬。僖公既
請葬夫人，自無緩葬之理，疑"五月"乃"四月"之誤（説詳下文"經
文曆日考證"）。若然，僖元年十二月丁巳，是月不誤而日誤。王韜
以爲經文干支皆不誤，不得不頻年置閏，是以内不自安，故云"兩年
叠置閏月，於法未聞"。

　　3. 宣二年經二月壬子，宋華元帥師及鄭公子歸生帥師戰於大
棘。九月乙丑，晉趙盾弑其君夷皋。前後月日不相協，王韜以爲
有閏。案此説未曾細考《春秋》因史成文之例。史者，謂魯史及列
國史記③。正因夫子據諸國史記以成《春秋》，故有承其月日而不改

━━━━━━━━━━━━

① 《春秋朔閏至日考》，頁 383 下—384 上。文中（一）（二）諸序號，乃筆者爲
　醒目而加。
② 陸淳《春秋集傳纂例》，《景印文淵閣四庫全書·經部·春秋類》第 146 册，
　頁 516 上。
③ 文公元年杜預注云"《春秋》據用魯史成文"（《春秋左傳正義》，《十三經
　注疏》第 6 册，頁 297 下）。陸淳引啖助説云"宣父因魯史成文，考其行事
　而正其典禮，上以遵周公之遺制，下以明將來之法。"（《春秋集傳纂例》，頁
　379 上）此謂《春秋》據魯史成文。又閻若璩《尚書古文疏證》云（轉下頁）

者。經書二月壬子,或鄭曆;經書九月乙丑,或晉曆。魯曆與諸國之曆未必同,故月日不協(詳下文"魯曆與列國曆法異同")。

4. 昭元年六月丁巳,邾婁子華卒。十一月己酉,楚子麇卒。王韜謂此中間應有閏,其說亦可商。案此乃諸侯卒赴之例,大國卒赴,例據卒日書;小國卒赴,例據來日書(詳下文"諸侯卒赴例")。又或此經文字傳寫而譌,如"己""乙"形近相亂。王韜決爲閏月,未敢必也。

5. 昭二十年傳云二月己丑朔,日南至,而經書十一月辛卯,蔡侯廬卒。前後月日不協,王韜謂此應有閏。案此亦未慮及列國曆法異同及諸侯卒赴之例。云"二月己丑,日南至"者,周曆也。云"十一月辛卯,蔡侯廬卒"者,蔡曆也。列國不同曆,蔡侯廬卒乃外諸侯卒赴之例,月日不協,理或有之,未必閏月所致。至引傳文"閏月戊寅,殺宣姜"爲證,此乃終言之例,非年中置閏。上文已詳言之。

6. 昭二十八年四月丙戌,鄭伯寧卒。七月癸巳,滕子寧卒。王韜云"相距僅百餘日,苟非置閏,何以通之",此亦未慮及諸侯卒赴

(接上頁)《春秋》因魯史成文,魯史所不載者,聖人未嘗增,魯史以策書赴告爲體,赴告所不及者,魯史未嘗增"(頁 292 下)。此謂《春秋》據魯史成文,又據赴告之體。然徐彥《公羊疏》引閔因叙云:"昔孔子受端門之命,制《春秋》之義,使子夏等十四人求周史記,得百二十國寶書,九月經立。《感精符》《考異郵》《説題辭》具有其文。"(《春秋公羊傳注疏》,《十三經注疏》第 7 册,頁 6 上)此謂夫子作《春秋》,據諸國史記,非但魯史。僖公十九年經"梁亡",《穀梁傳》云"梁亡,鄭棄其師,我無加損焉,正名而已矣",楊士勛疏云:"仲尼修《春秋》,亦有改舊義以見褒貶者,亦有因史成文以示善惡者。其梁以自滅爲文,鄭棄其師之徒,是因史之文也。"(《春秋穀梁傳注疏》,《十三經注疏》第 7 册,頁 88 下)楊氏之意,史者,謂列國之史。案夫子作《春秋》,非但據魯史,亦據列國史記,若夫子專據魯史,則敘列國之事,必以赴告爲體,而"梁亡""鄭棄其師"之類,豈宜赴告?

之例。大國據卒日赴,小國據來日赴,卒日赴者,彼國曆也;來日赴者,魯國曆也。魯曆與諸國曆互異,故經書外諸侯卒,月日多不協(説詳下文"諸侯卒赴例"與"經文曆日考證")。

　　以上凡六證,皆王韜以爲經文曆日不協,宜年中置閏者,所謂"閏之不必定在歲終,經固有據矣"①,然其中可商者在在多有。然則,春秋置閏於歲末,於義爲長。

五、論隱元建正及莊僖世失一閏

　　既考春秋置閏宜在歲末,當更考隱元建正。隱元建正者,謂隱公元年曆始於何月。若據殷、周、魯曆推之,則隱公元年天正月當起於庚戌,但此與經傳曆日多不合。故諸家論隱元建正,皆不始於庚戌,且多以置閏異同立説。如:

　　1. 徐發云:"魯用夏正,而失一閏,故以寅月當周正二月。"②

　　此謂魯曆本以夏正建寅爲歲首,以隱公前失一閏,入隱世,則隱元當建丑,故云寅月當周正二月。

　　2. 陳厚耀云:"若從杜曆,則日食之不合者皆推不去矣。因思隱元之前非失一閏,乃多一閏耳,莫如退一月以就之。古曆隱元正月朔庚戌,二月朔庚辰,今退一月以庚辰爲正月朔,比杜氏辛巳朔實後兩月也。"③

　　古曆天正月庚戌朔建子,以隱公前多置一閏,則隱元當建丑。

①《春秋朔閏至日考》,頁384上。
②馮澂《春秋日食集證》引徐發説,《續修四庫全書·經部·春秋類》第148册,頁550上。
③《春秋長曆》,頁338上。

陳氏云比杜曆退兩月,意杜曆建亥①。

3. 姚文田云:"春秋時,曆法皆先大後小,隱公前又先失一閏,故起正小辛巳。"②

姚氏之意,春秋時曆本建子,因隱公前失一閏,故隱元建丑,辛巳在丑月。

4. 鄒伯奇云:"春秋置閏乖錯,隱桓之正多建丑,宣成以後又往往建亥。"③

此謂隱桓建丑,宣成以後建亥,由建丑而建亥,其間失二閏。

5. 施彥士云:"先儒謂周正建子,正月即子月,非也。彥以歷推之,是月實丑月辛巳,徵諸經傳皆合,若子月,則壬子朔,何以傳文五月有辛丑,十月有庚申哉?"④

此但言隱元魯曆建丑,不言失閏、多閏。施氏應知古曆隱元天正月庚戌朔建子,故推前年十二月辛巳朔、十一月壬子朔。然施氏云丑月辛巳、子月壬子者,則非是。以天正月庚戌建子,可推十二月非丑月,乃亥月;十一月乃戌月,非子月。蓋其涉筆偶誤耳。

6. 王韜云:"大約在隱、桓、莊、僖以前,歲首建丑者多皆坐不當閏而閏之弊。陳氏素精疇人家言,當時號爲淹通中西之術者,故其

---

① 陳氏又云"按杜氏以隱元之前失一閏,推勘經傳皆不合,乃借前一月辛巳爲隱元之正月朔"(《春秋長曆》,頁337下)。據此,春秋本曆建子,以隱元前失一閏,故杜預借上年十二月辛巳朔爲隱元正月朔,是杜曆建亥。又,宋程公說《春秋分記》則謂杜曆建丑,"於隱元年正月朔則辛巳,二年則乙亥。諸曆之正皆建子,而預之正獨建丑焉"(《景印文淵閣四庫全書·經部·春秋類》第154冊,頁164上—164下)。案程說非杜曆之義。

② 《春秋經傳朔閏表》,見清道光元年刊本《遼雅堂學古錄》卷五上,頁4a。

③ 《春秋經傳日月考》,《續修四庫全書·經部·春秋類》第148冊,頁313天頭注文。

④ 《春秋朔閏表發覆》,《續修四庫全書·經部·春秋類》第147冊,頁66,第一欄。

説精確可信。”①

王氏言曆多取法陳厚耀,其《春秋長曆考正》隱元建丑②,實本陳氏之説。此建正與置閏連言,亦與陳氏相同。

7. 新城氏云:“春秋之曆,以文宣時代爲界,前半葉則近於所謂殷正之曆,後半葉,則殆依據所謂周正之曆。”③

此謂文宣以前,春秋歲首建丑,文宣以後,歲首建子。自建丑而建子,是失一閏。

8. 張培瑜云:“大致説來,春秋早期歲首基本建丑,中、後期多數建子。”④

此未明言春秋早期、中期之分界,其義與新城氏無異。

以上諸家論春秋建正,多謂隱元建丑,然各人所指互異。有以爲隱元之前多置一閏者,如陳厚耀;有以爲隱元之前失一閏者,如徐發;有以爲春秋本曆即建丑,不言失閏、多閏者,如施彦士。有以爲隱元之後失二閏者,如鄒伯奇;有以爲隱元之後失一閏者,如新城氏。諸説紛紜,可見言春秋建正者,不得離閏而空言之。

考春秋之置閏,自隱公元年至哀公十四年凡 242 年,以十九年七閏爲算,宜置 89 閏⑤,驗以經文曆日,知春秋實置閏 88 月,少一閏。若隱元之前已失一閏,厥後再失閏,凡失二閏,且春秋置閏又有不當閏而閏者,則冬至或有在三月、立春或有在五月者,恐曆官謬不至此。以理揆之,若隱元之前多置一閏,曆家於後失一閏,或

---

①《春秋朔閏至日考》卷上,《續修四庫全書·經部·春秋類》第 148 册,頁 380 上。

②《春秋朔閏至日考》卷中,頁 390。

③《中國天文學史研究》,頁 368。

④《中國古代曆法》上册,頁 321。

⑤ 即 242 × 7/19=89+3/19。

寓補齊之意。故陳厚耀謂隱元之前多置一閏，説頗可取。

　　春秋242年實置88閏月，失一閏，但失閏在何世，則諸説不一。今據殷、周、魯三術推算，春秋失一閏者，宜在莊僖之世。莊公元年，在殷曆是癸酉蔀第三章首，在周曆是壬子蔀第二章首。僖公廿四年，殷曆是壬子蔀第二章首，周曆則是辛卯蔀首。自莊公元年至僖公廿四年，合三章，宜有21閏月，覈以經文曆日，止20閏月。又以魯曆驗之，桓公十一年爲己酉蔀首，僖公十六年則是己酉第四章首，自桓公十一年至僖公十六年，凡三章，宜有21閏月，驗以曆日，亦止20閏月。兩相推比，則莊僖之世宜失一閏耳。施彦士云"自隱至僖，實失一閏"[1]，説與三術推算相合，可從。

　　設若莊僖世失一閏，是爲補正隱前多置一閏之失，則魯曆猶循三年一閏、五年再閏之例。春秋惟有兩處四年一閏：（一）莊公三年置閏、莊公七年再閏，中間四年者，乃缺一閏，爲補正隱元前多置一閏之失。（二）定公元年本當有閏，但定公即位在六月，無恩於先君，曆官或擬新君踰年改元之意，不於元年置閏，而移閏於下年，以起正月大。此亦四年一閏，以定公即位不在正月故也。春秋惟此兩處四年一閏，皆有由也。餘者置閏，或三年或二年，並無四年一閏之例。既無四年一閏，則五年一閏、六年一閏，其謬不待辨矣。以此驗以前人所排曆表，竟無一相合者。

六、論諸曆表連大月之失

　　考前人推排曆表，不但置閏多違曆理，且於連大月之設，亦多可議。案四分術推排連大月，有固定之例，用式表示：15-17-17-

---

① 施彦士《書陳氏春秋曆存後》，《春秋朔閏表發覆》卷首，頁54。

15-17,謂間 15 月或 17 月,即有一連大月,無有踰 17 月而無連大月者,亦無未及 15 月即設連大月者。但自來學者所以不用此法,緣四分術編排曆表與經傳曆日多違,尤與日食干支不合。以新城氏爲例,彼謂春秋時曆用平朔[1],然其編排曆表,却不依 15-17-17-15-17 之例。新城氏自述其法云:

1.以三十三個日食干支爲依據,分爲三十四個區隔,每區隔之內,閏月數確定,以經文曆日插入其中,若有不合者,則置閏。

2.每隔十六、七個月而排入連接之二個大月(稱爲一個連大月),約三十二、三個月間而置二個連大月。

3.參照兩端月朔之干支順序數及其間所有之月數(閏月亦在內),而決定其間應插入連大月若干。

4.當按排閏月之時,務俾經文所載曆日之干支順序數,恰適容納於其相當之月內。

5.閏月之間,以相隔約三十二個月者爲標準,或參照歲終置閏法,或殷曆、顓頊曆等之置閏法。[2]

依此法,新城氏以襄公廿年十月丙辰朔日食至襄公廿四年七月甲子朔日食爲例,分爲三區隔:

1.襄廿年十月丙辰朔日食至襄廿一年九月庚戌朔日食,一閏月。

2.襄廿一年九月庚戌朔日食至襄廿三年二月癸酉朔日食,無閏月。

3.襄廿三年二月癸酉朔日食至廿四年七月甲子朔日食,一閏月。[3]

---

①《中國天文學史研究》,頁 346。
②《中國天文學史研究》,頁 346—348。
③《中國天文學史研究》,頁 348。

　　第一區隔,有閏月一,中間無連大月①。第二區隔,無閏月,連大月有二,即襄廿一年九月大、十月大;廿二年十二月大、廿三年一月大②。第三區隔,閏月一,無連大月③。

　　新城氏設連大月,自言“排列十五、十七、十七個月之間隔”④,但第三區隔,閱21月始設連大月⑤,與例相違。且新城氏以襄廿年至廿四年爲證,兩日食間相距甚近,易於推定連大月。若是兩日食之間相去甚遠,如桓公三年七月壬辰朔日食至莊公廿五年六月辛未朔日食,閱40年,大小月可以變易者不知凡幾。其曆表於莊公十八年二、三月設爲連大月,至十九年十一月、十二月又設連大月,相間21月⑥,亦非四分術平朔之法。

　　以連大月15-17-17-15-17之法相驗,不但新城氏曆表不可信,即諸家曆表亦多不可信。若王韜曆表,自隱公元年直至莊公六年,34年間,連大月之設皆間17月,無有間15月者;而莊公廿七年至廿八年,連大月相間21月⑦,又踰於17月。施彥士曆表,隱公二年十一月、十二月爲連大月,隱公三年十一月、十二月亦是連大月,間13月即設連大月⑧,未及15。鄒伯奇曆表,自隱公三年十月、十一月爲連大月,至隱公六年七月、八月連大月⑨,相間竟至於

---

①《中國天文學史研究》,頁350。

②《中國天文學史研究》,頁349。

③《中國天文學史研究》,頁350—351。

④《中國天文學史研究》,頁351。

⑤《中國天文學史研究》,頁365（二）。案新城氏曆表,襄廿二年十二月、襄廿三年正月爲連大月,其下連大月則是襄廿四年八月、九月,相間21月。

⑥《中國天文學史研究》,頁356（三）。

⑦《春秋朔閏至日考》,卷中,頁398上。

⑧《春秋朔閏表發覆》,頁67、68。

⑨《春秋經傳日月考》,頁313—314。

33 月，尤違曆理。

　　諸家曆表設置連大月，俱不合 15 月、17 月相間之例。顧知雒據日食而推排曆表者，持論雖高，却不能徵實。以連大月相間 15、17 月爲準，則諸曆表又無一相合矣。

　　或有疑者，今人張培瑜自創術法，即蔀年 83，蔀月 1027，蔀日 30328，朔策 30329/1027，一元凡十五蔀。據此術法，所推排曆表，連大月相間最合 15-17-17-15-17 之例。何以不依其法？案張氏曆表，連大月之設雖合曆理，然其置閏非十九年七閏，乃八年三閏。與十九年七閏相較，每 152 年即多一閏[①]。春秋 242 年，據張氏術法推排，凡 91 閏[②]。故張氏以寅月爲隱元建正之首，除去兩月，又以哀公十四年閏月移於明年[③]，如此，春秋 242 年乃置 88 閏，其實非十九年七閏之義。且哀公三年，據張氏術法，此年四月乙未朔，小餘 86[④]，不合經文“夏四月甲午，地震”之曆日。故張氏設連大月雖合 15-17-

---

① 即 3/8-7/19=1/152。

② 算如下：242×3/8=726/8=90+6/8。意謂春秋 242 年閏月之數或 90，或 91。知凡 91 閏者，以隱公元年與哀公十四年皆有閏。如隱公元年，據張氏術法，此年入己酉蔀 77 年算外，積月：77×1027/83=952+63/83，閏餘 63，大於 53，知有閏。同理，哀公十四年，據張氏術法，此年入癸酉蔀 69 年算外，積月：69×1027/83=853+64/83。閏餘 64，有閏。

③ 據張氏術法，哀公十四當有閏。此年入癸酉蔀 69 年算外，積月 69×1027/83=853+64/83，閏餘 64，大於 53，知有閏。積日：853×30328/1027=25189+681/1027，大餘：25189-60×419=49，命起癸酉，算外 49，得正月壬戌朔，小餘 681。以下大餘加 29，滿 60，除去之；小餘加 545，滿 1027，進一，可得十二月丁亥朔，小餘 514；閏月丁巳朔，小餘 32。而張氏以閏月移於明年，故哀公十五年正月丁巳朔（見《中國古代曆法》上册，頁 318）。

④ 據張氏術法，此年入癸酉蔀 58 年算外，積月：58×1027/83=717+55/83。積日：717×30328/1027=21173+505/1027，大餘 21173-60×352=53，命起癸酉，算外 53，得正月丙寅朔。以下大餘加 29，滿 60，除去之；小餘加 545，滿 1027，進一，可得四月乙未朔，小餘 86。

17-15-17 之例,因其閏法可議,且其自創術法,又於文獻無徵,故未敢從之。

七、論魯曆與列國曆法異同

前人推排曆表,於閏月、連大月之設多有闕失,究其緣由,非不明曆算推步,乃緣考證未周也。如學者常言魯曆與列國曆法不同,然又謂魯用周正,晉用夏正。今以經傳曆日相證,知魯曆與列國曆法殊異者,月每差一月,日每差一日。月差一月,是置閏不同;日差一日,是朔法有殊。《漢書·五行志》云"周衰,天子不班朔,魯曆不正,置閏不得其月,月大小不得其度"[1],云"天子不班朔,魯曆不正",謂魯曆與周曆有殊。云"置閏不得其月",可以月每差一月相證;云"月大小不得其度",可以日每差一日相證。

其一,釋日每差一日。

日每差一日者,謂周及列國之曆先魯一日,其例有:

1. 莊公廿八年經"三月甲寅,齊人伐衛",魯曆三月乙卯朔,甲寅乃二月晦,是齊曆先魯一日。知魯曆三月乙卯朔者,以莊廿六年經書十二月癸亥日食、莊三十年經書九月庚午朔日食,可以前後推定。

2. 僖公五年《左傳》"正月辛亥朔,日南至",記周曆也,此年魯曆正月壬子朔,辛亥則前年十二月晦,是周曆先魯一日。又同年傳"冬十二月丙子朔,晉滅虢",此記晉曆,魯曆十二月丁丑朔,丙子乃十一月晦,是晉曆先魯一日。知魯曆正月壬子朔、十二月丁丑朔者,以此年經有九月戊申朔日食,可上下推定。

3. 文公元年《左傳》"五月辛酉朔,晉師圍戚",魯曆五月壬戌

---

[1]《漢書》第 5 册,頁 1479。

朔，辛酉乃四月晦，是晉曆先魯一日。知魯曆五月壬戌朔者，此年經書二月癸亥朔日食，二月，蓋三月之誤。據三月癸亥朔，可知五月壬戌朔。

4. 成公十八年《左傳》"齊爲慶氏之難，故甲申晦，齊侯使士華免以戈殺國佐于内宮之朝"，此文繫於正月下，敘齊事。魯曆二月丙戌朔，正月晦乙酉，甲申乃晦前一日，是齊曆先魯一日。同年傳"二月乙酉朔，晉悼公即位于朝"，敘晉事，亦晉曆先魯一日。知魯曆二月丙戌朔者，以前年經"十有二月丁巳朔，日有食之"可知。

5. 襄公廿六年《左傳》"鄭伯賞入陳之功。三月甲寅朔，享子展"，此記鄭曆，魯曆三月乙卯朔，甲寅乃二月晦，是鄭曆先魯一日。知魯曆三月乙卯朔者，以上下經日食之期可以相推，且經文"八月壬午(一日)"也可參證。

6. 昭公廿年《左傳》"二月己丑，日南至"，此言周曆也。魯曆二月庚寅朔，己丑，正月晦，是周曆先魯一日。知魯曆二月庚寅朔而非己丑朔者，此年傳文"七月戊午朔"可爲旁證。

7. 昭公廿三年《左傳》"正月壬寅朔，二師圍郊"，二師者，王師、晉師也。魯曆正月癸卯朔，壬寅乃前月晦，是周曆、晉曆先魯一日。

以上七例，周、齊、晉、鄭曆皆先魯一日，是日每差一日之證。日每差一日，則大小月與列國之曆不同，故班固云"月大小不得其度"。

其二，釋月每差一月。

月差一月者，謂魯曆與列國之曆置閏不同。其例有：

1. 僖公廿四年三月，《左傳》敘晉事云"己丑晦，公宮火"，但此年魯曆三月辛卯朔，四月庚申朔，己丑乃四月晦，是魯曆後晉曆一月。知魯曆己丑四月晦者，可據僖廿二年十一月己巳朔推得。

2. 僖公三十三年經"夏四月辛巳，晉人及姜戎敗秦師于殽。癸巳,葬晉文公",此年魯曆四月戊戌朔,並無辛巳、癸巳。但下經"十有二月乙巳,公薨于小寢",則與曆表相合。經敘魯事,月日合乎曆表;經敘晉事,月日不協。且下傳云"八月戊子,晉侯敗狄于箕",八月丁酉朔,無戊子。經傳三敘晉事而月日皆不合魯曆,恐非傳寫之誤,乃晉曆與魯曆不合故也。不合者,置閏不同耳。

3. 文公三年經"夏五月,王子虎卒",《左傳》云"夏四月乙亥,王叔文公卒",魯曆四月辛亥朔,乙亥,二十五日。據隱公三年《公羊傳》,外大夫例不卒,今王子虎所以卒者,以其新使乎魯,故以恩情録之。若此,則經書王子虎卒,據來日赴書也。周之四月,魯則五月,是魯曆後周曆一月(參下文"諸侯卒赴例")。

4. 襄公廿二年經"秋七月辛酉,叔老卒",魯曆七月丙午朔,辛酉,十六日。經敘魯事合乎曆表,但《左傳》敘鄭事云,"九月己巳,伯張卒。十二月丁巳,其夫攻子明殺之,以其妻行"。九月無己巳,十二月亦無丁巳,是鄭曆並與魯曆不合,蓋二曆置閏有異。知魯曆十二月無丁巳者,前年九月庚戌朔日食、十月庚辰朔日食,明年二月癸酉朔日食,上下可以推知。

5. 昭公十二年傳"十月壬申朔,原輿人逐絞,而立公子跪尋",此據周曆也。然魯曆當是十一月壬申朔,後周曆一月。若魯曆亦十月壬申朔,爲合昭十五年六月丁巳朔日食,須四年一閏,則與曆理相乖。

以上五例,魯曆並後於周、晉之曆一月,鄭曆又與魯曆有一月之差,皆是月差一月之證。陳厚耀嘗云"經傳多不合,月每差兩月,日每差一日",云"日每差一日"者,是也;云"月每差兩月"者,則非。陳氏之意,"春秋時周正、夏正列國互用"[1],故云"月每差兩

---

[1]《春秋長曆》,頁 325 下。

月”。案陳氏實本杜預之説。考杜氏《春秋後序》據汲冢書，謂晉“莊伯之十一年十一月，魯隱公之元年正月也，皆用夏正建寅之月爲歲首”①。此既云晉之十一月當魯隱之正月，則不得謂晉用夏正建寅之月爲歲首。何者？據杜氏自家長曆，隱元正月辛巳朔，二月庚戌朔，三月庚辰朔。而古曆天正月庚戌朔建子，辛巳朔明在建亥之月。汲冢竹書所載晉曆以辛巳爲十一月朔，則明年正月朔庚辰，是建丑，非建寅。杜氏誤以隱元正月辛巳爲建子，故謂晉用夏正建寅之月爲歲首，其實非是。

其三，王氏“晉用夏正考”辨誤。

但王韜承杜預、陳厚耀之説，撰《晉用夏正考》一文，謂“全經所書晉事，往往與傳差兩月”②，凡舉十二例，似乎詳密，今一一驗之，多非。

1. 僖公四年傳“十二月戊申，縊于新城”，僖五年經“春，晉侯殺其世子申生”，傳在前年十二月，經在今年春，王韜云“經從周正而傳從夏正”③。案僖五年傳云“晉侯使以殺大子申生之故來告”，文繫於正月之下。若是周正、夏正之異，傳在十二月，經當在二月，不應在正月。顧棟高嘗云“經書春，不書月數，蓋春二月也”④，乃推測之辭，不足徵信。

2. 僖公五年傳“童謠云：‘丙之晨，龍尾伏辰，均服振振，取虢之旂，鶉之賁賁，天策焞焞，火中成軍，虢公其奔。其九月、十月之交乎？’冬十二月丙子朔，晉滅虢，虢公醜奔京師”，劉歆《世經》嘗論

---

①《春秋左傳正義》，《十三經注疏》第 6 册，頁 1063 上。

②《春秋朔閏至日考》，卷上，頁 372 下。

③《春秋朔閏至日考》，卷上，頁 372 下。

④ 顧棟高《春秋大事表》第 3 册，頁 2581。

云"言曆者以夏時,故周十二月,夏十月也"①,意謂傳文"十二月丙子朔"乃周曆,童謠所言,是晉曆,相差二月,即夏正、周正之別。然傳文所敘本是晉事,"十二月丙子朔"即是晉曆,非周曆。傳家據國史而書,謂晉曆十二月丙子朔,當童謠所言"九月、十月之交"。王韜爲證夏正、周正之別,而云"傳蓋據周厤追而正之"②,如此,傳敘晉事而曆更用周正,何其委曲耶?彌縫之辭,終難取信。

3. 僖公九年經"甲子,晉侯詭諸卒",文在九月戊辰之下。九月乙卯朔,戊辰,十四日;甲子,十日。甲子反在下者,王韜以爲此乃夏正九月,當周正十一月③。然"甲子",《公羊》作甲戌,乃九月二十日,在戊辰之後。設若《公羊》甲戌爲是,則月日次序分明,晉用夏正云云,又不可據。

4. 僖公九年傳"十一月,里克殺公子卓于朝,荀息死之",但十年經"晉里克弑其君卓及其大夫荀息",文在正月之下,王韜謂夏之十一月,當周之正月,經文自明④。但此或據來日赴書(說詳下節),即卓於前年十一月卒,今年正月來赴,杜注云"弑卓在前年,而以今春書者,從赴也"⑤,足備一說。

5. 僖公十五年經"十有一月壬戌,晉侯及秦伯戰于韓,獲晉侯",傳云"壬戌,戰于韓原",繫於九月之下,此例杜預仍以從赴爲釋,王韜以爲夏正、周正之異⑥。但據傳家用語,如"晉大夫反首拔舍從之。秦伯使辭焉"云云,則此傳未必全據晉史,或據秦之國史。

---

①《漢書》第 4 冊,頁 1019。
②《春秋朔閏至日考》卷上,頁 372 下。
③《春秋朔閏至日考》卷上,頁 372 下。
④《春秋朔閏至日考》卷上,頁 372 下。
⑤《春秋左傳正義》,《十三經注疏》第 6 冊,頁 220 下。
⑥《春秋朔閏至日考》卷上,頁 372 下—373 上。

若然，以此爲晉用夏正之證，又嫌牽强。

6. 文公二年經 "三月乙巳，及晉處父盟"，而傳在四月，此非夏正、周正之異明矣。王韜引姚文田之説 ①，姚文田曆表有一年二閏、一年三閏者 ②，豈可憑據？

7. 襄公三十年傳，晉絳縣老人云 "臣生之歲，正月甲子朔"，當魯文公十一年。案此年周曆三月甲子朔，老人云正月甲子朔，可爲晉用夏正之證。

8. 成公十八年經 "庚申，晉弑其君州蒲"，文在 "正月" 之下，而《左傳》云 "正月庚申，晉欒書、中行偃使程滑弑厲公"，亦在正月，下文 "庚午，盟而入。辛巳，朝于武宮。甲申晦，齊侯使士華免以戈殺國佐于内宮之朝。二月乙酉朔，晉悼公即位于朝"，月日之敍分明。而王氏竟謂庚午以下乃夏正，當周正三月。然則，傳正月庚申弑厲公，則又是何正？且經書 "公如晉"，明是魯朝大國之禮，文在 "春" 下，則晉侯即位不在夏時，明矣。王韜云 "周正四月" 者 ③，已入夏，非是。

9. 襄公十年經 "夏五月甲午，遂滅偪陽"，傳云 "五月庚寅，荀偃、士匄帥卒攻偪陽，親受矢石。甲午，滅之。書曰'遂滅偪陽'，言自會也"。此經傳同在五月，而王氏竟云 "似係夏正六月"。其解經不據經傳明文，而據傳文 "水潦將降" 以爲推測之辭 ④，殊非解經之體。

---

① 《春秋朔閏至日考》卷上，頁 373 上。
② 據姚氏《春秋經傳閏朔表》，一年二閏者，文公元年朔閏表；一年三閏者，襄公廿八年朔閏表。分見《邃雅堂學古録》卷五上，頁 54a—b；卷五下，頁 27a—b。
③ 《春秋朔閏至日考》卷上，頁 373 上。
④ 《春秋朔閏至日考》卷上，頁 373 上。

10. 襄公十八年經"冬十月,公會晉侯、宋公、衛侯、鄭伯、曹伯、莒子、邾婁子、滕子、薛伯、杞伯、小邾婁子同圍齊",傳云"冬十月,會于魯濟,同伐齊",是經傳同月。下傳"丙寅晦,齊師夜遁",文在十月之下,王韜引姚文田曆表爲證,謂此十月乃夏正,當周正十二月。又謂下傳文"十一月丁卯朔"當周正明年正月朔。王韜欲圓其説,明知姚文田曆表誤而引證之 ①,是以誤證誤。

11. 襄公十九年傳"二月甲寅,卒,而視,不可含",王韜謂此二月當周正四月 ②,又無經文可證。

12. 昭公元年傳"十二月,晉既烝。趙孟適南陽,將會孟子餘。甲辰朔,烝于溫",王韜云:"是明年正月朔也。晉用夏正,夏之正月乃周之十二月也。" ③ 據周曆推算,昭公二年正月甲辰朔,晉若用夏正,其明年正月當周正明年三月。王説非。

以上十二例,惟第 7 例可爲夏正、周正之別,其餘諸例皆不得爲證。王氏云"推核全經甲子,而證之以傳所紀之時月互異,其用夏正也顯矣" ④,説非其實。即以第 7 例論,絳縣老人之言,乃傳家引語,容有比附,非傳文直引晉曆者可比。今亦用王氏之法,以經傳曆日證晉不用夏正:

1. 僖公廿八年經"夏四月己巳,晉侯、齊師、宋師、秦師及楚人戰于城濮",而《左傳》云"夏四月戊辰,晉侯、宋公、齊國歸父、崔夭、秦小子憖次于城濮",傳敘晉事,而經傳同在四月,是晉不用夏正。

---

① 王韜《與湛約翰先生書論姚氏長秝之謬》,《春秋朔閏至日考》,頁 388 下—390 上。

②《春秋朔閏至日考》,卷上,頁 373 上。

③《春秋朔閏至日考》,卷上,頁 373 上。

④《春秋朔閏至日考》,卷上,頁 373 上。

2. 文公六年經"八月乙亥,晉侯驩卒",《左傳》云"八月乙亥,晉襄公卒。靈公少"云云,經傳同在八月,不得謂晉用夏正。

3. 宣公十五年經"六月癸卯,晉師滅赤狄潞氏",《左傳》云"六月癸卯,晉荀林父敗赤狄于曲梁。辛亥,滅潞",經傳同在六月,與上二例同。

4. 昭公十七年經"八月,晉荀吳帥師滅陸渾之戎",《左傳》云"九月丁卯,晉荀吳帥師涉自棘津""庚午,遂滅陸渾",經在八月,傳在九月,此非夏正、周正之異明矣。

5. 定公十三年經"冬,晉荀寅、士吉射入于朝歌以叛。晉趙鞅歸于晉",《左傳》云"十一月丁未,荀寅、士吉射奔朝歌。韓魏以趙氏爲請。十二月辛未,趙鞅入于絳,盟于公宮",設若晉用夏正,晉之十一月、十二月,當魯之明年正月、二月,經不得於此年書"冬"。既書冬,知晉不用夏正。

由此可見,晉、魯曆不同,非周正、夏正之差。魯曆與列國曆法互異,以置閏有殊,故月每差一月;以朔法不一,故日每差一日。

八、論諸侯卒赴例

由上所述,知前人推排曆表,其失在於閏月、連大月之設不合曆理。所以失者,爲遷就經傳曆日也。然經書曆日,未必是魯國之曆,强欲遷就,則違曆理。以外諸侯卒日爲例,經有據赴而書者,有不據赴而書者;據赴而書者,又有來日赴、往日赴之分。若不分疏外諸侯卒赴之例,則據諸侯卒日而編排曆表者,必前後乖錯。

知諸侯卒,有據赴而書者,《白虎通·崩薨篇》云:

　　天子崩,赴告諸侯何?緣臣子喪君,哀痛憤懣,無能不告語人者也。臣死,亦赴告於君何?此君哀痛於臣子也,欲聞之,加賻賵之禮,故《春秋》曰"蔡侯考父卒",《傳》曰"卒赴而葬不告,禮也"。諸侯薨,赴告鄰國何?緣鄰國欲有禮也。①

《白虎通》所引"傳曰",乃隱公八年《公羊傳》文。《左傳》亦有卒赴之説,如僖公廿三年傳云:"不書名,未同盟也。凡諸侯同盟,死則赴以名,禮也。赴以名,則亦書之,不然則否。"二傳之解諸侯卒赴略異。《公羊》以爲卒赴之體有名有日②,《左氏》則解名而不解日,然孔穎達疏云"計赴告之體,本應皆以日告"③,亦謂諸侯卒赴當有告日之例。

然亦有不據赴告而書者,如襄公元年經"九月辛酉,天王崩。邾婁子來朝。冬,衛侯使公孫剽來聘。晉侯使荀罃來聘",案九月天王崩,其後即有諸侯相朝聘之事,可知王朝未曾赴告,故諸侯仍行嘉禮,知此"九月辛酉"乃天王崩日,非赴日。又如桓公五年經"正月甲戌、己丑,陳侯鮑卒",二日卒者,《公羊》以爲怴也④,是陳侯鮑卒日不以赴告,乃夫子據陳國史而書⑤。由此二例,知經書天子諸侯卒日,不必盡據赴告。

即據赴告,魯史記諸侯卒日亦有分别:或據往日赴,或據來日

---

① 陳立《白虎通疏證》,頁 536—540。

② 隱公八年《公羊傳》云"卒何以日而葬不日?卒赴而葬不告",何休注云"赴天子也。緣天子閔傷,欲其知之。又臣子疾痛,不能不具以告"(《公羊傳注疏》,頁 40 上),是《公羊》以爲赴告時宜告日。

③《春秋左傳正義》,《十三經注疏》第 6 册,頁 123 下。

④《公羊傳》云"曷爲以二日卒之?怴也",何注"怴者,狂也"(《公羊傳注疏》,頁 52 上)。

⑤《左傳》以爲"再赴",但趙匡駁云:"豈有正當禍亂之時,而暇競使人赴告哉?"(陸淳《春秋集傳辨疑》引趙匡説,《景印文淵閣四庫全書·經部·春秋類》第 146 册,頁 611 上)此説頗近事理。

赴。據往日赴者,謂以實卒之日書;據來日赴者,謂以來赴之日書。
文公十四年經"齊公子商人弒其君舍",文在"九月"之下,《左傳》
云"齊人定懿公,使來告難,故書以九月",是據來日赴書。襄公七
年經"十有二月,公會晉侯、宋公、陳侯、衛侯、曹伯、莒子、邾婁子
于鄬。鄭伯髡頑如會,未見諸侯。丙戌,卒于鄬",魯曆十二月辛丑
朔,無丙戌,據《左傳》"及鄭,子駟使賊夜弒僖公,而以瘧疾赴于諸
侯",是"丙戌"據往日赴書。史記卒日既有來日赴、往日赴之別,
以魯曆與列國曆法之異,據往日赴者,與魯曆不合,理宜有之。今
徧考外諸侯卒日之例,凡小國皆據來日赴書;大國則據往日赴書,
間有據來日赴者,別有故也。大國,謂齊、晉、宋、陳、蔡、衛、鄭;小
國,則曹、許、莒、邾婁以下 ①。

　　知小國卒日據來日赴、大國據往日赴者,以小國卒日皆合魯
曆,而大國卒日多不合魯曆。小國卒日凡二十例 ②,僅一例與魯曆
不合,即昭公廿四年經"丁酉,杞伯郁釐卒",文在"八月"之下,然
魯曆八月甲子朔,無丁酉,此或干支傳寫譌誤,或丁酉上脫書月 ③。
自茲以外,杞之三卒日皆合魯曆 ④。又以許國爲證,許乃鄭之與國,

---

① 關於《春秋》大小國之分,詳見本書第六章《公羊何氏外諸侯卒葬日月例
　考》。
② 二十卒者:宿卒一,曹卒二,邾卒三,許卒四,滕卒五,杞卒四,薛卒一。此不
　及楚、吳、秦者,以其夷狄行,與諸夏交接多變,書卒無定例。
③ 所以疑丁酉上脫書月者,以經有同例。成公二年經"八月壬午,宋公鮑卒。
　庚寅,衛侯速卒",八月丙辰朔,無庚寅,據《左傳》云"九月,衛穆公卒",則
　"庚寅"上脫書"九月"。
④ 杞之卒例:(1)襄公六年三月壬午,杞伯姑容卒。(2)襄公廿三年三月己
　巳,杞伯匄卒。(3)哀公八年十二月癸亥,杞伯過卒。

鄭、魯曆不一，而經書許之卒日者四^①，皆與魯曆合，蓋許爲小國，魯史據來日赴書，故其卒日俱與魯曆合。

至於諸侯卒日，凡與魯曆不合者，皆在大國例，其證有：

1. 桓公十二年經"八月壬辰，陳侯躍卒"，魯曆八月庚子朔，無壬辰。此經上有七月丁亥，下有十一月丙戌、十二月丁未，皆敍魯事，與曆合。而記陳侯卒日，則不合曆日。

2. 成公四年經"三月壬申，鄭伯堅卒"，魯曆三月丁丑朔，無壬申。下經四月甲寅，臧孫許卒，合乎曆日。敍魯事合曆，記鄭伯卒日則不合曆。

3. 成公九年經"秋七月丙子，齊侯無野卒"，魯曆七月丙午朔，無丙子。下經"楚公子嬰齊帥師伐莒，庚申，莒潰"，文在十一月下，庚申，十一月十七日，敍楚、莒事合乎曆表，記齊侯卒日則不合曆。

4. 襄公四年經"三月己酉，陳侯午卒"，魯曆三月壬戌朔，無己酉，下經"七月戊子，夫人姒氏薨。八月辛亥，葬我小君定姒"，敍魯事合曆，記陳侯卒日則不合曆。

5. 昭公廿八年經"夏四月丙戌，鄭伯甯卒"，魯曆四月壬寅朔，無丙戌，下經有"七月癸巳，滕子甯卒"，滕乃魯之屬國，記滕子卒日合乎曆表，記鄭伯卒日不合曆表。

6. 定公四年經"二月癸巳，陳侯吳卒"，魯曆二月丁巳朔，無癸巳。下經有四月庚辰，蔡公孫姓帥師滅沈，敍蔡、沈事合乎曆表，記陳侯卒日則不合曆表。

以上六例，有上下經文可以互證，陳、齊、鄭三大國卒日皆不合魯曆。此或緣月日有誤，或據往日赴書。若謂月日有誤，何以大國

---

① 此四例：（1）文公五年冬十月甲申，許男業卒。（2）宣公十七年正月庚子，許男錫我卒。（3）襄公廿六年八月壬午，許男甯卒于楚。（4）昭公十九年夏五月戊辰，許世子止弑其君買。

卒日多誤，而小國卒日總不誤？若以往日赴爲釋，則諸不合者皆渙然冰釋。

　　或有問者，何以小國卒據來日赴書，大國卒據往日赴書？案小國卒據來日赴者，自我言之。自我言之，尊魯也，宜小國例。大國卒據往日赴者，自彼言之。自彼言之，重大國也，宜大國例。大國卒，若據來日赴，則有別故，如《左傳》襄公廿八年，天王崩於十一月癸巳，而赴者竟以來日十二月甲寅告，故傳云“徵過也”。又如僖公十七年經“十有二月乙亥，齊侯小白卒”，據《左傳》，“冬十月乙亥，齊桓公卒。十二月乙亥，赴”，其據來日赴書，以齊國亂耳。小國據來日赴書，大國據往日赴書，可推王朝大夫卒而書日者，宜據來日赴書，以王朝大夫可當小國君也，如文公三年經“夏五月，王子虎卒”，《左傳》云“夏四月乙亥，王叔文公卒，來赴弔，如同盟禮也”，此年四月辛亥朔，乙亥，四月二十五日，經書五月，據來日赴也[①]。

　　明乎諸侯卒赴有來日赴、往日赴之分，則閏月、連大月之設，即有所憑依。以往曆表所以五年始置一閏、甚至六年一閏者，皆未考諸侯卒赴有來日赴、往日赴之分，故爲遷就經傳曆日而置閏，總嫌與曆理相乖。

九、釋曆表推排之法

　　推排春秋曆表，既關曆術推算，又關經傳考辨。今既考辨經傳文例如上，更敘推排之法如下。曆表之編排，主用魯曆，所以用魯曆而不用殷曆者，以緯書云魯用殷曆，恐是附會之辭，且循名而責

---

① 杜注“不書爵者，天王赴也”（《春秋左傳正義》，《十三經注疏》第6冊，頁304下），是也。但楊伯峻先生云“恐是經誤”（《春秋左傳注》第2冊，頁527），則不據來日赴爲説，不如杜注義長。

實，亦宜擇用魯曆。魯曆上元積年數，從顧觀光説，即 2764394，不從《開元占經》所載 2761334。

其一，先敘編排大例：

1. 隱元之建正，依陳厚耀退兩月之説，即建丑。

2. 置閏之法，循十九年七閏之例，或三年一閏，或二年一閏，閏皆在年末。至於何年置閏，則主據經文曆日。春秋無頻年置閏、一年二閏之例，亦無四年一閏、五年一閏之例，其間有兩處四年一閏者，別有故也。

3. 置閏主據經文曆日，若無曆日可證，則置閏容有兩可。

4. 連大月之設，主依四分術 15-17-17-15-17 之例，雖有不合此例者，以班固云“魯曆不正，月大小不得其度”可釋。雖然，連大月相間猶有一定之例，多者不過 17 月，寡者不少於 15 月。

5. 據魯曆推排春秋二百四十二年朔閏表，以《春秋》日食相驗，每相差一日，蓋朔法有殊，故加朔小餘以合日食干支。

6. 經傳不同曆，曆表編排據經不據傳。若經傳互異，則舍傳從經。

其二，次釋置閏容有兩可：

曆表置閏，主據經傳曆日，但經傳每年未必皆有曆日，故置閏容有兩可，如莊公廿九年無甲乙，曆表可在莊廿八年置閏，亦可在廿九年置閏，以無經傳可驗，且與曆理不相違。又有經文曆日前後自相違，於上年置閏，則不合下年之月日；於下年置閏，則不合上年之月日；此亦置閏兩可之證。如襄公廿八年十二月甲寅，天王崩。乙未，楚子昭卒，據何休注，蓋此年有閏 [1]，乙未即閏月二十八日。然廿九年無閏，則此年“五月庚午，衞侯衎卒”不合曆表。若廿九

---

[1] 何注云：“乙未與甲寅相去四十二日，蓋閏月也。”見《公羊傳注疏》，頁 265 上。

年置閏,則曆表雖與五月庚午合,而前年"乙未,楚子昭卒"又不合曆表,是以上下不能相顧。如斯之類,即置閏容有兩可。

其三,末敘加朔小餘之法:

1. 加朔小餘,以連大月相間無踰17月爲定準。自隱公元年至宣公元年,魯曆加朔小餘539。所以加539者,緣莊公廿六年十二月壬戌朔,魯曆小餘401[①]。爲合經文十二月癸亥朔日食,故加539。又,魯曆文公九年十月癸酉朔,小餘405,若從而加小餘539,則十月朔甲戌,癸酉乃九月晦,經云"九月癸酉,地震",曆表與此合。今加小餘539止於宣公元年者,以宣三年乃魯曆戊子蔀第二章首。

2. 加朔小餘之年,多在章蔀年前後,便於推排耳。宣公三年,魯曆戊子蔀第二章首,故於宣公二年加朔小餘469,至於成公四年。所以加469者,俾連大月相間無踰17月也。

3. 同理,成公四年乃魯曆戊子蔀第三章首,自成五年起加朔小餘403,至於襄公六年,所以加403者,俾連大月相間無踰17月。

4. 魯曆襄公五年乃戊子蔀第四章首,自襄公七年起加朔小餘348,至於襄公廿五年。所以加348者,以魯曆襄公廿一年九月庚戌朔,小餘569,與經文九月庚戌朔日食合,故所加小餘當小於371。又魯曆襄公廿三年二月壬申朔,小餘592,經文二月癸酉朔日食,故所加小餘當大於348。今自襄七年起加朔小餘348,可以兩合此日食干支。

---

① 算如下:魯曆上元至莊公廿六年(前668),積年2763013,(1)入紀:2763013÷4560=605+4213/4560,4213−1520×2=1173,知入人紀1173。(2)入蔀:1173÷76=15+33/76,命起甲子,算外15,入己酉蔀33年算外。(3)積月:(33×235+1)÷19=408+4/19。(4)積日:408×27759/940=12048+552/940,12048−60×200=48,命起己酉,算外48,得天正正月丁酉朔,小餘552,大餘48,以下每月大餘加29,小餘加499,可得十二月壬戌朔,小餘401。

5. 魯曆襄公廿四年乃丁卯蔀首，自襄公廿六年起加小餘280，至於昭公十二年，俾連大月相間無踰17月。

6. 魯曆昭公十二年乃丁卯蔀第一章首，自昭十三年起加朔小餘213，至於定公元年。所以加213者，緣昭公二十年正月庚申，小餘727，加213，則正月辛酉朔，連大月相間不踰17月。所以止於定公元年者，以此年定公六月即位，無恩於先君，曆官或擬新君踰年改元之義，一則移閏於下年，一則另加朔小餘。

7. 自定公二年起至於哀公十四年，加朔小餘147，所以加147者，以魯曆定公五年三月庚戌朔，小餘794，經文三月辛亥朔日食，相差一日，故所加小餘數不得小於146；又魯曆哀公四年四月甲午朔，小餘792，經文"四月甲午，地震"，干支相合，是以所加小餘數不得大於148，即 $146 \leq X < 148$，故取147。

如此，曆表於連大月之設，不合15-17-17-15-17之例者凡六，即自文公十六年二、三月爲連大月，至宣公五年正、二月爲連大月，中間十七月者四，即15-17-17-17-17-15，此不合者一。自成公元年五、六月爲連大月，至成公八年正、二月爲連大月，中間十七月者五，即15-17-17-17-17-17-15，此不合者二。自襄公三年二、三月爲連大月，至襄公十一年三、四月爲連大月，中間十七月者五，即15-17-17-17-17-17-15，此不合者三。自襄公廿二年十二月、廿三年正月爲連大月，至襄公廿九年十一、十二月爲連大月，中間十七月者亦五，即15-17-17-17-17-17-15，此不合者四。自昭公十年七、八月爲連大月，至昭公十六年正、二月連大月，中間十七月者四，即15-17-17-17-17-15，此不合者五。自昭公廿九年二、三月爲連大月，至定公五年三、四月連大月，中間十七月者五，即15-17-17-17-17-17-15，此不合者六。

雖然連大月之設有此六不合，但相間皆無踰17月。且連大月相間 17 月者最多不過八年,較王韜曆表之設連大月,竟連續三十四年相間 17 月,又有閏 21 月始設連大月者,其長短相去又何如哉?

十、經文曆日考證

依上法所排春秋曆表,凡經文曆日與此不合者,或三家經有異文者,則分條考辨之,以證曆表之可信。爲清眉目,列表如下。

表7-2　經文曆日考證表

魯十二公之年	經文	考證	備注
1.隱公二年	秋八月庚辰,公及戎盟于唐。	曆表八月壬寅朔,無庚辰。下經"十二月乙卯,夫人子氏薨",合乎曆表,則此八月庚辰,月日或有一誤。	前後互異例
2.隱公四年	戊申,衞州吁弑其君完。	此文承"二月"之下,魯曆二月癸亥朔,無戊申。《左傳》云"春,衞州吁弑桓公而立",言時不言月。不知此戊申上脱書月,抑干支傳寫有誤?杜注云"戊申,三月十七日,有日而無月"①,備一説耳。	諸侯卒例
3.隱公十年	二月,公會齊侯、鄭伯于中丘。	《左傳》云"正月,公會齊侯、鄭伯于中丘。癸丑,盟于鄧",案經傳正月、二月互異。魯曆正月戊子朔,癸丑,二十六日。二月戊午朔,無癸丑。杜注云"癸丑是正月二十六日,知經二月誤"②,備一説也。但此與曆表推排無關,姑記於此,以資考異。	不關正誤例

①《春秋左傳正義》,《十三經注疏》第 6 冊,頁 55 上。
②《春秋左傳正義》,《十三經注疏》第 6 冊,頁 77 上。

魯十二公之年	經文	考證	備注
4.桓公二年	戊申，納于大廟。	文承"四月"之下，四月己巳朔，無戊申。上經書"正月戊申"，正月有戊申，則四月不得有戊申。何以正月戊申不誤，四月戊申誤耶？案正月戊申，宋弒其君；四月戊申，納郜鼎於大廟。前敘宋事，後敘魯事，似宜正月戊申誤，而四月戊申不當誤，且傳云"戊申，納于大廟"亦可爲證。然曆表隱公九年置閏，則桓元年宜置一閏，若移閏於桓二年，是四年一閏，嫌非曆理。兩相權衡，於桓元年置閏，以合三年一閏之例。	前後互異例
5.桓公五年	正月甲戌、己丑，陳侯鮑卒。	正月癸丑朔，無己丑。此兩日卒，《左傳》以爲再赴，《公羊》以爲悕也。趙匡云"左氏云再赴，豈有正當禍亂之時，而暇競使人赴告哉？"此説頗近情理。蓋夫子據陳國史記而書，疑則傳疑，似《公羊》義長。	前後互異例
6.桓公十二年	八月壬辰，陳侯躍卒。	八月庚子朔，無壬辰。此文上下經記魯事，月日皆與曆表相合。惟此記陳侯卒日不合，或據往日赴書，或緣月日有一誤。	諸侯卒例
7.桓公十五年	五月，鄭伯突出奔蔡。	此年《左傳》云"六月乙亥，昭公入"，魯曆六月癸丑朔，乙亥，二十三日。經書五月，恐非。此亦與曆表推排無關。	不關正誤例
8.桓公十七年	二月丙午，公及邾婁儀父盟于越。	二月癸酉朔，無丙午。上經"正月丙辰，公會齊侯、紀侯盟于黃"，下經"五月丙午，及齊師戰于奚"，敘魯事皆合曆表。五月有丙午，則二月不得有丙午，知此月日必有一誤。	前後互異例

續表

魯十二公之年	經文	考證	備注
9.桓公十八年	夏四月丙子,公薨于齊。丁酉,公之喪至自齊。	四月丁卯朔,無丁酉。此乃薨、喪連書,以連書而脱書月也。連書者,謂諸事相關而連敘之,以致時月參差。如襄公三年經"六月,公會單子、晉侯、宋公、衛侯、鄭伯、莒子、邾婁子、齊世子光。己未,同盟于雞澤。陳侯使袁僑如會。戊寅,叔孫豹及諸侯之大夫及陳袁僑盟",案襄三年六月丁酉朔,無戊寅,此經先敘諸侯盟于雞澤,以陳袁僑後至,故更使大夫盟,乃連書諸侯、大夫之盟,以致戊寅上脱書月。又如定公十五年經"丁巳,葬我君定公。雨,不克葬。戊午,日下昃,乃克葬。辛巳,葬定姒",文承"九月"之下,九月庚戌朔,無辛巳。此乃連書公、夫人之葬,故"辛巳"上亦脱書月。	前後互異例
10.莊公元年	十月乙亥,陳侯林卒。	十月戊子朔,無乙亥。此或月日有一誤,或據往日赴書,與第6例桓十二年陳侯躍卒同。	諸侯卒例
11.莊公八年	十有一月癸未,齊無知弑其君諸兒。	魯曆十一月丁丑朔,癸未,七日。《左傳》作十二月,恐誤。經不誤而傳誤,例不必考證,又恐讀者據傳以難經,故列於此。此與曆表正誤無涉。	不關正誤例
12.莊公十一年	夏五月戊寅,公敗宋師于鄑。	五月癸巳朔,無戊寅。杜預長曆於此年閏三月①,王韜曆表閏四月②。雖合乎曆日,然年中置	曆表不合例

---

① 見《春秋釋例》,頁 281 下。
②《春秋朔閏至日考》,卷中,頁 396 上。

魯十二公之年	經文	考證	備注
		閏，恐非時曆。新城氏曆表五月壬戌朔，雖合曆日，然莊九年、十年頻年置閏，尤違曆理。疑此月日或有一誤。	
13.莊公廿八年	三月甲寅，齊人伐衞。	三月乙卯朔，無甲寅，甲寅乃二月晦。下經"夏四月丁未，邾婁子瑣卒"合乎曆表。案此齊、魯曆朔法有差，故日差一日。説詳上節"魯曆與列國曆法異同"。	曆表不合例
14.莊公卅二年	冬十月乙未，子般卒。	十月戊午朔，無乙未。《左傳》作己未，乃十月二日。案上經"秋七月癸巳，公子牙卒""八月癸亥，公薨于路寢"皆合曆表。知"乙未"者，以形近而譌。	異文例
15.閔公二年	秋八月辛丑，公薨。	八月戊申朔，無辛丑。上經"夏五月乙酉，吉禘于莊公"，則合曆表。諸家爲合乎八月辛丑，皆於五月置閏。然據陸淳《春秋集傳纂例》，其所見《公羊》作"辛酉"，不作"辛丑"，知此乃誤書之例。辛酉，八月十四日。諸曆表於年中置閏，皆非。	前後互異例
16.僖公元年	十有二月丁巳，夫人氏之喪至自齊。	十二月庚午朔，無丁巳。上經"秋七月戊辰，夫人姜氏薨于夷""冬十月壬午，公子友帥師敗莒師于酈"，皆合曆表，故諸家爲合十二月丁巳，皆於十一月置閏，然年中置閏，非例也。此蓋日誤，説見下例。	前後互異例
17.僖公二年	夏五月辛巳，葬我小君哀姜。	五月戊戌朔，無辛巳，疑"五月"乃"四月"之誤。何者？《左傳》云"閔公之死也，哀姜與知之，故孫于邾婁，齊人取而殺之于夷，以其尸歸。僖公請而葬之"，僖公既請葬，自無緩葬之	曆表不合例

續表

魯十二公之年	經文	考證	備注
		理。案諸侯五月葬，小君同。葬數往月①，五月者，算上言也。如文公四年十一月，夫人風氏薨，五年三月葬，算上五月。宣公八年六月，夫人嬴氏薨，十月葬，亦算上五月。昭公十一年五月，夫人歸氏薨，九月葬，算上五月，夫人不五月葬者，或緩或急，非常禮也。可爲旁證者，魯公之葬，亦算上五月，如僖、文、宣、成、襄、定並如之。今哀姜若葬於"五月"，則是算上六月，於禮爲緩，不合僖公請葬之義。經書日、書葬、書小君、書謚，正是葬夫人常禮②，以常例，則此宜在"四月"，不宜在"五月"而成緩葬。楊伯峻先生云"喪至五月而葬"③，以算外五月計，恐非。	
18.僖公九年	甲戌，晉侯詭諸卒。	甲戌，二家經作"甲子"。此文在"九月戊辰"之下，九月乙卯朔，甲子，十日；甲戌，二十日。以"九月戊辰"計，似"甲戌"是。	諸侯卒例

① 哀公五年《公羊傳》云"喪以閏數也。喪曷爲以閏數？喪數略也"。案喪以閏數，即葬以閏數，故葬數往月，以其恩殺而略之。

② 胡寧《春秋通旨》云："書哀姜孫于邾，薨于夷，夫人氏之喪至，其誅絕之義明矣。及其終，書日、葬，書小君、謚，更無所貶者，此亦《春秋》端本澄源、治於未亂之意也。"見汪克寬《春秋胡傳附録纂疏》引，《景印文淵閣四庫全書·經部·春秋類》第 165 册，頁 261 上。

③ 《春秋左傳注》第 1 册，頁 280。

續表

魯十二公之年	經文	考證	備注
19.僖公十二年	三月庚午，日有食之。	此書日不書朔，據《公羊》説，此食二日；據《左氏》説，史官失書朔字；據《穀梁》説，則是食晦。案《元史》云："是歲五月庚午朔，加時在晝，去交分二十六日五千一百九十二人食限，蓋五誤爲三。"①閻若璩、沈欽韓等皆本是説②。王韜則以爲《元史》所言乃周正，但此年用商正建丑，日食在四月庚午朔③，然則，經文"三月"乃"四月"之誤。 今不從王説者，以其據日食而改經文，但經有書日食而實無日食者，如襄公廿一年十月庚辰朔日食；又有實日食而不書者④。依曆表，三月辛未朔，庚午乃二月晦，經書"三月庚午，日有食之"，是食前月晦之例。又，三月，《穀梁》諸槧本皆作"正月"，但唐石經作"三月"⑤，蓋槧本傳寫之譌耳。	日食例
	冬十有二月丁丑，陳侯杵臼卒。	魯曆十二月丁酉朔，無丁丑，或月日一誤，或據往日赴書。如上第6例、第10例。	諸侯卒例

①《元史》第 4 册，頁 1156。

② 馮澂《春秋日食集證》，頁 578 下—579 下。

③《春秋日食辨正》，《續修四庫全書·經部·春秋類》第 148 册，頁 437 上。

④ 可參《中國古代曆法》，表 3—2，"曲阜可見而《春秋》未載的日食"，上册，頁 259—263。

⑤ 見《景刊唐開成石經》第 4 册，頁 2463 上。

續表

魯十二公之年	經文	考證	備注
20.僖公十四年	秋八月辛卯,沙鹿崩。	八月丁巳朔,無辛卯。案沙鹿,杜注以爲晉地,江永則以爲衞地①,皆非魯地。此蓋夫子據列國史記而書,故月日與魯曆不同。	曆表不合例
21.僖公十八年	秋八月丁亥,葬齊桓公。	八月癸巳朔,無丁亥。上經"五月戊寅,宋師及齊師戰于甗"合乎曆表。又傳云"秋八月,葬齊桓公",知此干支日或誤。	前後互異例
22.僖公廿三年	五月庚寅,宋公茲父卒。	五月丙申朔,無庚寅。據《左傳》云"夏五月,宋襄公卒",則是月不誤而日誤。	諸侯卒例
23.僖公廿七年	乙巳,公子遂帥師入杞。	此文承"八月"之下,八月辛未朔,無乙巳。上經"夏六月庚寅,齊侯昭卒。秋八月乙未,葬齊孝公",下經"十二月甲戌,公會諸侯盟于宋",敍齊、魯事皆合曆表,疑此"乙巳"上脱書"九月"②。	前後互異例
24.僖公卅二年	夏四月己丑,鄭伯接卒。冬十二月己卯,晉侯重耳卒。	魯曆四月甲辰朔,無己丑;十二月庚子朔,無己卯。鄭、晉皆大國,赴告乃據往日赴書。二國之曆與魯曆有殊,是以月日不協。説詳上文"魯曆與列國曆法異同"及"諸侯卒赴之例"。	諸侯卒例

---

① 《春秋地理考實》,《清經解　清經解續編》第 2 册,頁 1952。
② 楊伯峻云:"此與桓二年傳'秋七月,杞侯來朝,不敬。杞侯歸,乃謀伐之。九月,入杞,討不敬也'同。"(《春秋左傳注》第 1 册,頁 444)説頗可取。

續表

魯十二公之年	經文	考證	備注
25.僖公卅三年	夏四月辛巳,晉人及姜戎敗秦師于殽。癸巳,葬晉文公。	四月戊戌朔,無辛巳,亦無癸巳。下經"十二月乙巳,公薨于小寢",合乎曆表。案經敘晉事,不合曆表,敘魯事則合,蓋晉、魯不同曆。由此可知上例十二月己卯重耳卒,不合曆表,亦以二國不同曆故也。	前後互異例
26.文公元年	二月癸亥,日有食之。	二月甲午朔,癸亥乃三月朔。今本《公羊》經作"二月癸亥朔",但《左》《穀》二家經無朔字。王引之《經義述聞》以爲今本《公羊》經"朔"乃衍字①,恐未必。以熹平石經《春秋》殘字證之,似有"朔"字②。案《宋史·律曆志》《元史·曆志》俱云三月癸亥朔,入食限③,故諸家皆以爲"二月"乃"三月"之誤④,是也。考下經"夏四月丁巳,葬我君僖公""冬十月丁未,楚世子商臣弒其君髡",若以三月癸亥朔相證,則諸曆日皆合曆表。今左氏云"于是閏三月",知彼所見經本已誤作"二月"。	日食例

---

① 王引之《經義述聞》,頁 579 下—580 下。
②《漢石經春秋殘字合證與碑圖之復原》,見本書第一章。
③《宋史》第 5 册,頁 1592 ;《元史》第 4 册,頁 1156。
④ 馮澂《春秋日食集證》,頁 585 上—587 下。

續表

魯十二公之年	經文	考證	備注
27.文公三年	夏五月，王子虎卒。	此年《左傳》云"夏四月乙亥，王叔文公卒，來赴弔"，魯曆四月辛亥朔，乙亥，二十五日。經書"夏五月"者，或據來日赴書。此無關曆表正誤。今列表於此，可補諸侯卒赴例。	不關正誤例
28.文公十二年	十有二月戊午，晉人、秦人戰于河曲。	魯曆十二月乙酉朔，無戊午。上經"二月庚子，子叔姬卒"，敘魯事與曆表合。此敘晉、秦事，與曆表不合，緣彼國之曆與魯曆置閏有異，經因史成文，故月日不協。	前後互異例
29.文公十三年	十有二月己丑，公及晉侯盟。	十二月己酉朔，無己丑。上經"五月壬午，陳侯朔卒"合乎曆表，疑此月日或有一誤。	前後互異例
30.文公十四年	夏五月乙亥，齊侯潘卒。	五月丁丑朔，無乙亥。下經有"六月癸酉，同盟于新城""九月甲申，公孫敖卒于齊"，敘魯事皆合曆表。據《左傳》云"夏五月，昭公卒"，知此月不誤，乃日誤①。	諸侯卒例
	齊公子商人弒其君舍	又，經書"齊公子商人弒其君舍"，文在九月之下，《史記》作"十月"②。但《左傳》云"秋七月乙卯夜，齊商人弒舍，而讓元"，魯曆七月丙子朔，無乙卯，疑此七月乃十月之誤，傳文更於"七月"上加"秋"字。	

① 杜注云"乙亥，四月二十九日，書五月，從赴"（《春秋左傳正義》，《十三經注疏》第 6 冊，頁 334 上）。案杜注非也，經傳皆云齊侯卒在五月，則非四月明矣。

②《史記》第 5 冊，頁 1495。

續表

魯十二公之年	經文	考證	備注
31.宣公二年	二月壬子，宋華元帥師及鄭公子歸生帥師戰于大棘。	二月癸酉朔，無壬子。下經"九月乙丑，晉趙盾弒君""十月乙亥，天王崩"，皆與曆表合。經以宋華元在上爲主，鄭在下爲客，但據《左傳》，則是鄭受命於楚而伐宋。此經蓋因鄭史成文，非據宋史成文，以鄭曆與魯曆時不合，而宋曆多合故也。	前後互異例
32.宣公四年	六月乙酉，鄭公子歸生弒其君夷。	六月庚寅朔，無乙酉。此或月日有誤，或經據往日赴書，鄭、魯曆有異，故月日不協。	諸侯卒例
33.宣公八年	秋七月甲子，日有食之，既。	七月丙申朔，八月乙丑朔，甲子乃七月晦。《穀梁》云"言日不言朔，食晦日也"，則此爲食本月晦例。但郭守敬云"是歲十月甲子朔，加時在晝，食九分八十一秒，蓋十誤爲七"[1]，後之學者多本此説[2]。然此以日食立論，未必合乎時曆。何者？經有書日食而實無日食者，又有實日食而不書者，故此十月即有日食，經未必書；七月即無日食，經或書之。	日食例
34.宣公九年	辛酉，晉侯黑臀卒于扈。	此文承"九月"之下，九月己丑朔，無辛酉。但下經"冬十月癸酉，衛侯鄭卒"，則合乎曆表。據《左傳》敘晉侯之卒在"冬"前，疑此干支日誤。	諸侯卒例

[1]《元史》第 4 册，頁 1156–1157。
[2] 詳見馮澂《春秋日食集證》，頁 591 下—594 上。

續表

魯十二公之年	經文	考證	備注
35.宣公十二年	夏六月乙卯，晉荀林父帥師及楚子戰于邲。	魯曆六月癸酉朔，無乙卯。下經"冬十有二月戊寅，楚子滅蕭"，合乎曆表。據《左傳》云"夏六月，晉師救鄭"，則此月不誤而日誤。	前後互異例
36.宣公十七年	丁未，蔡侯申卒。	文承"正月"之下，正月丁丑朔，無丁未，前經"正月庚子，許男錫我卒"，合乎曆表，此蒙上月，以致月日不協，疑"丁未"上脱書"二月"①。	諸侯卒例
	六月癸卯，日有食之。	六月甲辰朔，癸卯乃五月晦。諸家皆以爲五月乙亥朔，入食限，日食當在五月，不在六月②。王韜則以爲日食應在宣七年，誤入於十七年中③，此猶以日食立論，未必合乎經書日食之例。以《穀梁》家有食前月晦之説，此例蓋是。説詳上文"經書日食不必在朔"。	日食例
37.成公二年	庚寅，衛侯遫卒。	文承"八月"之下，魯曆八月丙辰朔，無庚寅。上經"八月壬午，宋公鮑卒"，合乎曆表。據《左傳》云"九月，衛穆公卒"，則此庚寅上脱書"九月"。	諸侯卒例
38.成公四年	三月壬申，鄭伯堅卒。	三月丁丑朔，無壬申。下經"夏四月甲寅，臧孫許卒"，敘魯事合乎曆表。此月日或有一誤，或據往日赴書。	諸侯卒例

① 楊伯峻云"丁未爲二月二日，此未書月，恐史失之"（《春秋左傳注》第2冊，頁770），可從。
② 見馮澄《春秋日食集證》，頁599下—601下。
③ 王韜《春秋日食辨正》，《續修四庫全書·經部·春秋類》第148冊，頁439上。

魯十二公之年	經文	考證	備注
39.成公九年	秋七月丙子,齊侯無野卒。	七月丙午朔,無丙子。下經"十一月庚申,莒潰",敘楚、莒事合乎曆表。此或據往日赴書,又或月日有一誤。	諸侯卒例
40.成公十年	丙午,晉侯獳卒。	此文承"五月"之下,五月辛未朔,無丙午。據《左傳》"六月丙午,晉侯欲麥"云云,知此"丙午"上脱書"六月"。	諸侯卒例
41.成公十四年	十月庚寅,衛侯臧卒。	十月丙午朔,無庚寅。據《左傳》云"冬十月,衛定公卒",疑此月不誤而日誤。	諸侯卒例
42.成公十七年	壬申,公孫嬰齊卒于貍軫。	此文繫於十一月下,十一月戊子朔,無壬申。杜預以爲日誤①。然據《公羊》,嬰齊卒於十月壬申日,但此前成公在晉,已命之爲大夫,至十一月,成公還,魯人始知君命,故卒之。經書於十一月下,示君命然後卒大夫也。若然,則壬申日不誤,書於十一月下,乃《春秋》筆法。	不關正誤例
43.襄公二年	六月庚辰,鄭伯睔卒。	六月壬寅朔,無庚辰。據《左傳》"秋七月庚辰,鄭伯睔卒",知此"六月"乃"七月"之誤。	諸侯卒例
44.襄公三年	戊寅,叔孫豹及諸侯之大夫及陳袁僑盟。	文承"六月"之下,六月丁酉朔,無戊寅。上經"夏四月壬戌,公及晉侯盟于長樗""六月己未,同盟于雞澤",月日皆合曆表。此敘大夫盟,承上敘諸侯同盟之事,蓋因連書而脱書月也。説見第9例。	前後互異例

---

① 杜注云"十一月無壬申,日誤也",《春秋左傳正義》,《十三經注疏》第6冊,頁481下。

續表

魯十二公之年	經文	考證	備注
45.襄公四年	三月己酉，陳侯午卒。	三月壬戌朔，無己酉。下經"七月戊子，夫人姒氏薨""八月辛亥，葬我小君定姒"，月日皆合曆表。據《左傳》云"三月，陳成公卒"，知此月不誤而日誤。	諸侯卒例
46.襄公七年	丙戌，卒于操。	文承十二月之下，魯曆十二月辛丑朔，無丙戌。上經"十月壬戌，及孫林父盟"，月日合乎曆表。據《左傳》云"子駟使賊夜弒僖公，而以瘧疾赴于諸侯"，則丙戌乃據卒日赴也。鄭之十二月未必之十二月，是以月日不協。	諸侯卒例
47.襄公九年	十有二月己亥，同盟于戲。	十二月己未朔，無己亥。上經"五月辛酉，夫人姜氏薨。秋八月癸未，葬我小君繆姜"，月日皆合曆表，又據《左傳》云"十一月己亥"，知此經誤書月也。	前後互異例
48.襄公十三年	秋九月庚辰，楚子審卒。	九月丁酉朔，無庚辰。《左傳》但云"秋，楚共王卒"，蓋月日或有一誤，或據往日赴書。	諸侯卒例
49.襄公十五年	秋八月丁巳，日有食之。	八月丙戌朔，丁巳乃七月朔。諸家推七月朔入食限，故謂此八月乃七月之誤①。案上經"二月己亥，及向戌盟于劉"，敘魯事合乎曆表，下經"十一月癸亥，晉侯周卒"，敘晉事亦合曆表，則此八月丁巳，月日或有一誤。	日食例

---

① 詳見《春秋日食集證》，頁 310 上。

魯十二公之年	經文	考證	備注
50.襄公十九年	秋七月辛卯,齊侯瑗卒。八月丙辰,仲孫蔑卒。	七月癸巳朔,無辛卯。八月癸亥朔,無丙辰。本文所排曆表,最不合此年曆日。案前人所排曆表多於此年置閏,即襄十八年不閏,十九年閏;二十年不閏,廿一年則年中置閏①。今此曆表循年末置閏之例,因二十年必有閏,故於十八年置閏,是以不合此二曆日。考《左傳》云"夏五月壬辰晦,齊靈公卒","五月壬辰晦"與"七月辛卯"月日皆異。而上文提及諸曆皆先魯一日,若經辛卯不誤,傳宜是庚寅;若傳壬辰晦不誤,經或壬辰,或癸巳,不宜爲辛卯。經書"辛卯",是齊曆後魯曆一日,與常例相違。故此處經傳曆日當有錯謁。七月辛卯既不可憑信,則八月丙辰不合曆表,月日或有一誤歟?	曆表不合例
51.襄公廿四年	八月癸巳朔,日有食之。	八月甲午朔,癸巳乃七月晦,疑此經衍"朔"字。"八月癸巳,日有食之",乃食前月晦例。説詳上文"經書日食不必在朔"。	日食例
52.襄公廿五年	秋八月己巳,諸侯同盟于重丘。	八月戊子朔,無己巳。上經有"夏五月乙亥,齊崔杼弑其君光""六月壬子,鄭公孫舍之帥師入陳",敘齊、鄭事皆合曆表。又據《左傳》云"秋七月己巳,同盟于重丘",知此"八月"乃"七月"之誤。	前後互異例

①　如杜預《長曆》、施彦士、王韜曆表等。

續表

魯十二公之年	經文	考證	備注
53.襄公廿七年	冬十有二月乙亥朔，日有食之。	十二月甲辰朔，乙亥乃十一月朔。上經云"秋七月辛巳，豹及諸侯之大夫盟于宋"，合乎曆表。又據《左傳》云"十一月乙亥朔，日有食之"，知此月誤。	日食例
54.襄公廿八年	十有二月甲寅，天王崩。乙未，楚子昭卒。	十二月己亥朔，無乙未。何休注云"乙未與甲寅相去四十二日，蓋閏月也"①。但此年若置閏，下年則無閏，如此，廿九年經"五月庚午，衛侯衎卒"即不合曆表。故諸家多於廿九年置閏②，此年則不閏。若然，此"乙未"即不合曆表。無論何年置閏，上下經總相違。	諸侯卒例
55.昭公元年	冬十有一月己酉，楚子卷卒。	十一月丙子朔，無己酉。上經"六月丁巳，邾婁子華卒"，敘邾婁事合乎曆表。據《左傳》云"十一月己酉，公子圍至，入問王疾，縊而弒之"，則是楚內亂，其卒或據往日赴，或月日有一誤。	諸侯卒例
56.昭公八年	夏四月辛丑，陳侯溺卒。	四月己亥朔，辛丑，三日。但《左傳》云"夏四月辛亥，哀公縊"，辛亥，十三日也，杜注"憂恚自殺，經書辛丑，從赴"③。案杜説非是，豈有赴日（辛丑）反在卒日（辛亥）之前？蓋辛丑、辛亥或傳寫有誤，不宜以從赴爲釋。	異文例

①《公羊傳注疏》，頁 265 上。

② 杜預、施彦士、王韜等並閏八月。

③《春秋左傳正義》，《十三經注疏》第 6 册，頁 769 上。

續表

魯十二公之年	經文	考證	備注
	冬十月壬午,楚師滅陳。	又,十月丙申朔,無壬午,上經"四月辛丑,陳侯溺卒",合乎曆表。據《左傳》云"冬十一月壬午,滅陳",知此月誤。	前後互異例
57.昭公十二年	三月壬申,鄭伯嘉卒。	三月丙子朔,無壬申。據《左傳》云"三月,鄭簡公卒",則此日誤。	諸侯卒例
58.昭公十七年	夏六月甲戌朔,日有食之。	六月丙子朔,無甲戌。諸家皆推此年六月不入食限,宜是九月甲戌朔日食,如郭守敬、江永、閻若璩、王韜等①。也有謂甲戌乃十月朔,如施彥士、張培瑜②。二說互異,緣於置閏有殊。本文所排曆表則與後說相合。	日食例
59.昭公二十年	十有一月辛卯,蔡侯廬卒。	魯曆十一月丙辰朔,無辛卯,此月日或有一誤,或據往日赴書。	諸侯卒例
60.昭公廿二年	十有二月癸酉朔,日有食之。	十二月甲辰朔,癸酉乃閏月朔也。上經"夏四月乙丑,天王崩"合乎曆表。此不合者,杜預謂"以長曆推校前後,當爲癸卯朔,書癸酉,誤"③。陳厚耀則云"經當書閏十二月癸酉朔日食,失一閏字,非卯誤爲酉"④。鄒伯奇亦云"月誤,當作閏月"⑤。案文六年經云"閏	日食例

---

① 馮澂《春秋日食集證》,頁 639 下—642 下。
② 施彥士《春秋朔閏表發覆》,頁 266。又,張培瑜云:"是年十月甲戌朔,九月晦癸酉有大食分日食,似應爲這次日食之誤記。"見《中國古代曆法》上冊,頁 265。
③《春秋左傳正義》,《十三經注疏》第 6 冊,頁 871 下。
④《春秋長曆》,頁 329 下。
⑤《春秋經傳日月考》,頁 345,天頭批注。

續表

魯十二公之年	經文	考證	備註
		月不告月"，不告月，即不告朔，《公羊傳》云"曷爲不告朔？天無是月也。閏月矣，何以謂之天無是月？非常月也"。《公羊》之意，閏月非常月，朔則是常朔，故凡書閏月者，不得書朔，閏月與朔不得並書。若書"閏月朔"，則天有是月，非夫子筆意也。今此日食本在閏月朔，"朔"不得而書，以朔日之食宜爲人君怵惕，不當略，故變文而繫於實月之下，而云"十有二月癸酉朔，日有食之"。陳、鄒二氏謂食在閏月，是也，然謂當書閏月，又非經之書法。	
61.昭公廿四年	丁酉，杞伯鬱釐卒。	文在"八月"之下，八月甲子朔，無丁酉。疑丁酉上脱書月，杜預注云"丁酉，九月五日，有日無月"①，可從。	諸侯卒例
62.昭公廿五年	九月己亥，公孫于齊。	九月戊子朔，己亥，十二日。《穀梁》經作"乙亥"，非也。	異文例
63.昭公廿八年	夏四月丙戌，鄭伯甯卒。	四月壬寅朔，無丙戌。下經有"秋七月癸巳，滕子甯卒"，合乎曆表，則此月日或誤，或據往日赴書。	諸侯卒例
64.昭公三十年	夏六月庚辰，晉侯去疾卒。	六月庚寅朔，無庚辰。據《左傳》云"夏六月，晉頃公卒"，此或日誤。	諸侯卒例
65.定公四年	二月癸巳，陳侯吳卒。	二月丁巳朔，無癸巳。下經"夏四月庚辰，蔡公孫姓帥師滅沈"，敘蔡事合乎曆表。此或月日有誤，或據往日赴書。	諸侯卒例

①《春秋左傳正義》，《十三經注疏》第 6 册，頁 885 上。

魯十二公之年	經文	考證	備注
66.定公五年	正月辛亥朔,日有食之。	正月,二家經作“三月”。曆表正月亦辛亥朔。案諸曆家推得此年三月朔,故咸以爲《公羊》誤①。然《漢書·楚元王傳》師古注云“定五年正月辛亥朔”②,是顏師古所見本亦有作正月者。臧壽恭《左氏古義》疑師古所據即《穀梁》經③,蓋以楚元王習魯學故也。考今本《穀梁》經作“三月”,則臧説未必是。諸家雖以日食之理爲證,然《春秋》記日食不必盡依日食之理,則“三月”“正月”之異文宜並存焉。	日食例
67.定公十四年	三月辛巳,楚公子結、陳公孫佗人帥師滅頓。	二月己未朔,辛巳,二十三日也。《左傳》《穀梁》同。《公羊》經作“三月”者,非。	異文例
68.定公十五年	辛巳,葬定姒。	文在“九月”下,九月庚戌朔,無辛巳。此乃連書公、夫人之葬,故“辛巳”上脱書月。説見第9例。	前後互異例
69.哀公四年	三月庚戌,盜弑蔡侯申。	二月庚寅朔,庚戌,二十一日,《左傳》《穀梁》同。《公羊》經作“三月”者,非。	異文例
合計	序數69,凡72例(僖公十二年、宣公十七年、昭公八年各2例)。其中,前後互異者十九例,諸侯卒二十八例,曆表不合者五例,日食十例,異文五例,不關正誤者五例,合爲七十二。		

---

① 馮澂《春秋日食集證》,頁655上—656上。

②《漢書》第7册,頁1938。

③ 臧壽恭《左氏古義》,《續修四庫全書·經部·春秋類》第125册,頁826。

以上凡 72 例，前後互異者 19 例，以其經文曆日前後互乖，不得謂曆表之非是。諸侯卒日者凡 28 例，以往日赴、來日赴之異，及據國史書例，亦不得難曆表之可信。日食者 10 例，其中減去前後互異者四（文元年、襄十五年、廿七年、昭廿二年）、食晦之例三（僖十二年、宣八年、十七年）、異文者一（定五年），不合者止二例，即襄廿四年、昭十七年日食，前者頻月而食，必有誤記；後者實無日食，諸家皆以爲誤。是據此十例，亦不得謂曆表之無徵。不關曆表與異文者凡 10 例，與曆表之正誤無關。故欲質疑曆表者，惟不合經文者 5 例耳，謹一一辨析如下：

1. 莊公十一年經“夏五月戊寅，公敗宋師于鄑”，此年五月癸巳朔，無戊寅，諸家曆表以年中置閏①，故合。今不然者，以春秋無年中置閏之例，故以爲月日或有一誤。

2. 莊公廿八年經“三月甲寅，齊人伐衛”，此年三月乙卯朔，甲寅乃二月晦，以齊、魯曆不同，齊曆或先魯曆一日，如成公十八年《左傳》記齊事云正月甲申晦，但魯曆二月丙戌朔，正月晦乙酉，甲申乃晦前一日，是齊曆先魯一日。此書“三月甲寅”者，蓋夫子因仍齊史成文，未改曆日。

3. 僖公二年經“夏五月辛巳，葬我小君哀姜”，五月戊戌朔，無辛巳。前年十二月，哀姜之喪至自齊，以諸侯夫人五月而葬例之，當於此年四月葬，不應在五月葬。考諸家曆表多於僖公元年置閏，雖合此曆日，但頻年置閏，深違曆理。若據夫人五月葬之禮，則此“五月”，當是“四月”之誤。五月而葬，謂葬數往月，五月乃算上數也。非五月而葬，或急或緩，皆非禮。僖公既請葬哀姜，自當循禮而行。諸家曆表爲合此曆日而於僖元年置閏，遂致頻年置閏，反不可信。

---

① 如杜預、施彥士、鄒伯奇、王韜諸曆。

4. 僖公十四年經 "秋八月辛卯,沙鹿崩",沙鹿或云晉地(如杜預説),或云衞地(如江永説),皆非魯地。既非魯地,則夫子或據國史而書,以列國曆法與魯曆之異,故月日不協。且此例置閏容有兩可。以王韜曆表爲例,僖公十二年經 "三月庚午,日有食之",《元史》云:"是歲五月庚午朔,加時在晝,去交分二十六日五千一百九十二入食限,蓋五誤爲三。"① 王韜則以爲《元史》所言乃周正,但此年用商正建丑,日食當在四月庚午朔 ②,故其曆表於僖公十一年置閏,僖公十二年四月庚午朔,如此,則合乎本年 "十有二月丁丑,陳侯杵臼卒" 之曆日,又合於僖十四年 "八月辛卯,沙鹿崩" 之曆日,却嫌四月庚午朔與經文 "三月庚午,日有食之" 不相合。今與王韜曆表不同,另置閏月,即於僖十二年置閏,而僖十一年不置閏,如此,可合 "三月庚午,日有食之" 曆日(以《穀梁》家食前月晦爲説),而不合十二月丁丑,陳侯杵臼卒之曆日,亦不合僖十四年八月辛卯,沙鹿崩之曆日。曆表所以於僖十二年置閏,一則可見春秋置閏有兩可之例,二則可見夫子因列國史記而成文之例。以列國曆法之異,且置閏容有兩可,則不得據此爲難矣。

5. 襄公十九年經 "秋七月辛卯,齊侯瑗卒。八月丙辰,仲孫蔑卒",曆表與此二曆日皆不合。諸家曆表乃於十九年置閏,又於廿一年年中置閏 ③,雖合,今不然者,以年中置閏故也。且《左傳》云 "夏五月壬辰晦,齊靈公卒","五月壬辰晦" 與 "七月辛卯",月日互異,深疑此經傳之曆日傳寫有誤。

以上五例,乃曆表不合經文曆日者。雖不合,然其中猶有可解

者。故依十九年七閏之法，循三年一閏或二年一閏之例，又以連大月相間 15 月、17 月爲準，所排春秋曆表，既不違曆理，又與經文曆日少相違，斯爲得之矣。

小　結

如何設置閏月與連大月，於春秋曆表之推排最關緊要。考《周易・繫辭上》已言"五歲再閏"，則春秋閏例似不宜與此迥殊，故凡五年六年一閏，或一年二閏、頻年置閏者，皆不可信。春秋雖有三年一閏、五年再閏之例，然未行無中置閏法，故何年置閏猶不能確知。後人編排曆表，惟據經傳曆日推求。而欲推求經傳曆日，則不得不考證經傳文例。欲考證經傳文例，則須熟習經學家法。故凡未詳考經傳文例，而遽於編排曆表者，其閏月、連大月之設必有可疑。此讀春秋曆表者不可不知也。至於連大月之法，多者無踰十七月，寡者不少於十五月，凡不合此數者，其曆表亦不可信。

本文推排春秋曆表，擇用魯曆者，以古六曆去古未遠，術數猶有可徵，且以爲春秋曆表用魯術推排，可循名責實；其用"藉半日"法者，以秦漢間顓頊曆猶用之。又考日食不必在朔，魯曆與列國曆法異同及諸侯卒赴之例者，欲明曆表編排不但須究明曆術推步，亦須精研經傳文例。二者相兼，方爲得之。以魯曆輔諸"藉半日法"，又以經傳文例相參證，所推曆表，既不乖曆理，又與經傳曆日不相違，較以前諸家所排，頗有可觀，此不謂魯國時曆必如此，乃謂依此曆表，誤差更少，且可用曆術覆驗，讀者不妨取資考證。雖然，經學淵深，曆學玄邈，以蠡測海，以管窺天，即有小見，豈足以得其奧蘊哉。子曰"草創之，討論之，修飾之，潤色之"，一人之私見，終不能敵諸家之正論，惟望明達君子論定而是正焉。

附　春秋朔閏表

魯公之年	正月	二月	三月	四月	五月	六月	七月	八月	九月	十月	十一月	十二月	閏月
隱公元年	辛巳	庚戌	庚辰	己酉	己卯	戊申	戊寅	丁未	丁丑	丙午	丙子	乙巳	
二年	乙亥	甲辰	甲戌	甲辰	癸酉	癸卯	壬申	壬寅	辛未	辛丑	庚午	庚子	己巳
三年	己亥	戊辰	戊戌	丁卯	丁酉	丁卯	丙申	丙寅	乙未	乙丑	甲午	甲子	
四年	癸巳	癸亥	壬辰	壬戌	辛卯	辛酉	庚寅	庚申	己丑	己未	己丑	戊午	
五年	戊子	丁巳	丁亥	丙辰	丙戌	乙卯	乙酉	甲寅	甲申	癸丑	癸未	壬子	壬午
六年	辛亥	辛巳	辛亥	庚辰	庚戌	己卯	己酉	戊寅	戊申	丁丑	丁未	丙子	
七年	丙午	乙亥	乙巳	甲戌	甲辰	甲戌	癸卯	癸酉	壬寅	壬申	辛丑	辛未	庚子
八年	庚午	己亥	己巳	戊戌	戊辰	丁酉	丁卯	丙申	丙寅	丙申	乙丑	乙未	
九年	甲子	甲午	癸巳	癸巳	壬戌	壬辰	辛酉	辛卯	庚寅	庚寅	己未	己丑	己未
十年	戊子	戊午	丁亥	丁巳	丙戌	丙辰	乙酉	乙卯	甲申	甲寅	癸未	癸丑	
十一年	壬午	壬子	辛巳	辛亥	辛巳	庚戌	庚辰	己酉	己卯	戊申	戊寅	丁未	
桓公元年	丁丑	丙午	丙子	乙巳	乙亥	甲辰	甲戌	癸卯	癸酉	癸卯	壬申	壬寅	辛未
二年	辛丑	庚午	庚子	己巳	己亥	戊辰	戊戌	丁卯	丁酉	丙寅	丙申	丙寅	
三年	乙未	乙丑	甲午	甲子	癸巳	癸亥	壬辰	壬戌	辛卯	辛酉	庚寅	庚申	
四年	己丑	己未	戊子	戊午	戊子	丁巳	丁亥	丙辰	丙戌	乙卯	乙酉	甲寅	甲申
五年	癸丑	癸未	壬子	壬午	辛亥	辛巳	辛亥	庚辰	庚戌	己卯	己酉	戊寅	
六年	戊申	丁丑	丁未	丙子	丙午	乙亥	乙巳	甲戌	甲辰	癸酉	癸卯	癸酉	
七年	壬寅	壬申	辛丑	辛未	庚子	庚午	己亥	己巳	戊戌	戊辰	丁酉	丁卯	丙申
八年	丙寅	乙未	乙丑	乙未	甲子	甲午	癸亥	癸巳	壬戌	壬辰	辛酉	辛卯	
九年	庚申	庚寅	己未	己丑	戊午	戊子	戊午	丁亥	丁巳	丙戌	丙辰	乙酉	
十年	乙卯	甲申	甲寅	癸未	癸丑	壬午	壬子	辛巳	辛亥	庚辰	庚戌	庚辰	己酉
十一年	己卯	戊申	戊寅	丁未	丁丑	丙午	丙子	乙巳	乙亥	甲辰	甲戌	癸卯	
十二年	癸酉	癸卯	壬申	壬寅	辛未	辛丑	庚午	庚子	己巳	己亥	戊辰	戊戌	丁卯
十三年	丁酉	丙寅	丙申	乙丑	乙未	乙丑	甲午	甲子	癸巳	癸亥	壬辰	壬戌	
十四年	辛卯	辛酉	庚寅	庚申	己丑	己未	戊子	戊午	丁亥	丁巳	丁亥	丙辰	

續表

魯公之年	正月	二月	三月	四月	五月	六月	七月	八月	九月	十月	十一月	十二月	閏月
十五年	丙戌	乙卯	乙酉	甲寅	甲申	癸丑	癸未	壬子	壬午	辛亥	辛巳	庚戌	庚辰
十六年	庚戌	己卯	己酉	戊寅	戊申	丁丑	丁未	丙子	丙午	乙亥	乙巳	甲戌	
十七年	甲辰	癸酉	癸卯	壬申	壬寅	壬申	辛丑	辛未	庚子	庚午	己亥	己巳	
十八年	戊戌	戊辰	丁酉	丁卯	丙申	丙寅	乙未	乙丑	乙未	甲子	甲午	癸亥	癸巳
莊公元年	壬戌	壬辰	辛酉	辛卯	庚申	庚寅	己未	己丑	戊午	戊子	丁巳	丁亥	
二年	丁巳	丙戌	丙辰	乙酉	乙卯	甲申	甲寅	癸未	癸丑	壬午	壬子	辛巳	
三年	辛亥	庚辰	庚戌	己卯	己酉	己卯	戊申	戊寅	丁未	丁丑	丙午	丙子	乙巳
四年	乙亥	甲辰	甲戌	癸卯	癸酉	壬寅	壬申	壬寅	辛未	辛丑	庚午	庚子	
五年	己巳	己亥	戊辰	戊戌	丁卯	丁酉	丙寅	丙申	乙丑	乙未	甲子	甲午	
六年	甲子	癸巳	癸亥	壬辰	壬戌	辛卯	辛酉	庚寅	庚申	己丑	己未	戊子	
七年	戊午	丁亥	丁巳	丁亥	丙辰	丙戌	乙卯	乙酉	甲寅	甲申	癸丑	癸未	壬子
八年	壬午	辛亥	辛巳	庚戌	庚辰	己酉	己卯	己酉	戊寅	戊申	丁丑	丁未	
九年	丙子	丙午	乙亥	乙巳	甲戌	甲辰	癸酉	癸卯	壬申	壬寅	辛未	辛丑	辛未
十年	庚子	庚午	己亥	己巳	戊戌	戊辰	丁酉	丁卯	丙申	丙寅	乙未	乙丑	
十一年	甲午	甲子	甲午	癸亥	癸巳	壬戌	壬辰	辛酉	辛卯	庚申	庚寅	己未	己丑
十二年	戊午	戊子	丁巳	丁亥	丙辰	丙戌	丙辰	乙酉	乙卯	甲申	甲寅	癸未	
十三年	癸丑	壬午	壬子	辛巳	辛亥	庚辰	庚戌	己卯	己酉	己卯	戊申	戊寅	
十四年	丁未	丁丑	丙午	丙子	乙巳	乙亥	甲辰	甲戌	癸卯	癸酉	壬寅	壬申	辛丑
十五年	辛未	辛丑	庚午	庚子	己巳	己亥	戊辰	戊戌	丁卯	丁酉	丙寅	丙申	
十六年	乙丑	乙未	甲子	甲午	癸亥	癸巳	癸亥	壬辰	壬戌	辛卯	辛酉	庚寅	
十七年	庚申	己丑	己未	戊子	戊午	丁亥	丁巳	丙戌	丙辰	丙戌	乙卯	乙酉	甲寅
十八年	甲申	癸丑	癸未	壬子	壬午	辛亥	辛巳	庚戌	庚辰	己酉	己卯	戊申	
十九年	戊寅	戊申	丁丑	丁未	丙子	丙午	乙亥	乙巳	甲戌	甲辰	癸酉	癸卯	
二十年	壬申	壬寅	辛未	辛丑	辛未	庚子	庚午	己亥	己巳	戊戌	戊辰	丁酉	丁卯
廿一年	丙申	丙寅	乙未	乙丑	甲午	甲子	癸巳	癸亥	癸巳	壬戌	壬辰	辛酉	
廿二年	辛卯	庚申	庚寅	己未	己丑	戊午	戊子	丁巳	丁亥	丙辰	丙戌	乙卯	
廿三年	乙酉	乙卯	甲申	甲寅	癸未	癸丑	壬午	壬子	辛巳	辛亥	庚辰	庚戌	己卯

續表

魯公之年	正月	二月	三月	四月	五月	六月	七月	八月	九月	十月	十一月	十二月	閏月
廿四年	己酉	戊寅	戊申	戊寅	丁未	丁丑	丙午	丙子	乙巳	乙亥	甲辰	甲戌	
廿五年	癸卯	癸酉	壬寅	壬申	辛丑	辛未	庚子	庚午	庚子	己巳	己亥	戊辰	
廿六年	戊戌	丁卯	丁酉	丙寅	丙申	乙丑	乙未	甲子	甲午	癸亥	癸巳	癸亥	壬辰
廿七年	壬戌	辛卯	辛酉	庚寅	庚申	己丑	己未	戊子	戊午	丁亥	丁巳	丙戌	
廿八年	丙辰	乙酉	乙卯	乙酉	甲寅	甲申	癸丑	癸未	壬子	壬午	辛亥	辛巳	
廿九年	庚戌	庚辰	己酉	己卯	戊申	戊寅	丁未	丁丑	丁未	丙子	丙午	乙亥	乙巳
三十年	甲戌	甲辰	癸酉	癸卯	壬申	壬寅	辛未	辛丑	庚午	庚子	庚午	己亥	
卅一年	己巳	戊戌	戊辰	丁酉	丁卯	丙申	丙寅	乙未	乙丑	甲午	甲子	癸巳	癸亥
卅二年	壬辰	壬戌	壬辰	辛酉	辛卯	庚申	庚寅	己未	己丑	戊午	戊子	丁巳	
閔公元年	丁亥	丙辰	丙戌	乙卯	乙酉	甲寅	甲申	甲寅	癸未	癸丑	壬午	壬子	
二年	辛巳	辛亥	庚辰	庚戌	己卯	己酉	戊寅	戊申	丁丑	丁未	丁丑	丙午	丙子
僖公元年	乙巳	乙亥	甲辰	甲戌	癸卯	癸酉	壬寅	壬申	辛丑	辛未	庚子	庚午	
二年	己亥	己巳	己亥	戊辰	戊戌	丁卯	丁酉	丙寅	丙申	乙丑	乙未	甲子	
三年	甲午	癸亥	癸巳	壬戌	壬辰	辛酉	辛卯	辛酉	庚寅	庚申	己丑	己未	戊子
四年	戊午	丁亥	丁巳	丙戌	丙辰	乙酉	乙卯	甲申	甲寅	甲申	癸丑	癸未	
五年	壬子	壬午	辛亥	辛巳	庚戌	庚辰	己酉	己卯	戊申	戊寅	丁未	丁丑	
六年	丙午	丙子	丙午	乙亥	乙巳	甲戌	甲辰	癸酉	癸卯	壬申	壬寅	辛未	辛丑
七年	庚午	庚子	己巳	己亥	己巳	戊戌	戊辰	丁酉	丁卯	丙申	丙寅	乙未	
八年	乙丑	甲午	甲子	癸巳	癸亥	壬辰	壬戌	辛卯	辛酉	辛卯	庚申	庚寅	
九年	己未	己丑	戊午	戊子	丁巳	丁亥	丙辰	丙戌	乙卯	乙酉	甲寅	甲申	甲寅
十年	癸未	癸丑	壬午	壬子	辛巳	辛亥	庚辰	庚戌	己卯	己酉	戊寅	戊申	
十一年	丁丑	丁未	丙子	丙午	丙子	乙巳	乙亥	甲辰	甲戌	癸卯	癸酉	壬寅	
十二年	壬申	辛丑	辛未	庚子	庚午	己亥	己巳	戊戌	戊辰	戊戌	丁卯	丁酉	丙寅
十三年	丙申	乙丑	乙未	甲子	甲午	癸亥	癸巳	壬戌	壬辰	辛酉	辛卯	辛酉	
十四年	庚寅	庚申	己丑	己未	戊子	戊午	丁亥	丁巳	丙戌	丙辰	乙酉	乙卯	甲申
十五年	甲寅	癸未	癸丑	癸未	壬子	壬午	辛亥	辛巳	庚戌	庚辰	己酉	己卯	

續表

魯公之年	正月	二月	三月	四月	五月	六月	七月	八月	九月	十月	十一月	十二月	閏月
十六年	戊申	戊寅	丁未	丁丑	丙午	丙子	丙午	乙亥	乙巳	甲戌	甲辰	癸酉	
十七年	癸卯	壬申	壬寅	辛未	辛丑	庚午	庚子	己巳	己亥	戊辰	戊戌	戊辰	丁酉
十八年	丁卯	丙申	丙寅	乙未	乙丑	甲午	甲子	癸巳	癸亥	壬辰	壬戌	辛卯	
十九年	辛酉	庚寅	庚申	庚寅	己未	己丑	戊午	戊子	丁巳	丁亥	丙辰	丙戌	乙卯
二十年	乙酉	甲寅	甲申	癸丑	癸未	癸丑	壬午	壬子	辛巳	辛亥	庚辰	庚戌	
廿一年	己卯	己酉	戊寅	戊申	丁丑	丁未	丙子	丙午	乙亥	乙巳	乙亥	甲辰	
廿二年	甲戌	癸卯	癸酉	壬寅	壬申	辛丑	辛未	庚子	庚午	己亥	己巳	戊戌	戊辰
廿三年	戊戌	丁卯	丁酉	丙寅	丙申	乙丑	乙未	甲子	甲午	癸亥	癸巳	壬戌	
廿四年	壬辰	辛酉	辛卯	庚申	庚寅	庚申	己丑	己未	戊子	戊午	丁亥	丁巳	
廿五年	丙戌	丙辰	乙酉	乙卯	甲申	甲寅	癸未	癸丑	壬午	壬子	壬午	辛亥	辛巳
廿六年	庚戌	庚辰	己酉	己卯	戊申	戊寅	丁未	丁丑	丙午	丙子	乙巳	乙亥	
廿七年	乙巳	甲戌	甲辰	癸酉	癸卯	壬申	壬寅	辛未	辛丑	庚午	庚子	己巳	
廿八年	己亥	戊辰	戊戌	丁卯	丁酉	丁卯	丙申	丙寅	乙未	乙丑	甲午	甲子	癸巳
廿九年	癸亥	壬辰	壬戌	辛卯	辛酉	庚寅	庚申	庚寅	己未	己丑	戊午	戊子	
三十年	丁巳	丁亥	丙辰	丙戌	乙卯	乙酉	甲寅	甲申	癸丑	癸未	壬子	壬午	
卅一年	壬子	辛巳	辛亥	庚辰	庚戌	己卯	己酉	戊寅	戊申	丁丑	丁未	丙子	丙午
卅二年	乙亥	乙巳	甲戌	甲辰	甲戌	癸卯	癸酉	壬寅	壬申	辛丑	辛未	庚子	
卅三年	庚午	己亥	己巳	戊戌	戊辰	丁酉	丁卯	丁酉	丙寅	丙申	乙丑	乙未	
文公元年	甲子	甲午	癸亥	癸巳	壬戌	壬辰	辛酉	辛卯	庚申	庚寅	己未	己丑	己未
二年	戊子	戊午	丁亥	丁巳	丙戌	丙辰	乙酉	乙卯	甲申	甲寅	癸未	癸丑	
三年	壬午	壬子	壬午	辛亥	辛巳	庚戌	庚辰	己酉	己卯	戊申	戊寅	丁未	丁丑
四年	丙午	丙子	乙巳	乙亥	甲辰	甲戌	甲辰	癸酉	癸卯	壬申	壬寅	辛未	
五年	辛丑	庚午	庚子	己巳	己亥	戊辰	戊戌	丁卯	丁酉	丙寅	丙申	丙寅	
六年	乙未	乙丑	甲午	甲子	癸巳	癸亥	壬辰	壬戌	辛卯	辛酉	庚寅	庚申	己丑
七年	己未	己丑	戊午	戊子	丁巳	丁亥	丙辰	丙戌	乙卯	乙酉	甲寅	甲申	
八年	癸丑	癸未	壬子	壬午	辛亥	辛巳	辛亥	庚辰	庚戌	己卯	己酉	戊寅	
九年	戊申	丁丑	丁未	丙子	丙午	乙亥	乙巳	甲戌	甲辰	甲戌	癸卯	癸酉	壬寅

續表

魯公之年	正月	二月	三月	四月	五月	六月	七月	八月	九月	十月	十一月	十二月	閏月
十年	壬申	辛丑	辛未	庚子	庚午	己亥	己巳	戊戌	戊辰	丁酉	丁卯	丙申	
十一年	丙寅	丙申	乙丑	乙未	甲子	甲午	癸亥	癸巳	壬戌	壬辰	辛酉	辛卯	
十二年	庚申	庚寅	己未	己丑	戊午	戊子	戊午	丁亥	丁巳	丙戌	丙辰	乙酉	乙卯
十三年	甲申	甲寅	癸未	癸丑	壬午	壬子	辛巳	辛亥	辛巳	庚戌	庚辰	己酉	
十四年	己卯	戊申	戊寅	丁未	丁丑	丙午	丙子	乙巳	乙亥	甲辰	甲戌	癸卯	
十五年	癸酉	癸卯	壬申	壬寅	辛未	辛丑	庚午	庚子	己巳	己亥	戊辰	戊戌	丁卯
十六年	丁酉	丙寅	丙申	丙寅	乙未	乙丑	甲午	甲子	癸巳	癸亥	壬辰	壬戌	
十七年	辛卯	辛酉	庚寅	庚申	己丑	己未	戊子	戊午	戊子	丁巳	丁亥	丙辰	
十八年	丙戌	乙卯	乙酉	甲寅	甲申	癸丑	癸未	壬子	壬午	辛亥	辛巳	庚戌	庚辰
宣公元年	庚戌	己卯	己酉	戊寅	戊申	丁丑	丁未	丙子	丙午	乙亥	乙巳	甲戌	
二年	甲辰	癸酉	癸卯	壬申	壬寅	壬申	辛丑	辛未	庚子	庚午	己亥	己巳	
三年	戊戌	戊辰	丁酉	丁卯	丙申	丙寅	乙未	乙丑	甲午	甲子	甲午	癸亥	癸巳
四年	壬戌	壬辰	辛酉	辛卯	庚申	庚寅	己未	己丑	戊午	戊子	丁巳	丁亥	
五年	丙辰	丙戌	丙辰	乙酉	乙卯	甲申	甲寅	癸未	癸丑	壬午	壬子	辛巳	辛亥
六年	庚辰	庚戌	己卯	己酉	己卯	戊申	戊寅	丁未	丁丑	丙午	丙子	乙巳	
七年	乙亥	甲辰	甲戌	癸卯	癸酉	壬寅	壬申	辛丑	辛未	辛丑	庚午	庚子	己巳
八年	己亥	戊辰	戊戌	丁卯	丁酉	丙寅	丙申	乙丑	乙未	甲子	甲午	甲子	
九年	癸巳	癸亥	壬辰	壬戌	辛卯	辛酉	庚寅	庚申	己丑	己未	戊子	戊午	
十年	丁亥	丁巳	丙戌	丙辰	丙戌	乙卯	乙酉	甲寅	甲申	癸丑	癸未	壬子	壬午
十一年	辛亥	辛巳	庚戌	庚辰	己酉	己卯	戊申	戊寅	戊申	丁丑	丁未	丙子	
十二年	丙午	乙亥	乙巳	甲戌	甲辰	癸酉	癸卯	壬申	壬寅	辛未	辛丑	辛未	
十三年	庚子	庚午	己亥	己巳	戊戌	戊辰	丁酉	丁卯	丙申	丙寅	乙未	乙丑	甲午
十四年	甲子	癸巳	癸亥	癸巳	壬戌	壬辰	辛酉	辛卯	庚申	庚寅	己未	己丑	
十五年	戊午	戊子	丁巳	丁亥	丙辰	丙戌	丙辰	乙酉	乙卯	甲申	甲寅	癸未	
十六年	癸丑	壬午	壬子	辛巳	辛亥	庚辰	庚戌	己卯	己酉	戊寅	戊申	戊寅	丁未
十七年	丁丑	丙午	丙子	乙巳	乙亥	甲辰	甲戌	癸卯	癸酉	壬寅	壬申	辛丑	
十八年	辛未	庚子	庚午	庚子	己巳	己亥	戊辰	戊戌	丁卯	丁酉	丙寅	丙申	

續表

魯公之年	正月	二月	三月	四月	五月	六月	七月	八月	九月	十月	十一月	十二月	閏月
成公元年	乙丑	乙未	甲子	甲午	癸亥	癸巳	癸亥	壬辰	壬戌	辛卯	辛酉	庚寅	庚申
二年	己丑	己未	戊子	戊午	丁亥	丁巳	丙戌	丙辰	乙酉	乙卯	乙酉	甲寅	
三年	甲申	癸丑	癸未	壬子	壬午	辛亥	辛巳	庚戌	庚辰	己酉	己卯	戊申	
四年	戊寅	丁未	丁丑	丁未	丙子	丙午	乙亥	乙巳	甲戌	甲辰	癸酉	癸卯	壬申
五年	壬寅	辛未	辛丑	庚午	庚子	己巳	己亥	己巳	戊戌	戊辰	丁酉	丁卯	
六年	丙申	丙寅	乙未	乙丑	甲午	甲子	癸巳	癸亥	壬辰	壬戌	辛卯	辛酉	
七年	辛卯	庚申	庚寅	己未	己丑	戊午	戊子	丁巳	丁亥	丙辰	丙戌	乙卯	乙酉
八年	甲寅	甲申	甲寅	癸未	癸丑	壬午	壬子	辛巳	辛亥	庚辰	庚戌	己卯	
九年	己酉	戊寅	戊申	丁丑	丁未	丙子	丙午	丙子	乙巳	乙亥	甲辰	甲戌	癸卯
十年	癸酉	壬寅	壬申	辛丑	辛未	庚子	庚午	己亥	己巳	戊戌	戊辰	戊戌	
十一年	丁卯	丁酉	丙寅	丙申	乙丑	乙未	甲子	甲午	癸亥	癸巳	壬戌	壬辰	
十二年	辛酉	辛卯	辛酉	庚寅	庚申	己丑	己未	戊子	戊午	丁亥	丁巳	丙戌	丙辰
十三年	乙酉	乙卯	甲申	甲寅	癸未	癸丑	癸未	壬子	壬午	辛亥	辛巳	庚戌	
十四年	庚辰	己酉	己卯	戊申	戊寅	丁未	丁丑	丙午	丙子	丙午	乙亥	乙巳	甲戌
十五年	甲辰	癸酉	癸卯	壬申	壬寅	辛未	辛丑	庚午	庚子	己巳	己亥	戊辰	
十六年	戊戌	戊辰	丁酉	丁卯	丙申	丙寅	乙未	乙丑	甲午	甲子	癸巳	癸亥	
十七年	壬辰	壬戌	辛卯	辛酉	庚寅	庚申	庚寅	己未	己丑	戊午	戊子	丁巳	丁亥
十八年	丙辰	丙戌	乙卯	乙酉	甲寅	甲申	癸丑	癸未	癸丑	壬午	壬子	辛巳	
襄公元年	辛亥	庚辰	庚戌	己卯	己酉	戊寅	戊申	丁丑	丁未	丙子	丙午	乙亥	乙巳
二年	乙亥	甲辰	甲戌	癸卯	癸酉	壬寅	壬申	辛丑	辛未	庚子	庚午	己亥	
三年	己巳	戊戌	戊辰	戊戌	丁卯	丁酉	丙寅	丙申	乙丑	乙未	甲子	甲午	
四年	癸亥	癸巳	壬戌	壬辰	辛酉	辛卯	庚申	庚寅	庚申	己丑	己未	戊子	戊午
五年	丁亥	丁巳	丙戌	丙辰	乙酉	乙卯	甲申	甲寅	癸未	癸丑	壬午	壬子	
六年	壬午	辛亥	辛巳	庚戌	庚辰	己酉	己卯	戊申	戊寅	丁未	丁丑	丙午	
七年	丙子	乙巳	乙亥	甲辰	甲戌	甲辰	癸酉	癸卯	壬申	壬寅	辛未	辛丑	庚午
八年	庚子	己巳	己亥	戊辰	戊戌	丁卯	丁酉	丙寅	丙申	丙寅	乙未	乙丑	

魯公之年	正月	二月	三月	四月	五月	六月	七月	八月	九月	十月	十一月	十二月	閏月
九年	甲午	甲子	癸巳	癸亥	壬辰	壬戌	辛卯	辛酉	庚寅	庚申	己丑	己未	
十年	戊子	戊午	戊子	丁巳	丁亥	丙辰	丙戌	乙卯	乙酉	甲寅	甲申	癸丑	癸未
十一年	壬子	壬午	辛亥	辛巳	辛亥	庚辰	庚戌	己卯	己酉	戊寅	戊申	丁丑	
十二年	丁未	丙子	丙午	乙亥	乙巳	甲戌	甲辰	癸酉	癸卯	癸酉	壬寅	壬申	
十三年	辛丑	辛未	庚子	庚午	己亥	己巳	戊戌	戊辰	丁酉	丁卯	丙申	丙寅	丙申
十四年	乙丑	乙未	甲子	甲午	癸亥	癸巳	壬戌	壬辰	辛酉	辛卯	庚申	庚寅	
十五年	己未	己丑	戊午	戊子	戊午	丁亥	丁巳	丙戌	丙辰	乙酉	乙卯	甲申	
十六年	甲寅	癸未	癸丑	壬午	壬子	辛巳	辛亥	辛巳	庚戌	庚辰	己酉	己卯	戊申
十七年	戊寅	丁未	丁丑	丙午	丙子	乙巳	乙亥	甲辰	甲戌	癸卯	癸酉	癸卯	
十八年	壬申	壬寅	辛未	辛丑	庚午	庚子	己巳	己亥	戊辰	戊戌	丁卯	丁酉	丙寅
十九年	丙申	乙丑	乙未	乙丑	甲午	甲子	癸巳	癸亥	壬辰	壬戌	辛卯	辛酉	
二十年	庚寅	庚申	己丑	己未	戊子	戊午	戊子	丁巳	丁亥	丙辰	丙戌	乙卯	乙酉
廿一年	甲寅	甲申	癸丑	癸未	壬子	壬午	辛亥	辛巳	庚戌	庚辰	庚戌	己卯	
廿二年	己酉	戊寅	戊申	丁丑	丁未	丙子	丙午	乙亥	乙巳	甲戌	甲辰	癸酉	
廿三年	癸卯	癸酉	壬寅	壬申	辛丑	辛未	庚子	庚午	己亥	己巳	戊戌	戊午	丁酉
廿四年	丁卯	丙申	丙寅	乙未	乙丑	乙未	甲子	甲午	癸亥	癸巳	壬戌	壬辰	
廿五年	辛酉	辛卯	庚申	庚寅	己未	己丑	戊午	戊子	丁巳	丁亥	丁巳	丙戌	
廿六年	丙辰	乙酉	乙卯	甲申	甲寅	癸未	癸丑	壬午	壬子	辛巳	辛亥	庚辰	庚戌
廿七年	己卯	己酉	己卯	戊申	戊寅	丁未	丁丑	丙午	丙子	乙巳	乙亥	甲辰	
廿八年	甲戌	癸卯	癸酉	壬寅	壬申	辛丑	辛未	辛丑	庚午	庚子	己巳	己亥	
廿九年	戊辰	戊戌	丁卯	丁酉	丙寅	丙申	丙丑	乙未	甲子	甲午	癸亥	癸巳	癸亥
三十年	壬辰	壬戌	辛卯	辛酉	庚寅	庚申	己丑	己未	戊子	戊午	丁亥	丁巳	
卅一年	丙戌	丙辰	丙戌	乙卯	乙酉	甲寅	甲申	癸丑	癸未	壬子	壬午	辛亥	
昭公元年	辛巳	庚戌	庚辰	己酉	己卯	戊申	戊寅	戊申	丁丑	丁未	丙子	丙午	乙亥
二年	乙巳	甲戌	甲辰	癸酉	癸卯	壬申	壬寅	辛未	辛丑	庚午	庚子	庚午	
三年	己亥	己巳	戊戌	戊辰	丁酉	丁卯	丙申	丙寅	乙未	乙丑	甲午	甲子	癸巳
四年	癸亥	癸巳	壬戌	壬辰	辛酉	辛卯	庚申	庚寅	己未	己丑	戊午	戊子	

續表

魯公之年	正月	二月	三月	四月	五月	六月	七月	八月	九月	十月	十一月	十二月	閏月
五年	丁巳	丁亥	丙辰	丙戌	乙卯	乙酉	乙卯	甲申	甲寅	癸未	癸丑	壬午	
六年	壬子	辛巳	辛亥	庚辰	庚戌	己卯	己酉	戊寅	戊申	戊寅	丁未	丁丑	丙午
七年	丙子	乙巳	乙亥	甲辰	甲戌	癸卯	癸酉	壬寅	壬申	辛丑	辛未	庚子	
八年	庚午	庚子	己巳	己亥	戊辰	戊戌	丁卯	丁酉	丙寅	丙申	乙丑	乙未	
九年	甲子	甲午	癸亥	癸巳	壬戌	壬辰	壬戌	辛卯	辛酉	庚寅	庚申	己丑	己未
十年	戊子	戊午	丁亥	丁巳	丙戌	丙辰	乙酉	乙卯	乙酉	甲寅	甲申	癸丑	
十一年	癸未	壬子	壬午	辛亥	辛巳	庚戌	庚辰	己酉	己卯	戊申	戊寅	丁未	
十二年	丁丑	丁未	丙子	丙午	乙亥	乙巳	甲戌	甲辰	癸酉	癸卯	壬申	壬寅	辛未
十三年	辛丑	庚午	庚子	己巳	己亥	己巳	戊戌	戊辰	丁酉	丁卯	丙申	丙寅	
十四年	乙未	乙丑	甲午	甲子	癸巳	癸亥	壬辰	壬戌	辛卯	辛酉	辛卯	庚申	
十五年	庚寅	己未	己丑	戊午	戊子	丁巳	丁亥	丙辰	丙戌	乙卯	乙酉	甲寅	甲申
十六年	癸丑	癸未	癸丑	壬午	壬子	辛巳	辛亥	庚辰	庚戌	己卯	己酉	戊寅	
十七年	戊申	丁丑	丁未	丙子	丙午	丙子	乙巳	乙亥	甲辰	甲戌	癸卯	癸酉	壬寅
十八年	壬申	辛丑	辛未	庚子	庚午	己亥	己巳	戊戌	戊辰	戊戌	丁卯	丁酉	
十九年	丙寅	丙申	乙丑	乙未	甲子	甲午	癸亥	癸巳	壬戌	壬辰	辛酉	辛卯	
二十年	辛酉	庚寅	庚申	己丑	己未	戊子	戊午	丁亥	丁巳	丙戌	丙辰	乙酉	乙卯
廿一年	甲申	甲寅	癸未	癸丑	癸未	壬子	壬午	辛亥	辛巳	庚戌	庚辰	己酉	
廿二年	己卯	戊申	戊寅	丁未	丁丑	丙午	丙子	乙巳	乙亥	乙巳	甲戌	甲辰	癸酉
廿三年	癸卯	壬申	壬寅	辛未	辛丑	庚午	庚子	己巳	己亥	戊辰	戊戌	戊辰	
廿四年	丁酉	丁卯	丙申	丙寅	乙未	乙丑	甲午	甲子	癸巳	癸亥	壬辰	壬戌	
廿五年	辛卯	辛酉	庚寅	庚申	庚寅	己未	己丑	戊午	戊子	丁巳	丁亥	丙辰	丙戌
廿六年	乙卯	乙酉	甲寅	甲申	癸丑	癸未	壬子	壬午	壬子	辛巳	辛亥	庚辰	
廿七年	庚戌	己卯	己酉	戊寅	戊申	丁丑	丁未	丙子	丙午	乙亥	乙巳	乙亥	甲辰
廿八年	甲戌	癸卯	癸酉	壬寅	壬申	辛丑	辛未	庚子	庚午	己亥	己巳	戊戌	
廿九年	戊辰	丁酉	丁卯	丁酉	丙寅	丙申	乙丑	乙未	甲子	甲午	癸亥	癸巳	
三十年	壬戌	壬辰	辛酉	辛卯	庚戌	庚寅	己未	己丑	己未	戊子	戊午	丁亥	丁巳
卅一年	丙戌	丙辰	乙酉	乙卯	甲申	甲寅	癸未	癸丑	壬午	壬子	壬午	辛亥	

續表

魯公之年	正月	二月	三月	四月	五月	六月	七月	八月	九月	十月	十一月	十二月	閏月
卅二年	辛巳	庚戌	庚辰	己酉	己卯	戊申	戊寅	丁未	丁丑	丙午	丙子	乙巳	
定公元年	乙亥	甲辰	甲戌	甲辰	癸酉	癸卯	壬申	壬寅	辛未	辛丑	庚午	庚子	
二年	己巳	己亥	戊辰	戊戌	丁卯	丁酉	丙寅	丙申	丙寅	乙未	乙丑	甲午	甲子
三年	癸巳	癸亥	壬辰	壬戌	辛卯	辛酉	庚寅	庚申	己丑	己未	戊子	戊午	
四年	戊子	丁巳	丁亥	丙辰	丙戌	乙卯	乙酉	甲寅	甲申	癸丑	癸未	壬子	壬午
五年	辛亥	辛巳	辛亥	庚辰	庚戌	己卯	己酉	戊寅	戊申	丁丑	丁未	丙子	
六年	丙午	乙亥	乙巳	甲戌	甲辰	癸酉	癸卯	癸酉	壬寅	壬申	辛丑	辛未	庚子
七年	庚午	己亥	己巳	戊戌	戊辰	丁酉	丁卯	丙申	丙寅	乙未	乙丑	乙未	
八年	甲子	甲午	癸亥	癸巳	壬戌	壬辰	辛酉	辛卯	庚申	庚寅	己未	己丑	
九年	戊午	戊子	戊午	丁亥	丁巳	丙戌	丙辰	乙酉	乙卯	甲申	甲寅	癸未	癸丑
十年	壬午	壬子	辛巳	辛亥	庚辰	庚戌	庚辰	己酉	己卯	戊申	戊寅	丁未	
十一年	丁丑	丙午	丙子	乙巳	乙亥	甲辰	甲戌	癸卯	癸酉	癸卯	壬申	壬寅	
十二年	辛未	辛丑	庚午	庚子	己巳	己亥	戊辰	戊戌	丁卯	丁酉	丙寅	丙申	乙丑
十三年	乙未	乙丑	甲午	甲子	癸巳	癸亥	壬辰	壬戌	辛卯	辛酉	庚寅	庚申	
十四年	己丑	己未	戊子	戊午	丁亥	丁巳	丁亥	丙辰	丙戌	乙卯	乙酉	甲寅	甲申
十五年	癸丑	癸未	壬子	壬午	辛亥	辛巳	庚戌	庚辰	庚戌	己卯	己酉	戊寅	
哀公元年	戊申	丁丑	丁未	丙子	丙午	乙亥	乙巳	甲戌	甲辰	癸酉	癸卯	壬申	
二年	壬寅	壬申	辛丑	辛未	庚子	庚午	己亥	己巳	戊戌	戊辰	丁酉	丁卯	丙申
三年	丙寅	乙未	乙丑	甲午	甲子	甲午	癸亥	癸巳	壬戌	壬辰	辛酉	辛卯	
四年	庚申	庚寅	己未	己巳	戊午	戊子	丁巳	丁亥	丁巳	丙戌	丙辰	乙酉	
五年	乙卯	甲申	甲寅	癸未	癸丑	壬午	壬子	辛巳	辛亥	庚辰	庚戌	己卯	己酉
六年	己卯	戊申	戊寅	丁未	丁丑	丙午	丙子	乙巳	乙亥	甲辰	甲戌	癸卯	
七年	癸酉	壬寅	壬申	壬寅	辛未	辛丑	庚午	庚子	己巳	己亥	戊辰	戊戌	丁卯
八年	丁酉	丙寅	丙申	乙丑	乙未	甲子	甲午	甲子	癸巳	癸亥	壬辰	壬戌	
九年	辛卯	辛酉	庚寅	庚申	己丑	己未	戊子	戊午	丁亥	丁巳	丙戌	丙辰	
十年	丙戌	乙卯	乙酉	甲寅	甲申	癸丑	癸未	壬子	壬午	辛亥	辛巳	庚戌	庚辰

續表

魯公之年	正月	二月	三月	四月	五月	六月	七月	八月	九月	十月	十一月	十二月	閏月
十一年	己酉	己卯	己酉	戊寅	戊申	丁丑	丁未	丙子	丙午	乙亥	乙巳	甲戌	
十二年	甲辰	癸酉	癸卯	壬申	壬寅	辛未	辛丑	辛未	庚子	庚午	己亥	己巳	
十三年	戊戌	戊辰	丁酉	丁卯	丙申	丙寅	乙未	乙丑	甲午	甲子	甲午	癸亥	癸巳
十四年	壬戌	壬辰	辛酉	辛卯	庚申	庚寅	己未	己丑	戊午	戊子	丁巳	丁亥	

第八章　徐彦《公羊疏》補正

　　清阮元重刊《十三經注疏》，嘗倡言"士人讀書當從經學始，經學當從注疏始"，又謂"空疏之士、高明之徒讀注疏不終卷而思臥者，是不能潛心鑽索"①。愚近年從事《公羊注疏》校勘，深以爲阮氏所言乃治經之大法。不讀注疏，則於經傳義例必有所隔，於傳注之意難以深究，是勢不能深入經學之堂奧也。惟細心審繹注疏之意，其是者，則依循而邃密之；其非者，則商量而改正之。如此，經傳義例庶可得焉。好學考古，明辨是非，正所以尊經也。愚讀徐彦《公羊疏》日久，竊謂欲明《公羊》經傳之義例及何注之深意，舍徐疏而莫由。雖然，徐疏猶有如干闕失，有不得注意者，有舉例不當者，有引證迂曲者，有但舉例而無疏釋者。兹所爲補正者，豈敢與古人較得失哉，不盲從、不專己，正所以尊古人也，亦欲好古者勿拘於舊疏之説而取類不當焉。爰依十二公之次，摘録其中闕失者，補正如下。

隱公篇

　　1. 隱元年經"冬，十有二月，祭伯來"，注云"月者，爲下卒也。

---

① 阮元《重刻宋板注疏總目録》，見《十三經注疏》第 1 册，頁 4—5。

當案下例，當蒙上月，日不也"①。

〔徐疏〕注"當案下例，當蒙上月，日不也"　解云：一月有數事，重者皆蒙月也。若上事輕，下事重，輕者不蒙月，重者自蒙月。若上事重，下事輕，則亦重者蒙月，輕者不蒙月，故言當案下例當蒙上月矣。②

案疏非也。蒙月不蒙月，當據上下例推求，非以事之輕重論也。此例經書"冬十有二月，祭伯來。公子益師卒"，十二月領二事，一是祭伯來，一是公子益師卒。知祭伯來不蒙月者，以外大夫奔例時③，故不蒙月。知公子益師卒蒙月者，以所傳聞世內大夫卒，不論無罪有罪皆不日，略之也④；今既不日，則蒙月可知。若不蒙月，則更略，不宜發傳云"何以不日"。"祭伯來"雖不蒙月，但此經不可書"冬，祭伯來。十有二月，公子益師卒"，若書，則嫌"祭伯來"不在十二月。故十二月雖領二事，以奔例時，知祭伯來不蒙月。此即據上下例推求蒙月不蒙月之意也。又，下二年經云"夏五月，莒人入向。無駭帥師入極"，何注亦云"當案下例，當蒙上月"⑤，若以輕重言之，入向是入人國，輕也；入極是滅人國，重也；則是入極蒙月而入向不蒙月。然何氏謂此二例皆月⑥，可知蒙月不蒙月，不爲事之輕重故也。且祭伯來與公子益師卒，何者輕，何者重？亦難以指言，徐疏非是。

---

① 撫本《公羊經傳解詁》卷一，頁 6b。
② 日本蓬左文庫藏《公羊疏》鈔本卷一。以下疏文皆據此單疏鈔本。
③ 閔公二年何注"外大夫奔例皆時"。見撫本，卷四，頁 3a。
④ 隱公元年何注"於所傳聞之世，高祖曾祖之臣恩淺，大夫卒，有罪無罪皆不日，略之也"。見撫本，卷一，頁 7a。
⑤ 撫本，卷一，頁 8a。
⑥ 知入向月者，何注云"入例時，傷害多則月"，見撫本，卷一，頁 7b。知入極月者，入極是滅，何注云"滅例月"，見撫本，卷一，頁 8a。

2. 隱二年傳"展無駭也。何以不氏？貶。曷爲貶"，注云"据公子遂俱用兵入杞不貶也"（撫本，卷一，頁 7b）。

〔徐疏〕注据公子遂俱用兵入杞不貶也者，欲決隱八年"庚寅，我入邴"非用兵故也。（單疏鈔本，卷二）

案疏非何注本義。本義者，謂公子遂入杞不貶，即僖公廿七年八月，"乙巳，公子遂帥師入杞"，注云"日者，杞屬脩禮朝魯，雖無禮，君子躬自厚而薄責於人，不當乃入之，故録責之"①，意謂杞無禮在先，公子遂帥師伐杞，雖不能躬自厚而薄責於人，然差輕於入國而滅者，雖責，猶不貶。何注舉公子遂以比展無駭：無駭入極而滅國，貶，故去氏；公子遂入杞而不滅國，不貶而猶氏。二者皆用兵，而貶與不貶相異。今徐疏引隱公八年"庚寅，我入邴"爲證，此經無"帥師"二字，故謂決其非用兵故也，此非何氏意明矣。

3. 隱三年傳"世卿，非禮也"，注云"故尹氏世，立王子朝；齊崔氏世，弑其君光；君子疾其末，則正其本。見譏於卒者，亦不可造次無故驅逐，必因其遇卒絶之"（撫本，卷一，頁 10b）。

〔徐疏〕注君子疾其末者，即襄二十五年與昭二十三年是也。注則正其本者，即此及宣十年是也。　注見譏至絶之　解云：必因過卒絶之者，過，即崔氏出奔衛、尹氏立王子朝是也。卒，即此文是也。若然，尹氏立王子朝還言尹氏，而崔杼弑其君光，不復言崔氏者，正以大夫弑君例稱其名故也。（單疏鈔本，卷三）

案疏釋"正其本"，是非各半。宣十年"齊崔氏出奔衛"，不可爲"正其本"之證。本者，謂卿大夫不得世；末者，謂若卿大夫世，則禍害重，如弑君、出奔、篡立等，皆禍害重之徵。故下疏云"必因過卒

---

① 撫本，卷五，頁 26b。

絕之者,過,即崔氏出奔衞、尹氏立王子朝是也"①,以崔氏出奔衞與昭廿三年"尹氏立王子朝"並列,是"疾其末"之證,皆以禍害重也。何氏之意,凡大夫書"氏",即世卿之證,此經"尹氏",又書"卒",以大夫卒例稱名②,今不書名而書氏,故以爲正其本之證。

又,疏文末句有奪文。案文公十六年傳云"弑君者曷爲或稱名氏?或不稱名氏?大夫弑君稱名氏,賤者窮諸人"。據此,則疏文末句當云"而崔杼弑其君光,不復言崔氏者,正以大夫弑君例稱其名〔氏〕故也",脱"氏"字。"崔杼"爲名氏之稱,"崔氏"則爲氏稱。經若書"崔氏"而不書"崔杼",則但氏無名,與傳文"大夫弑君稱名氏"不合。書"崔杼",正大夫弑君稱名氏例也。

4.隱六年傳"狐壤之戰,隱公獲焉。然則何以不言戰?諱獲也",注云"君獲不言師敗績,故以輸平諱也,與鞌戰辟內敗文異"(撫本,卷一,頁16b—17a)。

〔徐疏〕注與鞌戰云云　解云:成二年傳云"君不行使乎大夫,此其行使乎大夫何?佚獲也",注云:"當絕賤,使與大夫敵體以起之。君獲不言師敗績,等起不去師敗績者,辟內敗文也。"然則,鞌戰之時,實齊侯被獲,宜去敗績,直言戰而已,但時内大夫在焉,辟内敗文,故不得言戰矣。今此輸平之經,自由魯公見獲,是以不得言戰,故云與鞌戰辟内敗文異。(單疏鈔本,卷三)

案徐疏迂曲,不得注意。此年經"鄭人來輸平",傳云"何以不言戰",注云"戰者,内敗文也,据鞌戰君獲言師敗績"③。何氏之意,戰是内敗之文,若是尋常魯師敗績,言"戰"即可,如桓公十年

---

① 單疏鈔本,卷三。徐彦所見本作"過",撫本、余本則作"遇"。

② 隱公八年傳"卒何以名而葬不名?卒從正",何注"卒當赴告天子,君前臣名,故從君臣之正義言也。"撫本,卷一,頁19b。

③ 撫本,卷一,頁16b—17a。

經"齊侯、衞侯、鄭伯來戰于郎"，傳云"內不言戰，言戰，乃敗矣"是也。今此狐壤之戰，非尋常師敗績，乃魯君被獲，故不得書"戰"作內敗之文。

君獲不得書"戰"，然則何書？以鞌戰例之，彼齊侯被獲而書"齊師敗績"，此魯君被獲，似可書"及鄭師戰于狐壤，我師敗績"，但何氏之意，亦不可如此書。鞌戰所以書"齊師敗績"者，爲避"戰"是內敗文耳，彼經云"季孫行父、臧孫許、叔孫僑如、公孫嬰齊帥師會晉郤克、衞孫良夫、曹公子手及齊侯戰于鞌，齊師敗績"，雖書"戰"，却是齊敗而非魯敗，既是齊敗，何以不書"季孫行父以下敗齊師于鞌"，而書"戰于鞌，齊師敗績"？案敗是獨敗之文，鞌之戰，是魯合晉、衞、曹三國共敗齊師，非獨敗，是以不得書"敗齊師于鞌"。既不得書敗，故改書"戰"，然戰又是內敗文，實情是齊敗，故書"齊師敗績"以避"戰"爲內敗文。

或有疑者，鞌之戰齊侯既獲，君獲不言師敗績[1]，當舉獲爲重，如"晉侯及秦伯戰于韓，獲晉侯"是也，經何以不書"季孫行父以下及齊侯戰于鞌，獲齊侯"？案齊侯佚獲，非實獲也，佚獲，故不得書"獲齊侯"，若書，則是實獲。故知"齊師敗績"，一則避內敗文，一則緣齊侯佚獲，非實獲也。

此年狐壤之戰，魯君實獲，不得書戰，若書戰，則無君獲之義；不得書"我師敗績"，若書，則如莊公九年戰于乾時之例，亦無君獲之義；又不得書"獲"，以《春秋》諱內大惡，故不可書"獲我君"。不得書戰，不得書師敗績，不得書獲，然則何書？以諱書也，經書"輸平"，即諱獲之辭。故知徐疏云"時內大夫在焉，辟內敗文，故不得言戰矣"，殊非傳注之意，諱獲之辭，與內大夫在不在有何關涉？

---

① 僖公十五年傳云"君獲不言師敗績也"。撫本，卷五，頁 17b。

5. 隱八年經 "春，宋公、衛侯遇于垂"，注云 "無王者，遇在其間。置上，則嫌爲事出；置下，則嫌無天法可以制月，文不可施也"（撫本，卷一，頁 18b）。

〔徐疏〕注置上云云　解云：若言八年春，王、宋公、衛侯遇于垂，即嫌桓王亦與之遇，故言則嫌爲事出，事，謂遇事也。或者嫌爲遇事之故出此王，故云則嫌爲遇事出也。　注置下云云者　解云：天法，即春是也。（單疏鈔本，卷三）

案徐氏兩疏，上疏是也，下疏宜補。經書遇者，謂宋公、衛侯朝王，塗中不期而遇，遂修禮以爲好。既是朝王，宜有 "王" 文，今無者，以其文不得施也。何則？若 "王" 文置於 "宋公" 之上，則經書 "春，〔王〕、宋公、衛侯遇于垂"，嫌王爲遇事出；若 "王" 文置於 "春" 下，則經書 "春，〔王〕。宋公、衛侯遇于垂"，是王下無月，嫌無天法可以制月。"春王" 何以謂之無天法可以制月？隱元年何注云 "王者受命布政施教所制月也"，又云 "文王，周始受命之王，天之所命，故上繫天端，方陳受命制正月，故假以爲王法"①，據此，月者，乃王據天法所制。經書 "春王"，下無月，故云 "嫌無天法可以制月"。注云 "置上" 者，謂置於 "宋公" 之上；云 "置下" 者，謂置於 "春" 下；是上下不得立文。徐疏但云 "天法即春"，是則是矣，於注意猶嫌未備。

6. 隱十年經 "宋人、蔡人、衛人伐載，鄭伯伐取之"，注云 "不月者，移惡上三國"（撫本，卷一，頁 21b）。

〔徐疏〕注不月云云者，正以滅國例月故也。（單疏鈔本，卷三）

案疏文簡略，未能揭明注意。案滅例月②，若日，則是重録之文，如僖公廿五年正月丙午，衛侯燬滅邢，宣公十五年六月癸卯，

---

① 撫本，卷一，頁 2a。
② 隱公二年傳云 "内大惡諱也"，何注 "滅例月"。見撫本，卷一，頁 8a。

晉師滅赤狄潞氏,襄公十年五月甲午,遂滅偪陽,昭公八年十月壬午,楚師滅陳,昭十一年十一月丁酉,楚師滅蔡,皆是滅日而爲重錄之文 ①。定公四年四月庚辰,蔡公孫歸姓帥師滅沈,何注"定哀滅例日" ②,尤證此義。若時,則是略錄之文,如僖公五年冬,晉人執虞公,十七年夏,滅項,襄公六年秋,莒人滅鄫,皆時,何注以爲略錄 ③。此經書"宋人、蔡人、衞人伐載。鄭伯伐取之",伐取者,謂滅,滅不月,而蒙上時,則是略錄。既是略錄,則責之淺,何以移惡上三國? 徐疏但以滅國例月爲説,未揭明"移惡"之義。

　　案經若於"伐取"上書月,則上伐時、下滅月,皆是常文,以滅重於伐,是責鄭伯滅國之意深,責三國伐人之惡淺,移惡三國之義不明。經若於三國上書月,則是重錄之文,伐既是重錄,滅則是常文,如此,責三國之惡深,責鄭滅之惡反淺,亦非經意。今"伐取"之上不書月,則伐時爲常文 ④,滅時則爲略錄之文,惡三國用兵伐人,而鄭伯滅國之惡少淺,故可云"移惡"。如此,三國伐人、鄭因滅之兩惡並見矣。陳立云:"滅例月,凡不月者,各有起文。此既書取,明爲滅國歸惡於鄭,嫌三國無惡,故不月起之。僖五年冬,晉人執虞公,注'不從滅例月者,略之'。又十七年夏滅項,注'不月者,桓公不坐滅,略小國',則此亦因其易而略之與?" ⑤ 云"不月者,各有起文",是也;云"因其易而略之與",則非。若以其易而略錄,則無責三國及鄭之意。

---

① 分見撫本,卷五,頁 24b ;卷七,頁 17a ;卷九,頁 7a ;卷十,頁 6a、頁 7b。
② 撫本,卷十一,頁 4a。
③ 分見撫本,卷五,頁 10b、頁 19a ;卷九,頁 4b。
④ 何注"侵伐圍入例皆時",見《春秋公羊傳注疏》,《十三經注疏》第 7 册,頁 26 下。
⑤ 陳立《公羊義疏》,《續修四庫全書·經部·春秋類》第 130 册,頁 91 上。

桓公篇

7. 桓三年經"春正月。公會齊侯于嬴",注云"不就元年見始者,未無王也。二月,非周之正月,所以復去之者,明《春秋》之道亦通於三王,非主假周以爲漢制而已"(撫本,卷二,頁 4b)。

〔徐疏〕注二月無王者,即七年二月己亥,焚咸丘;十有三年春二月,公會紀侯、鄭伯云云;十五年春二月,天王使家父來求車之屬,是也。(單疏鈔本,卷四)

案徐疏但舉桓世無"王二月"之例,未釋其旨。案隱公三年經"王二月",何注云"二月、三月皆有王者,二月,殷之正月也;三月,夏之正月也。王者存二王之後,使統其正朔,服其服色,行其禮樂,所以尊先聖、通三統,師法之義、恭讓之禮於是可得而觀之"①,知《春秋》正月無事,二月有事,則於二月上加王;二月無事,三月有事,則於三月上加王,以示通三統之義。考《春秋》十二公,除閔公有慶父之亂,其餘諸公皆有王二月或王三月之文,惟桓公並無之,故知桓公無王之行,不通三統之義。注云"非主假周以爲漢制"者,謂《春秋》不但假周之正月爲漢制,亦假殷、夏之二、三月以爲漢制。而桓公無王正月、王二月、王三月之文,故於夏殷周三統俱不通矣。

8. 桓三年經"九月,齊侯送姜氏于讙",傳云"自我言齊,父母之於子,雖爲鄰國夫人,猶曰吾姜氏",注云"所以崇父子之親。從父母辭,不言孟姜言姜氏者,從魯辭,起魯地"(撫本,卷二,頁 5a—5b)。

---

① 撫本,卷一,頁 9b。

〔徐疏〕注從父母辭云云　解云：孟姜者，即《詩》云"彼美孟姜"，正謂此也。孟字，亦有作季字者，誤也。（單疏鈔本，卷四）

案徐疏引《鄭風·有女同車》"彼美孟姜"爲證，謂彼孟姜即此姜氏。然據《毛序》，此詩乃刺不娶齊女也，"齊女賢而不取，卒以無大國之助，至於見逐"[1]。孟姜既有賢行，又如何私通於齊襄，而與弒君耶？知何休必不從《毛序》之説。詩句云"彼美孟姜，德音不忘"，知三家《詩》也以孟姜有賢行[2]。何休既謂此姜氏是孟姜，則與《詩》之孟姜分別二人。徐彦引以爲證，非。

又，疏不釋"從父母辭，不言孟姜言姜氏，從魯辭、起魯地"之意。案桓九年經"紀季姜歸于京師"，傳云"其辭成矣，則其稱紀季姜何？自我言紀，父母之於子，雖爲天王后，猶曰吾季姜"，季姜雖貴爲王后，若從父母辭，猶稱其字曰"吾季姜"。此經"齊侯送姜氏于讙"，是齊侯嫁女於魯，從父母辭，亦當稱字曰"吾孟姜"，今不稱"孟姜"而稱"姜氏"者，以讙是魯地，入魯境，其夫人之辭已成，故從魯辭稱"姜氏"。彼紀季姜從父母辭，不稱"吾姜氏"而稱"吾季姜"者，以季姜是王后，普天之下，莫非王土，王者無外，若稱"吾姜氏"，則有入魯之義，嫌王者有外。今齊侯越境送女，非禮，故不醇從父母辭稱"孟姜"，而以入爲夫人之辭稱姜氏。傳云"自我言齊"，"吾姜氏"，即"自我言齊"之號。不言孟姜言姜氏，即"從魯辭、起魯地"之意。

9. 桓四年經"夏，天王使宰渠伯糾來聘"，傳云"其稱宰渠伯糾何？下大夫也"，注云"禮，君於臣而不名者有五，……老臣不名，宰渠伯糾是也"（撫本，卷二，頁6b）。

---

① 《毛詩正義》，阮刻《十三經注疏》第 2 册，頁 170 下。
② 參王先謙《詩三家義集疏》，頁 354。

〔徐疏〕注老臣云云　解云：渠是其名，而言不名者，謂計其官爵之時，實合氏官、名而且字，但以其年老，故兼稱伯，示有不名之義也，故知之矣。（單疏鈔本，卷四）

此疏不得注意。何休之意，凡字名相連者，即是不名之例。如叔肸，叔爲字，肸是名，注云“盛德之士不名，叔肸是也”①，可證。

宰渠伯糾，渠是名，伯糾是且字，渠伯糾亦名字相連，故何休以爲不名也②。

10. 桓五年經“春正月甲戌，己丑，陳侯鮑卒”，傳云“甲戌之日亡，己丑之日死而得，君子疑焉，故以二日卒之也”，注云“君子，謂孔子也。以二日卒之者，闕疑”（撫本，卷二，頁 6b—7a）。

〔徐疏〕注君子云云　解云：正以哀十四年傳云“君子曷爲爲《春秋》”故也。（單疏鈔本，卷四）

疏但引傳文，未作申説。哀公十四年傳云“君子曷爲爲《春秋》？撥亂世，反諸正，莫近乎《春秋》”，傳之所解，乃夫子作《春秋》之意，非關闕疑之義。但考隱公二年“紀子伯、莒子盟于密”，傳曰“無聞焉爾”，注云“言無聞者，《春秋》有改周受命之制，孔子畏時遠害，又知秦將燔《詩》《書》，其説口授相傳。至漢，公羊氏及弟子胡毋生等乃始記於竹帛，故有所失也”③。據此，《春秋》闕疑之辭，與孔子改制而畏時遠害相關。此二日卒，既是闕疑之辭，故徐疏引“君子曷爲爲《春秋》”相證，蓋寓撥亂反正之意。

11. 桓六年傳“簡車徒也。何以書？蓋以罕書也”，注云“孔子曰：以不教民戰，是謂棄之”（撫本，卷二，頁 8a）。

---

① 桓公四年何注。撫本，卷二，頁 6b。
② 説詳第五章“何休公羊字氏例考”。
③ 撫本，卷一，頁 9a。

〔徐疏〕注孔子曰云云者,何氏之意與鄭別。(單疏鈔本,卷四)

何、鄭之別,徐疏未作詳解。案僖公廿三年經"夏五月庚寅,宋公兹父卒",《穀梁傳》云"不葬何也? 失民也。其失民何也? 以其不教民戰,則是棄其師也。爲人君而棄其師,其民孰以爲君哉",范注引何休曰"所謂教民戰者,習之也。《春秋》貴偏戰而惡詐戰,宋襄公所以敗于泓者,守禮偏戰,非不教其民也。孔子曰'君子去仁,惡乎成名? 造次必於是,顛沛必於是',未有守正以敗而惡之也。《公羊》以爲,不書葬,爲襄公諱背殯出會,所以美其有承齊桓尊周室之美志"。范注又引鄭玄釋之曰"教民習戰而不用,是亦不教也。詐戰,謂不期也,既期矣,當觀敵爲策,倍則攻,敵則戰,少則守。今宋襄公于泓之戰違之,又不用其臣之謀而敗,故徒善不用賢良,不足以興霸主之功;徒言不知權謫之謀,不足以交鄰國、會遠疆。故《易》譏鼎折足,《詩》刺不用良,此説善也"①。

徐疏"何氏之意與鄭別",蓋本此。何休謂教民戰者,習之也;鄭玄則謂教民戰者,不但習之,亦能用之。宋襄習而不知用,故謂之不教民戰,是二説之别。

12. 桓八年經"祭公來,遂逆王后于紀",注云"不言如紀者,辟有外文"(撫本卷二,頁10b—11a)。

〔徐疏〕注不言云云　解云:外相如者,例所不録。言如紀,即外相如,故曰辟有外文也。(單疏鈔本,卷五)

疏云"外相如者,例所不録",然桓公五年夏,齊侯、鄭伯如紀,冬,州公如曹,襄公五年,郳世子巫如晉,並皆外相如之文,何以録之? 何氏之意,王臣不可言如,以普天之下,莫非王土,言"如",即

---

①《春秋穀梁傳注疏》卷九,《十三經注疏》第7册,頁90上—90下。

嫌王者有外①,經不得書"祭公如紀逆王后",非謂外相如不録也。

13.桓九年經"冬,曹伯使其世子射姑來朝",傳云"《春秋》有譏父老子代從政者,則未知其在齊與,曹與",注云"時曹伯年老有疾,使世子行聘,禮恐卑,故使自代朝,雖非禮,有尊厚魯之心。傳見下卒葬詳録,故序經意依違之也"(撫本,卷二,頁11a—11b)。

〔徐疏〕注故序云云　　解云:世子代朝,明亦合譏;世子序諸侯之上,明亦合譏。而傳云未知在齊曹者,正以其卒葬詳録,故依違之,不信言耳。(單疏鈔本,卷五)

案疏意是也,猶可補足之。案子代父從政,乃不孝之甚,曹伯使其世子射姑來朝,《春秋》譏之無疑,然傳乃以齊世子光爲比。案襄公三年經"六月,公會單子、晉侯、宋公、衛侯、鄭伯、莒子、邾婁子、齊世子光,己未,同盟于雞澤",何注云"盟下日者,信在世子光也"②,自兹以下,五年會戚,救陳,九年會伐鄭,十年會柤,會伐鄭,十一年會伐鄭,會蕭魚,皆是世子光代父從政之事,故襄十九年,光之父齊靈公葬,書時不書月,注云"不月者,抑其父,嫌子可得無過,故奪臣子恩,明光代父從政,處諸侯之上,不孝也"③。以此言之,《春秋》譏世子光代父從政,略葬其父齊靈公以示義。今射姑亦代父從政,而明年經"五月,葬曹桓公",月葬其父,是詳録之文,乃與齊世子光略葬齊靈大異,似謂射姑代父從政,無譏焉,故何氏出注云"序經意依違之"。依者,譏射姑代父從政;違者,以父葬詳録而不具譏意。

14.桓十年經"正月庚申,曹伯終生卒。夏五月,葬曹桓公",注

---

① 隱公元年傳云"王者無外,言奔,則有外之辭也"。撫本,卷一,頁6b。
② 撫本,卷九,頁2b。
③ 撫本,卷九,頁12b。

云“小國始卒，當卒月葬時，而卒日葬月者，曹伯年老，使世子來朝，《春秋》敬老重恩，故爲魯恩録之尤深”（撫本，卷二，頁 11b）。

〔徐疏〕注小國云云　解云：所傳聞之世，未録小國卒葬。所聞之世，乃始書之。其書之也，卒月葬時，文九年秋八月，曹伯襄卒，冬，葬曹共公者是也。今卒日葬月者，正以敬老重恩故也。云云説，當文皆自有解。（單疏鈔本，卷五）

案疏非也。注云“小國始卒”者，此小國，專謂曹、許，不謂莒、邾婁以下微國。何氏之例，於所傳聞世，微國不書卒，若卒，則是變例①。小國則以卒月葬時爲常例②。此疏未嘗分別微國、小國，且謂所聞世小國卒月葬時，既不合小國卒葬之例，也不合微國卒葬之例③。所聞世，小國卒日葬時，微國卒月而不葬。疏又以文公九年曹之卒葬爲比，不知何氏小國之卒葬有三世之分，此在所傳聞世，不宜以所聞世爲比。説詳第六章。

15. 桓十二年經“丙戌，衛侯晉卒”，注云“不蒙上日者，《春秋》獨晉書立記卒耳，當蒙上日，與不，嫌異於篡例，故復出日，明同”（撫本，卷二，頁 14b）。

〔徐疏〕注不蒙云云　解云：《春秋》之例，篡不明者，至卒時合去日以略之，即僖二十四年冬，晉侯夷吾卒，襄十八年冬十月，曹伯

---

① 隱公七年滕侯卒，何注云“滕，微國，所傳聞之世未可卒，所以稱侯而卒者，《春秋》王魯，託隱公以爲始受命王。滕子先朝隱公，《春秋》褒之以禮，嗣子得以其禮祭，故稱侯見其義”（撫本，卷一，頁 17b）。滕本不當卒，以先朝魯，故卒之。

② 僖公四年夏，許男新臣卒，何注“不月者，爲下盟去月，方見大信”（見《十三經注疏》第 7 册，頁 126 上），知許爲小國，例當卒月。同年，葬許繆公，是葬時。

③ 所聞世，微國卒月、不葬；小國則是卒日葬時。曹小國，而卒月葬時者，爲避所傳聞世卒日葬月同於大國之嫌。

負芻卒于師之屬是也。若其篡明，有立、入之文者，不嫌非篡，故不勞去日，即僖十七年冬十二月乙亥，齊侯小白卒，莊二十一年夏五月辛酉，鄭伯突卒之屬是也。今此衞侯晉亦隱四年有立文，不嫌非篡，當日，若不重言丙戌，則嫌不蒙上日、以其篡故略之。是以重言丙戌，以明嫌也。而言獨晉書立者，鄭突、齊小白皆上有入文，不言立，故言獨。（單疏鈔本，卷五）

案疏以夷吾、負芻爲證，可商。夷吾卒所以不日者，以其失衆身死①，非以其篡。至於曹伯負芻，成公十五年經“晉侯執曹伯，歸于京師”，注云“爲篡喜時”，何氏言“篡”者，順晉侯之意，其實非篡也。經書“歸于”，乃罪未定之辭。又據昭公二十年傳，公子喜時讓國負芻，不謂負芻篡國。且襄公十八年十月負芻卒于師，明年書葬，卒月葬時，正曹之常例，亦非篡之證。若必以篡不明而略其卒日者，則夷吾、負芻之外，惟昭公廿三年經“夏六月，蔡侯東國卒于楚”或可當之，以東國篡朱，且無立、納、入之文②。然據何注，東國卒不日，乃以背中國而與楚，不以其篡③。考何氏之例，篡不明者，以不書葬示之，非以卒時去日明之。今何氏云“嫌異於篡例”者，謂隱公四年“衞人立晉”，經書君立者惟此一見，疑“立”非篡文，故重出丙戌，如此，卒既詳錄，又書其葬，則立與入、納同是篡文可知。若經蒙上日而不書丙戌，嫌“立”非篡文，而晉之篡須以去日明之，故云“嫌異於篡例”。注言“明同”者，謂經重出丙戌，又書其葬，正與篡明者書葬例相同。陳立云“若不重書丙戌，則嫌在不日之

————————

① 注云“不日月者，失衆身死，子見篡逐，故略之，猶薛伯定也”。撫本，卷五，頁24b。
② 昭公廿一年冬，蔡侯朱出奔楚，何注“出奔者，爲東國所篡也”。撫本，卷十，頁14a。
③ 何注“不日者，惡背中國而與楚，故略之”。撫本，卷十，頁15a。

例”①,案篡例可以不日,不日未必是篡,陳説但言不日,未及篡,猶嫌一間未達,宜云“若不重書丙戌,則嫌在篡例”。

16. 桓十五年經“冬十有一月,公會齊侯、宋公、衛侯、陳侯于侈,伐鄭”,注云“月者,善諸侯征突,善録義兵也。不舉伐爲重者,用兵重於會,嫌月爲桓伐,有危舉,不爲義兵録,故復録會”(撫本,卷二,頁 17a)。

〔徐疏〕注月者云云　　解云:正以隱七年秋,公伐邾婁之屬,則言征伐例時,而此書月,故決之。(單疏鈔本,卷五)

疏云“決之”,然如何決義,却無明言。隱公二年“夏五月,莒人入向”,何注“入例時,傷害多則月”;下經“鄭人伐衛”,何注“侵伐圍入例皆時”。知侵伐例時,月乃重録之文。若不義之兵,月是危録,如莒人入向;若是義兵,則月爲善録,如僖公十五年七月,齊師、曹師伐厲。義兵以否,或有文可據,如昭公五年“冬,楚子、蔡侯、陳侯、許男、頓子、沈子、徐人、越人伐吳”,以越稱人,知是義兵②;或有史可徵,如僖十五年齊師、曹師伐厲,何注云“厲,葵丘之會叛天子之命也”③。此經“冬十有一月,公會齊侯、宋公、衛侯、陳侯于侈,伐鄭”,何休知是義兵者,以鄭突奪正篡國,上經已有明文。

注又釋經不舉重之意,案會輕伐重,經若舉重書,當言“冬十有一月,公會齊侯、宋公、衛侯、陳侯伐鄭”,不言“于侈”,如此,則以桓公惡人,弑賢君篡慈兄,嫌桓公會諸侯伐鄭未必義兵。今會、伐並録,猶定四年公會諸侯於召陵侵楚之例,而成善辭,如此,可與義兵相應。

---

① 陳立《公羊義疏》,頁 148 下。
② 何注云“越稱人者,俱助義兵,意進於淮夷,故加人以進之”。撫本,卷十,頁 5a。
③ 故何氏於此注又云“月者,善録義兵”。撫本,卷五,頁 17a。

莊公篇

17. 莊三年經 “春王正月，**溺會齊師伐衛**”，注云 “月者，衛朔背叛出奔，天子新立衛公子留，齊魯無憚天子之心而伐之，故明惡重於伐，故月也”（撫本，卷三，頁 **3b—4a**）。

〔徐疏〕注月者云云　　解云：正以侵伐例時，即上二年夏，公子慶父伐於餘丘之屬是也。今此月者，背叛出奔，罪重故也。其背叛出奔之事者，即桓十六年衛侯朔出奔齊是也。（單疏鈔本，卷六）

案疏非也。案伐例時，經書月者，惡魯齊無憚天子之心，是危録之文。又定公六年經 “二月，公侵鄭”，何注 “月者，内有彊臣之讎，不能討，而外結怨，故危之”①，月亦危録之文。然則，此月乃爲魯危録之，不爲衛出也。疏以爲月爲衛侯朔背叛出，謬矣。

18. 莊四年傳 “於讎者則曷爲將壹譏而已？讎者無時焉可與通，通則爲大譏。不可勝譏，故將壹譏而已，其餘從同同”，注云 “其餘輕者，從義與重者同；不復譏，都與無讎同文論之。所以省文，達其異義矣。凡二同，故言同同”（撫本，卷三，頁 **6b**）。

〔徐疏〕注不復譏都矣　　解云：一則省文，二則達其異義矣。其異義者，圍盛不稱公者，諱其滅同姓。溺會齊師伐衛不稱氏者，見未命大夫故也。若不省文，無以見此義，故曰所以省文，達其異義矣。注凡二同故言同同　　解云：輕者不譏，見與重者同，一同也；都與無讎同文論之，一同也，故曰凡二同矣。（單疏鈔本，卷六）

案徐氏兩疏皆未安。細繹注意，傳云 “同同” 者，一則義同，一

---

① 撫本，卷十一，頁 6b。

則辭同。義同者，謂凡與讎交接，雖較輕於與讎狩，然猶有譏意。辭同者，謂惟此與讎狩，經作譏文，即"公及齊人狩于郜"，不書"齊侯"而書"齊人"；其餘凡與讎交接者，皆無譏文，如莊三年經"溺會齊師伐衞"，言齊師，無譏；莊五年經"公會齊人、宋人、陳人、蔡人伐衞"，此齊人與宋人、陳人、蔡人竝，乃將卑師少稱人之義，非譏文；莊八年經"師及齊師圍成"，言齊師，亦無譏。此三例皆與讎交接，無譏文。義同、辭同，是以注云"凡二同"。注又云"所以省文，達其異義"，謂莊三年，溺會齊師伐衞，溺是所伐大夫，當卒，而不卒者，惡莊公薄臣子之恩[①]。云"省文"者，謂不書溺卒；云"異義"者，謂莊公薄於臣子之恩，此與交接讎人之義殊異。而徐氏釋"所以省文，達其異義"，乃舉莊八年經"師及齊師圍成"爲證，謂"圍盛不稱公者，諱其滅同姓也"，然傳文明言"盛則曷爲謂之成？諱滅同姓也"，是諱滅同姓乃以書"成"見，不以不稱公見，且經已書"師"，亦不得謂之"省文"，知徐氏之論"省文""異義"，非注意。徐疏據古本謂傳、注俱不叠"同"字，則傳當作"其餘從同"，注當作"凡二同，故言同"，如此，則與何氏"凡二同"之意不相合，是徐氏所見古本已非何氏舊帙，亦知其"理亦宜然"云云，不足徵信。

19. 莊廿二年經"陳人殺其公子禦寇"，注云"書者，殺君之子重也"（撫本，卷三，頁19a）。

〔徐疏〕注書者殺君之子重也者，正以不言大夫而得書殺，則知由其是君之子故也。（單疏鈔本，卷八）

案疏非注意，徐疏似據《穀梁》立說。《穀梁傳》云"言公子而不言大夫，公子未命爲大夫也。其曰公子何也？公子之重視大

---

① 何注云"所伐大夫不卒者，莊公薄於臣子之恩，故不卒大夫，與桓同義"。撫本，卷三，頁3b。

夫”，劉逢禄亦嘗據以爲説 [1]，然非何氏義也。何氏之意，既云“公子”，則是大夫明矣，若是未命大夫，則不當氏公子，如溺、俠之屬；公孫嬰齊未得公命，不得書公孫，唯卒後得公命，始書公孫嬰齊，即是明證。今禦寇氏公子，則是命大夫無疑。經不書“大夫公子禦寇”，而書“公子禦寇”者，謂殺君之子重於殺尋常大夫。考文公十六年傳云“大夫相殺稱人”，此經既書“陳人殺”，則是大夫相殺明矣，然略“大夫”而書“公子”，更見殺君之子其惡尤重。可以相證者，哀二年經“蔡殺其大夫公子駟”，稱國以殺者，君殺大夫之辭，彼注云“稱公子者，惡失親也” [2]，其解公子之義，與“殺君之子，重也”相通。知徐疏“正以不言大夫而得書殺”云云，非何氏之旨。

　　20. 莊廿三年經“**秋，丹桓宫楹**”，注云“**失禮宗廟例時**”（**撫本，卷三，頁 20a**）。

　　〔徐疏〕**注失禮宗廟例時者，正謂此文是也。下經二十四年三月刻桓宫桷而書月者，以其功重故也。此謂失禮脩營之例也。若其祭祀失禮者，則書日，是以隱五年初獻六羽之下，何氏云“失禮鬼神例日”是也。若始造宗廟而失禮者，亦書日，即成六年春王二月辛巳，立武宫是也。而定元年九月立煬宫，亦爲非禮而不書日者，所見之世，其恩尤厚，故不爲書日，使若得禮然。（單疏鈔本，卷八）**

　　案徐疏前半是也，後半“若始造宗廟而失禮者，亦書日”云云，則舉例不當。立武宫、立煬宫當歸於失禮鬼神事，不宜歸於失禮宗廟事。失禮宗廟，如“丹桓宫楹”及下經“刻桓宫桷”等，謂宗廟之修營也。至於立武宫、煬宫，則是宗廟之建造，乃敬祀鬼神，故何氏

---

[1] 劉逢禄《公羊解詁箋》云：“不言大夫者，未爲大夫。”《續修四庫全書·經部·春秋類》第 129 册，頁 575 上。

[2] 撫本，卷十二，頁 2a。

歸於鬼神之列 ①。失禮宗廟例時,失禮鬼神例日,蓋其輕重有差,故詳略之例不同。

21. 莊廿三年經"冬十有一月,曹伯射姑卒",注云"曹達《春秋》,常卒月葬時也。始卒日葬月,嫌與大國同,後卒而不日。入所聞世,可日不復日"(撫本,卷三,頁 20a)。

〔徐疏〕注曹達春秋常卒月葬時也者,即文九年秋八月,曹伯襄卒是。案曹爲小國,入所聞之世,正合卒月而言可日者,正以傳聞之世已得録之,故所聞世可以書日,但以嫌同大國,故不日矣。(單疏鈔本,卷八)

案徐疏可商。何氏之例,外諸侯卒葬分大國、小國、微國之別。大國者,齊、晉、宋、陳、蔡、衛、鄭。小國者,曹、許。微國者,謂莒、邾婁以下。大國之卒葬,無論三世,皆卒日葬月。小國之卒葬,所傳聞世卒月葬時,所聞世則卒日葬時。曹以所傳聞世卒日葬月,嫌與大國同,自兹以後,皆卒月葬時。疏云"曹爲小國,入所聞之世,正合卒月而言可日者",與例不合,知徐彦未分疏外諸侯卒葬之例。説詳第六章。

22. 莊廿五年經"春,陳侯使女叔來聘",注云"稱字者,敬老也"(撫本,卷三,頁 22a)。

〔徐疏〕注稱字者敬老也者,正以稱字異於諸侯大夫之例,故知其老也。(單疏鈔本,卷八)

案疏意不明。何休之例,王臣稱伯仲叔季者,乃上大夫字例,

① 何注云"立武宫者,蓋時衰多廢人事,而好求福於鬼神,故重而書之"(撫本,卷八,頁 6a),是武宫歸於鬼神之列。定元年傳云"立煬宫,非禮也",注云"不日者,所見之世諱深,使若比武宫惡愈,故不日"(撫本,卷十一,頁 2b),以武宫爲比,亦在鬼神之列。

如祭伯①。下大夫若稱伯仲者，則是且字，有敬老義，如宰渠伯糾②。此陳之女叔，乃諸侯大夫，非王臣，何休也以"敬老"爲説者，緣諸侯大夫若有稱伯仲叔季字者，或命乎天子者，如魯之單伯③。今此云"稱字敬老"者，蓋以王臣下大夫爲説。齊召南《考證》云"按《穀梁》以女叔爲天子之命大夫，雖無確據，尚有單伯可例。何休創爲敬老之文，則鑿矣"④，齊説似未允，何休創爲敬老之文，或緣師説，有宰渠伯糾可證，未必鑿空之論。

23. 莊廿五年經"冬，公子友如陳"，注云"聘無月者，比於朝，輕也"（撫本，卷三，頁 22b）。

〔徐疏〕注聘無月者比於朝輕也者，即《春秋》上下，内聘京師及大國悉書時是也。而襄三十年春王正月，楚子使薳頗來聘書月者，彼注云"月者，公數如晉，希見苔，今見聘，故喜録之是也"。然則，此云聘無月者，据内言之矣。（單疏鈔本，卷八）

案疏意是也，猶可補。何氏之例，朝聘例皆時⑤，但朝重聘輕，朝有重録之文，聘則無之。若朝京師大國，則月爲善辭，如成公十三年三月公如京師⑥，襄公八年正月公如晉是也⑦；若朝夷狄，則

---

① 隱公元年何注"祭者，采邑也。伯者，字也。天子上大夫字，尊尊之義也"。撫本，卷一，頁 6b。

② 桓公四年夏，天王使宰渠伯糾來聘，何注云"稱伯者，上敬老也"。撫本，卷二，頁 6b。

③ 莊公元年夏，單伯逆王姬，傳云"單伯者何？吾大夫之命乎天子者也"。撫本，卷三，頁 1b。

④《春秋公羊傳注疏》附《考證》，《景印文淵閣四庫全書·經部·春秋類》第 145 册，頁 164 上。

⑤ 桓公六年何注"朝聘例時"，撫本，卷二，頁 9a。

⑥ 注云"月者，善公尊天子"，撫本，卷八，頁 10a。

⑦ 何注"公獨脩禮於大國，得自安之道，故善録之"。撫本，卷九，頁 6a。

月是危辭，如襄公廿八年十一月，公如楚是也①。聘既無重録之辭，何以襄三十年薳頗來聘書月？注以爲喜録之辭，疏云“据内言之”，是也。然昭公二十三年正月，叔孫舍如晉，此是大夫聘晉，亦据内言之，何以月？疏未釋。案此月者，爲下叔鞅卒出，非爲聘出也。

24. 莊三十二年經“冬十月乙未，子般卒”，注云“稱卒不地者，降成君也”（撫本，卷三，頁29a）。

〔徐疏〕注稱卒不地云云　解云：案隱公、閔公皆是成君，而亦不地，故隱十一年傳云“公薨何以不地？不忍言也”，故彼注云“不忍言其僵尸之處”。今子般亦殺死，正合不書地，而言降成君者，欲道好死者亦不書地，所以降成君故也。其好死者，即襄三十一年秋九月癸巳，子野卒是也。（單疏鈔本，卷九）

案疏意迂回。何氏之例，凡成君之薨，例必書地。未成君之薨，例必不書地，降於成君故也。隱公、閔公爲成君，所以不書地者，以弑而隱痛之。此是變例。子般爲未逾年之君，雖弑，亦不書地，降於成君。此是常例。子般弑猶不書地，則子野不地可知。疏云“欲道好死者亦不書地”，頗嫌贅詞。

閔公篇

25. 閔二年經“九月，夫人姜氏孫于邾婁”，注云“凡公、夫人奔例日，此月者，有罪”（撫本，卷四，頁3a）。

〔徐疏〕注凡公云云　解云：正以昭二十五年九月己亥，公孫于齊而書日，則知夫人之孫亦宜然。而此及文姜之孫皆書月，案此二人皆有罪，故如此注之耳。（單疏鈔本，卷九）

①注云“如楚皆月者，危公朝夷狄也”，撫本，卷九，頁19a。

案夫人奔例日,月則何以有罪? 疏未釋其故。陳立云"去日略之,以示義"①,亦未述其義。案公、夫人奔例日,日是詳錄,意謂臣子痛其君父甚矣;月是略錄,恩痛之情少減。昭公二十五年九月己亥,公孫于齊,次于楊州,注云"地者,臣子痛君失位,詳錄所舍止"②,地是詳錄,亦可知日是詳錄之文。以詳略之文見恩情之厚薄或罪過之深淺。公、夫人奔日,重錄之,示恩痛之情深;月略,示恩痛之情淺,以其有罪故也。陳立云"去日略之,以示義",義者,謂有罪而恩情少殺也。

僖公篇

26. 僖元年經"十有二月丁巳,夫人氏之喪至自齊",傳云"夫人何以不稱姜氏",注云"据薨于夷稱姜氏。經有氏,不但問不稱姜并言氏者,嫌据夫人婦姜,欲使去氏"(撫本,卷五,頁 3b)。

〔徐疏〕注經有至去氏者,夫人婦姜之文,即宣元年三月,遂以夫人婦姜至自齊是也。(單疏鈔本,卷十)

案疏但引原文,未釋注意。案經書"夫人氏",既有氏字,傳宜云"夫人何以不稱姜",不應連"氏"問,若然,則嫌乃据宣元年"夫人婦姜"問,經文似是"夫人之喪至自齊","氏"字不出,是以注云"嫌据夫人婦姜,欲使去氏"。

27. 僖十五年經"十有一月壬戌,晉侯及秦伯戰于韓,獲晉侯",傳云"君獲不言師敗績也",注云"舉君獲爲重也。釋不書者,以獲君爲惡。書者,以惡見獲,與獲人君者皆當絶也"(撫本,卷五,頁

---

① 《公羊義疏》,頁 268 上。

② 撫本,卷十,頁 17a。

17b）。

〔徐疏〕注釋不書云云，正決下二十一年"釋宋公"之經矣。然莊十年荆敗蔡師于莘，以蔡侯獻舞歸，傳云"曷爲不言其獲？不與夷狄之獲中國也"，然則，秦楚同類，得獲晉侯者，正以爵稱伯，非真夷狄，故與楚異。（單疏鈔本，卷十一）

案疏謂"決釋宋公之經"，不合注意。僖廿一年楚子執宋公以伐宋，此執者，劫執也，注云"詐諼劫質諸侯，求其國，當絶"①，是但惡楚而不惡宋公也。今此經書獲者，既惡獲，亦惡見獲，是兼惡秦、晉二君，與廿一年"執宋公""釋宋公"義異。

28. 僖十六年經"是月，六鶂退飛過宋都"，傳云"是月者何，僅逮是月也"，注云"是月，邊也，魯人語也"（撫本，卷五，頁 17b—18a）。

〔徐疏〕注是月邊也魯人語也者，案上十年傳云"踊爲文公諱"，何氏云"踊，豫也，齊人語，若關西言渾矣"。是以《春秋》之内，於此乎悉解爲齊人語。而此一文獨爲魯人語者，以是經文孔子作之，孔子魯人，故知魯人語。彼皆是諸傳文，乃胡毋生、公羊氏皆爲齊人，故解爲齊人語。（單疏鈔本，卷十一）

案徐氏所據，非何氏舊本也。案僖公十六年經"是月，六鶂退飛過宋都"，傳"是月者何"，注"是月，邊也，魯人語也"。此三"是月"，並當作"提月"，後人傳寫誤爲"是月"也。知者，陸德明《公羊釋文》曰"是月，如字，或一音徒兮反"②，徒兮反，則有作"提月"者，證一也。陸淳《差謬略》云"是，《公羊》作提"，證二也。《初學

---

① 撫本，卷五，頁 22a。
② 《經典釋文》，頁 1228。

記·歲時部》所引《公羊》傳注,即作"提月"①,證三也。白氏《六帖》引《公羊》傳注,亦作提月②,證四也。注既云"魯人語",則非尋常語可知,"是月"則是常文,惟"提月"與常文不同,故謂之魯人語。若"是月"是魯人語,則文公六年《公羊傳》云"天無是月",此"是月"又是何人語耶? 證五也。徐彦所據之本,凡"提月"皆誤作"是月",故於何注云"魯人語"不得其確解,漫言孔子魯人,《春秋》爲魯人語,而傳文爲公羊子、胡毋生所撰,是齊人語③,不知"是月"是常語,無齊魯之分,魯人謂之"是月",齊人亦云"是月"。惟魯人"提月"之語非常,故傳解爲"僅逮是月",注則釋爲"邊也,魯人語也"。

29. 僖廿五年經"正月丙午,衞侯燬滅邢",注云"日者,爲魯憂內録之"(撫本,卷五,頁24a)。

〔徐疏〕注日者爲魯憂內録之者,凡滅例月,即莊十年冬十月,齊師滅譚之屬是,而此書日也。(單疏鈔本,卷十二)

疏但以滅例月爲説,不釋"爲魯憂內録之"。案隱公十年"齊人、鄭人入盛",注"日者,盛、魯同姓,於隱篇再見入者,明當憂録

---

① 《初學記·歲時部》引《公羊》傳注云"《公羊傳》曰'提月,六鷁退飛過宋都。提月者何? 僅建是月,晦日也。'何休注曰'提月,邊也,魯人語也,在是月之幾盡。'"(頁66)僅建,《四庫全書》本作"僅逮",當以僅逮爲是。

② 白居易《六帖》引《公羊》傳注云"《公羊傳》提月:六鷁退飛,提月者何? 近建月,是晦日也。何休注'提月,邊也,魯人語,此是月之幾盡也。"(《白孔六帖》,《景印文淵閣四庫全書·子部·類書類》第891册,頁63上),案此建字,疑亦逮字之誤。

③ 徐疏云"此一文獨爲魯人語者,以是經文,孔子作之,孔子魯人,故知魯人語。彼皆是諸傳文,乃胡毋生、公羊氏皆爲齊人,故解爲齊人語。"單疏鈔本,卷十一。

之"①,是同姓被滅,有憂録之文。衛、邢、魯同姓姬,今衛滅邢,故此云"爲魯憂内録之"。

30. 僖廿八年經"晉人執衛侯歸之于京師",傳云"文公逐衛侯而立叔武,使人兄弟相疑,放乎殺母弟者,文公爲之也",注云"文公本逐之,非,故致此禍也"(撫本,卷五,頁30a)。

〔徐疏〕注文公本逐之非者,上注文公以王事逐之,而言非者,雖王事不供,罪不至逐,而文公逐之,疾惡大甚,故以爲非也。案《論語》云"人而不仁,疾之已甚,亂也"。(單疏鈔本,卷十二)

案疏以"非"字屬上讀,然陳立云"注意謂文公第欲逐之,非有心故致此禍,始與傳文放字義合"②,則"非"字屬下讀,陳氏似釋"放"爲仿佛義。二者異同,何以定之?案若依陳説,謂殺母弟者,仿佛文公爲之,此乃不定之辭。然上傳云"衛之禍,文公爲之也",是必定之辭。今考《公羊傳》"放乎"一詞凡三見,此例之外,宣公六年傳"仡然從乎趙盾而入,放乎堂下而立",宣公十二年傳"莊王伐鄭,勝乎皇門,放乎路衢",此二"放乎",皆是"至於"義。據此以釋此傳"放乎",正與傳文"衛之禍,文公爲之也"相合。則陳氏以"放"爲仿佛義,或有未安。若然,徐疏之説可從。竊以爲尋常讀者多以文從義順,而如陳氏之解,於徐疏之另意,或不細察,遂更辨析如上,以爲足備一説耳。

31. 僖卅三年經"夏四月辛巳,晉人及姜戎敗秦于殽",傳"其言及姜戎何",注云"据秦人、白狄不言及。吳子,吳子主會也"(撫本,卷五,頁24a—24b)。

〔徐疏〕注及吳子云云,即黃池《傳》云"吳何以稱子?吳主會。

---

① 撫本,卷一,頁21b。
② 《公羊義疏》,頁348下。

吴主會則曷爲先言晉侯？不與夷狄之主中國也”。（單疏鈔本，卷十二）

案徐疏但引哀十三年傳文，未曾疏釋。案宣公八年經“晉師、白狄伐秦”不言及者，夷狄微，不可上及於大國之師。成公九年經“秦人、白狄伐晉”不言及，以秦夷狄行，兩夷狄，亦不得言及。哀十三年“公會晉侯及吴子于黄池”，言及者，吴主會也。此經言“及姜戎”，以“晉人”乃大國微者之稱，姜戎亦微，故言及。陳立引證阮説，謂“舊疏但引哀十三年經傳，殊不了”①，是也。

文公篇

32. 文二年經“三月乙巳，及晉處父盟”，傳云“此晉陽處父也，何以不氏？諱與大夫盟也”，注云“俱没公，齊高傒不使若君、處父使若君者，親就其國，恥不得其君，故使若得其君也（撫本，卷六，頁2a—2b）。

〔徐疏〕注俱没至君也　解云：高傒之事，在莊二十二年，彼經云“秋七月丙申，及齊高傒盟于防”是也。（單疏鈔本，卷十三）

案此疏但引經，未爲疏釋。案莊廿二年經“及齊高傒盟于防”，齊高傒不使若君者，以高是氏，上繫於齊，乃大夫繫國之常例，故云不使若君。此年經“及晉處父盟”，處父氏陽，不氏陽而上繫於國，使若氏國者，故云“使若君者”。

33. 文四年經“夏，逆婦姜于齊”，傳云“其謂之逆婦姜于齊何”，注云：“不言氏者，本當稱女，女者，父母辭，君子不奪人之親，故使從父母辭，不言氏。”（撫本，卷六，頁4b—5a）

---

① 《公羊義疏》，頁366下。

案此注無疏。但各注疏本出文皆作“注不言至言氏”，且疏文附於注末。考日本蓬左文庫藏《公羊疏》鈔本出文作“注不言如齊者云云”（見圖8-1），知所釋者乃上注“不言如齊者，大夫無國也”，非此注也。自十行本改出文爲“注不言至言氏”[1]，以疏文附於注末，則疏之所釋，乃是此注，謬矣。閩本、北監本、毛本、清武英殿本並承其誤。陳立《公羊義疏》雖改寫疏文，其出文猶作“注不言至言氏”[2]，舊跡仍在。今以諸本之誤，補疏此注如下：

云“不言氏者，本當稱女”者，隱二年傳云“女在其國稱女”，經書“逆婦姜于齊”，既在齊，則未至魯國，故云“本當稱女”。經不書“如齊逆女”，而書“逆婦姜于齊”者，以不稱女而稱婦姜，乃還至之辭，如宣公元年“遂以夫人婦姜至自齊”，注云“逆與至共文”是也。此經書婦姜而不書姜氏者，以父母辭言之，如桓

圖8-1　單疏鈔本
《公羊疏》文公四年

公九年“紀季姜歸于京師”，傳云“父母之於子，雖爲天王后，猶曰吾季姜”，乃不書氏是也。但桓三年“齊侯送姜氏于讙”，雖爲父母辭云“姜氏”者，以讙是魯地，自魯言之。今在齊，從父母辭言之，故云“婦姜”，此即“使從父母辭，不言氏”之意。

34. 文五年經“王使榮叔歸含且賵”，傳云“其言歸含且賵何”，注云“連賵何之者，嫌据賵言歸”。（撫本，卷六，頁 5a）

①《春秋公羊傳注疏》，《十三經注疏》第 7 册，頁 167 上。
②《公羊義疏》，頁 386 下。

〔徐疏〕注連贖云云　解云：若傳直言"其言且何"，即嫌責此贖事亦當言歸，故連言贖以辯嫌。（單疏鈔本，卷十三）

案疏意未明徹。何氏之意，若不連贖何之，則傳云"其言且何"，"且"是兼辭，禮不得兼，嫌經止譏兼贖一事；設若但含不贖，則經無譏。然經書"歸含且贖"，一譏歸含，一譏兼贖。歸含所以譏者，含是魯國臣子之事，不當以天王至尊行至卑之事①。陳立云"按若但問且，則似止責其兼，不當含之義不見，故連含贖問之也"②，是。

35. 文七年經"三月甲戌，取須朐"，傳云"取邑不日，此何以日"，注云"据取叢也"（撫本，卷六，頁 6b）。

〔徐疏〕注据取叢也　解云：考諸舊本，叢皆作闞字。是以昭三十二年春王正月，取闞，傳云"闞者何？邾婁之邑也"。若作叢字，即僖三十三年"夏四月辛巳，晉人及姜戎敗秦于殽。癸巳，葬晉文公。狄侵齊。公伐邾婁，取叢"，文承日月之下，而將取邑不日據之，非其義也。且案彼叢字，文多作鄒字耳。（單疏鈔本，卷十三）

案徐疏謂闞是而叢非，足備一說。又引僖三十三年"公伐邾婁，取叢"，以爲作"叢"字之一證，是也。然謂"文承日月之下，而將取邑不日據之，非其義"，則有可商。何者？侵伐例時，取邑例時③，故"狄侵齊""公伐邾婁，取叢"，文雖在日月之下，不蒙月日可知，猶如昭卅二年經"取闞"，文雖在"正月"之下，亦不蒙上月。引以爲證，正合取邑例時之義，今疏云"非其義"者，不確。

36. 文七年經"冬，徐伐莒"，注云"莒在下，不得狄，故復狄徐

---

① 此年注云"含者臣子職，以至尊行至卑事，失尊之義也"。撫本，卷六，頁 5b。

②《公羊義疏》，頁 387 上。

③ 隱公四年何注"取邑例時"，撫本，卷一，頁 12b。

也"（撫本,卷六,頁 7b）。

〔徐疏〕注莒在下不得狄故復狄徐也者,謂莒時被伐,例不得出主名,是以無由狄之。（單疏鈔本,卷十三）

案疏但釋莒不得狄,未釋"復狄徐"。僖公十五年經"楚人敗徐于婁林",注云"謂之徐者,狄之也",彼先狄徐,故此言"復"。案諸夏之稱,或連國稱爵,或連國稱人稱師;若但出國,則是狄辭,如成公三年鄭伐許、昭公十二年晉伐鮮虞,稱鄭稱晉,不稱人不稱師,何注並云"夷狄之"①。今此經"徐伐莒",不言徐人徐師,亦狄之之辭,故云"復狄徐"。

37. 文九年經"夫人姜氏如齊",注云"言如齊者,大夫繫國"（撫本,卷六,頁 9a）。

〔徐疏〕注言如齊者云云　解云:案上四年逆婦姜之下,注云"不言如齊者,大夫無國也",與此違者,正以四年經云"夏,逆婦姜于齊",逆、至共文,又不書如齊,見其娶于大夫矣。故不言如齊,正由大夫無國故也。今此夫人仍彼婦姜一也,經書如齊,明知正由大夫繫國故也。何者? 今既尊內不言奔喪,若去如齊,即文不可施,是以將大夫繫國書如齊矣。（單疏鈔本,卷十三）

案此疏迂曲。何注云"諸侯國體,以大夫爲股肱"②,故大夫繫國不氏國,若氏國,則是當國,如鄭段、衛州吁之屬是也。徐疏以爲上四年經"逆婦姜于齊",彼注云"大夫無國",而此注云"大夫繫國",似前後自相違。其實,大夫無國、大夫繫國,其義一也。云"大夫無國"者,謂大夫非國體;云"大夫繫國"者,謂大夫乃國之股肱,繫屬於國。上四年不可言"如齊逆女"者,此乃逆國君之女辭,如

---

① 分見撫本,卷八,頁 5a;卷十,頁 8b。
② 僖公七年何注,撫本,卷五,頁 11a。

莊公廿四年公如齊逆女,宣公元年公子遂如齊逆女是也。婦姜是齊大夫女,非齊侯之女,故不得云“如齊逆女”。今經云“夫人姜氏如齊”,“如齊”乃奔喪,非逆女,故以繫國言之,猶“季子如陳,葬原仲”,是繫原仲於陳也。故云“言如齊者,大夫繫國”也。

38.文十二年經“二月庚子,子叔姬卒”,注云“卒者,許嫁”(撫本,卷六,頁 11a)。

〔徐疏〕注卒者許嫁者,舊本皆無此注,且理亦不須,疑衍字。(單疏鈔本,卷十四)

案舊本無注者是,徐彥所見本則非。知者,何氏之例,内女不卒,若卒,乃嫁爲諸侯夫人也。如莊公六年經“三月,紀伯姬卒”,何注“天子唯女之適二王後者,諸侯唯女之爲諸侯夫人者,恩得申,故卒之”。故莊公廿九年經“紀叔姬卒”,何注“國滅卒者,從夫人行,待之以初也”,是以叔姬爲夫人,故卒之。又僖公九年經“伯姬卒”,傳云“此未適人,何以卒?許嫁矣”,何氏注云“許嫁卒者,當爲諸侯夫人,有即貴之漸,猶俠卒也。日者,恩尤重於未命大夫,故從諸侯夫人例”,是伯姬將嫁爲諸侯夫人,故卒之。今此經書“子叔姬卒”,傳云“此未適人,何以卒?許嫁矣”,正與僖九年“伯姬卒”同例,可推叔姬亦許嫁爲諸侯夫人,故卒之。若此經下有注,宜云“卒者,許嫁爲諸侯夫人也”,不宜云“卒者,許嫁”,以致注意不備。

39.文十四年經“晉人納接菑于邾婁,弗克納”,注云“不氏者,本當言邾婁接菑,見當國也”(撫本,卷六,頁 14a—14b)。

〔徐疏〕注不氏者云云,据宣十一年納公孫甯、儀行父于陳皆言氏也。　注本當言邾婁接菑見當國也者,即隱元年傳云“段者何?鄭伯之弟也。何以不稱弟?當國也”,注云“欲當國爲之君,故如其意使如國君氏上鄭,所以見段之逆”是也。(單疏鈔本,卷十四)

案疏釋“不氏”,以納公孫甯、儀行父于陳爲證,舉例失當。公孫甯、儀行父非當國之人,而接菑之不氏,是以當國爲説,故不得相比。下疏又以鄭段爲比,亦嫌不得注意,段雖當國,然不見掔於人。而接菑則見掔于郤缺。論接菑之不氏及當國例,宜以鄭突爲比,桓公十一年突歸于鄭,注云"突當國,本當言鄭突,欲明祭仲從宋人命,提掔而納之。故上繫於祭仲,不繫國者,使與外納同也"①。突當國,本當氏鄭,以見掔於祭仲,故不氏鄭而單言突。今接菑雖有當國意,以見掔於郤缺,故不氏邾婁。

40. 文十五年經"齊人歸公孫敖之喪",注云"不月者,不以恩録,與子叔姬異"(撫本,卷六,頁 15b—16a)。

〔徐疏〕注不月者不以恩録與子叔姬異者,正以下十有二月,齊人來歸子叔姬書月故也。(單疏鈔本,卷十四)

案徐疏但舉例而已,未爲申説。案何氏云"棄歸例:有罪時,無罪月"②,下經"十有二月,齊人來歸子叔姬",叔姬雖有罪棄歸,猶月者,傳云"父母之於子,雖有罪,猶若其不欲服罪然"是也,故注云從無罪例而閔録之③。今公孫敖乃大夫,不從君命而出奔莒,卒于齊,齊人脅魯令受之,是以不得作恩録之文。

41. 文十五年經"晉郤缺帥師伐蔡,戊申,入蔡",注云"主書,與甲寅同義"(撫本,卷六,頁 16a)。

〔徐疏〕注主書與甲寅同義者,即彼云"伐不日,此何以日? 至之日也",何氏云"用兵之道,當先至竟侵責之,不服,乃伐之。今日至,便以今日伐之,故日以起其暴也"是也。然則,今此郤缺亦今日至,便以今日伐之,故書日以起其暴也。(單疏鈔本,卷十四)

---

① 撫本,卷二,頁 13b。
② 宣公十六年何注,撫本,卷七,頁 19b。
③ 注云:"月者,閔録之,從無罪例。"撫本,卷六,頁 16b。

　　案莊公廿八年經"三月甲寅,齊人伐衛,衛人及齊人戰,衛人敗績",伐不當日,而日;此經"晉郤缺帥師伐蔡,戊申,入蔡",入不當日,而日,傳皆云"至之日也"。何氏於彼注云"今日至,便以今日伐之,故日以起其暴也"①,今此疏但云"郤缺今日至,便以今日伐之",釋伐而未釋人,宜於此句下補"今日入之",注意方備。

　　42. 文公十五年傳云"入郛書乎?曰:不書",注云"圍不言入,入郛是也"(撫本,卷六,頁 16b)。

　　〔徐疏〕"入郛書乎曰不書",案諸舊本,此傳之下悉皆無注,有注云"圍不言入,入郛是也"者,衍字耳。(單疏鈔本,卷十四)

　　案徐疏是也,然不言其理據。莊公十年《公羊傳》云"戰不言伐,圍不言戰,入不言圍",傳之所言,乃舉重之例。圍輕於入,圍不言入,本是常例,與經文"遂伐曹,入其郛"了不相涉。此傳之下即有注,當言"入不言伐",例同文公十五年經"晉郤缺帥師伐蔡,戊申,入蔡"、哀公七年經"秋,公伐邾婁,八月己酉,入邾婁"。然彼二經皆入人之國,此經則是入郛,又不得相比。今此注云"圍不言入",既非傳例,又不合注意,知是衍文也。

宣公篇

　　43. 宣七年經:春,衛侯使孫良夫來盟。(撫本,卷七,頁 8a)

　　〔徐疏〕春衛侯使孫良夫來盟　解云:不書日月者,桓十四年夏,鄭伯使其弟語來盟之下,何氏云"時者,從內為王義,明王者當以至信先天下"。然則,成三年冬十有一月,晉侯使荀庚來聘,衛侯使孫良夫來聘。丙午,及荀庚盟。丁未,及孫良夫盟。亦是來盟而

---

① 撫本,卷三,頁 24b。

書日月，彼下注云"書者，惡之。《詩》曰'君子屢盟，亂是用長'，二國既脩禮相聘，不能親信，反復相疑，故舉聘以非之"，是其惡，故不舉重而書日月之義也。是當文皆有注解。（單疏鈔本，卷十五）

案桓公十四年何注云"莅盟、來盟例皆時，時者，從內爲王義，明王者當以至信先天下"[1]，此書時，正是來盟常例。今徐疏以不書日月起義，且以成公三年荀庚、孫良夫爲證，却有可商。何者？荀庚、孫良夫來聘，聘而盟，乃尋繹舊盟，非直來盟，故不得相況。此宜以文公十五年"三月，宋司馬華孫來盟"爲比，彼亦直來盟，而月者，注云"二亂結盟，故不與信辭"[2]，今此不月，從內爲王義，故爲信辭。

44. 宣十年經"齊崔氏出奔衛"，傳云"世卿，非禮也"，注云"復見譏者，嫌尹氏王者大夫，職重不當世；諸侯大夫任輕，可世也。因齊大國，禍著，故就可以爲法戒，明王者尊莫大於周室，彊莫大於齊國，世卿，猶能危之"（撫本，卷七，頁10b—11a）。

〔徐疏〕注因齊大國云云，欲道等是諸侯，科取即得，所以不於僖二十八年衛元咺出奔晉之經見之者，因齊大國，有弑君之禍，著明于出奔故也。（單疏鈔本，卷十六）

案徐疏以衛元咺比例，深乖注意。注謂天子大夫職重，不當世，若世，則危害重。尹氏是天子世卿，故譏之。今崔氏是諸侯大夫，較天子大夫任輕，嫌可世，實則諸侯大夫亦不可世。經書崔氏，亦譏矣。何休之意，天子之世卿爲害重；齊爲大國，其世卿危害亦重，故云"王者尊莫大於周室，彊莫大於齊國，世卿，猶能危之"。今徐疏引元咺爲證，然元咺不書氏，非衛之世卿，不得舉以爲證矣。

---

① 撫本，卷二，頁15b。
② 撫本，卷六，頁15b。

45.宣十一年經"楚人殺陳夏徵舒",傳云"此楚子也,其稱人何? 貶。曷爲貶? 不與外討也",注云"辟天子,故貶見之,即所謂貶絕然後罪惡見"(撫本,卷七,頁 11b—12a)。

〔徐疏〕注即所謂貶絕然後罪惡見者,即昭元年傳云"《春秋》不待貶絕而罪惡見者,不貶絕以見罪惡也"是也。(單疏鈔本,卷十六)

案此疏引證有誤。注謂"貶絕然後罪惡見",疏引傳文"不待貶絕而罪惡見",意正相反。案昭公元年傳云"《春秋》不待貶絕而罪惡見者,不貶絕以見罪惡也;貶絕然後罪惡見者,貶絕以見罪惡也",是見罪惡者有二,一是不待貶絕,一是貶絕。注云"貶絕然後罪惡見",疏則誤引作"不待貶絕而罪惡見者"。又據昭元年注,楚人討夏徵舒,即是"貶絕而罪惡見者"。

46.宣十一年經"冬十月,楚人殺陳夏徵舒",傳"曷爲不與? 實與",注云"不言執,與討賊同文"(撫本,卷七,頁 12a)。

〔徐疏〕注不言執云云　解云:正以昭八年"夏,楚人執陳行人干徵師,殺之"言執,非討賊之文。隱四年"衛人殺州吁"、莊九年"齊人殺無知"皆不言執,以見此不言執,乃與討賊同文,故知實與矣。(單疏鈔本,卷十六)

案疏文說理未透。夏徵舒是弒君之賊,楚子殺之,經何以不書"執"而成伯討之文? 答曰:若書執以成伯討之文,則當作"楚子執陳夏徵舒,殺之",此乃諸侯專討之文,但《春秋》之義,諸侯不得專討,故不得如此書。或有疑者,昭公四年,楚子執齊慶封,殺之,《解詁》以爲伯討,彼何以不嫌諸侯專討? 案彼經上云"楚子、蔡侯、陳侯、許男、頓子、胡子、沈子、淮夷伐吳",是楚子會諸侯執,非專執,故得爲伯討義也。

又或有疑者,經何以不書"執"而成衆殺之辭? 答曰:若書

"執"成衆殺之辭,則當作"楚人執陳夏徵舒,殺之",文如"楚人執陳行人干徵師,殺之",然干徵師既稱行人,是陳大夫,非弑君之賊,則罪在楚也。今夏徵舒乃弑君之賊,楚殺之,不宜歸罪於楚。故此經不可言執而成衆殺之文,嫌罪在楚。既不可言執,遂作討賊之辭,而書"楚人殺陳夏徵舒",文如隱四年"衛人殺州吁"、莊九年"齊人殺無知"①,既是討賊之辭,故知實與也。

47. 宣十一年經"丁亥,楚子入陳",注云"復出楚子者,爲下納善,不當貶,不可因上貶文"(復辟,卷七,頁 12a)。

〔徐疏〕注復出楚子云云　解云:《春秋》之義,以納爲篡辭,而言爲下納善者,正以上有起文,故與凡納異。何者?上有討賊之文,而即言納二子于陳,故知其善,所謂美惡不嫌同辭矣。(單疏鈔本,卷十六)

案疏非也。注明言"楚子"爲下納善出,不謂上有起文。上雖有討賊之文,若下無納甯、儀之行,則猶稱楚人,不得稱楚子也。經書"丁亥,楚子入陳",入例時,此日者,重惡楚莊也。惡楚莊,不書"楚人"而反書"楚子"者,美其有悔過存陳之功。若不書楚子而書楚人,下經"納公孫甯、儀行父"即是篡辭,則納善之意無由顯矣。徐疏謂納善者,以上有起文(即討賊之文),但若懷惡而討不義,不得爲善,是討賊未可起納善。欲明"納"爲善辭,須以"楚子"起之,注云"不可因上貶文",謂不可以上經之"楚人"而起下之納爲惡,宜以此"楚子"起下之納善。孔廣森《通義》云:"先言殺後言入者,大其能悔過,得而弗居,故不因上貶文,且復録日以入,善義兵

---

① 彼傳云"其稱人何? 討賊之辭也",知討賊之文稱人。

也。"① 此説殊非何意。日入，重惡楚有利陳之心，非善義兵之辭。善楚子，在下之納甯、儀，以其能"變悔改過以遂前功，卒不取其國而存陳也"②。孔氏自立己例而不從何氏，不足徵信。

48.宣十一年經"納公孫甯、儀行父于陳"，注云"不繫國者，因上入陳可知"（撫本，卷七，頁 12a—12b）。

〔徐疏〕注不繫國者因上入陳可知者，欲決哀二年納衞世子云云繫衞是也。（單疏鈔本，卷十六）

案疏但舉證，理是而意未申。案哀二年經"晉趙鞅帥師納衞世子蒯聵于戚"，何注云"不去國見絶者，不言入于衞，不可醇無國文"，今此上已有"楚子入陳"之文，故可去國以示見絶於楚也。

49.宣十四年經"夏五月壬申，曹伯壽卒"，注云"日者，公子喜時父也。緣臣子尊榮，莫不欲與君父共之，故加録之，所以養孝子之志。許人子者，必使父也"（撫本，卷七，頁 15a）。

〔徐疏〕注日者公子喜時父也云云，正以曹爲小國，卒月葬時，即昭十八年三月，曹伯須卒，秋，葬曹平公之屬是，今而書日，故以加録解之也。（單疏鈔本，卷十六）

案曹爲小國，於所聞世，例當卒日葬時，但曹於桓公十年卒日葬月，却是大國之例，爲避與大國同，其後曹之卒葬皆卒月葬時，不復以三世分别。今此卒日，與卒月葬時相違，故何氏特解之。徐疏以昭公十八年爲證，其實文公九年八月，曹伯襄卒，冬，葬曹共公，正是卒月葬時之例，不必遠以所見世爲比。又，疏云"正以曹爲小國，卒月葬時"，此乃曹國特例，非小國常例也。小國卒葬之例，如

---

① 孔廣森《公羊春秋經傳通義》，《續修四庫全書·經部·春秋類》第 129 册，頁 111 下。
② 撫本，卷七，頁 12b。

許，宜分三世，所傳聞世，卒月葬時；所聞世，卒日葬時；所見世，卒日葬月。説詳第六章。

50.宣十五年經“王札子殺召伯、毛伯”，注云“大夫相殺不稱人者，正之。諸侯大夫顧弑君重，故降稱人；王者至尊，不得顧”（撫本，卷七，頁 17a—17b）。

〔徐疏〕云“大夫相殺不稱人者正之”者，以文十六年宋人弑其君處臼之下，傳云“大夫弑君稱名氏，賤者窮諸人”，注云“賤者謂士也”，士正自當稱人。“大夫相殺稱人，賤者窮諸盜”，注云“降大夫使稱人，降士使稱盜者，所以別死刑有輕重也”。然則，大夫相殺例合稱人，今此不稱人者，正之，使稱王札子故也。所以正之者，如下云“諸侯大夫顧弑君重，故降稱人”者，即大夫弑君稱名氏，大夫相殺稱人是也。云“王者至尊不得顧”者，言至尊之人無有弑之理，不可顧，是以大夫相殺不假降之稱人矣。（單疏鈔本，卷十六）

案疏文枝蔓，説理未透。文公十六傳云“弑君者曷爲或稱名氏？或不稱名氏？大夫弑君稱名氏，賤者窮諸人。大夫相殺稱人，賤者窮諸盜”，傳主爲諸侯而發，謂諸侯大夫弑君，稱名氏；諸侯大夫相殺，則降稱人。此注云“諸侯大夫顧弑君重，故降稱人”，即承傳意。但天子至尊，無有被弑之理，不須顧，是以天子大夫相殺，稱名氏，不須顧稱人。今王札子、召伯、毛伯並是天子大夫，其相殺，即稱名氏而不稱人也。

成公篇

51.成元年經“三月，作丘甲”，注云“月者，重録之”（撫本，卷八，頁 1a）。

〔徐疏〕云月者重録之者，欲道宣十五年“秋，初税畝”、哀十二

年“春，用田賦”皆書時，今書月，故如此解。（單疏鈔本，卷十七）

　　案月何以是重録之文，徐疏未作解釋。以經書“作”者，皆不宜作，僖公廿年春，新作南門，文公二年二月丁丑，作僖公主，成公元年三月，作丘甲，襄公十一年正月，作三軍，定公二年十月，新作雉門及兩觀，皆是其證。何注未言“作”例，然僖廿年傳以“譏”解“新作”，彼新作書時。又定二年何注云“月者，久也，當即脩之，如諸侯禮”①，亦可推新作例時。若然，月則是重録之文。以此例之，此年“作丘甲”，襄公十一年“正月，作三軍”，兩注皆云“月者，重録之”，正與“新作”之注合。顧知作（或新作）例時，月是重録之文。襄十一年徐疏“月者，重録之者，此事無例，不可相決，但言重失禮，故詳録之”，其實，不妨以作例爲説，則彼“作三軍”與此“作丘甲”同例，皆譏耳（見下第58例）。至於文公二年二月丁丑，作僖公主，日者，緣失禮鬼神例日。書日，尤爲重録，注云“重失禮鬼神”，可相參證。

　　52. 成二年傳云“此楚公子嬰齊也，其稱人何？得壹貶焉爾”，注云“得壹貶者，獨此一事得具見其惡，故貶之爾”（撫本，卷八，頁4a）。

　　〔徐疏〕得壹貶焉爾者，正以於此處得壹貶之焉爾。（單疏鈔本，卷十七）

　　案疏文釋傳，其意不明。以例言之，此既有注，當以釋注爲宜。注云“獨此一事得具見其惡”者，謂此處得壹貶，餘者從省文。所以於此得壹貶者，上經書“公會楚公子嬰齊于蜀”，公會嬰齊而不没公，知嬰齊之驕亢，故下經“公及楚人以下盟于蜀”，書“人”以爲貶稱。自兹以後，成六年、七年，嬰齊率師伐鄭，九年，嬰齊帥師伐莒，

---

① 撫本，卷十一，頁3b。

襄三年嬰齊帥師伐吳，皆不復發傳，是以此傳云“得壹貶焉爾”。

53. 成九年經“晉人來媵”，傳“媵不書，此何以書？　録伯姬也”，注云“義與上同”（撫本，卷八，頁 8b ）。

〔徐疏〕注義與上同也者，謂亦與上致女皆同書納幣矣。（單疏鈔本，卷十七）

案疏誤也。云義與上同者，謂此經“晉人來媵”，與上八年經“衞人來媵”同，彼傳云“媵不書，此何以書？　録伯姬也”，今復發此傳，故何注云“復發傳者，樂道人之善”，伯姬賢，諸侯爭欲媵之。知何氏以衞人來媵爲比。疏云“同書納幣”，豈有媵而書納幣耶？殊謬。

54. 成十四年經“春王正月，莒子朱卒”，注云“至此始卒，又不得日”（撫本，卷八，頁 10b ）。

〔徐疏〕云至此始卒云云又不得日者，邾婁子瑣之卒所以書日者，非直行進，其邾子克往前已卒，是以《春秋》得詳録之。今此始卒，故不得書日。曹書日者，何氏云“老使世子來朝，《春秋》敬老重恩，故爲魯恩録之尤深”是也。然則，此注何以不言“故不得日”，而言“又”者，欲道曹伯終生雖亦始卒，但於魯有恩，是以書日。今此莒子非直始卒，又無善行，是以不日。（單疏鈔本，卷十八）

案疏比類不當。案曹、許爲小國，莒、邾婁以下則是微國。小國、微國之卒，例不相同。於所傳聞世，微國不卒，小國則卒月葬時。但隱公、莊公世並見滕侯卒、宿男卒、邾婁子卒、薛伯卒者，皆是微國卒，此是變例①。莒爲微國，既不朝魯，又無附從霸者之行，故所傳聞世不卒，此是常例。至所聞世，微國例卒月，如宣公九年

---

① 滕、宿、薛卒者，以《春秋》王魯，諸國朝魯，故卒褒之（分見撫本，卷一，頁 17b ；頁 19b ；卷三，頁 26b ）。邾婁卒者，附從霸者，行進，故卒褒之（撫本，卷三，頁 25a ）。

八月,滕子卒是也;若二見經漸進,則卒日,如成公十六年夏四月辛未,滕子卒是也。莒爲微國,雖大於邾婁,但邾婁以附從霸者,於所傳聞世已見卒,又二見經卒日以示漸進,如莊公廿八年夏四月丁未,邾婁子瑣卒是也。莒所傳聞世不見卒,入所聞世,至此始得正卒,故如常例書月。注云"又不得日"者,謂邾婁已於所傳聞世卒日,莒雖大於邾婁,所聞世反不日者,無附從霸者之行,無親魯之恩,故不日。言"又"者,以莒與邾婁爲比。徐疏以曹爲比,然曹是小國,莒是微國,不宜相比。

55. 成十七年經"楚人滅舒庸",注云"舒庸,東夷,道吳圍巢"(撫本,卷八,頁16a)。

〔徐疏〕注舒庸東夷道吳圍巢者,出《左氏》。考諸舊本,亦有無此注者。(單疏鈔本,卷十八)

案徐氏於此不加案斷,讀者不知其所據本是耶?抑舊本是耶?今案舊本是也。謂"舒庸東夷"者,非何氏義。隱公二年何注云"東方曰夷,南方曰蠻,西方曰戎,北方曰狄",此夷、蠻、戎、狄,對文雖有別,散文則可通①。何休之意,東夷、南夷、西戎者,皆是大名,凡屬小國,則不得大名之號。何注云"東夷,吳也"②,謂吳是東夷霸主。注云"南夷,謂楚"③,謂楚是南夷霸主。注云"秦遂霸西戎"④,是秦稱西戎。餘外小國,皆不得東夷、南夷、西戎之號。吳既稱東夷,則舒庸不得稱東夷。此注乃後人誤加,舊本無此注者,是。

---

① 傳云"南夷與北狄交",注以南夷謂楚,是其證。
② 僖公四年注,撫本,卷五,頁8b。
③ 僖公四年注,撫本,卷五,頁8a。
④ 文公十二年注,撫本,卷六,頁11b。

襄公篇

56. 襄六年經"三月壬午,杞伯姑容卒",注云"始卒便名、日、書葬者。新黜,未忍便略也"(撫本,卷九,頁 4b)。

〔徐疏〕注始卒云云　解云:案僖二十三年冬十有一月,杞子卒,而於此言始者,彼注云"卒者,桓公存王者後,功尤美,故爲表異卒録之"。然則,所傳聞之世,小國之卒未合書,見,非其常例矣。至所聞之世,始合書卒,是以於此言始矣。文十三年夏五月邾妻子蘧篨卒,宣九年秋八月滕子卒,其名、日與葬皆未書,今此盡録,故解之也。(單疏鈔本,卷十九)

案此疏釋"始"之義,非注意。案三世異辭,何氏言"始卒"者,皆據本世言之,不包前世。如莊公十六年經"邾妻子克卒",廿八年經"邾妻子瑣卒",在所傳聞世;文公十三年經書"邾妻子蘧篨卒",在所聞世,而成公十六年何注云"邾妻始卒於文公"[1],是所聞世之"始卒"不包所傳聞世。又如昭公卅一年經"薛伯穀卒",何注云"始卒便名、日、書葬者",而莊公卅一年經已見"薛伯卒",也是所見世"始卒"不包所傳聞世。今此襄公六年杞伯姑容卒,何注"始卒便名、日、書葬者",但僖公廿三年經已見"杞子卒",是所聞世"始卒"不包所傳聞世。故疏謂小國"至所聞之世,始合書卒",非也。

57. 襄六年經"莒人滅鄫",注云"稱人者,從莒無大夫也"(撫本,卷九,頁 4b)。

〔徐疏〕注莒稱人者從莒無大夫,即莊二十七年傳"莒無大夫,此何以書"是也。(單疏鈔本,卷十九)

---

① 撫本,卷八,頁 13a。

案疏未得注意。凡諸夏滅人國者，或稱人，或稱師。稱師爲大國辭，稱人則是大小國共辭。如莊公十年齊師滅譚，十三年齊人滅遂，是大國稱師稱人；文公十六年楚人、秦人、巴人滅庸，是小國稱人。至於僖公二年“虞師、晉師滅夏陽”，虞小國稱師者，注云“稱師，有加文”是也①。案僖公廿六年楚人伐宋，圍緡，注云“稱人者，楚未有大夫，未得稱師，楚自道用之，故從楚文”②，知何氏以稱人、稱師爲大小國相別之證。今此莒稱人，是從其小國例，小國無大夫，故注云“從莒無大夫”。

58. 襄十一年經“春王正月，作三軍”，注云“月者，重録之”（撫本，卷九，頁 7b—8a）。

〔徐疏〕云月者重録之者，此事無例，不可相決，但言重失禮，故詳言之。（單疏鈔本，卷二十）

案徐疏循蓋闕之意，其實，此猶有例可比。案《春秋》凡書作者，皆不宜作。作例時，書月者，重録之。如成公元年三月，作丘甲，注云“月者，重録之”是也。今此作三軍月者，正與作丘甲月同，俱是重録之文。説參上第 51 例。

59. 襄十四年經“己未，衛侯衎出奔齊”，注云“日者，爲孫氏、甯氏所逐，後甯氏復納之。出納之者同，當相起，故獨日也”（撫本，卷九，頁 9b）。

〔徐疏〕云出納之者同當相起故獨日也者，欲見其出納之者同，故出入皆書，見其一家之事。其入書日之經，即下二十六年二月甲午，衛侯衎復歸于衛是也。（單疏鈔本，卷二十）

案疏意殊未了。案經書“己未，衛侯衎出奔齊”，以孫林父、甯

---

① 撫本，卷五，頁 4b。
② 撫本，卷五，頁 26a。

喜逐之故也。下廿六年經書“甲午，衞侯衍復歸于衞”，以甯氏納之故也。出奔與復歸皆決於甯氏，是以云“出納之者同”。今欲起此“出納之者同”，不可以月，不可以時，但以日耳。何以言之？大國出奔例月，復歸例時①，“衞侯衍出奔齊”若不書日，則嫌蒙上“四月”之文，乃出奔常例，不得起下經之納。下經“衞侯衍復歸于衞”若不書日，則嫌蒙上“春”時，乃復歸常例，不得應上經之出奔。惟有日，於出奔爲變例，於復歸亦爲變例，上下相起，意謂出歸皆決於甯氏，此即“出納之者同，當相起”之意也。

60. 襄卅年經“冬十月，葬蔡景公”，傳云“賊未討，何以書葬？君子辭也”，注云“君子爲中國諱，使若加弑”（撫本，卷九，頁22a）。

〔徐疏〕注君子至加弑　解云：凡君弑者，雖賊未討，亦書其君葬，故昭十九年夏五月戊辰，許世子止弑其君買，冬，葬許悼公，傳云“賊未討，何以書葬？不成于弑也”。（單疏鈔本，卷二十一）

案疏文“凡君弑者”，蓋誤筆也。疏以許止弑君爲證，是加弑之例。君弑與加弑不同，君弑者，賊未討，不得書葬，隱公十一年傳云“《春秋》君弑，賊不討不書葬，以爲不繫乎臣子”是也。若未討賊而書葬，或爲諱辭，如襄公八年葬鄭僖公，傳云“賊未討，何以書葬？爲中國諱也”；或爲加弑辭，如昭公十九年葬許悼公，傳云“賊未討，何以書葬？不成于弑也”，不成于弑，即加弑。今此賊未討而書葬，注云“君子爲中國諱，使若加弑”，乃加弑辭，故徐疏“凡君弑者”，當作“凡加弑者”。陳立《公羊義疏》改君弑爲加弑②，是也。

---

① 桓公十五年注云“大國奔例月”，僖公廿八年何注“復歸例皆時”。分見撫本，卷二，頁16b；卷五，頁28b。
②《公羊義疏》，頁596上。

昭公篇

61. 昭三年經"五月，葬滕成公"，注云"月者，襄公上葬，諸侯莫肯加禮，獨滕子來會葬，故恩録之"（撫本，卷十，頁 3a）。

〔徐疏〕注月者至録之　解云：卒月葬時者，小國之常典，下六年夏，葬杞文公之屬是也。今而書月，故以爲恩録之。（單疏鈔本，卷二十二）

案疏舉杞爲證，不類。滕，微國，所見世，微國常例卒日葬時，如昭公元年"六月丁巳，邾婁子華卒。秋，葬邾婁悼公""昭公廿八年秋七月癸巳，滕子甯卒，冬，葬滕悼公"是也。杞雖微國，然是王者後，其卒葬例與尋常微國異，如所聞世杞卒日葬時，而微國常例却是卒月、不葬。至所見世，微國例卒日葬時，杞則卒日葬月。疏云"卒月葬時者，小國之常典"，既不分三世，又不別微國與小國，漫言"小國之常典"，非何氏意也。説詳第六章。

62. 昭四年傳"慶封走之吳，吳封之於防"，注云"不書入防者，使防繫吳，嫌犯吳也；去吳，嫌齊邑也"（撫本，卷十，頁 3b）。

〔徐疏〕注不書云云　解云：案如此經，上言伐吳，則犯吳之文已著，何得注云"使防繫吳，嫌犯吳也"？正以慶封往前已封於防，爲小國矣，但諸侯之義不得專封，是以《春秋》奪言伐吳矣。實言之，非伐吳矣。今日此經若言入防，則更成上伐吳之文，實伐吳，則爲犯吳。若直言"入防，執齊慶封殺之"，則恐防是齊邑，是以進退不得作文也。（單疏鈔本，卷二十二）

案疏意迂回。此年經書"楚子、蔡侯、陳侯、許男、頓子、胡子、沈子、淮夷伐吳，執齊慶封殺之"，何氏之意，此經若書入防，則或作"楚子、蔡侯以下伐吳，入防，執齊慶封殺之"，如此，防繫於吳，是吳之邑，伐吳爲實事，故注云"犯吳"也；或作"楚子、蔡侯以下入防，執齊慶封殺之"，不書伐吳，則嫌防是齊邑，故云"去吳，嫌齊邑也"，進退不得作文，是以不書入防。

63. 昭九年傳"滅人之國，執人之罪人，殺人之賊，葬人之君，若是，則陳存悕矣"，注云"不書孔瑗弑君者，本爲招弑，當舉招爲重，方不與楚討賊，故没招正賊文"（撫本，卷十，頁 6a—6b）。

〔徐疏〕言故没招正賊文者，謂不於討處貶招，見其有弑君之罪矣。（單疏鈔本，卷二十三）

案疏意是也，猶嫌簡略。前年經云"楚師滅陳，執陳公子招放之于越，殺陳孔瑗，葬陳哀公"，若於討處貶招，宜言"執陳招放之于越"，不得氏"公子"，經既書"陳公子招"，氏公子而不爲當國辭者，是没招正賊之文，所以没者，以楚懷滅陳之心，却籍討賊之辭，傳所謂"懷惡而討不義，君子不與"也，故没招賊文，以起"不與楚討賊"之義。

64. 昭十二年經"春，齊高偃帥師納北燕伯于陽"，注云"又微國出入不兩書，伯不當再出，故斷三字間之"（撫本，卷十，頁 7b—8a）。

〔徐疏〕云又微國出入不兩書者，僖二十五年秋"楚人圍陳，納頓子于頓""何以不言遂？兩之也"，注云"頓子出奔不書者，小國例也"是也。（單疏鈔本，卷二十三）

案疏文簡略，注意不顯。僖廿五年，楚人圍陳，納頓子于頓，書納不書出奔。昭公元年，莒去疾自齊入于莒，亦書入不書出奔。是微國出入不兩書例。此經書"納北燕伯于陽"，而上經已見"北燕伯款出奔齊"，若北燕伯、北燕伯款同是一人，則違出入不兩書例，故何氏以爲此"北燕伯"非上"北燕伯款"。又，傳以"伯于陽"連讀，何氏云"伯不當再出"，乃假設之辭，意謂北燕伯款、北燕伯若是一人,則此伯字不當再出。傳既出"伯"字,而以"伯于陽"三字發問,則非一人明矣。

65. 昭十四年經"八月,莒子去疾卒",注云"入昭公,卒不日、不書葬者,本篡故,因不序"(撫本,卷十,頁 10a)。

〔徐疏〕注入昭至不序　解云:《春秋》之義,所傳聞之世,略於小國,不書其卒。至所聞之世,乃始書之,即文十三年邾婁子蘧篨卒之徒是也。至所見之世,文致大平,書小國而録之,卒月葬時,即下二十八年秋七月癸巳,滕子甯卒,冬,葬滕悼公之屬是也。今此莒君入昭公所見之世,宜令卒日葬時,而不卒日、復不書其葬者,正由其本是篡人故,因略之,不序其卒日,亦不序其葬矣。……然則,入昭公所見之世,小國之卒例合書日,而上三月曹伯滕卒亦不日者,莊二十三年冬十一月,曹伯射姑卒之下,何氏云"曹伯達於春秋,當卒月葬時也",如卒日葬月,嫌與大國同,故復卒不日。入所聞世,可日不復日。然則,曹伯終生於桓十年時,以《春秋》敬老重恩之故,而得卒日葬月,以爲大平,是以入所見之世,雖例可日亦不復日,是故上文上曹伯不書日矣。(單疏鈔本,卷二十三)

案此疏文長,僅摘録其可議者。莒爲微國,微國卒葬之例,所傳聞世不書其卒葬,所聞世卒月而不葬,所見世則是卒日葬時。此是所見世,莒當卒日而經書月,當書葬而經不書,故注以"本篡故,因不序"爲釋。徐疏以文十三年邾婁子蘧篨卒爲比,然此經文承"五月壬午"之下,讀者未必知曉蘧篨卒當蒙月抑或蒙日。此宜以宣公九年八月滕子卒、成公十四年正月莒子朱卒爲比,以明所聞世微國常例卒月也。疏又云至所見之世,小國"卒月葬時",此"月",乃傳寫之誤,當作"日"。疏又以曹國爲比,謂所見世,小國之卒例合書日。然莒爲微國,曹爲小國,大小異等,不宜比類。案昭公元年六月丁巳,邾婁子華卒,昭三年正月丁未,滕子泉卒,皆是微國卒日之例,可以爲證。此疏釋例、舉證兩不宜。

66. 昭廿一年經"冬,蔡侯朱出奔楚",注云"大國奔例月,此時者,惡背中國而與楚,故略之"(撫本,卷十,頁14a)。

〔徐疏〕注大國云云　解云:大國奔例月者,即桓十六年十一月,衛侯朔出奔齊之徒是也。(單疏鈔本,卷二十四)

案疏文引證迂回。案桓公十五年五月,鄭伯突出奔蔡,注云"月者,大國奔例月,重乖離之禍,小國例時也"[①],此注復云"大國奔例月",宜以彼爲證。徐彦以桓十六年爲證,雖月,然彼注無釋月之義,疏文引證當據其本。

67. 昭廿七年經"夏四月,吳弒其君僚",注云"不舉專諸弒者,起闔廬當國,賤者不得貶,無所明"(撫本,卷十,頁20b)。

〔徐疏〕云不舉專諸弒者,桓二年春王正月戊申,宋督弒其君與夷之下,何氏注云"督不氏者,起馮當國"。然則,彼經貶去督之氏者,起其弒君取國與馮。所以不舉專諸弒僚,見取國與闔廬者,正以其賤,不得貶之。假令書見,正得稱人,文無所明故也。(單疏鈔本,卷二十五)

案疏釋理未透。桓二年宋督弒君,主謀在馮,故去督"公孫"之氏,以起馮之當國。所以起者,文十六年傳"大夫弒君稱名氏",督是大夫,弒君當稱名氏,去氏者,則起馮之當國。今專諸非大夫,是賤者弒君,或稱人,如"宋人弒其君處臼";或稱盜,如"盜弒蔡侯申"。此經若書"吳人弒其君僚",或"盜弒吳君僚",二者皆賤者弒君,不得起闔廬當國之意。是以書"吳弒其君僚",此乃稱國以弒例,見失衆之義,文公十八年傳"稱國以弒者,衆弒君之辭"是也。

---

① 撫本,卷二,頁16b。

稱國以弑例皆時①，今書月，示僚非失衆，如此，方起闔廬當國也。

68.昭卅一年經“冬，黑弓以濫來奔”，傳云“叔術者，賢大夫也。絕之，則爲叔術不欲絕；不絕，則世大夫也”，注云“起本邾婁世大夫，《春秋》口繫通之，文亦不可施”（撫本，卷十，頁24a—24b）。

〔徐疏〕注起本邾云云　解云：若口云“邾婁”，文言“濫黑弓來奔”，即嫌大夫氏邑，欲起黑弓本是邾婁世大夫，口繫于邾婁，欲通之爲世大夫故也。（單疏鈔本，卷二十五）

案疏不得注意。何氏之意，經書“黑弓以濫來奔”，傳家讀作“邾婁黑弓以濫來奔”，文無“邾婁”二字，口讀却有之。何以如此？案《春秋》新通濫爲國。不得直言“濫黑弓來奔”，若直言“濫黑弓來奔”，則濫之爲國，與邾婁相絕，此非叔術本意，叔術賢，其本意不欲自絕於國也。若言“濫黑弓來奔”，且口繫于邾婁，讀作“邾婁濫黑弓來奔”，則濫是邾婁之邑，“濫黑弓”乃以邑爲氏，如齊崔杼例，然大夫以邑爲氏，又有世大夫之嫌，此亦非叔術之意。是知文言“濫黑弓來奔”，不論口繫邾婁以否，皆不得叔術本意，注云“文不可施”，謂此也。文既不可言“濫黑弓來奔”，故言“黑弓以濫來奔”，作竊邑之詞，如襄廿一年“邾婁庶其以漆、閭丘來奔”例，但庶其上繫於邾婁，知漆、閭丘是邾婁邑；此文黑弓上不繫邾婁，濫無所繫，故可通濫爲國，是以注云“因就大夫竊邑奔文通之”，通者，通濫爲國。既通濫爲國，則賢者子孫宜有地，且無世大夫之嫌。故注云“大夫不世、叔術賢心不欲自絕兩明矣”。今疏云“口繫于邾婁，欲通之爲世大夫”，案口繫于邾婁，讀作“邾婁黑弓”，並無通世大夫之義。徐疏非是。又陳立云“何意以黑弓本邾婁世大夫，《春秋》因其口繫

───────────

① 文十八年何注“舉國以明失衆，當坐絕也；例皆時者，略之也”。撫本，卷六，頁18b。

于邾婁,但可通濫爲國,不得徑施濫文於黑弓上也"①,此説亦可商。若何氏以黑弓爲邾婁世大夫,當以邑爲氏,然經傳無明文可證。且傳云"大夫之義不得世,故於是推而通之也",是何休無以黑弓爲邾婁世大夫之意。

定公篇

69.定元年經"立煬宫",傳云"立煬宫,非禮也",注云"不日,嫌得禮,故復問立也"(撫本,卷十一,頁2b)。

〔徐疏〕注不日至立也　解云:《春秋》之例,失禮於宗廟,例書日,故此不日,嫌得禮也。注言此者,正以成六年已有此傳,今復發之,故解云耳。(單疏鈔本,卷二十六)

案何氏云失禮宗廟例時,失禮鬼神例日②。失禮宗廟者,如莊公二十三年秋,丹桓宫楹。失禮鬼神者,如成公六年二月辛巳,立武宫。前者時,後者日。莊公二十四年三月,刻桓宫桷,失禮宗廟月者,功重於丹楹③。今此立煬宫,是失禮鬼神之事,當例日而不日,故注云嫌得禮。疏以"失禮於宗廟"立説,非也。

70.定四年經"五月,公及諸侯盟于浩油",注云"再言公者,昭公數如晉,不見荅"(撫本,卷十一,頁4a)。

〔徐疏〕言昭公數如晉不見荅者,即昭十二年夏,公如晉,至河乃復;十三年冬,公如晉,至河乃復;十五年冬,公如晉,十六年夏,公至自晉;二十一年冬公如晉,至河乃復;二十三年公如晉,至河,

---

①《公羊義疏》,頁668上。

②莊公廿三年何注"失禮宗廟例時"(撫本,卷三,頁20a);隱公五年何注"失禮鬼神例日"(撫本,卷一,頁16a)。

③撫本,卷三,頁20b。

公有疾，乃復之屬，是數如晉之文也。竟不見晉人來聘之經，故云
不見答也。（單疏鈔本，卷二十七）

　　案注云"不見答"者，謂晉不納公，不謂晉人不來聘也。晉侯
不見公，即不見答也。昭二年冬，公如晉，至河乃復；十二年夏，公
如晉，至河乃復；十三年冬，公如晉，至河乃復；二十一年冬，公如
晉，至河乃復；二十三年冬，公如晉，至河，公有疾，乃復；二十八年
三月，公如晉，次于乾侯；二十九年春，公如晉，次于乾侯，皆不見答
之例。知者，昭二十八年何注云"月者，閔公内爲强臣所逐，外如晉
不見荅，次于乾侯"①，次于乾侯爲不見答，即晉侯不見公也。故昭
五年春，公如晉，秋七月，公至自晉；十五年冬，公如晉，十六年夏，
公至自晉；則是見答也。徐疏以昭十五年冬，公如晉，十六年夏，公
至自晉爲證，非也。

　　71.定四年經"杞伯戊卒于會"，注云"不日，與盟同日"（撫本，
卷十一，頁4a）。

　　〔徐疏〕注不日與盟同日　解云：考諸古本，日亦有作月
者。……若作月字，宜云所見之世，雖例書日，若有内行失，亦但月
之，即昭六年春王正月，杞伯益姑卒，何氏云"不日者，行微弱，故
略之。入所見之世，責小國詳，始録内行也。諸侯内行小失不可勝
書，故於終略責之，見其義"是也。然則，今杞伯亦有内行小失，宜
合書月而不書月②，正以與盟同月故也。（單疏鈔本，卷二十七）

　　案徐疏於此存兩可之説，依違不定。案古本"日"作"月"字
者，誤也。所見世，杞常例卒日，昭公二十四年八月丁酉，杞伯鬱釐
卒，哀公八年冬十二月癸亥，杞伯過卒，並是其證。且所聞世已見

---

① 撫本，卷十，頁21a。
② 單疏鈔本脱"而不書月"四字，據阮刻本補。

杞卒日,襄公六年三月壬午,杞伯姑容卒,襄公二十三年三月己巳,杞伯匄卒是也。昭公六年正月,杞伯益姑卒,不日者,何注"行微弱,故略之"①。此所見世,杞卒當日,而不見日者,何氏以爲與盟同日。若"日"作"月"字,則何氏必不云"不月,與盟同月",當言"不月者,蒙上月也"。且此浩油之盟,善諸侯俱有疾楚之心,襃與信辭,不得以"内行小失"爲解。

72. 定四年經"秋七月,公至自會",注云"月者,爲下劉卷卒。月者,重録恩"(撫本,卷十一,頁 4a)。

〔徐疏〕注月者重録恩　解云:大夫之卒,宜又降于微國之君,但合書時而已。而書月者,正以新奉王命,主會于召陵,於魯有恩,故重而録之。故云月者,重録恩也。(單疏鈔本,卷二十七)

案外大夫例不卒,若卒,以恩録也。其卒或月或日,月者恩輕,日者恩重,隱公三年夏四月辛卯,尹氏卒,日卒者,恩重,注云"日者,恩録之,明當有恩禮"是也②。文公三年夏五月,王子虎卒,月卒者,恩輕,注云"不日者,在期外也"是也③。今此劉卷月卒者,與尹氏卒日相較,是恩輕。然注云"月者,重録恩"者,以外大夫例本不卒,今卒月,是重録其恩。徐疏云"大夫之卒,宜又降于微國之君,但合書時而已",非注意也。

73. 定八年經"二月,公侵齊。三月,公至自侵齊",注云"出入月者,内有彊臣之讎,外犯彊齊,再出,尤危於侵鄭,故知入亦當蒙上月"(撫本,卷十一,頁 7b)。

〔徐疏〕注出入云云　解云:正以《春秋》之例,有雖在月下而

① 撫本,卷十,頁 5a。
② 撫本,卷一,頁 11a。
③ 撫本,卷六,頁 4a。

不蒙月者,故賈氏云"還至不月,爲曹伯卒月"是也。故何氏分疏之云。此定公侵齊,所以出入月者,正以內有强臣之釁,不能討,而外犯强齊,頻煩再出,尤危於六年侵鄭之時,故知其入亦當蒙月也。(單疏鈔本,卷二十七)

　　案何注云"出入月者",解此經"二月,公侵齊。三月,公至自侵齊"。案侵例時,致例時①,今出入皆月者,以頻煩用兵,故月以危録之。云"再出"者,謂"正月,公侵齊,公至自侵齊",已見出入;今二三月又出入,故云"再出"。云"尤危於侵鄭"者,解定六年經"二月,公侵鄭",彼注云"月者,內有彊臣之釁,不能討,而外結怨,故危之"②,侵鄭乃一出入,此則再出入,故云"尤危"。云"知入亦當蒙上月"者,解上經"正月,公侵齊。公至自侵齊",若據致例時,則此"公至自侵齊"當不蒙"正月";然公再出入,頻煩用兵,是以此致蒙上月,而成危録之文。徐疏竟引賈氏云"還至不月,爲曹伯卒月",此謂"三月"爲下"曹伯露卒"出,不爲致出,正與何注之義相反,是其引證不當也。

　　74. 定八年經"從祀先公",傳云"定公順祀,叛者五人",注云"不言僖公者,閔公亦得其順"(撫本,卷十一,頁 7b—8a)。

　　〔徐疏〕注不言云云　解云:閔二年夏五月乙酉,吉禘于莊公,僖八年秋七月,禘于大廟,文二年八月丁卯,大事于大廟之文,皆道其人。今此經文所以不言從祀僖公而言先公者,正以閔公亦得其順,是以不得特指之。(單疏鈔本,卷二十七)

　　案疏文但釋"先公"之義,未釋"順"義。案傳言順祀,乃復文公之逆祀。逆祀者,謂文公置僖公於閔公之上,即"先禰而後

---

① 桓公十六年何注"致例時",撫本,卷二,頁 17b。
② 撫本,卷十一,頁 6b。

祖"也。定公順祀之者,謂復僖公在閔公之下。順祀者,僅此二公而已。

此經之順祀,當與文二年之逆祀合言。彼經書"躋僖公",傳云"其逆祀奈何? 先禰而後祖也",何注云:

> 升謂西上。禮,昭穆指父子,近取法《春秋》。惠公與莊公當同南面,西上。隱桓與閔僖亦當同北面,西上,繼閔者在下。文公緣僖公於閔公爲庶兄,置僖公於閔公上,失先後之義,故譏之。《傳》曰"後祖"者,僖公以臣繼閔公,猶子繼父,故閔公於文公亦猶祖也。自先君言之,隱桓及閔僖各當爲兄弟,顧有貴賤耳。自繼代言之,有父子君臣之道。此恩義逆順各有所施也。①

此注乃何休論昭穆之義,與逆祀、順祀相關,而徐彦無疏。兹補釋如下:

云"升謂西上"者,前注云"大祖東鄉,昭南鄉,穆北鄉。其餘孫從王父。父曰昭,子曰穆"②,知無論昭穆,均以西爲上。文公升僖公於閔公之西,故言西上。

云"禮,昭穆指父子,近取法《春秋》"者,謂《春秋》之制,昭穆之異據父子,不據兄弟。"惠公與莊公當同南面",謂惠、莊之間雖有隱公、桓公,但惠公爲祖,莊公爲孫,孫從王父,故同南面爲昭。"隱桓與閔僖亦當同北面",謂隱桓、閔僖爲兄弟,雖相繼,不得異昭穆。以惠莊爲昭,知隱桓、閔僖皆爲穆,故云"同北面"。"繼閔者在下",謂僖公雖是閔公庶兄,以其繼閔公,故其位次在閔公之下,下者,在東也。文公升僖公之位於閔公之西,故云失先後之義。

---

① 撫本,卷六,頁 3a—3b。
② 見《十三經注疏》第 7 册,頁 165 下。

云"自先君言之,隱桓及閔僖各當爲兄弟,顧有貴賤耳。自繼代言之,有父子君臣之道"者,此謂隱桓、閔僖雖一死一繼,然以先君言之,乃兄弟,有貴賤之分,却無昭穆之異。雖無昭穆之異,但以繼代言之,又有君臣父子之道,僖公雖爲庶兄,閔公爲君爲父,僖公則爲臣爲子。文公置僖公於閔公之上,猶先禰而後祖也。

要之,何休言魯公昭穆之次,大旨有四:(1)大祖,謂周公,大祖東向。(2)父昭子穆,孫從王父。昭北向,穆南向。(3)昭穆均以西爲上。(4)父子異昭穆,兄弟昭穆同。據此,可排魯公昭穆表如下:

表8-1　何氏魯公昭穆位次表

昭位南向	考公	煬公	厲公	獻公	懿公	伯御	惠公	莊公	文公	成公	昭公	哀公	
大祖周公之廟（東向）													
穆位北向	伯禽	幽公	魏公	真公	武公	孝公	隱公	桓公	閔公	僖公	宣公	襄公	定公

注云"不言僖公者,閔公亦得其順",僅及閔、僖二公。何氏之意,定公之順祀,乃移置閔公之位在僖公之西,其餘諸公昭穆之位不變。但賈公彦《周禮疏》云:

> 兄死弟及,其爲君,則以兄弟爲昭穆,以其弟已爲臣,臣子一例,則如父子,故別昭穆也。必知義然者,案文二年秋八月,大事於大廟,躋僖公,謂以惠公當昭,隱公爲穆,桓公爲昭,莊公爲穆,閔公爲昭,僖公爲穆。今升僖公於閔公之上爲昭,閔公爲穆,故云逆祀也。知不以兄弟同昭位,升僖公於閔公之上爲逆祀者,案定公八年經云從祀先公,傳曰順祀先公而祈焉。若本同倫,以僖公升於閔公之上,則以後諸公昭穆不亂,何因

至定八年始云順祀乎？明本以僖閔昭穆倒，故於後皆亂也。若然，兄弟相事，後事兄爲君，則昭穆易可知。①

賈氏以爲兄弟異昭穆，故謂“惠公當昭，隱公爲穆，桓公爲昭，莊公爲穆，閔公爲昭，僖公爲穆”，明與何説不合。徐乾學《讀禮通考》謂“唯賈公彥‘冢人掌公墓’之疏，最得三傳之意”②，似謂自僖公升躋於閔公之上，餘下昭穆皆亂，其説與何休不合。孔穎達《春秋正義》云“若兄弟相代，即異昭穆，設令兄弟四人皆立爲君，則祖父之廟即已從毀，知其禮必不然”③，意謂升僖先閔，乃位次之逆，非昭穆亂也，此與何説合。

哀公篇

75. 哀二年經“癸巳，叔孫州仇、仲孫何忌及邾婁子盟于句繹”，注云“所以再出大夫名氏者，季孫斯不與盟”（撫本，卷十二，頁1b）。

〔徐疏〕注所以再云云　解云：若此注内直云所以再出大夫名者，無氏字，即決昭十三年秋，公會劉子、晉侯以下于平丘，八月甲戌，同盟于平丘，据彼注云“不言劉子及諸侯者，間無異事，可知

---

① 《周禮注疏》，《十三經注疏》第 3 册，頁 334 上。
② 《讀禮通考》，《景印文淵閣四庫全書·經部·禮類》第 112 册，頁 457 上。
③ 《春秋左傳正義》云：“禮，父子異昭穆，兄弟昭穆同。故僖閔不得爲父子，同爲穆耳，當閔在僖上。今升僖先閔，故云逆祀。二公位次之逆，非昭穆亂也。《魯語》云‘將躋僖公。宗有司曰‘非昭穆也’。弗忌曰：‘我爲宗伯，明者爲昭，其次爲穆，何常之有？’如彼所言，似閔僖異昭穆者，位次之逆，如昭穆之亂，假昭穆以言之，非謂異昭穆也。若兄弟相代，即異昭穆，設令兄弟四人皆立爲君，則祖父之廟即已從毀，知其禮必不然。故先儒無作此説。”見《十三經注疏》第 6 册，頁 302 下。

矣”。今此二經亦間無異事,而再出大夫之名,故解之也。此注氏
字,或有或無,故如此解。(單疏鈔本,卷二十九)

　　案無“氏”字者非也。《解詁》名氏之稱,界劃分明,從無渾言
之例。經既書叔孫州仇、仲孫何忌,則是名氏並具,故注宜有“氏”
字。即無“氏”字,徐疏亦嫌舉類不當。何者? 昭公十三年平丘會
盟,間無異事,故省文。此不録季孫斯,非省文之例,乃不與盟也。
又,僖公五年首戴之會盟,間無異事,故前目而後凡①。此例又不得
作“凡”文,而言“及邾婁子盟于句繹”,若然,則嫌季孫斯與盟。今
疏以平丘會盟爲比,然“劉子”及“諸侯”皆不得以名氏目之,徐疏
以諸侯之稱比於大夫名氏之稱②,深嫌比類不當。

　　**76. 哀二年經“晉趙鞅帥師納衛世子蒯聵于戚”,注云“不去國
見絜者,不言入于衛,不可醇無國文”(撫本,卷十二,頁 1b)。**

　　〔徐疏〕云不去國見絜者云云,正以文十四年晉人納接菑,注云
**“接菑不繫邾婁者,見絜于郤缺也”。今此不見絜者,不可醇無國文
故也。(單疏鈔本,卷二十九)**

　　案蒯聵見絜於趙鞅,但經書“衛世子蒯聵”,非見絜之文。若
作見絜之文,則當書“晉趙鞅帥師納世子蒯聵于衛”,即世子上不
繫“衛”,且言“于衛”不言“于戚”,謂納于國,非納于邑,猶如桓公
十一年“突歸于鄭”,突見絜于祭仲,故上不繫鄭,而下言“于鄭”。
今不然者,蒯聵違父命,經不許其入衛,故不書“于衛”而書“于
戚”;既書“于戚”,則非見絜之文;既非見絜之文,則世子上當繫

---

① 僖公五年傳云:“一事而再見者,前目而後凡也”,注云“省文,從可知,間無
　事,不省諸侯”。撫本,卷五,頁 10a。
② 據何注,劉子乃諸侯入爲天子大夫,與諸侯大夫不得相比。襄公十五年注
　云“諸侯入爲天子大夫,不得氏國稱本爵,故以所受采邑氏,稱子”,撫本,卷
　九,頁 10a。

"衛"。疏意是也，然僅舉證而無引申，是以補足之。

77. 哀三年經"冬十月癸卯，秦伯卒"，注云"哀公著治大平之終，小國卒葬極於哀公者，皆卒日葬月"（撫本，卷十二，頁 3a）。

〔徐疏〕注哀公至葬月者，即此癸卯，秦伯卒，明年五月，葬秦惠公是也。……然則，秦伯是西方之伯，國至千乘，此注謂之小國者，正以僻陋在夷，罕與諸夏交接。至於春秋，大夫名氏不見於經，是以比之小國，其實非小者也。舊説云：地之張翕，彼此異時，蹙闢之數，不可同日而語。昭元年之時，自以千乘爲大國，至此還小，亦何傷也，而有疑焉？（單疏鈔本，卷二十九）

案舊説非何氏義。《公羊》以秦爲小國者，不以地之大小。僖公十五年，秦與晉戰，即獲晉侯，其地不小，其勢不弱。然文公十二年秦始有大夫，是傳、注皆以秦爲小國也。昭公元年傳云"有千乘之國而不能容其母弟"，雖號千乘之國，但傳復云"秦無大夫"者，是傳家仍不以秦爲大國也。所以如此，乃緣秦有夷狄行。有夷狄行，故比於小國還小，舊説以時地變化言之，非何氏義。

78. 哀四年經"晉人執戎曼子赤歸于楚"，注云"言歸于楚者，起伯晉京師楚"（撫本，卷十二，頁 3b）。

〔徐疏〕言歸于楚者起伯晉京師楚者，正以僖二十八年晉侯執曹伯以畀宋人，然則，諸侯自相執不言歸，今言歸者，欲起晉人以楚爲京師故也。（單疏鈔本，卷二十九）

案疏舉例不當，言"歸于楚者，起伯晉京師楚"者，此與成公十六年"晉侯執曹伯歸于京師"同文，故可起伯晉而京師楚也。僖二十八年晉侯執曹伯以畀宋人，無"歸于"之文，不得起京師楚也。

79. 哀六年經"齊陳乞弑其君舍"，傳云"景公死而舍立，陳乞使人迎陽生于諸其家，除景公之喪"，注云"期而小祥，服期者除"（撫本，卷十二，頁 5a）。

〔徐疏〕注期而云云　解云:期而小祥者,《士虞記》文。言服期者除者,謂從服之徒矣。若其正服,臣爲君斬衰三年,寧得期而除乎?案景公之卒,在去年九月,至今七月,其實未期,而言"服期者除"者,蓋陽生之入實亦九月,但事不宜月,故直時,是以傳云除公之喪也。若然,案隱四年冬十二月,衛人立晉,彼注云"月者,大國簒例月,小國而立納入皆爲簒",然則,大國之簒例合書月,齊爲大國,而言事不宜月者,正以陽生之簒陳乞爲之,故陽生之入,欲移惡于陳乞故也,似若莊九年夏,齊小白入于齊,何氏云"不月者,移惡于魯也"之類也。然則,大國之簒所以月者,以其禍大故也。既移惡于陳乞,是以不月,正得述事之宜矣。(單疏鈔本,卷二十九)

案葬數往月,文公八年八月天王崩,九年二月葬,正天子七月而葬之例,是通數往月。哀公五年九月齊侯卒,閏十二月葬,是諸侯五月而葬之例,亦通數往月。魯僖公卒於十二月,明年文公元年四月葬,亦通數往月。凡與此不合者,或急或緩,別有故也。以此言之,自哀五年九月癸酉算起,至今年七月算上,通數之,已十二月,故何休云"服期者除"。

此經書"齊陽生入于齊",文承"七月"之下,入是簒辭,何氏謂"大國簒例月"①,知此蒙上七月。疏云陽生入在九月者,乃自前年九月齊侯卒起算,至今年九月,爲一周,以應注文"服期者除"之義。其實,自前年九月至於今年九月,通數之,已閱十四月。徐疏非是。

疏既以爲陽生入在九月,不蒙上月,故云"事不宜月,移惡於陳乞",例如"齊小白入于齊"不月移惡於魯。然齊小白入,固可移惡於魯;陽生入齊,却不可移惡於陳乞。何者?小白成簒,以魯不早

---

① 隱公四年何注,撫本,卷一,頁14a。

送子糾故也，齊、魯不相謀，故可移惡。陽生成篡，乃陳乞謀之，二者皆惡，何須移之？經先書“齊陽生入于齊”，以氏國，起其有當國之意；又書“齊陳乞弑其君舍”，言弑，起譖成于乞。是各得其罪，經有明文，不須移惡也。

　　且下注云“不日者，與卓子同”，知何休亦以陳乞弑君蒙上七月。案弑成君例日①，弑未逾年君例月②。陳乞弑君舍，既與卓子同例，則是弑成君當日。但卓子弑不日者，何注云“不日者，不正遇禍，終始惡明，故略之”③。文公十四年經“齊公子商人弑其君舍”，文承“九月甲申”下，亦弑成君而不日，故注云“從成君，不日者，與卓子同”④。據何氏義，弑成君例日，但晉卓子、齊君舍皆不正遇禍，終始惡明，故不日略之。既云不日，則不略月可知，故陳乞弑君當蒙上七月。疏以九月爲算，非也。

　　80. 哀十年經“薛伯寅卒”，注云“卒葬略者，與杞伯益姑同”（撫本，卷十二，頁 7a）。

　　〔徐疏〕注卒葬云云　解云：正以所見之世，詳録小國，卒日葬月，是其常文，即上四年秋八月甲寅，滕子結卒，冬十二月，葬滕昭公是也，今乃卒月葬時，故解矣。（單疏鈔本，卷二十九）

　　案疏云“小國”者，實是微國。小國，曹、許也；微國，則莒、邾婁以下。微國於所見世卒日葬時，若二見經，則卒日葬月，示漸進

---

① 如隱公四年經“戊申，衞州吁弑其君完”，注云“日者，從外赴辭”，知弑成君例日。撫本，卷一，頁 12b。

② 僖公九年經“冬，晉里克弑其君之子奚齊”，注云“弑未踰年君例當月，不月者，不正遇禍，終始惡明，故略之”（撫本，卷五，頁 13a）。又如莊公九年九月，齊人取子糾殺之，注云“月者，從未踰年君例”（撫本，卷三，頁 11b）。

③ 撫本，卷五，頁 14a。

④ 撫本，卷六，頁 15a。

也。薛於昭公卅一年已書卒葬，彼卒日葬時，今此再見，宜卒日葬月，但此注云“與杞伯益姑同”。考昭公六年，杞伯益姑卒月葬時，此薛伯寅亦卒月葬時，與卒日葬月相較，故云“卒葬略也”。疏云“詳録小國，卒日葬月，是其常文”，似謂薛於所見世當卒日常月，其實非也，薛是微國，所見世常例卒日葬時，若二見，方卒日葬月。滕亦微國，而滕子結卒日葬月者，因滕始見即卒日葬時，昭公二十八年秋七月癸巳，滕子甯卒，冬，葬滕悼公是也。自此以後，滕即卒日葬月以示漸進。此不謂所見世微國常例是卒日葬月，是徐疏舉證、釋例兩不宜。

小　結

向來所述，乃徐疏之闕失者。考其闕失之由，或緣徐氏未深思明辨，如第 70 例，注云“昭公數如晉，不見答”，疏以爲不見大夫聘是也。或緣歸例不當，如第 1 例，謂一月有數事，重者蒙月，輕者不蒙月是也。或緣未仔細分疏，如第 14 例，謂曹爲小國，入所聞之世，正合卒月是也。或是涉筆不謹，如第 45 例，宣十一年注云“即所謂貶絶然後罪惡見”，疏却引傳文《春秋》不待貶絶而罪惡見者，不貶絶以見罪惡也”，義正相反是也。或緣諸本異同，未能定奪，如第 71 例，定四年何注云“不日，與盟同日”，徐疏以古本作“月”而更釋之是也。凡斯種種，乃讀注疏者不可不知也。今不揣淺疏，補正如上，竊擬於蠡測之義，私心猶未敢以爲然也。函丈之儒，青衿之秀，教之正之，是所盼焉。

主要參考書目

《公羊》經傳注疏各本

漢熹平石經《春秋》《公羊傳》,見馬衡輯《漢石經集存》,臺北:藝文印書館,1976 年。

唐開成石經《春秋公羊經傳》,見《景刊唐開成石經》,北京:中華書局景印 1926 年皕忍堂本,1997 年。

《公羊春秋》,《中華再造善本》據中國國家圖書館藏宋本景印,北京:北京圖書館出版社,2003 年。

《春秋公羊經傳解詁》,《中華再造善本》據中國國家圖書館藏宋淳熙撫州公使庫刻紹熙四年重修本景印,北京:北京圖書館出版社,2003 年。

《春秋公羊經傳解詁》,《中華再造善本》據中國國家圖書館藏宋紹熙二年余仁仲萬卷堂刻本景印,北京:北京圖書館出版社,2003 年。

《景印宋本春秋公羊經傳解詁》,臺北故宮博物院藏宋紹熙二年余仁仲萬卷堂刻紹熙四年重修本,臺北:故宮博物院,1990 年。

《春秋公羊疏》七卷,《中華再造善本》據中國國家圖書館藏宋刻元修本景印,北京:北京圖書館出版社,2003 年。

《公羊疏》三十卷,日本名古屋蓬左文庫藏舊鈔本(省稱“單疏鈔本”)。

《監本附音春秋公羊注疏》,《中華再造善本》據北京市文物局藏元刻
　　明修《十三經注疏》本景印,北京：北京圖書館出版社,2006 年。

《春秋公羊傳注疏》,阮元校刻《十三經注疏》本,據清嘉慶廿年南昌
　　府學栞本景印,臺北：藝文印書館,1989 年。

《春秋公羊傳注疏》,明嘉靖福建李元陽刊本(省稱 "閩本")。

《春秋公羊傳注疏》,明萬曆北京國子監刊本(省稱 "北監本")。

《春秋公羊注疏》,明崇禎虞山毛氏汲古閣刊本(省稱 "毛本")。

《春秋公羊傳注疏》,清乾隆四年武英殿刊本(省稱 "殿本")。

《春秋公羊傳注疏》,《景印文淵閣四庫全書》第 145 冊,臺北：臺灣
　　商務印書館,1986 年。

經部

易類

《周易注疏》,《中華再造善本》據中國國家圖書館藏宋兩浙東路茶
　　鹽司刻宋元遞修本景印,北京：北京圖書館出版社,2003 年。

《周易注疏》,阮元校刻《十三經注疏》本,據清嘉慶廿年南昌府學栞
　　本景印,臺北：藝文印書館,1989 年。

書類

《尚書正義》,《中華再造善本》據中國國家圖書館藏宋兩浙東路茶
　　鹽司刻本景印,北京：北京圖書館出版社,2003 年。

《尚書古文疏證》,〔清〕閻若璩撰,《景印文淵閣四庫全書》第 66 冊。

詩類

《毛詩正義》,阮元校刻《十三經注疏》本,據清嘉慶廿年南昌府學栞

本景印,臺北:藝文印書館,1989年。

《詩三家義集疏》,〔清〕王先謙撰,吳格點校,北京:中華書局,1987年。

《韓詩外傳集釋》,許維遹撰,北京:中華書局,1980年。

禮類

《周禮疏》,《中華再造善本》據中國國家圖書館藏宋兩浙東路茶鹽司刻宋元遞修本景印,北京:北京圖書館出版社,2003年。

《周禮注疏》,阮元校刻《十三經注疏》本,據清嘉慶廿年南昌府學栞本景印,臺北:藝文印書館,1989年。

《儀禮疏》,《師顧堂叢書》據清嘉慶十一年張敦仁刻本景印,杭州:浙江古籍出版社,2017年。

《儀禮注疏》,阮元校刻《十三經注疏》本,據清嘉慶廿年南昌府學栞本景印,臺北:藝文印書館,1989年。

《儀禮鄭氏注》,景印《士禮居黃氏叢書》本,揚州:廣陵書社,2010年。

《景印南宋越刊八行本禮記正義》,〔唐〕孔穎達撰,北京:北京大學出版社,2014年。

《禮記注疏》,阮元校刻《十三經注疏本》,據清嘉慶廿年南昌府學栞本景印,臺北:藝文印書館,1989年。

《讀禮通考》,〔清〕徐乾學撰,《景印文淵閣四庫全書》第112冊。

《禮記注疏考證》,〔清〕齊召南撰,《景印文淵閣四庫全書》第115冊。

《禮記集解》,〔清〕孫希旦撰,沈嘯寰、王星賢點校,中華書局,1989年。

春秋類

《春秋左傳正義》,《中華再造善本》據中國國家圖書館藏宋慶元六年紹興府刻宋元遞修本景印,北京:北京圖書館出版社,2003年。

《春秋左傳正義》,阮元校刻《十三經注疏》本,據清嘉慶廿年南昌府學棻本景印,臺北：藝文印書館,1989 年。

《春秋穀梁傳注疏》,阮元校刻《十三經注疏》本,據清嘉慶廿年南昌
　　府學棻本景印,臺北：藝文印書館,1989 年。

《春秋釋例》,〔晉〕杜預撰,《景印文淵閣四庫全書》第 146 冊。

《春秋集傳纂例》,〔唐〕陸淳撰,《景印文淵閣四庫全書》第 146 冊。

《春秋權衡》,〔宋〕劉敞撰,《景印文淵閣四庫全書》第 147 冊。

《春秋左傳讞》,〔宋〕葉夢得撰,《景印文淵閣四庫全書》第 149 冊。

《葉氏春秋傳》,〔宋〕葉夢得撰,《景印文淵閣四庫全書》第 149 冊。

《胡氏春秋傳》,〔宋〕胡安國撰,《景印文淵閣四庫全書》第 151 冊。

《春秋左傳要義》,〔宋〕魏了翁撰,《景印文淵閣四庫全書》第 153 冊。

《春秋分記》,〔宋〕程公説撰,《景印文淵閣四庫全書》第 154 冊。

《春秋集義》,〔宋〕李明復撰,《景印文淵閣四庫全書》第 155 冊。

《春秋集傳》,〔宋〕張洽撰,《續修四庫全書》第 133 冊,上海：上海
　　古籍出版社,2002 年。

《春秋胡傳附録纂疏》,〔元〕汪克寬撰,《景印文淵閣四庫全書》第
　　165 冊,臺北：臺灣商務印書館,1986 年。

《春秋説》,〔清〕惠士奇撰,《景印文淵閣四庫全書》第 178 冊。

《春秋大事表》,〔清〕顧棟高撰,吳樹平、李解民點校,北京：中華書
　　局,1993 年。

《左傳補注》,〔清〕惠棟撰,《景印文淵閣四庫全書》第 181 冊。

《春秋地理考實》,〔清〕江永撰,《清經解　清經解續編》第 2 冊,南
　　京：鳳凰出版社,2005 年。

《左氏古義》,〔清〕臧壽恭撰,《續修四庫全書》第 125 冊。

《春秋長曆》,〔清〕陳厚耀撰,《清經解續編》,南京：鳳凰出版社,
　　2005 年。

《春秋朔閏表發覆》,〔清〕施彦士撰,《續修四庫全書》第 147 冊。

《春秋經傳日月考》,〔清〕鄒伯奇撰,《續修四庫全書》第 148 册。

《春秋朔閏至日考》,〔清〕王韜撰,《續修四庫全書》第 148 册。

《春秋日食辨正》,〔清〕王韜撰,《續修四庫全書》第 148 册。

《春秋日食集證》,〔清〕馮澂撰,《續修四庫全書》第 148 册。

《春秋經傳朔閏表》,〔清〕姚文田撰,清道光元年刊《邃雅堂學古錄》本。

《公羊傳曆譜》,〔清〕包慎言撰,《續修四庫全書》第 131 册。

《公羊注疏考證》,〔清〕齊召南撰,《景印文淵閣四庫全書》第 145 册。

《春秋公羊傳注疏校勘記》,〔清〕阮元撰,《續修四庫全書》第 183 册。

《公羊春秋經傳通義》,〔清〕孔廣森撰,《續修四庫全書》第 129 册。

《春秋公羊何氏釋例》,〔清〕劉逢禄撰,《續修四庫全書》第 129 册。

《公羊解詁箋》,〔清〕劉逢禄撰,《續修四庫全書》第 129 册。

《公羊義疏》,〔清〕陳立撰,《續修四庫全書》第 130 册。

《春秋公羊傳箋》,〔清〕王闓運撰,《續修四庫全書》第 131 册。

《春秋繁露注》,〔漢〕董仲舒撰,〔清〕凌曙注,北京:中華書局,1975 年。

《春秋繁露義證》,〔清〕蘇輿撰,鍾哲點校,北京:中華書局,1992 年。

《春秋穀梁經傳補注》,〔清〕鍾文烝撰,駢宇騫、郝淑慧點校,北京:中華書局,2009 年第 2 版。

《穀梁日月時例考》,〔清〕許桂林撰,《清經解　清經解續編》第 11 册。

《春秋異文箋》,〔清〕趙坦撰,《續修四庫全書》第 144 册。

《春秋左傳注》,楊伯峻編著,北京:中華書局,1990 年修訂版。

四書類

《定州漢墓竹簡論語》,河北省文物研究所定州漢墓竹簡整理小組,北京:文物出版社,1997 年。

羣經總義類

《經典釋文》,〔唐〕陸德明撰,據北京圖書館藏宋刻本景印,上海：上海古籍出版社,2013 年。

《九經古義》,〔清〕惠棟撰,《景印文淵閣四庫全書》第 191 册。

《羣經補義》,〔清〕江永撰,《景印文淵閣四庫全書》第 194 册。

《經義述聞》,〔清〕王引之撰,《續修四庫全書》第 175 册。

《羣經平議》,〔清〕俞樾著,《春在堂全書》第 1 册,南京：鳳凰出版社,2010 年。

石經類

《石經考文提要》,〔清〕彭元瑞撰,《歷代石經研究資料輯刊》第 2 册,北京：北京圖書館出版社,2005 年。

《唐石經考異》,〔清〕錢大昕撰,《續修四庫全書》第 184 册。

《唐石經校文》,〔清〕嚴可均撰,《續修四庫全書》第 184 册。

《漢熹平石經殘字集録》,羅振玉著,《羅振玉學術論著集》第 2 册,上海：上海古籍出版社,2010 年。

《歷代石經考》,張國淦編撰,《歷代石經研究資料輯刊》第 4 册,北京：北京图书馆出版社,2005 年。

《漢石經集存》,馬衡撰,臺北：藝文印書館,1976 年。

《漢石經春秋殘字集證》,吕振端著,新加坡儒學研究會 1994 年再版。

小學類

《大廣益會玉篇》,〔梁〕顧野王撰,北京：中華書局,1987 年。

《古韻標準》,〔清〕江永撰,《景印文淵閣四庫全書》第 242 册。

《説文解字繫傳》,〔宋〕徐鍇撰,北京：中華書局,1987 年。

《説文解字注》,〔清〕段玉裁撰,北京:中華書局,2013 年。

《廣雅疏證》,〔清〕王念孫撰,南京:江蘇古籍出版社,2000 年。

史部

《史記》,〔漢〕司馬遷撰,〔宋〕裴駰集解,〔唐〕司馬貞索隱,〔唐〕張
　　守節正義,北京:中華書局,1982 年。

《史記志疑》,〔清〕梁玉繩撰,賀次君點校,北京:中華書局,1981 年。

《漢書》,〔漢〕班固撰,〔唐〕顔師古注,北京:中華書局,1962 年。

《後漢書》,〔南朝宋〕范曄撰,〔唐〕李賢注,北京:中華書局,1965 年。

《三國志》,〔晉〕陳壽撰,〔宋〕裴松之注,北京:中華書局,1959 年。

《宋本三國志》,〔晉〕陳壽撰,〔南朝宋〕裴松之注,北京:國家圖書
　　館出版社,2018 年。

《晉書》,〔唐〕房玄齡等撰,北京:中華書局,1974 年。

《宋書》,〔梁〕沈約撰,北京:中華書局,1974 年。

《隋書》,〔唐〕魏徵等撰,北京:中華書局,1973 年。

《新唐書》,〔宋〕歐陽修、宋祁撰,北京:中華書局,1975 年。

《宋史》,〔元〕托克托等撰,北京:中華書局,1985 年新一版。

《元史》,〔明〕宋濂撰,北京:中華書局,1976 年。

《東觀漢記校注》,〔漢〕劉珍等撰,吳樹平校注,北京:中華書局,
　　2008 年。

《兩漢紀》,張烈點校,北京:中華書局,2002 年。

《國語集解》,徐元誥撰,王樹民、沈長雲點校,北京:中華書局,
　　2002 年。

《戰國策箋證》,〔兩漢〕劉向集録,范祥雍箋證,范邦瑾協校,上海:
　　上海古籍出版社,2006 年。

《通志》，〔宋〕鄭樵撰，北京：中華書局，1987 年。

《鐵琴銅劍樓藏書目録》，〔清〕瞿鏞撰，《宋元明清書目題跋叢刊》
　　第 10 册，北京：中華書局，2006 年。

《殷周金文集成》，中國社會科學院考古研究所編，北京：中華書局，
　　2007 年。

子部

《荀子集解》，〔清〕王先謙撰，沈嘯寰、王星賢點校，北京：中華書
　　局，1988 年。

《朱子語類》，〔宋〕黎靖德編，王星賢點校，北京：中華書局，2011 年。

《韓非子集解》，〔清〕王先慎撰，鍾哲點校，北京：中華書局，1998 年。

《五經算術》，〔唐〕李淳風撰，《景印文淵閣四庫全書》第 797 册。

《唐開元占經》，〔唐〕瞿曇悉達撰，《景印文淵閣四庫全書》第 807 册。

《曆算全書》，〔清〕梅文鼎撰，《景印文淵閣四庫全書》第 794 册。

《漢三統術》，〔清〕李鋭撰，《續修四庫全書》第 1045 册。

《六秝通考》，〔清〕顧觀光撰，清光緒十九年刊《武陵山人遺書》本。

《日知録集釋》，〔清〕顧炎武撰，黄汝成集釋，欒保群、吕宗力點校，
　　上海：上海古籍出版社，2009 年。

《十駕齋養新録》，〔清〕錢大昕撰，《續修四庫全書》第 1151 册。

《讀書脞録續編》，〔清〕孫志祖撰，《續修四庫全書》第 1152 册。

《癸巳類稿》，〔清〕俞正燮撰，《續修四庫全書》第 1159 册。

《吕氏春秋集釋》，許維遹撰，梁運華整理，北京：中華書局，2009 年。

《白虎通疏證》，〔清〕陳立撰，吳則虞點校，北京：中華書局，1994 年。

《淮南鴻烈集解》，劉文典撰，北京：中華書局，1989 年。

《淮南子集釋》，何寧撰，北京：中華書局，1998 年。

《説苑校證》,〔漢〕劉向撰,向宗魯校證,北京:中華書局,1987 年。

《説苑疏證》,〔漢〕劉向撰,趙善詒疏證,上海:華東師範大學出版社,
　　1985 年。

《新序校釋》,石光瑛校釋,陳新整理,北京:中華書局,2009 年。

《論衡校釋》,黃暉撰,北京:中華書局,1990 年。

《初學記》,〔唐〕徐堅等著,北京:中華書局,2004 年第 2 版。

《白孔六帖》,〔唐〕白居易原本,〔宋〕孔傳續撰,《景印文淵閣四庫
　　全書》第 891 册。

《莊子集釋》,〔清〕郭慶藩撰,王孝魚點校,北京:中華書局,2012 年。

集部

《楚辭補注》,〔宋〕洪興祖撰,白化文、許德楠、李如鸞、方進點校,北
　　京:中華書局,1983 年。

《經韻樓集》,〔清〕段玉裁撰,《續修四庫全書》第 1434—1435 册。

《顧千里集》,〔清〕顧廣圻著,王欣夫輯,北京:中華書局,2007 年。

《龔自珍全集》,〔清〕龔自珍著,王佩諍校,上海:上海古籍出版社,
　　1999 年。

近人論著

《書傭論學集》,屈萬里,臺北:臺灣開明書店,1970 年二版。

《"國立故宮博物院" 宋本圖録》,臺北:臺灣故宮博物院,1977 年。

《中國先秦史曆表》,張培瑜,濟南:齊魯書社,1987 年。

《中國天文學史研究》,〔日〕新城新藏撰,沈璿譯,臺北:臺北翔大圖
　　書有限公司,1993 年。

《續修四庫全書總目提要·經部》,中國科學院圖書館編,北京:中
　華書局,1993 年。

《中國古代曆法》,張培瑜、陳美東、薄樹人、胡鐵珠著,北京:中國科
　學技術出版社,2007 年。

《張壽林著作集》,楊晉龍校訂,林慶彰、蔣秋華主編,臺北:"中央研
　究院"中國文哲所,2009 年。

《宋代經書注疏刊刻研究》,張麗娟著,北京:北京大學出版社,
　2013 年。

《"國立歷史博物館"藏漢熹平石經春秋殘石題記》,屈萬里,《漢熹
　平石經》,臺北"國立歷史博物館",1981 年。

《從元光曆譜及馬王堆帛書天文資料試探顓頊曆問題》,陳久金、陳
　美東,《中國古代天文文物論集》,北京:文物出版社,1989 年。

《漢初百年朔閏析究》,黃一農,《"中研院"歷史語言研究所集刊》
　72 本第 4 分,2001 年。

《蓬左文庫春秋公羊疏鈔本考釋》,馮曉庭,《古文獻研究集刊》第六
　輯,南京:鳳凰出版社,2012 年。

《南宋浙刻義疏官版的貯存與遞修》,李霖,《十三經注疏與經學文
　獻學術研討會論文集》,福州,2016 年 8 月。

《漢初百年朔閏表得失論》,邰積意,《漢學研究》,2014 年第 4 期。

後　記

自來治經，能卓然成就一家之說者，必示後學以軌轍，啓人心以敬慕。

其一曰“難者弗辟，易者弗從”。此曾子言君子之爲學也。人情趨易避難，多愛影響耳食之論，學者不避難，不從易，彊其所不能，乃卓然自立之正道。昔阮元爲錢大昕《十駕齋養新録》撰序，謂聖賢所能，必爲至難，若立一説、標一旨，即名爲大儒，恐古聖賢不若是之易也。阮氏可謂深得曾子之意焉。

其二曰“使死者復生，生者不愧”。此荀息對晉獻公語，可爲治經者之箴言也。我雖不避難、不從易，然所見、所思、所辨、所得，其視古人又何如哉？必使死者復生，生者不愧，甫可言放心。以《公羊》例之，設若何休、徐彦復生，陳立以《公羊義疏》質之，可以無愧矣。

其三曰“賞疑從重，罰疑從輕”。此何休注《公羊》之語。人事或有異見，學問容有殊義，若無鐵證，我當如何處之？則褒賞從重，貶罰從輕。經書“俠卒”，傳家不知俠者誰何，猶以未命大夫目之，何其美意深厚耶！此不但問學，亦關德性。賞疑從重，罰疑從輕，躬自厚而薄責於人，正可彰顯“尊德性而道問學”之精義。

書此三端，願與諸同志共勉。

二〇二三年五月十九日霞浦郈積意識於嶽麓書院勝利齋